난생처음

자바 프로그래밍

지은이 **우재남** 5288893@hanafos.com

서강대학교에서 정보시스템 전공으로 석사 과정을 마친 후 다양한 IT 관련 분야에서 실무를 쌓고 대학교에서 프로그래밍, 데이터베이스, 운영체제 등을 강의했습니다. 현재는 디티솔루션의 공간데이터베이스 연구소장이며, 공간 정보와 IT 융합 학문인 유시티 IT 분야의 공학박사 학위도 취득했습니다. 또한 한양사이버대학교 컴퓨터공학과와 삼성, LG, 현대, CJ, KT, SK, 대한상공회의소 등에서 인공지능 및 IT 전문 분야를 강의하고 있습니다. 다양한 IT 실무 경험과 지식을 최대한 쉽고 빠르게 수강생과 독자에게 전달하는 것을 모토로 강의와 집필을 하며, 『뇌를 자극하는 Redhat Fedora: 리눅스 서버 & 네트워크』(2005)를 시작으로 50여 권의 저서·번역서를 한빛미디어와 한빛아카데미를 통해 펴냈습니다.

- **비기너 카페:** https://cafe.naver.com/itCookBook
- **저서(한빛미디어/한빛아카데미)**

『이것이 리눅스다(3판)』(2023)
『이것이 Windows Server다(개정판)』(2023)
『IT CookBook, Android Studio를 활용한 안드로이드 프로그래밍(8판)』(2023)
『IT CookBook, C# 프로그래밍 for Beginner』(2022)
『IT CookBook, 파이썬 데이터 분석 for Beginner』(2022)
『IT CookBook, C언어 for Beginner(4판)』(2022)
『IT CookBook, 파이썬 for Beginner(3판)』(2022)
『혼자 공부하는 SQL』(2021)
『IT CookBook, 난생처음 파이썬 프로그래밍』(2021)
『IT CookBook, 파이썬 자료구조와 알고리즘 for Beginner』(2021)
『이것이 우분투 리눅스다(개정판)』(2020)
『IT CookBook, 코틀린을 활용한 안드로이드 프로그래밍』(2020)
『이것이 MySQL이다(개정판)』(2020)
『IT CookBook, 리눅스 실습 for Beginner』(2020)
『이것이 MariaDB다』(2019)

난생처음 자바 프로그래밍

초판발행 2023년 6월 30일
2쇄발행 2025년 1월 31일

지은이 우재남 / **펴낸이** 전태호
펴낸곳 한빛아카데미(주) / **주소** 서울시 서대문구 연희로2길 62 한빛아카데미(주) 2층
전화 02-336-7112 / **팩스** 02-336-7199
등록 2013년 1월 14일 제2017-000063호 / **ISBN** 979-11-5664-662-4 93000

총괄 박현진 / **책임편집** 김성무 / **교정** 박민정 / **진행** 박하나
디자인 이아란 / **전산편집** 이소연 / **삽화** 임의영 / **제작** 박성우, 김정우
영업 김태진, 김성삼, 이정훈, 임현기, 이성훈, 김주성 / **마케팅** 김호철, 심지연

이 책에 대한 의견이나 오탈자 및 잘못된 내용은 출판사 홈페이지나 아래 이메일로 알려주십시오.
파본은 구매처에서 교환하실 수 있습니다. 책값은 뒤표지에 표시되어 있습니다.
홈페이지 www.hanbit.co.kr / 이메일 question@hanbit.co.kr

난생처음

자바 프로그래밍

우재남 지음

한빛아카데미
Hanbit Academy, Inc.

지은이 머리말

프로그래밍을 처음 접하는 이들에게 쉽고 친절하게 자바를 알려주는 입문서

이제는 컴퓨터 관련 전공자뿐 아니라 공학, 상경계열, 어문학, 인문학 전공자도 코딩을 배워야 하는 시대가 되었습니다. 특히 인공지능 시대가 도래하면서 코딩이 필수적인 기술로 자리 잡아 많은 기업이 신입직원 선발 및 승진 시험에 코딩 관련 평가를 포함하고 있습니다.

오늘날 대부분의 분야에서 코딩이 필수가 된 것은 IT와 관련된 업무 해결 능력이 어디서나 필요하기 때문입니다. 이제 코딩 기술은 컴퓨터 공학을 비롯한 전기전자, 화학, 생물학, 건축학 등 다양한 공학 분야와 상경 분야, 인문학에서도 문제 해결을 위한 기본 소양으로 요구되고 있습니다. 또한 자바 코딩은 미래에 더욱 가치가 커질 웹 개발, 모바일 앱, 인공지능, 빅데이터, 머신러닝, 딥러닝 분야의 기반을 다지는 데 초석이 될 것입니다.

자바는 다양한 분야에서 두루 사용되는 객체지향 프로그래밍 언어입니다. 이처럼 강력하고 인기 있는 자바라도 프로그래밍 언어라는 이유로 처음에는 어렵게 느껴질 수 있지만, 그 개념과 원리를 이해하면 컴퓨터 관련 전공자뿐 아니라 비전공자도 쉽게 자바를 사용할 수 있습니다. 이에 이 책은 코딩 초보자도 쉽고 부담 없이 자바를 익힐 수 있도록 다음과 같이 구성했습니다.

• 코딩을 처음 접하는 독자를 위해 쉬운 내용을 담았습니다.

코딩을 배울 때 기본적으로 알아야 하는 내용과 필수로 알아야 하는 내용을 위주로 담아 학습의 부담을 덜었습니다. 또한 주요 개념을 흥미로운 그림과 다양한 예제 코드를 통해 차근차근 설명하여 내용을 쉽게 이해할 수 있습니다. 독자는 학습을 진행해나가면서 자바 코딩 실력이 조금씩 향상되는 것을 느낄 수 있을 것입니다.

• 아주 쉬운 기초부터 응용까지 단계별로 진행됩니다.

프로그래밍 언어 자체가 어렵기 때문에 초보자의 경우 기존의 프로그래밍 책으로는 다가가기가 쉽지 않았습니다. 이를 보완하여 이 책은 실무에서 가장 많이 사용되고 코딩 초보자도 충분히 익힐 수 있는 자바 언어를 통해 코딩 실력을 향상해줍니다. 쉬운 자바 언어를 통해 코딩을 이해하고 코딩에 친숙해짐으로써 프로그래밍에 대한 자신감을 얻을 수 있습니다.

• 현실 세계에서 접할 수 있는 내용으로 구성했습니다.

각 장의 예제를 기본적이면서도 가능한 한 실제로 사용 가능한 내용으로 구성하여 코딩의 개념과 용도를 자연스럽게 이해할 수 있습니다. 이를 통해 자바 코딩에 자연스럽게 익숙해질 것입니다.

• 다양한 응용 예제를 담았습니다.

실제로 코딩을 어떻게 적용하는지 파악할 수 있도록 각 장에 LAB을 포함하고, 한 걸음 더 나아가 응용해보는 실전 예제를 수록했습니다. 이러한 응용 예제의 코드를 이해하면 현실에서 사용되는 프로그램도 충분히 작성할 수 있습니다.

• 배운 것을 점검할 수 있는 연습문제를 수록했습니다.

본문에서 설명한 내용을 제대로 이해했는지 테스트하는 단답형 및 객관식 문제를 제시하여 자신이 배운 것을 점검할 수 있습니다. 또한 깊이 있는 코딩에 도전해볼 수 있는 코딩 문제와 심화 문제는 독자 스스로 문제를 해결하고 실력을 쌓는 기회가 됩니다.

끝으로 이 책을 출간하기까지 지원을 아끼지 않은 한빛아카데미(주)의 임직원 여러분에게 감사의 말씀을 전합니다. 특히 방향을 잡고 책을 기획해준 김성무 팀장님, 책의 완성도를 높이기 위해 애써준 김예원 선임님에게 깊이 감사드립니다.

지은이 우재남

이 책의 구성

『난생처음 자바 프로그래밍』 8단계 길잡이

1 PREVIEW

각 장에서 중점적으로 다룰 내용을 간략하게 정리하고 로드맵을 제시하여 주요 개념을 큰 맥락에서 파악할 수 있습니다.

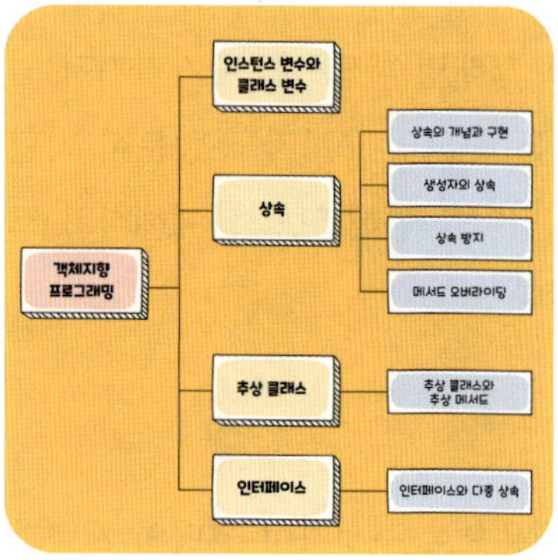

2 코드

이클립스를 사용해 자바를 실습하면서 기본 개념을 이해합니다.

코드 2-8

```
public class Code02_08 {
    public static void main(String[] args)
        String str1 = "난생처음";
        String str2 = "자바";

        System.out.print(str1);
        System.out.println(str2);

        String result = str1 + str2;

        System.out.println(result);
    }
}
```

3 하나 더 알기

본문과 관련된 도움말이나 참고로 알아두면 좋은 내용을 담고 있습니다.

하나 더 알기 ✓ Math 클래스

자바 프로그래밍을 하다 보면 수학과 관련된 계산
운 내용으로 쉽게 해결할 수 있지만 제곱, 제곱근,
렵습니다. 그래서 자바는 다음과 같이 다양한 수
서드가 포함된 Math 클래스를 제공하고 있습니다

- Math.abs(): 절댓값
- Math.log(): 로그값
- Math.max(): 최댓값
- Math.min(): 최솟값
- Math.sin(), Math.cos(), Math.tan(): 삼각

4 말풍선

지나치기 쉬운 내용이나 꼭 기억해두어야 할 내용을 짚어줍니다.

이처럼 System.out.println()은 끝
자 할 때는 괄호 안에서 +로 연결하면

연속된 문자인 문자열은
문자열입니다.

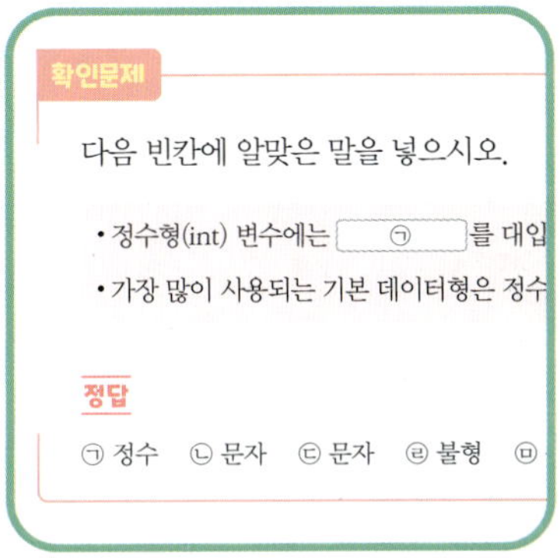

확인문제

다음 빈칸에 알맞은 말을 넣으시오.

• 정수형(int) 변수에는 ㉠ 를 대입

• 가장 많이 사용되는 기본 데이터형은 정수

정답

㉠ 정수 ㉡ 문자 ㉢ 문자 ㉣ 불형 ㉤

5 확인문제

하나의 주제가 끝날 때마다 간단한 문제를 통해 본문에서 배운 내용을 복습합니다.

6 LAB

실생활에서 접할 수 있는 흥미로운 문제를 해결함으로써 본문에서 배운 내용을 자신의 것으로 만듭니다.

LAB 출생 연도에 따른 띠 확인하기

우리나라와 중국, 일본 등에서는 출생 연도에 따라 열두 지지를 연도를 입력하면 쥐띠, 소띠, 호랑이띠, 토끼띠, 용띠, 뱀띠, 말띠, 지띠 중에서 해당하는 띠를 알려주는 프로그램을 만들어봅시다.

7 실전 예제

각 장이 끝날 때마다 다양한 터틀 그래픽 예제를 통해 시각적으로 재미있게 자바를 배웁니다.

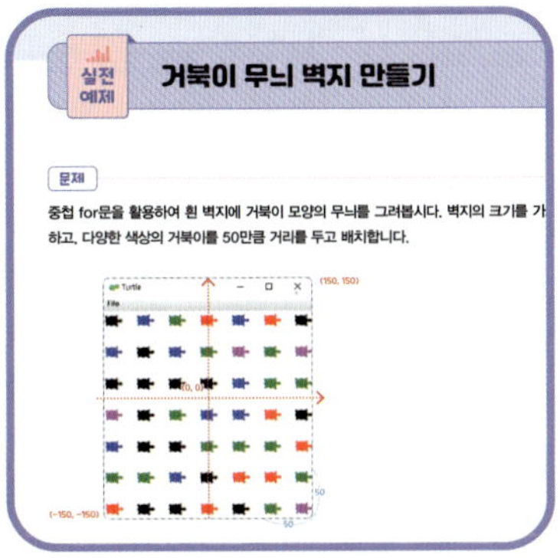

실전 예제 거북이 무늬 벽지 만들기

문제

중첩 for문을 활용하여 흰 벽지에 거북이 모양의 무늬를 그려봅시다. 벽지의 크기를 가 하고, 다양한 색상의 거북이를 50만큼 거리를 두고 배치합니다.

8 연습문제

각 장에서 배운 핵심 개념과 문법을 되짚고 코드를 분석하는 문제를 통해 자신의 실력을 재확인합니다.

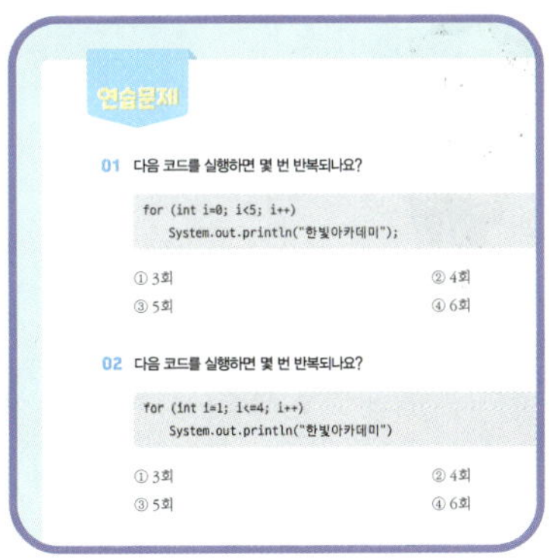

연습문제

01 다음 코드를 실행하면 몇 번 반복되나요?

```
for (int i=0; i<5; i++)
    System.out.println("한빛아카데미");
```

① 3회 ② 4회 ③ 5회 ④ 6회

02 다음 코드를 실행하면 몇 번 반복되나요?

```
for (int i=1; i<=4; i++)
    System.out.println("한빛아카데미")
```

① 3회 ② 4회 ③ 5회 ④ 6회

학습 로드맵

Go!

1. 자바 언어 맛보기(1~4장)

프로그래밍과 자바의 개념을 먼저 이해한 뒤 자바 프로그래밍의 기초 문법과 이론을 익힙니다.

- 자바 비긴즈
- 변수
- 연산자
- 데이터형과 문자열

▼

2. 자바의 필수 개념 익히기(5~9장)

자바 프로그래밍의 필수 문법을 학습합니다. 특히 객체지향 프로그래밍의 개념을 명확히 이해함으로써 일상생활과 밀접한 문제를 해결할 수 있습니다.

- 조건문
- 반복문
- 객체지향 프로그래밍 기초
- 객체지향 프로그래밍 응용
- 배열

▼

Goal!

3. 자바의 고급 개념 익히기(10~13장)

자바의 고급 문법인 메서드와 파일 읽기, 예외 처리, GUI 프로그래밍을 살펴봅니다. 앞에서 쌓은 자바 지식과 OpenCV 라이브러리를 이용하여 응용 프로그램을 만듭니다.

- 메서드를 이용한 고급 프로그래밍
- 파일 읽기·쓰기와 예외 처리
- GUI 프로그래밍
- [프로젝트] 포토 에디터

이 책의 사용 설명서

• 누구를 위한 책인가

이 책은 다음과 같이 자바 프로그래밍을 시작하는 입문자를 대상으로 합니다.

- 자바 프로그래밍이 처음인 독자
- 실생활 예제와 터틀 그래픽으로 자바를 쉽게 배우고 싶은 독자
- 자바의 기본 예제부터 OpenCV까지 다루고 싶은 독자

• 예제 소스

실습에 필요한 자료는 아래 주소에서 내려받을 수 있습니다.

http://www.hanbit.co.kr/src/4662

• 실습 환경

이 책의 실습 환경은 다음과 같습니다.

- **운영체제:** Windows 10(Windows 8, 11 사용 가능)
- **실습도구:** JDK 17, 이클립스 2022-12

• 강의 보조 자료

한빛아카데미 홈페이지에서 '교수회원'으로 가입하신 분은 인증 후 교수용 강의 보조 자료를 제공받을 수 있습니다. 한빛아카데미 홈페이지 상단의 〈교수전용공간〉 메뉴를 클릭하세요.

http://www.hanbit.co.kr/academy

• 연습문제 해답 안내

이 책은 대학 강의용 교재로 개발되었으므로 연습문제 해답을 제공하지 않습니다.

목차

CHAPTER 01 자바 비긴즈

CHAPTER 02 변수

CHAPTER 03 연산자

CHAPTER 04 데이터형과 문자열

CHAPTER 05 조건문

CHAPTER 06 반복문

CHAPTER 07 객체지향 프로그래밍 I: 클래스와 객체

CHAPTER 01

자바 비긴즈

학습목표

- 프로그래밍 언어에 대해 알아봅니다.
- 자바 언어의 특징을 이해합니다.
- 자바 설치 방법을 실습합니다.
- 자바로 프로그램을 작성하는 방법을 익힙니다.

Preview

자바는 컴퓨터에서 작동되는 다양한 프로그램을 작성하는 프로그래밍 언어입니다. 자바를 배우면 계산기, 메모장과 같은 간단한 앱부터 게임, 포토샵, 엑셀과 같은 복잡한 앱에 이르기까지 다양한 프로그램을 만들 수 있습니다.

이 장에서는 자바 프로그래밍에 입문하는 독자를 위해 프로그래밍의 개념과 프로그래머의 역할을 살펴본 다음 자바의 역사와 특징을 설명합니다. 또한 자바를 설치하여 프로그램을 작성할 수 있는 환경을 구축하고 간단한 자바 프로그램을 만들어봅니다.

Section 01

프로그래밍 언어의 개요

자바(Java)는 프로그램을 만드는 데 사용되는 컴퓨터 언어입니다. 다양한 분야의 프로그래밍 언어로 자리를 잡은 자바는 특히 우리나라에서 가장 많이 사용되는 언어 중 하나입니다. 자바를 본격적으로 배우기에 앞서 프로그램, 프로그래밍 언어, 프로그래머에 대해 알아봅시다.

1 프로그램, 프로그래밍 언어, 프로그래머

우리가 손에서 놓지 않는 스마트폰에는 유튜브, 메시지, 전화, 카카오톡, 인스타그램 등 수많은 애플리케이션(application), 즉 앱(app)이 들어 있으며, 이러한 앱은 모두 프로그램입니다. 그리고 컴퓨터에는 엑셀, 워드, 크롬, 메모장 등이 담겨 있는데 이 또한 모두 프로그램이며, 이와 같은 프로그램을 만드는 작업을 프로그래밍이라고 합니다.

프로그램, 소프트웨어, 애플리케이션, 앱, 응용 프로그램은 동일한 의미입니다.

사람이 이해하는 말을 언어라고 하는 것과 마찬가지로, 컴퓨터가 이해하는 언어를 프로그래밍 언어(programming language)라고 합니다. 다시 말해 프로그래밍 언어는 컴퓨터에서 작동하는 프로그램(유튜브, 엑셀, 워드, 크롬 등)을 만들기 위한 도구라고 할 수 있습니다. 또한 이 프로그래밍 언어를 사용하여 소프트웨어나 앱을 만드는 직업을 가진 사람을 프로그래머라고 합니다.

프로그래머를 소프트웨어 개발자 또는 줄여서 개발자라고도 부릅니다.

그림 1-1 **프로그래머, 프로그래밍 언어, 프로그램**

확인문제

다음 빈칸에 알맞은 말을 넣으시오.

엑셀, 크롬 등을 [㉠]이라고 하며, 이것을 만드는 언어를 [㉡], 이 언어를 사용하는 사람을 [㉢]라고 부른다.

정답

㉠ 프로그램 ㉡ 프로그래밍 언어 ㉢ 프로그래머

2 프로그래밍 언어의 종류 및 분류

프로그램을 만드는 컴퓨터 언어인 프로그래밍 언어에는 어떤 종류가 있을까요? 널리 사용되는 C, C++, 자바, C#, HTML, PHP, 파이썬(Python) 등을 비롯해 프로그래밍 언어의 종류는 매우 다양합니다. 인기 없는 프로그래밍 언어까지 포함하면 수백 가지는 될 것입니다.

피아노를 연주하는 사람을 피아니스트, 드럼을 치는 사람을 드러머라고 부르듯이 C를 사용하는 프로그래머는 C 프로그래머, 자바를 사용하는 프로그래머는 자바 프로그래머, 파이썬을 사용하는 프로그래머는 파이썬 프로그래머라고 부르기도 합니다. 또한 피아노, 기타, 바이올린 등 여러 악기를 다룰 수 있는 연주자처럼 C, 자바, 파이썬 등 여러 프로그래밍 언어를 다룰 수 있는 프로그래머도 많습니다.

이러한 프로그래밍 언어는 크게 컴파일러 언어(compiler language)와 스크립트 언어(script language)로 구분할 수 있습니다.

- **컴파일러 언어:** 소스 코드를 실행 가능한 기계어로 일괄 번역한 후, 번역이 완료된 파일(예 *.exe, *.class 등의 파일)을 실행하는 언어를 말합니다. 이때 소스 코드를 기계어로 번역하는 과정을 컴파일(compile)이라고 하며, 이러한 작업을 하는 프로그램을 컴파일러(compiler)라고 부릅니

다. 대표적인 컴파일러 언어에는 C, C++, 자바, C# 등이 있습니다.

- **스크립트 언어:** 소스 코드를 한 줄씩 읽어 실행하는 언어를 말합니다. 즉 스크립트 언어는 별도의 실행 파일이 생성되지 않습니다. 대표적인 스크립트 언어에는 파이썬, 자바스크립트(JavaScript), 펄(Perl) 등이 있습니다.

> 스크립트 언어를 인터프리터 언어(interpreter language)라고도 하는데, 요즘에는 인터프리터보다 스크립트라는 용어를 더 많이 사용합니다.

일반적으로 컴파일러 언어는 일괄적으로 기계어로 번역해놓기 때문에 실행 속도가 스크립트 언어보다 훨씬 빠릅니다. 그러나 컴파일러 언어는 배우는 데 오랜 시간이 걸리는 반면에 스크립트 언어는 더 짧은 시간 안에 배울 수 있다는 것이 장점입니다.

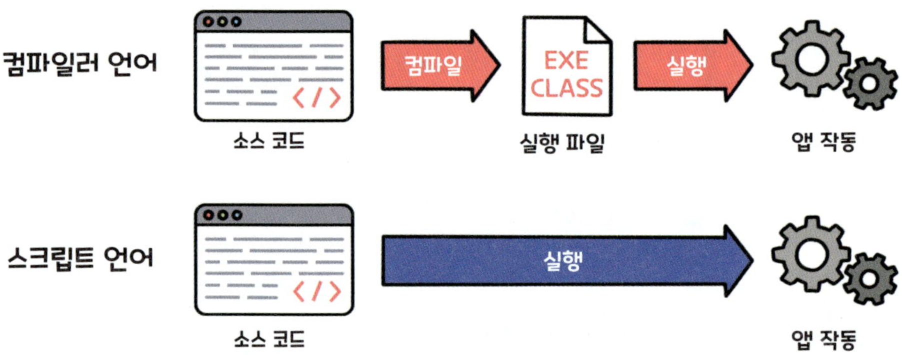

그림 1-2 컴파일러 언어와 스크립트 언어의 작동 비교

하나 더 알기 프로그래밍 언어의 점유율

프로그래밍 언어의 점유율 순위는 계속 변동되고 있습니다. 티오베(Tiobe)는 프로그래밍 언어의 인기도를 조사하여 발표하는데, 2023년 중반의 점유율은 다음 표와 같습니다. 파이썬, C, C++, 자바는 가장 인기 있는 프로그래밍 언어로 비슷한 점유율을 차지하고 있습니다.

순위	프로그래밍 언어	점유율	순위	프로그래밍 언어	점유율
1	파이썬	12.46%	6	비주얼 베이직	3.34%
2	C	12.37%	7	자바스크립트	2.82%
3	C++	11.36%	8	PHP	1.74%
4	자바	11.28%	9	SQL	1.47%
5	C#	6.71%	10	어셈블리 언어	1.29%

확인문제

다음 빈칸에 알맞은 말을 넣으시오.

소스 코드를 기계어로 번역하는 언어를 [㉠] 언어, 소스 코드가 한 줄씩 실행되는 언어를 [㉡] 언어라고 한다.

정답

㉠ 컴파일러 ㉡ 스크립트(또는 인터프리터)

Section 02 자바의 개요

이 책에서 다루는 프로그래밍 언어는 자바입니다. 수십 년간 꾸준히 발전해온 자바는 점유율이 상당히 높아 프로그래머라면 필수적으로 알아야 하는 언어 중 하나입니다. 이에 앞으로도 다양한 프로그래밍 분야에서 자바 프로그래머를 필요로 할 것입니다.

1 자바의 탄생

자바는 제임스 고슬링(James Gosling)이라는 프로그래머가 1995년에 개발한 객체지향 프로그래밍 언어입니다. 제임스 고슬링은 자바를 만들 당시에 자바 커피를 아주 좋아하여 그 본고장인 자바섬에서 이름을 따왔다고 합니다. 그래서 자바의 로고는 커피가 담긴 잔을 본뜬 모양입니다.

자바는 제임스 고슬링이 썬마이크로시스템즈의 직원일 때 개발되어 처음에는 썬마이크로시스템즈가 저작권을 가지고 있었습니다. 그러다 2010년에 오라클이 썬마이크로시스템즈를 인수하여 현재 자바는 오라클의 소유입니다. 제임스 고슬링은 오라클, 구글 등을 거쳐 지금은 아마존닷컴에서 일하고 있습니다.

(a) 자바 로고 (b) 제임스 고슬링

그림 1-3 자바 로고와 창시자

자바를 개발하기 위한 환경인 Oracle JDK(Java development kit)는 학습용 및 개인의 경우 무료로 사용할 수 있습니다. 만약 상업용을 무료로 사용하고 싶다면 Open JDK를 사용해야 합니다.

그림 1-4 Open JDK 로고

자바는 많은 분야에서 다양하게 활용되고 있습니다. 데스크톱, 웹, 모바일, 웹서버, 임베디드, 금융, 게임, 클라우드 컴퓨팅, 빅데이터, 인공지능, 사물인터넷 등 대부분의 IT 분야에서 자바를 사용하고 있습니다. 특히 안드로이드 스마트폰의 수많은 앱은 자바로 작성됩니다. 자바는 안정적이면서도 강력한 기능을 갖춘 객체지향 언어이므로 전문 프로그래머가 되고자 한다면 반드시 익혀야 하는 프로그래밍 언어입니다.

하나 더 알기 **자바의 라이선스**

자바 개발 환경인 JDK는 원래 기업과 개인 모두 무료로 이용할 수 있었으나, 2018년에 자바 저작권 소유자인 오라클이 상업용의 경우 매월 사용료를 지불하도록 정책을 바꿨습니다. 따라서 기업이 Oracle JDK를 사용하려면 비용을 지불해야 하나, 그 대안으로 기업도 무료로 사용할 수 있는 Open JDK가 있습니다. Oracle JDK와 Open JDK는 기능이 거의 비슷하지만, 아무래도 상용 소프트웨어인 Oracle JDK가 좀 더 안정적이고 업데이트도 빠릅니다. 이 책에서는 학습용 및 개인의 경우 무료인 Oracle JDK를 사용합니다.

2 자바의 특징

자바는 객체지향이기 때문에 데스크톱, 앱, 웹 개발, 빅데이터, 인공지능, 과학, 교육 등의 다양한 분야에서 적극 활용되고 있습니다. 자바의 장점은 다음과 같이 정리할 수 있습니다.

■ 간결한 문법 제공

자바는 다른 프로그래밍 언어에 비하여 문법이 쉽기 때문에 프로그래밍 초보자가 배우기에 좋습니다. 쉬운 문법만으로도 많은 기능을 제공하기에 더욱 빛을 발합니다. 물론 문법이 쉽다고 해서 고급 프로그래밍까지 간단한 것은 아니지만, 복잡한 문법 때문에 프로그램이 복잡해지는 것을 최소화한 프로그래밍 언어입니다.

■ 뛰어난 이식성

자바 소스 코드는 한 번 작성해놓으면 다양한 운영체제에서 실행할 수 있는데, 이처럼 다양한 환경에서 실행되는 것을 '이식성이 좋다'고 합니다. 그래서 자바의 표어는 'Write Once, Run Anywhere'입니다. 다시 말해 자바는 코딩 한 번으로 윈도우, 맥, 유닉스, 리눅스 등의 운영체제에서 별도의 코드 수정 없이 사용할 수 있습니다.

> 자바 외의 프로그래밍 언어(특히 C나 C++)는 윈도우에서 작성한 프로그램을 맥이나 리눅스 등의 다른 운영체제에서 사용하려면 소스 코드의 많은 부분을 고쳐야 합니다.

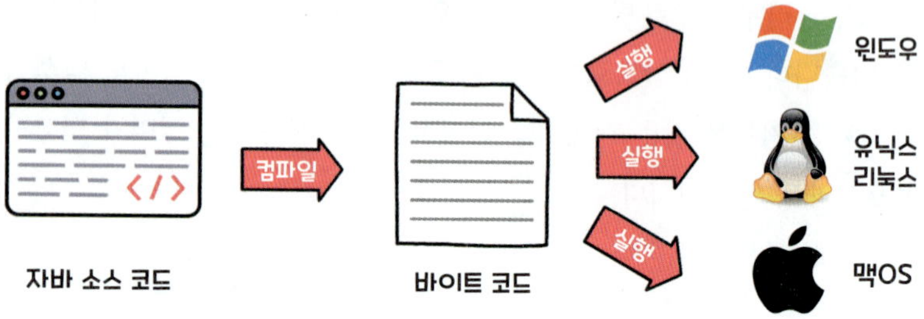

그림 1-5 이식성이 좋은 자바

■ 완전한 객체지향 언어

자바는 기존 C 언어의 구조적인 프로그래밍 기법을 그대로 지원합니다. 또한 오늘날 실무에서 가장 일반적으로 사용되는 객체지향 프로그래밍 기법을 100% 지원합니다. 객체지향 개념은 클래스(class), 추상화(abstraction), 캡슐화(encapsulation), 다형성(polymorphism), 상속(inheritance) 등 다양한 개념을 통해 완성되는데, 이에 대한 내용은 7장부터 자세히 다루겠습니다.

■ 다양한 분야의 응용 프로그램 작성 가능

자바를 사용하여 HWP, 웹 브라우저, 압축 프로그램, 엑셀 등 일반 컴퓨터에서 작동하는 '데스크톱 응용 프로그램', 웹 브라우저에서 다운로드하여 작동하는 '애플릿', 웹 서버에서 작동하는 'JSP(Java Server Pages)' 또는 '서블릿(Servlet)', TV나 냉장고 등의 가전제품에서 작동하는 '임베디드 프로그램', 안드로이드 스마트폰이나 태블릿에서 작동하는 '모바일 앱'을 작성할 수 있습니다. 오늘날 대부분의 IT 환경에서 작동하는 응용 프로그램을 자바로 작성할 수 있다고 해도 과언이 아닙니다.

3 자바 가상 머신

자바는 이식성이 뛰어나 한 번 작성한 코드를 거의 모든 곳에서 실행할 수 있는데, 이는 자바 가상 머신(Java Virtual Machine, JVM) 덕분에 가능합니다. JVM은 각 운영체제에 설치되는 바이트 코드(.class 파일)를 실행하는 소프트웨어로서 윈도우, 맥, 유닉스, 리눅스 등 운영체제에 상관없이 한 번 작성한 자바 코드를 동일하게 작동시키는 데 핵심적인 역할을 합니다. JVM 역할을 하는 소프트웨어를 자바 소프트웨어 또는 JRE(Java Runtime Environment)라고 부르기도 합니다. JRE는

JVM을 포함하기 때문에 JRE를 설치하면 JVM도 함께 설치됩니다.

[그림 1-6]은 [그림 1-5]에 JVM을 추가하여 좀 더 상세히 표현한 것입니다. [그림 1-6]에서 보듯이 윈도우에는 윈도우용 JVM을, 리눅스/유닉스에는 리눅스용 또는 유닉스용 JVM을, 맥에는 맥용 JVM을 설치해야 합니다. JVM은 오라클 사이트에서 무료로 배포하고 있으며, 자바와 관련된 프로그램을 실행하면 자동으로 다운로드 및 설치되기도 합니다.

그림 1-6 JDK와 JVM의 운영체제별 위치

초창기에는 JRE를 모든 컴퓨터에 설치해야 하는 것에 대해 부정적인 시각도 있었으나, 지금은 컴퓨터에 설치하는 백신, 압축 프로그램, 웹 브라우저 등과 같은 기본적인 프로그램으로 인식되고 있습니다. 그래서 오늘날에는 자바로 작성된 프로그램을 별 거부감 없이 널리 사용하고 있습니다.

4 자바 프로그램 버전

자바로 작성된 프로그램을 실행하기 위해서는 JRE만 설치하면 되지만, 자바로 프로그램을 작성하려면 JDK를 반드시 설치해야 합니다. [표 1-1]과 같이 발전해온 JDK는 오라클 사이트에서 무료로 다운로드할 수 있습니다.

[표 1-1]에서 LTS(long term support)는 출시 후 8년(기본 5년+추가 3년) 동안 업데이트를 지원하는 장기 지원 버전을 의미합니다. 그 외의 버전은 출시 후 6개월 동안만 지원되지만, 업데이트가 지원되지 않는다고 해도 별 문제 없이 무기한 사용할 수 있습니다.

JDK와 Java SE는 같은 용어라고 생각해도 됩니다. 또한 JDK에는 JRE가 포함되어 있으므로 JDK를 설치하면 JRE가 자동으로 설치됩니다. 포함관계는 JDK > JRE > JVM입니다.

이 책에서는 집필 시점의 최신 LTS 버전인 Java SE 17을 사용하지만, 다른 버전을 사용하더라도 대부분의 실습을 동일하게 진행할 수 있습니다.

표 1-1 JDK 버전의 역사

자바 버전	발표 시기	비고
JDK 1.0	1996년 1월	Java1이라고도 부름
JDK 1.1	1997년 2월	JavaBeans, JDBC 등이 추가됨
J2SE 1.2	1998년 12월	Java2라고도 부르며, 버전명은 JDK 대신 J2SE(Java 2 Platform, Standard Edition)로 명명됨
J2SE 1.3	2000년 5월	HotSpot JVM이 포함됨
J2SE 1.4	2002년 2월	IPV6를 지원함
J2SE 5.0	2004년 9월	내부 버전은 1.5이지만 이때부터 5.0 버전으로 명명됨
Java SE 6	2006년 12월	버전에서 '.0'이 삭제되고 J2SE 대신 Java SE로 명명됨
Java SE 7(LTS)	2011년 7월	프로그래밍 과정을 단순화하고 JVM의 성능을 대폭 향상함
Java SE 8(LTS)	2014년 3월	람다식(lambda expression)을 지원하고, 새로운 자바스크립트 엔진, 메타 데이터 지원을 보완함
Java SE 9	2017년 9월	기가바이트 단위의 힙 메모리, 셀프 튜닝 JVM 기능이 추가됨
Java SE 10	2018년 3월	대용량 데이터 세트(64비트 배열)를 지원함
Java SE 11(LTS)	2018년 9월	String 클래스에 새로운 메서드가 추가됨
Java SE 12	2019년 3월	switch 문법에 새로운 형식이 추가됨
Java SE 13	2019년 9월	응용 프로그램 클래스 데이터 공유(AppCDS)의 사용성이 개선됨
Java SE 14	2020년 3월	객체 타입을 확인하는 instanceof 연산자가 강화됨
Java SE 15	2020년 9월	봉인된 클래스 및 인터페이스에 대해 실험적 지원을 함
Java SE 16	2021년 3월	내부 재배치를 지원하여 Garbage Collection의 문제를 보완함
Java SE 17(LTS)	2021년 9월	기존 버전의 70가지 이상 기능이 개선되고, 2029년 9월까지 업데이트를 제공함
Java SE 18	2022년 3월	기존 버전의 9가지 기능이 개선됨
Java SE 19	2022년 9월	기존 버전의 7가지 기능이 개선됨
Java SE 20	2023년 3월	오픈 JDK 프로젝트 앰버(Amber)의 언어가 개선됨
Java SE 21(LTS)	2023년 9월	2031년 9월까지 업데이트를 제공할 예정임

하나 더 알기 **Java SE, EE, ME**

가장 일반적으로 사용되는 Java SE에서 'SE'는 'Standard Edition'의 약자입니다. 자바를 학습하거나 기본적인 개발을 할 때 Java SE를 주로 사용합니다. 그리고 Java EE는 Java SE를 포함한 서버 측 개발을 위한 환경으로, 'EE'는 'Enterprise Edition'의 약자입니다. Java EE는 EJB, JSP, Servlet 등을 지원하며, 대부분의 웹 환경에서 개발할 때 Java EE를 사용합니다. 또한 Java ME는 휴대폰, PDA, 셋톱박스 등에서 개발하기 위한 환경으로, 'ME'는 'Micro Edition'의 약자입니다. 임베디드 시스템에서 자바를 개발하는 경우 Java ME를 사용합니다.

Section 03 자바 개발 환경 구축

앞서 언급했듯이 자바로 프로그래밍을 작성하려면 JDK를 설치해야 합니다. 윈도우, 맥, 리눅스, 유닉스 등 모든 운영체제에 JDK를 설치할 수 있지만, 그중 윈도우에 설치하여 자바 개발 환경을 구축해봅시다. 또한 JDK만 설치하면 실제로 자바 프로그래밍을 할 때 상당히 불편하기 때문에 편리한 개발 도구인 이클립스(Eclipse)를 추가로 설치하겠습니다.

1 자바 설치

이제 컴퓨터에 자바를 설치하고 자바 프로그래밍을 실습해봅시다.

01 먼저 컴퓨터의 운영체제를 확인해봅니다. 윈도우의 [시작]에서 마우스 오른쪽 버튼을 클릭하고 [시스템]을 선택하여 '시스템 종류'와 '에디션'을 보면 현재 윈도우의 버전과 64비트/32비트 운영체제인지를 확인할 수 있습니다. 64비트 운영체제에 윈도우 8 이상이라면 이 책의 실습이 가능하며, 필자의 컴퓨터는 윈도우 10, 64비트입니다.

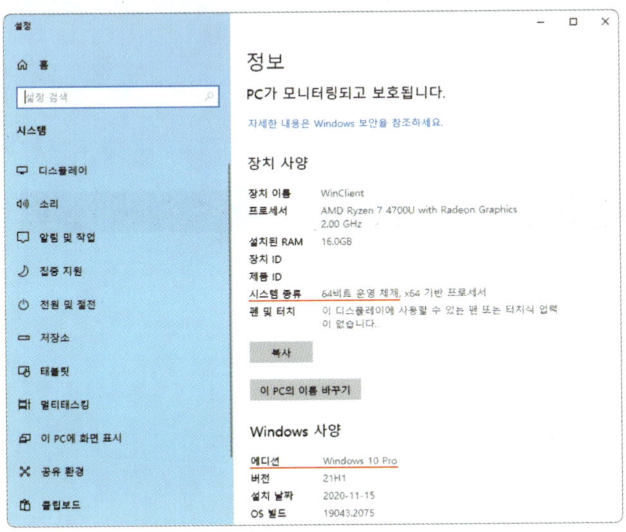

그림 1-7 윈도우 버전 및 64비트 확인

> 64비트, 윈도우 8 이상이라면 어떤 윈도우 버전을 사용해도 괜찮습니다. 참고로 최근의 Java SE(JDK)는 32비트를 지원하지 않습니다.

02 자바를 다운로드하기 전에 윈도우의 확장명이 보이도록 설정합시다. 확장명이 보이지 않으면 사용할 파일을 구분하기가 어렵기 때문입니다. [⊞]+[E]를 눌러 파일 탐색기를 실행하고, 메뉴의 [보기]를 선택하여 '파일 확장명'에 체크하면 파일 확장명을 볼 수 있습니다.

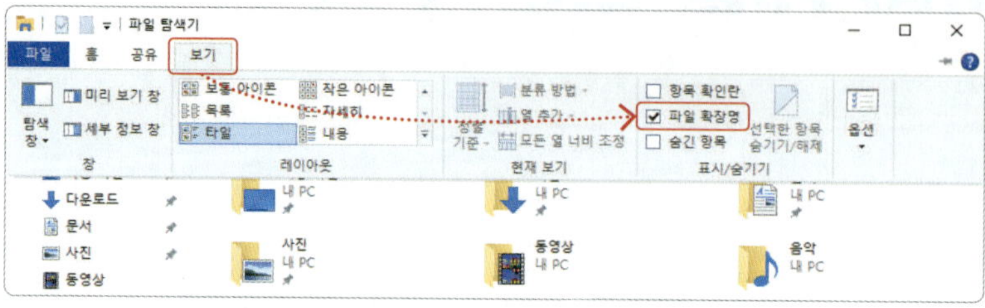

윈도우 11의 경우 메뉴의 [보기]-[표시]를 선택하고 '파일 확장명'에 체크합니다.

그림 1-8 **파일 확장명 보기**

03 학습용 또는 개인 개발자의 경우 자바를 무료로 다운로드하여 사용할 수 있습니다. 웹 브라우저를 실행하고 오라클 사이트(https://java.oracle.com)에 접속하여 [Technical Details]-[Java SE 17.0.x(LTS)]를 클릭합니다. 자바 다운로드 페이지에서 64비트 윈도우용인 'x64 MSI Installer'를 클릭하여 다운로드합니다.

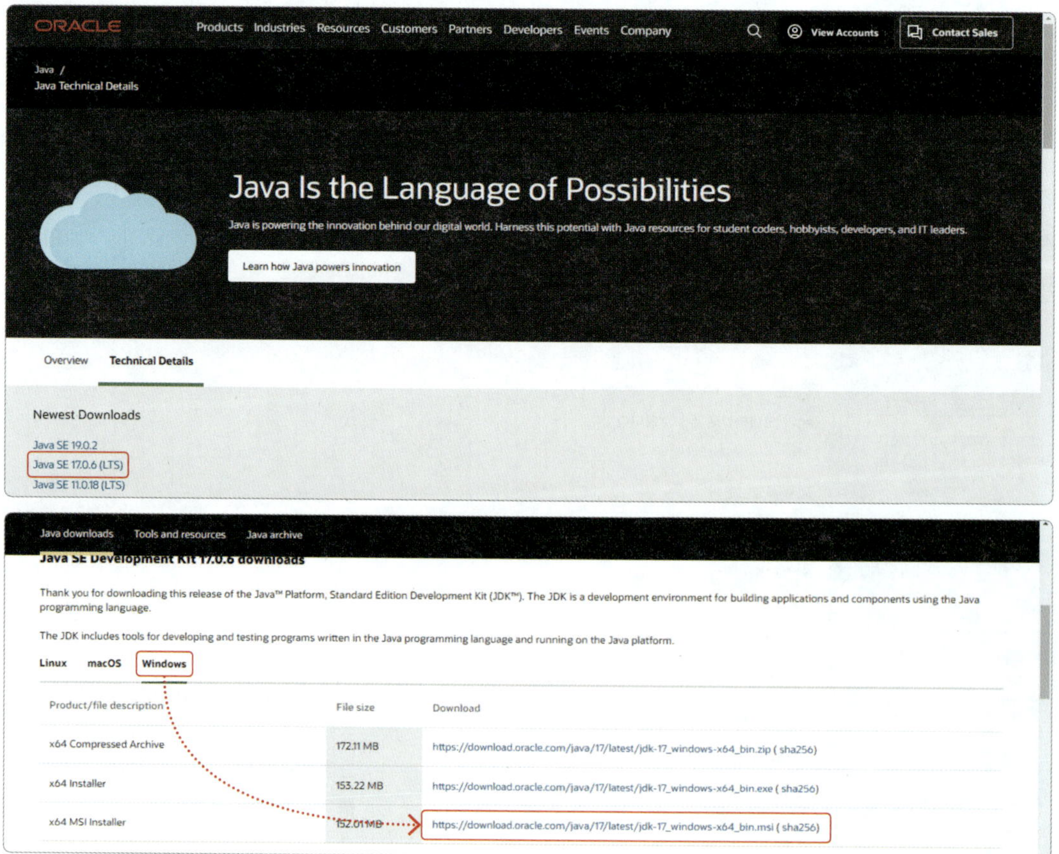

그림 1-9 **자바 다운로드 화면**

> TIP 원래 개발용 자바를 JDK 17 또는 Java SE 17로 불러야 하지만, 오라클에서는 간단히 Java 17이라고도 일컫습니다.

하나 더 알기 ✓ 계속 변하는 자바 버전

이 책을 집필하는 시점에 Java 17의 최신 버전은 17.0.5(파일명: jdk-17_windows-x64_bin.msi)입니다. 앞으로 더 높은 버전이 나오겠지만 그렇더라도 이 책에서 설명하는 사용법과 크게 다르지 않을 것입니다. 만약 이 책과 완전히 동일한 버전의 자바를 사용하고 싶다면 한빛아카데미 자료실(https://www.hanbit.co.kr/src/4662)에서 파일을 다운로드하세요.

04 다운로드가 완료된 후 해당 폴더를 확인해보면 자바 설치 파일이 있을 것입니다.

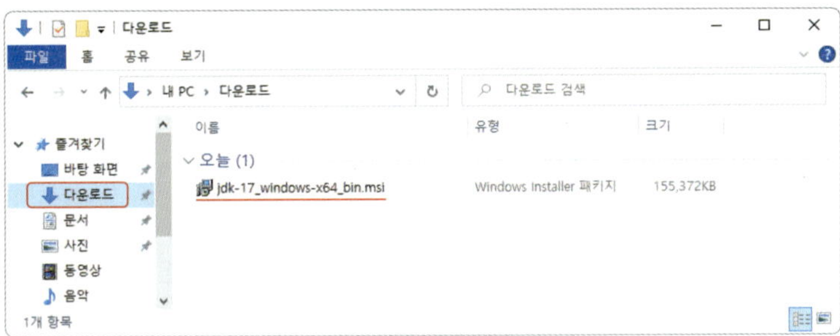

> 다운로드한 파일은 보통 C:\Users\사용자명\Downloads\ 폴더에 저장됩니다.

그림 1-10 **자바 설치 파일**

05 다운로드된 파일을 더블클릭하여 실행하면 자바 설치가 시작됩니다. 환영 메시지 창에서 〈Next〉를 클릭합니다.

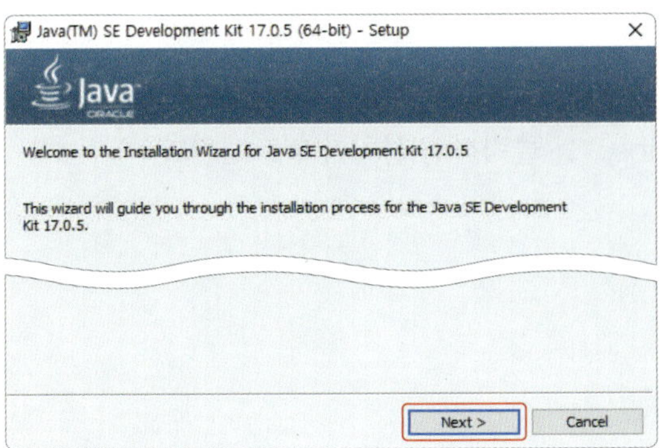

그림 1-11 **자바 설치 1**

06 설치 경로를 지정하는 창에서 〈Change〉를 클릭하여 'Folder name'을 'C:\jdk'로 변경하고 〈OK〉를 클릭합니다. 경로가 C:\jdk\로 변경된 것을 확인하고 〈Next〉를 클릭합니다.

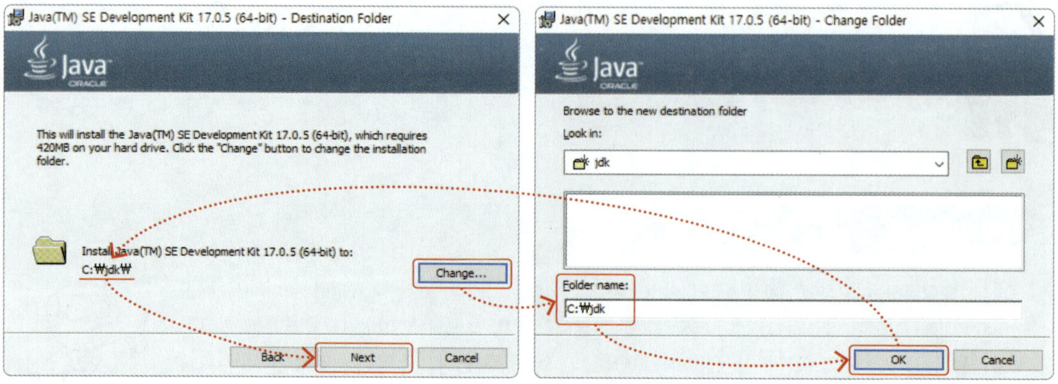

그림 1-12 **자바 설치 2**

이 경로는 잠시 후에 사용해야 하니 잘 기억해두세요.

07 만약 [사용자 계정 컨트롤] 창이 나타나면 〈예〉를 클릭합니다.

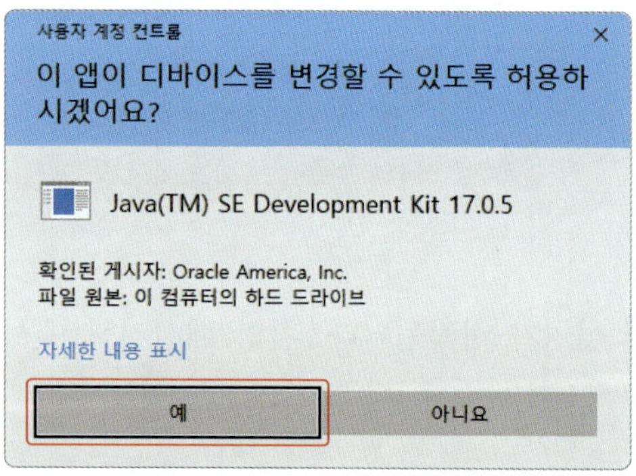

그림 1-13 **자바 설치 3**

08 잠시 설치가 진행되며, JDK 설치가 끝나고 〈Close〉를 클릭하면 설치가 완료됩니다.

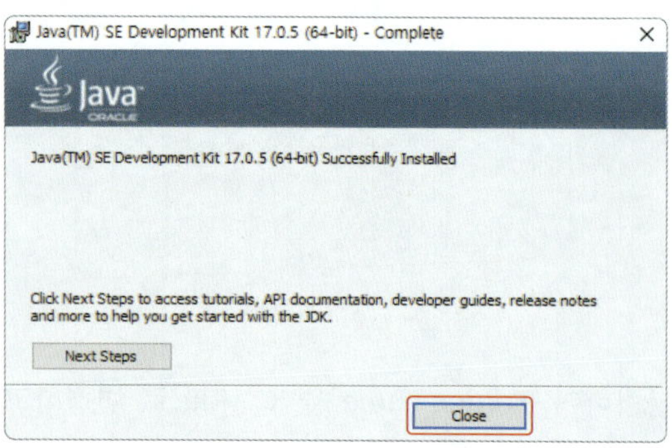

그림 1-14 **자바 설치 4**

2 환경 변수 설정

JDK를 설치한 뒤 좀 더 편리한 개발 환경을 구축하려면 윈도우의 환경 변수를 몇 가지 추가해야 합니다. 먼저 다음과 같은 두 가지 환경 변수를 확인해봅니다.

- **JAVA_HOME**: JDK가 설치된 홈 폴더로, [그림 1-12]에서 지정한 C:\jdk 폴더를 말합니다.
- **Path**: 윈도우의 명령 프롬프트에서 명령을 실행할 때, 실행할 명령어를 찾아보는 폴더의 경로 모음을 의미합니다. 자바의 컴파일을 간편하게 하기 위해 JDK가 설치된 홈 폴더 아래의 bin 폴더를 추가해야 합니다.

JAVA_HOME 환경 변수 생성

01 [Win]+[R]를 누른 후 'cmd'를 입력하고 〈확인〉을 클릭하면 명령 프롬프트가 실행됩니다.

그림 1-15 **자바 환경 변수 설정 1**

만약 명령 프롬프트에 문제가 있다면 윈도우의 [시작]에서 마우스 오른쪽 버튼을 클릭하고 [Windows PowerShell(관리자)] 또는 [터미널(관리자)]를 선택한 후 진행해도 됩니다.

02 명령 프롬프트에서 다음과 같이 자바가 설치된 폴더를 지정하는 명령어를 입력하고 [Enter]를 누릅니다.

```
SETX  JAVA_HOME  "C:\jdk"
```

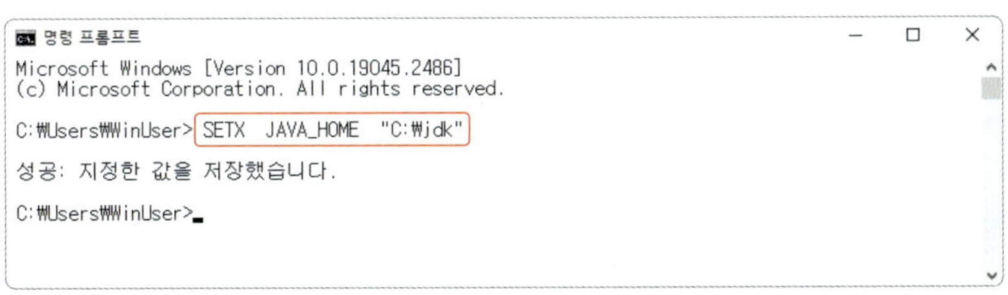

그림 1-16 **자바 환경 변수 설정 2**

03 다음으로 자바가 설치된 폴더를 실행될 파일의 경로에 추가하는 명령어를 입력하고 Enter 를 누릅니다. 명령어가 다소 복잡하니 오타가 없도록 주의해야 합니다.

```
SETX  PATH  "%JAVA_HOME%\bin;%path%"
```

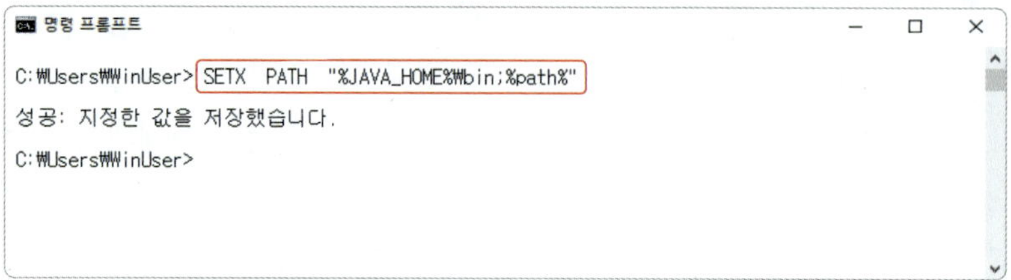

그림 1-17 **자바 환경 변수 설정 3**

'\(백슬래시)'는 Enter 위에 있는 키로 폰트에 따라서 '₩'로 보이기도 합니다.

04 'EXIT'를 입력하여 [명령 프롬프트]를 닫았다가 다시 명령 프롬프트를 실행하고, 다음과 같이 자바의 버전을 확인하는 명령어를 입력합니다. 이때 대·소문자를 정확히 입력해야 합니다.

```
JAVA  -version
```

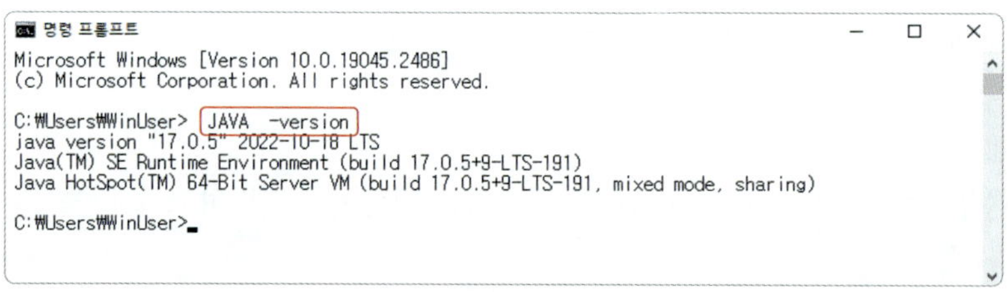

그림 1-18 **자바 환경 변수 설정 4**

설치한 자바 버전이 [그림 1-18]과 같다면 자바 설치와 설정이 완료된 것이니 명령 프롬프트를 닫습니다.

3 첫 자바 프로그램 작성

자바를 설치했으니 이제 자바 프로그래밍을 할 준비가 되었습니다. 우선은 간단히 'Hello, world!'라는 글자를 출력하는 프로그램을 작성해봅시다.

먼저 실습용 폴더를 준비하기 위해 파일 탐색기를 실행하여 C 드라이브 아래에 'FirstJava' 폴더를 생성하고, 그 아래에 다시 'HelloJava' 폴더를 생성합니다. 대·소문자를 정확히 입력하세요.

- **1장 실습 폴더 경로:** C:\FirstJava\HelloJava

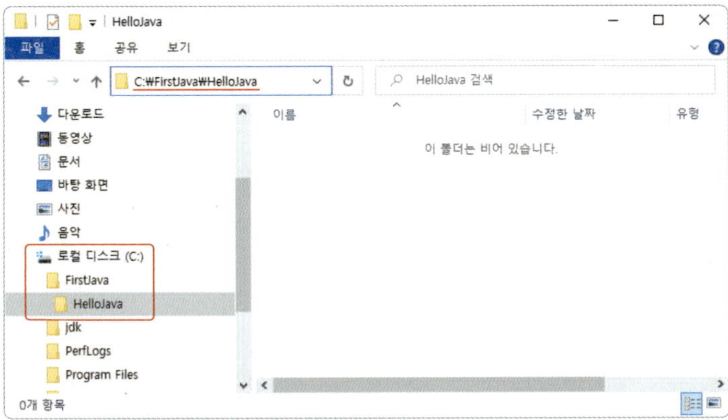

그림 1-19 **1장 실습 폴더 생성**

⊞+R를 누른 후 'notepad'를 입력하고 〈확인〉을 클릭하면 메모장이 실행됩니다. 메모장에 [코드 1-1]을 정확히 입력합니다.

코드 1-1 HelloJava.java

```java
public class HelloJava {
    public static void main(String[] args) {
        System.out.println("Hello, world!");
    }
}
```

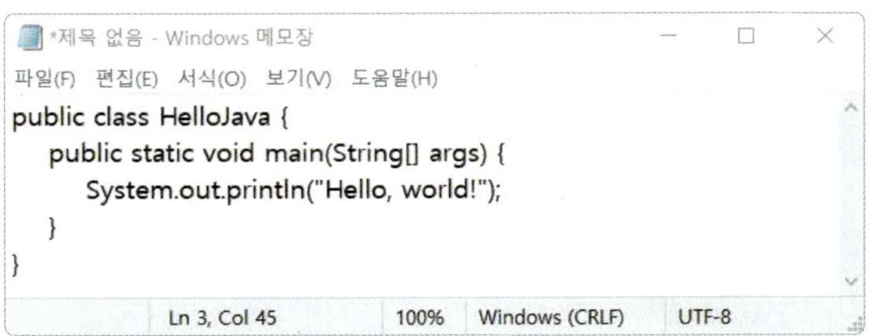

메모장으로 자바를 코딩하면 상당히 불편한데, 좀 더 편리한 방법은 잠시 후 살펴보겠습니다.

그림 1-20 **코드 입력 결과**

코드를 입력한 뒤 메모장 상단 메뉴의 [파일]–[저장]을 선택하여 C:\FirstJava\HelloJava 폴더에 HelloJava.java라는 파일명으로 저장합니다. 이때 '파일 형식'을 '모든 파일 (*.*)'로, '인코딩'을 'ANSI'로 변경합니다.

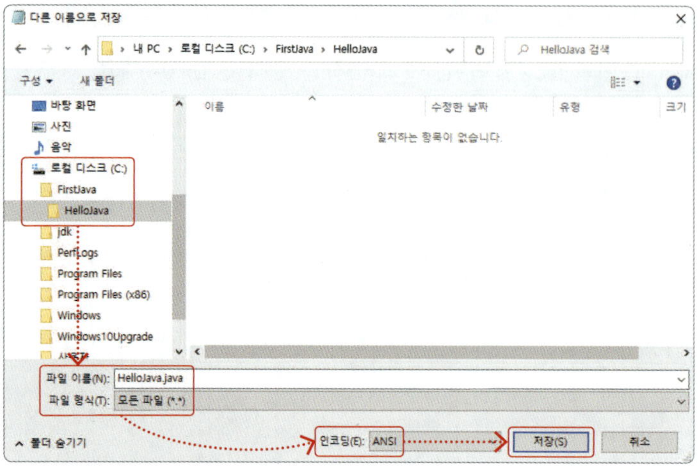

그림 1-21 **소스 파일 저장**

메모장을 닫고 명령 프롬프트를 실행한 뒤 다음과 같이 폴더를 이동하고 파일을 확인해봅니다.

```
CD  \FirstJava\HelloJava  ●──── 해당 폴더로 이동
DIR ●──── 파일 목록 확인
```

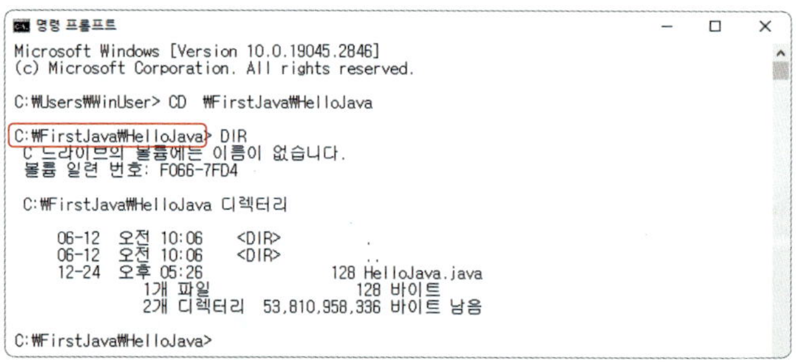

그림 1-22 **폴더 이동 및 파일 확인**

이제 자바 소스를 컴파일하고 실행하기 위해 다음 명령을 입력해봅시다.

```
JAVAC  HelloJava.java ●──── 소스 코드 컴파일
DIR ●──── 파일 목록 확인
JAVA  HelloJava ●──── 컴파일된 바이트 코드 실행
```

컴파일은 소스 코드를 바이트 코드(byte code)로 번역하는 과정을 말합니다. 이는 앞으로 계속 언급될 텐데 여기서는 이 정도만 알아두세요.

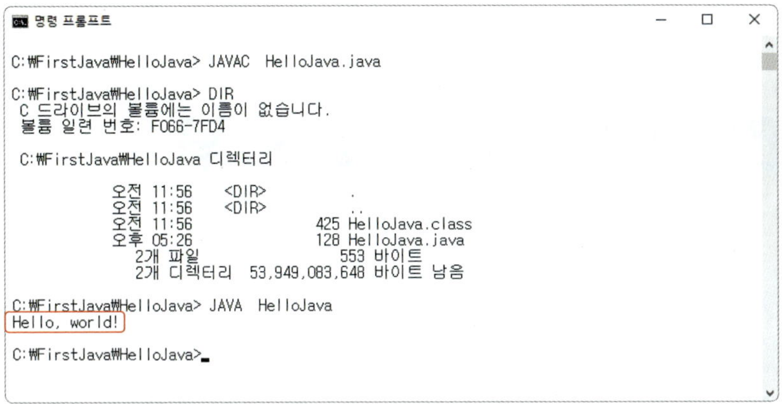

그림 1-23 **컴파일 및 실행**

[그림 1-23]과 같이 `Hello, world!`가 출력되었다면 첫 번째 자바 프로그램을 제대로 완성한 것입니다. 지금 작성한 코드는 `System.out.println()` 안에 입력한 글자를 화면에 출력하는 프로그램입니다. 여기서는 `Hello, world!`라는 영문을 출력했지만 한글도 출력할 수 있습니다.

위와 같은 방식으로 프로그램을 작성해도 되지만 실무에서 이렇게 하면 너무 불편하기 때문에 좀 더 편리한 방식을 이용합니다. 앞으로 이에 대해 자세히 알아봅시다.

하나 더 알기 **Hello World 프로그램**

'Hello World'라는 프로그램은 프로그래밍 언어를 다루는 대부분의 책에서 맨 처음 만들어보는 기본 예제입니다. 다음은 C 언어로 작성된 Hello World 프로그램으로, 본문에서 작성한 자바 프로그램과 마찬가지로 화면에 `Hello, world!`를 출력합니다.

```
#include <stdio.h>
int main() {
    printf("Hello, world!\n");
    return 0;
}
```

Hello World 프로그램은 브라이언 커니핸(Brian Kernighan)과 데니스 리치(Dennis Ritchie)가 저술한 《The C Programming Language》(1978년)에 처음 등장한 것으로 알려져 있습니다.

Section

04 이클립스 설치 및 사용

앞의 실습에서처럼 자바 프로그래밍을 할 때는 메모장과 명령 프롬프트를 사용할 수 있습니다. 하지만 이러한 방식으로 프로그램을 작성하면 매우 불편하므로 보통은 통합 개발 환경인 IDE(Integrated Development Environment)를 사용합니다. 가령 자바를 자동차에 비유하면 IDE는 자동차 도로와 같은 역할을 합니다. 즉 우리는 IDE에서 자바 프로그램을 작성하고 실행하는 것을 반복하게 됩니다. 이 책을 읽는 독자는 이제 베스트 드라이버, 즉 자바 프로그래밍 전문가가 되는 길에 막 진입했습니다.

그림 1-24 자바와 IDE의 관계

자바 코딩을 위한 IDE는 여러 회사에서 유료 또는 무료로 다양하게 출시되었는데, 이 책에서는 그중 가장 편리하고 유명한 이클립스를 사용하겠습니다.

1 이클립스 설치

01 웹 브라우저에서 이클립스 사이트(https://www.eclipse.org/downloads/packages/)에 접속하여 〈Download x86_64〉를 클릭한 뒤 이어지는 다음 창에서 〈Download〉를 클릭합니다. 이 책을 집필하는 시점의 최신 버전은 2022-12이며, 더 높은 버전이 나오더라도 사용법은 거의 동일할 것입니다.

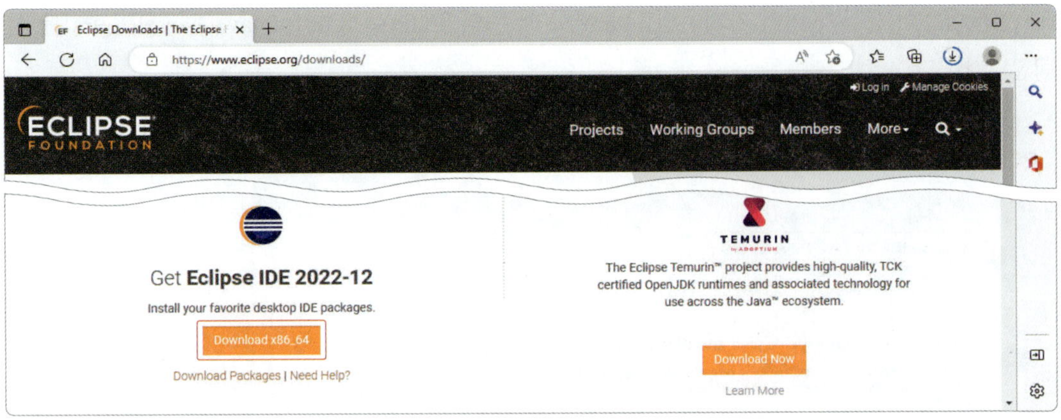

그림 1-25 이클립스 다운로드 1

TIP 최신 버전을 사용해도 큰 문제가 없지만, 이 책과 동일한 버전을 사용하고 싶다면 한빛아카데미 자료실(https://www.hanbit.co.kr/4662)에서 다운로드하세요.

02 '다운로드' 폴더에 eclipse-inst-jre-win64.exe 파일이 있는지 확인합니다.

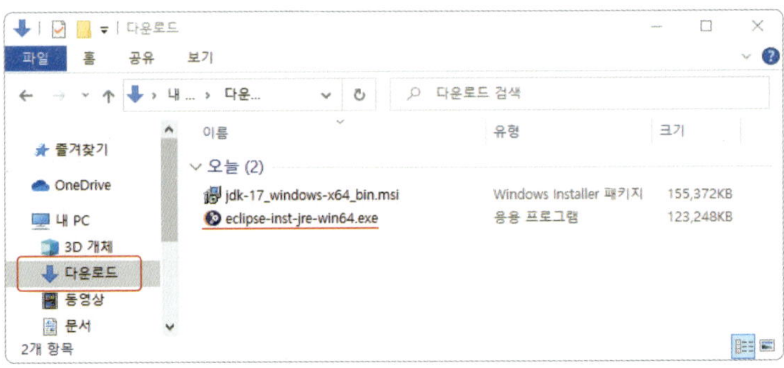

그림 1-26 이클립스 다운로드 2

03 설치하기 위해 eclipse-inst-jre-win64.exe 파일을 실행하면 잠깐 설치 로고 화면이 나옵니다.

그림 1-27 이클립스 설치 1

04 이클립스의 종류가 여러 가지인데 그중에서 맨 위의 'Eclipse IDE for Java Developers'를 선택합니다.

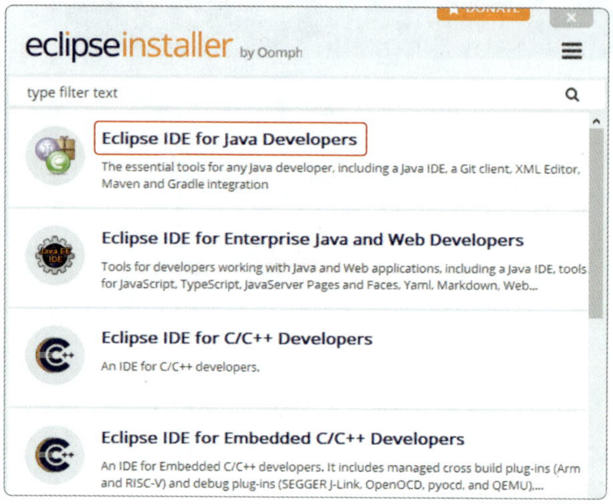

그림 1-28 **이클립스 설치 2**

이클립스는 자바뿐 아니라 C/C++, JSP, 자바스크립트, 파이썬 등 다양한 언어를 지원합니다.

05 폴더 선택 화면에서 'Java 17+ VM'은 앞서 설치한 자바 폴더인 'C:\jdk'로 설정되어 있을 것입니다. 'Installation Folder'는 기본값으로 두고 〈INSTALL〉을 클릭합니다.

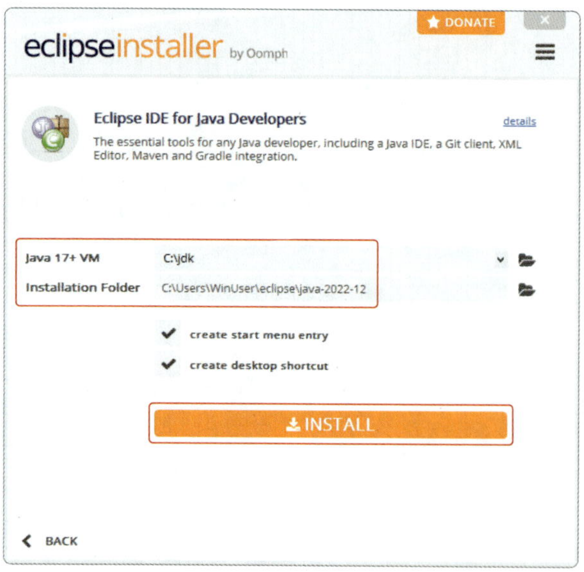

그림 1-29 **이클립스 설치 3**

06 라이선스 동의 화면이 나타나면 〈Accept Now〉를 클릭합니다.

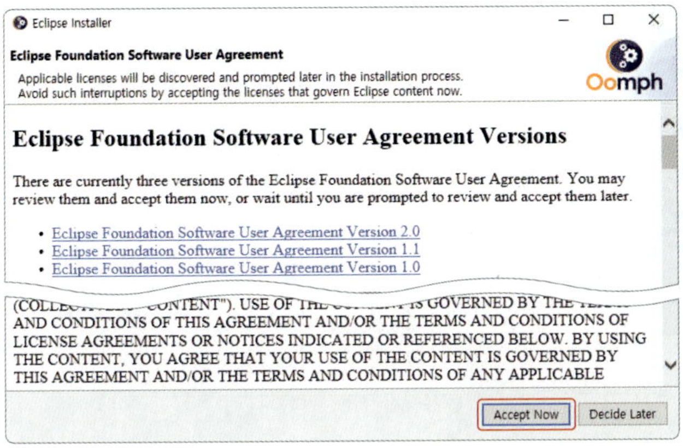

그림 1-30 **이클립스 설치 4**

이클립스는 개인, 회사, 교육 기관이 모두 무료로 사용할 수 있습니다.

07 잠시 설치가 진행됩니다. 설치가 완료된 다음 〈LAUNCH〉를 클릭하면 이클립스가 실행됩니다.

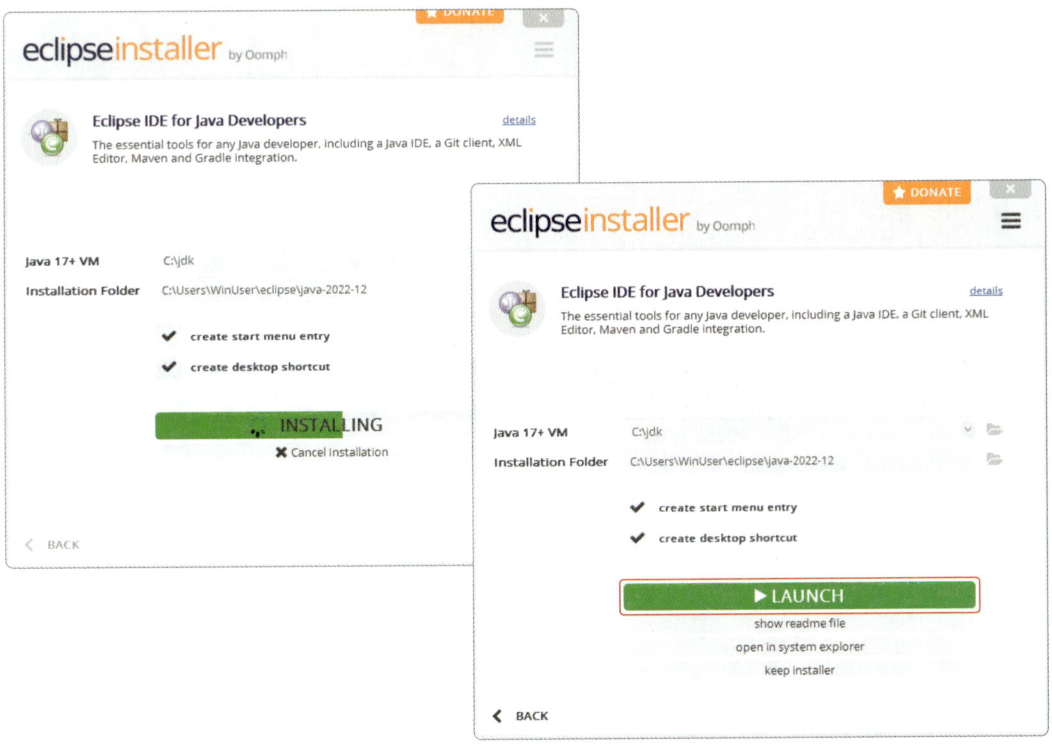

그림 1-31 **이클립스 설치 5**

08 이클립스 로고가 잠시 나옵니다.

그림 1-32 **이클립스 로고 화면**

09 앞으로 코딩할 폴더를 미리 지정하는 화면이 나타나면 〈Browse〉를 클릭하여 앞서 생성한 'C:\FirstJava'를 선택하고 〈Launch〉를 클릭합니다.

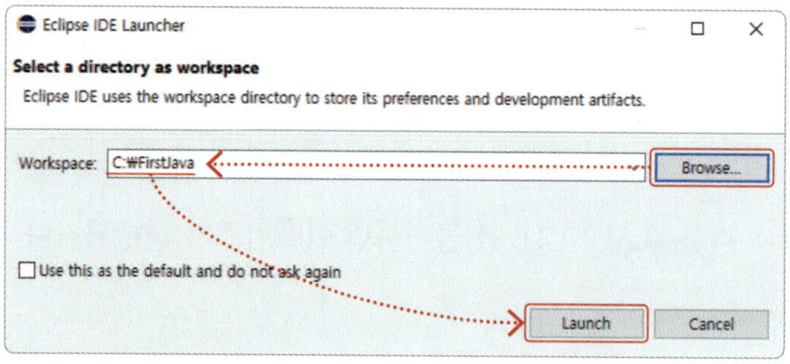

그림 1-33 **작업 폴더 선택**

10 잠시 후 이클립스 초기 화면 및 [Welcome] 창이 나타납니다. [Welcome] 창은 불필요하니 ☒를 클릭하여 닫습니다.

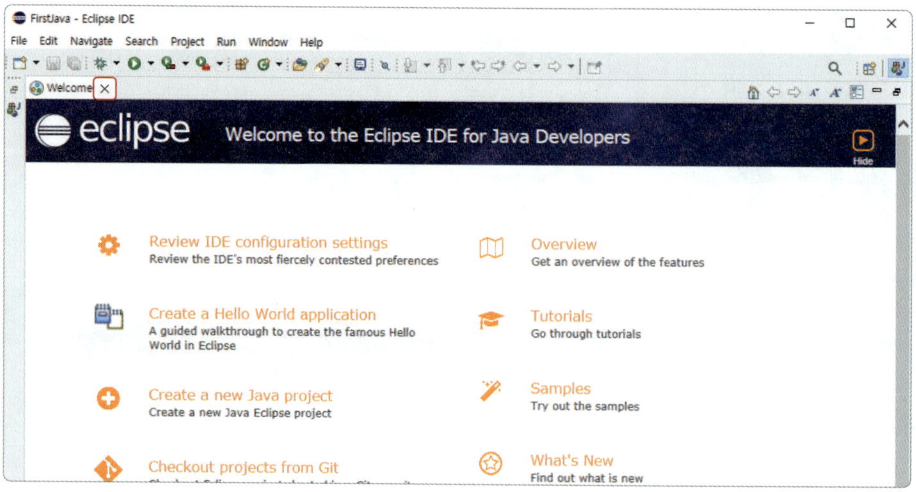

그림 1-34 **이클립스 초기 화면 1**

11 앞으로 다음과 같은 이클립스 화면에서 주로 프로그램을 작성할 것입니다. 일단은 오른쪽 위의 ☒를 클릭하거나 메뉴의 [File]-[Exit]를 선택하여 이클립스를 종료합니다.

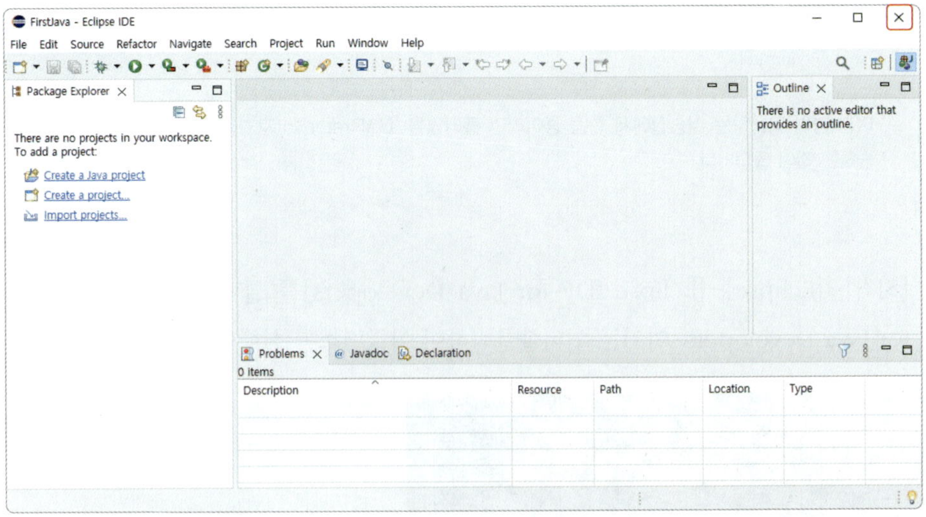

그림 1-35 **이클립스 초기 화면 2**

하나 더 알기 ✓ **그 밖의 IDE**

자바 개발을 지원하는 IDE에는 이클립스뿐만 아니라 여러 가지 종류가 있습니다. 이클립스 말고도 많이 사용되는 IDE는 다음과 같습니다.

- **인텔리제이 아이디어**

인텔리제이 아이디어(IntelliJ IDEA)는 젯브레인즈(JetBrains)에서 제작한 상용 자바 통합 개발 환경으로, 줄여서 인텔리제이 혹은 IDEA라고 부르기도 합니다. 상용이지만 일부 기능을 제거한 무료 버전도 제공하는데, 학습용이나 기본 개발용의 경우 무료 버전으로도 충분합니다.

- **비주얼 스튜디오 코드**

마이크로소프트의 비주얼 스튜디오 코드(Visual Studio Code)는 다양한 프로그래밍을 할 수 있는 에디터로서 자바 개발 환경으로도 사용 가능합니다. 확장 기능을 제공하므로 자바뿐 아니라 파이썬, 자바스크립트 등 대부분의 프로그래밍 언어를 사용할 수 있으며, 최근 들어 인기가 상승하고 있습니다.

2 이클립스 사용법

이제 통합 개발 환경인 이클립스를 사용하여 자바 프로그래밍을 해봅시다. 앞으로 계속 반복하게 될 프로그램 작성 과정을 처음으로 진행해볼 것입니다. 아직은 프로그램 용어나 사용법이 익숙지 않겠지만 일단 똑같이 따라 해보세요. 이 장의 실습을 잘 익혀두면 이후의 실습에서 어려움을 겪지 않을 것입니다.

이클립스 실행 및 설정

01 앞으로 작성할 프로젝트를 C:\FirstJava 폴더에 모아놓을 것입니다. 앞에서 이미 이 폴더를 생성했으니 그대로 사용하면 됩니다.

여러 명이 이용하는 실습실에서 학습 중이라면 폴더명을 'C:\FirstJava(자기이름)'과 같이 만들고 실습하는 것이 좋습니다.

02 윈도우의 [시작]-[Eclipse]-[Eclipse IDE for Java Developers]를 클릭하거나, 바탕화면의 'Eclipse IDE for Java Developers' 아이콘을 더블클릭하여 이클립스를 실행합니다.

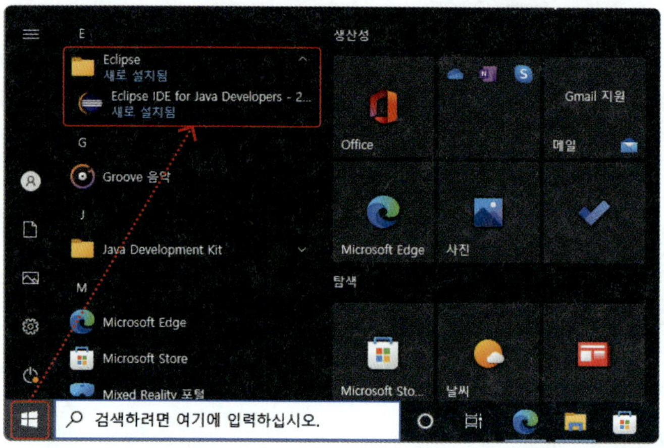

윈도우 11은 [시작]을 클릭한 후 오른쪽 위의 [모든 앱]을 클릭해야 전체 앱이 보입니다.

그림 1-36 **이클립스 실행**

03 이클립스 로고가 잠깐 보이다가 [Select a directory as workspace] 창이 나타나는데, 'Workspace'가 앞서 설정한 'C:\FirstJava'로 되어 있으면 〈Launch〉를 클릭합니다.

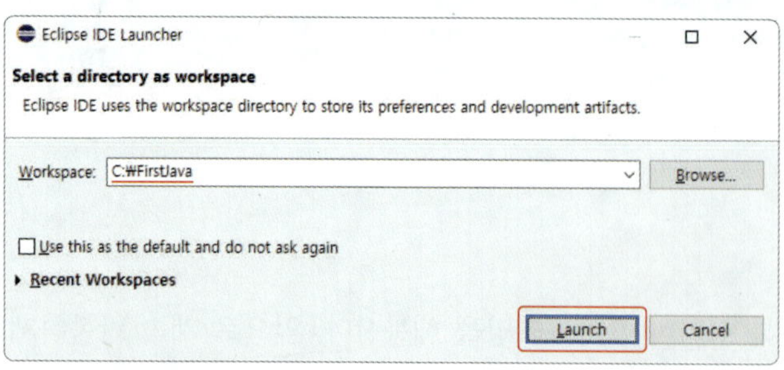

말 그대로 작업 공간인 워크스페이스는 앞으로 자바 프로그래밍을 할 폴더를 의미합니다. 모든 실습을 C:\FirstJava 폴더에서 진행할 것입니다.

그림 1-37 **워크스페이스 선택**

04 [Eclipse IDE] 화면이 나타납니다. 이클립스는 기본적으로 코드를 입력한 후 자동으로 빌드(컴파일)되도록 설정되어 있는데, 이 기능을 끄겠습니다. 상단 메뉴에서 [Project]-[Build Automatically]를 선택하여 체크를 해제합니다.

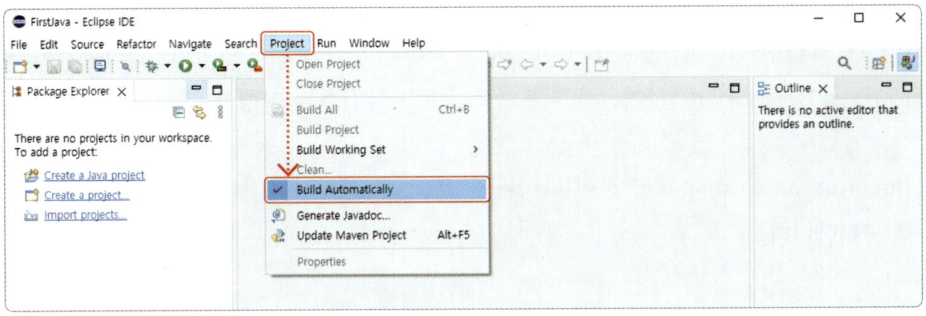

그림 1-38 **자동 빌드 기능 끄기**

05 메뉴에서 [File]-[Exit]를 선택하여 이클립스를 종료합니다.

하나 더 알기 **폰트 조절하기**

폰트의 크기나 모양이 마음에 들지 않으면 메뉴에서 [Window]-[Preferences]를 선택한 뒤 왼쪽 메뉴 트리의 [General]-[Appearance]-[Colors and Fonts]를 선택합니다. 그런 다음 오른쪽 메뉴 트리의 [Basic]-[Text Font]를 선택하고 〈Edit〉을 클릭한 후 원하는 글꼴, 크기 등을 설정하고 〈확인〉을 클릭합니다. 그리고 〈Apply and Close〉를 클릭하여 [Preferences] 창을 닫습니다.

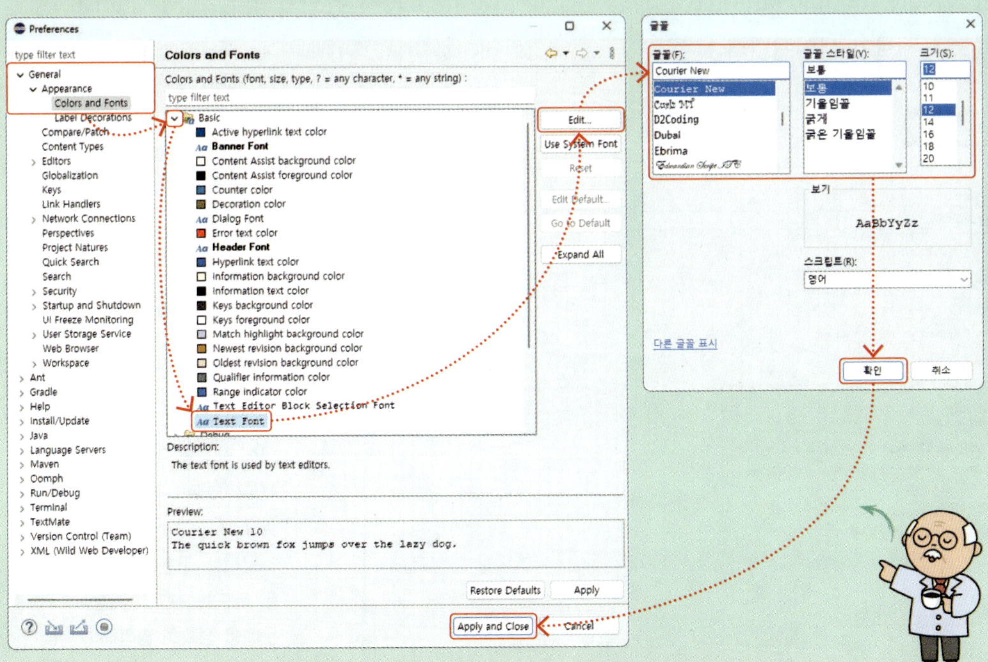

프로젝트 생성

모든 준비를 갖추었으니 이제 프로젝트를 생성하는 방법을 알아봅시다. 다음 과정은 이후의 실습에서 계속 쓰이므로 잘 익혀두기 바랍니다.

01 윈도우의 [시작]–[Eclipse]–[Eclipse IDE for Java Developers]를 클릭하거나, 바탕화면의 'Eclipse IDE for Java Developers' 아이콘을 더블클릭하여 이클립스를 실행합니다.

02 [Select a directory as workspace] 창이 나타나면 'Workspace'가 'C:\FirstJava'인지 확인하고 〈Launch〉를 클릭합니다.

03 프로젝트를 생성하기 위해 상단 메뉴에서 [File]–[New]–[Java Project]를 선택합니다.

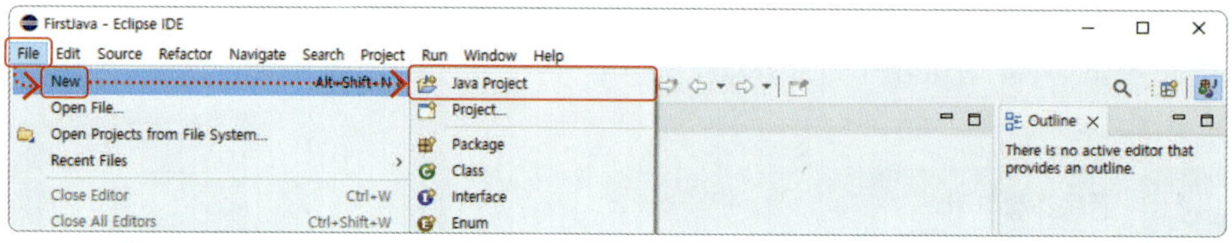

그림 1-39 **프로젝트 생성 1**

04 [Create a Java Project] 창에서 'Project name'에 'Chapter01'을 입력하고 아래쪽의 'Module'에서 'Create module-info.java file'의 체크가 해제되었는지 확인합니다. 이제 〈Finish〉를 클릭하면 프로젝트가 생성됩니다.

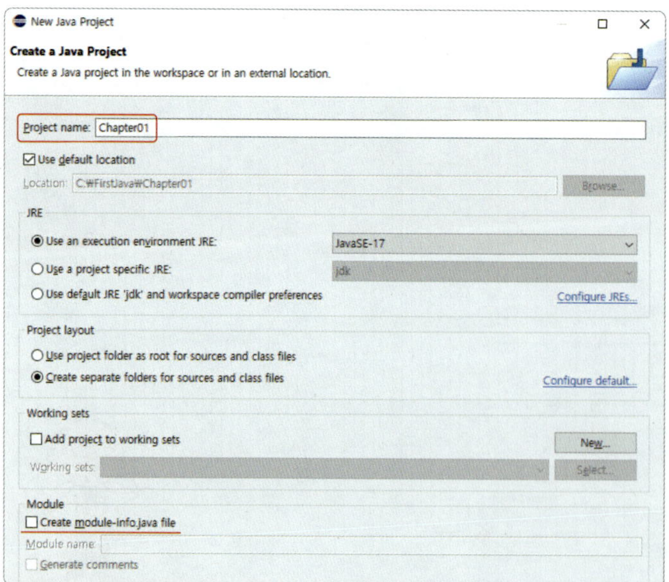

그림 1-40 **프로젝트 생성 2**

> 앞으로 각 장마다 프로젝트를 하나씩 생성할 것이며, 1장의 프로젝트이므로 이름을 'Chapter01'로 설정했습니다. 자바에서는 대·소문자를 구분하므로 앞으로 모든 코드는 책과 동일하게 대·소문자를 정확히 입력해야 합니다.

05 왼쪽에 Chapter01 프로젝트가 생성되었습니다. 프로젝트를 추가로 생성하면 [Package Explorer]에 계속 쌓입니다.

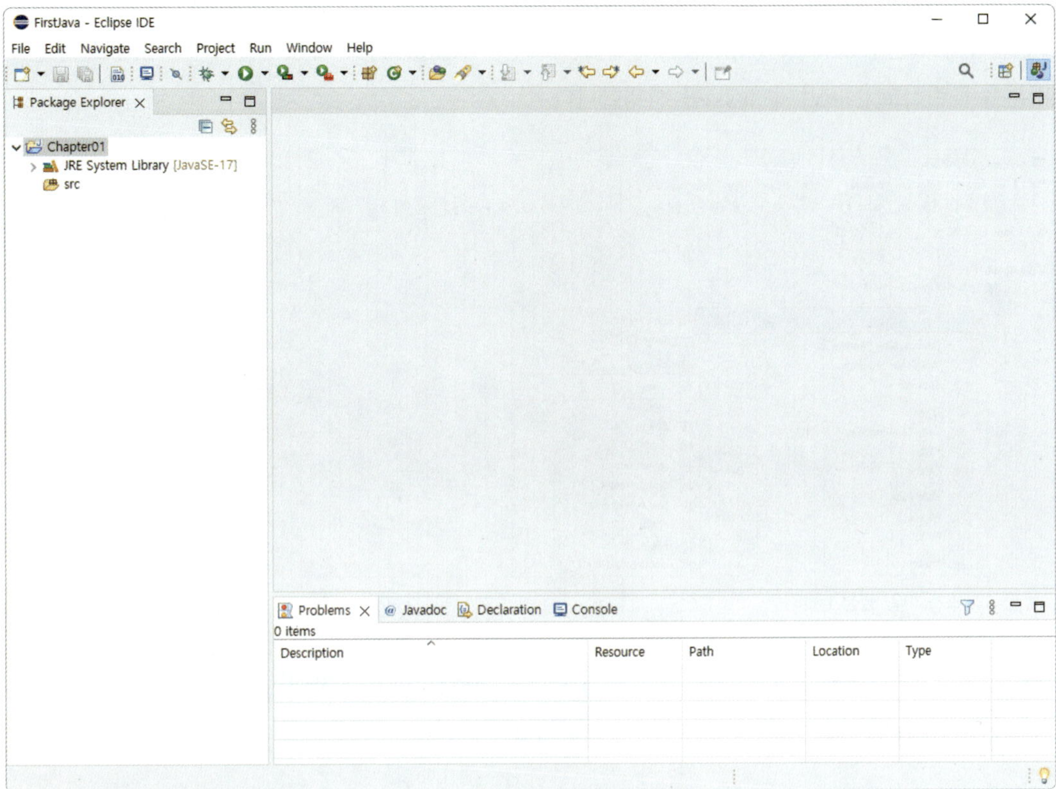

그림 1-41 **프로젝트 생성 3**

Chapter01 앞의 ✓ 아이콘을 클릭하면 트리가 펼쳐집니다.

하나 더 알기 ✓ **프로젝트의 개념**

이클립스에서 자바 프로그래밍을 하려면 먼저 프로젝트를 생성해야 합니다. 프로젝트는 자바뿐 아니라 다른 고급 프로그래밍에서도 중요한 개념으로, 여러 개의 자바 소스 코드를 모아놓은 묶음이자 그릇이라고 볼 수 있습니다. 대부분의 프로젝트는 여러 개의 자바 소스 코드로 이루어지지만 한 프로젝트에 자바 소스 코드가 하나뿐일 수도 있습니다.

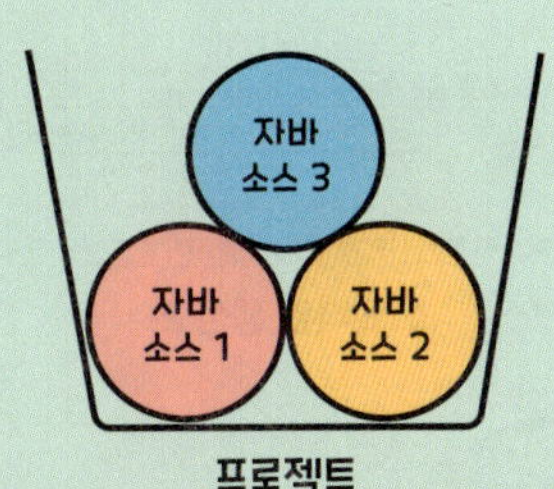

자바 프로그램 작성

프로젝트를 생성했으니 본격적으로 자바 프로그램을 작성할 수 있습니다.

01 왼쪽에 있는 [Package Explorer]의 프로젝트명(Chapter01) 아래 src 폴더에서 마우스 오른쪽 버튼을 클릭하고 [New]−[Class]를 선택합니다.

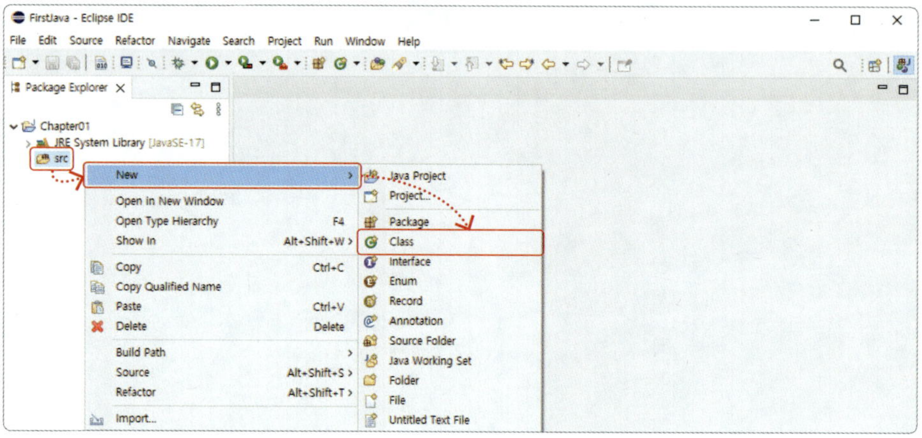

그림 1-42 **소스 파일 생성 1**

02 [Java Class] 창에서 'Name'에 'Code01_01'을 입력한 뒤 아래쪽의 'public static void main(String[] args)'에 체크하고 〈Finish〉를 클릭합니다.

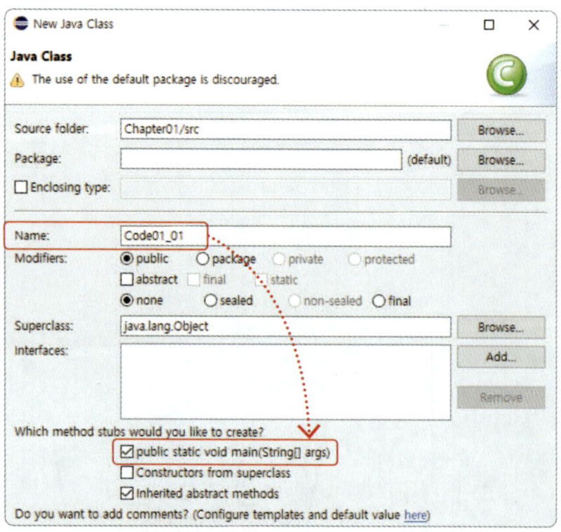

그림 1-43 **소스 파일 생성 2**

'public static void main(String[ ] args)'에 체크하는 것은 입력될 내용을 항상 자동으로 완성하기 위함입니다. 체크하지 않으면 해당 부분을 직접 코딩해야 합니다.

앞으로 소스 코드명을 'Code장_순번' 형식으로 지정할 것이며, 1장의 첫 번째 소스 코드이므로 이름을 'Code01_01'로 설정했습니다.

하나 더 알기 ✓ **프로젝트명과 클래스명**

자바는 소스 코드 전체가 클래스로 구성되어 있으며 클래스명이 소스 파일명과 동일합니다. [그림 1-43]에서 'Code01_01'이라는 클래스를 만들었으므로 이 클래스의 소스 파일명은 'Code01_01.java'입니다. 클래스명은 첫 글자를 대문자로 하는 것이 좋습니다. 앞으로 각 장마다 프로젝트를 하나씩 생성하고, 그 안에 해당 장의 모든 자바 소스 코드(클래스)를 생성하겠습니다.

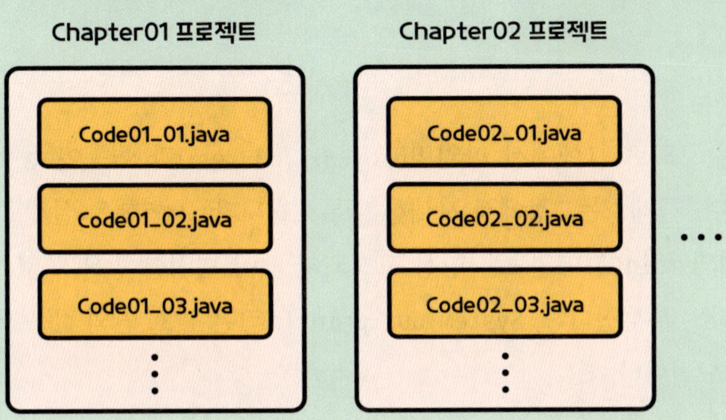

03 [그림 1-44]와 같이 코드를 입력합니다. 자동으로 생성된 '`//TODO Auto-generated method stub`'는 주석(remark)이므로 제거해도 됩니다.

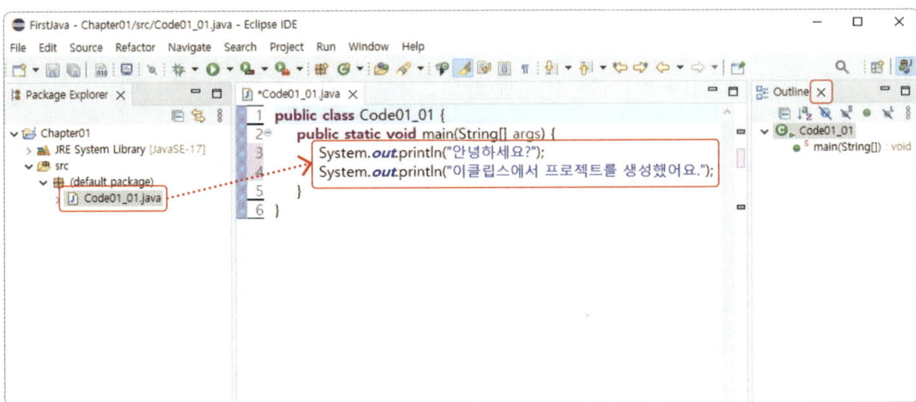

그림 1-44 **코드 수정 및 입력**

이클립스 화면 오른쪽의 [Outline]은 없어도 되니 ☒를 클릭하여 창을 닫으세요. 또한 자동 생성된 코드 중에서 빈 행은 없어도 되므로 제거했습니다.

작성한 코드를 간략히 살펴봅시다. 지금은 코드가 이해되지 않아도 괜찮으니 가볍게 읽고 넘어가세요.

코드 1-2 Code01_01.java

```
01  public class Code01_01 {
02      public static void main(String[] args) {
03          System.out.println("안녕하세요?");
04          System.out.println("이클립스에서 프로젝트를 생성했어요.");
05      }
06  }
```

[코드 1-2]는 클래스를 선언하는 코드로, 1행에서 파일명(Code01_01.java)과 이름이 동일한 Code01_01 클래스를 선언했습니다. 클래스는 7장에서 자세히 다루겠습니다. 2~5행은 실제로 작동하는 메인 코드 부분입니다. 2행의 `main()` 메서드는 항상 고정되어 있어 변경할 필요가 없으며 3, 4행이 실제로 변경되거나 추가되는 부분입니다. `System.out.println()`은 괄호 안의 값을 화면에 출력하는 기능을 제공하는 메서드입니다.

클래스, 메서드 등은 뒤에서 상세히 설명할 테니 지금은 2~5행의 `main()` 메서드 안쪽에 집중하세요.

자바 코드를 작성할 때는 중괄호({})의 쌍이 정확히 맞아야 오류가 발생하지 않으며, 각 행의 마지막에 세미콜론(;)을 입력해야 합니다. 이러한 자바 문법은 2장부터 자세히 다루겠습니다.

04 메뉴에서 [File]-[Save] 또는 [Save All]을 선택하거나 Ctrl + S 를 눌러 코드를 저장합니다.

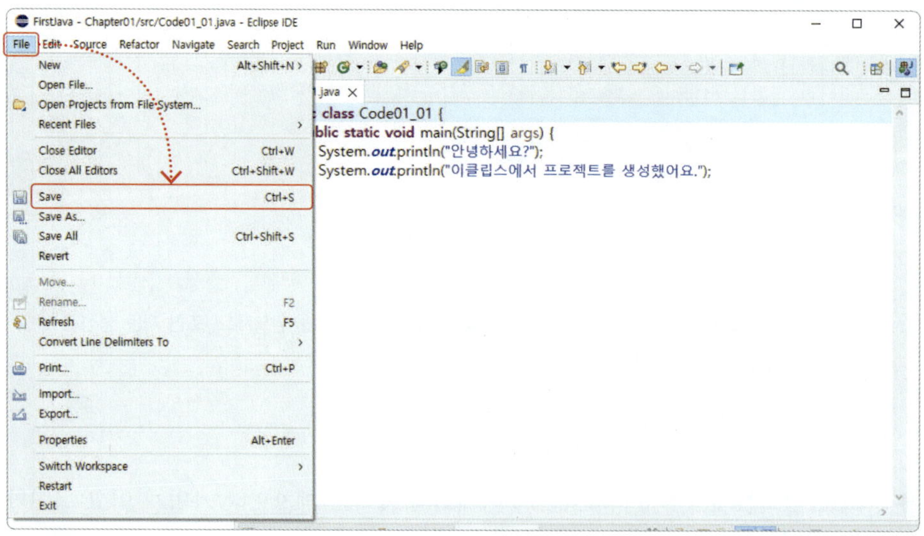

그림 1-45 코드 저장

빌드(컴파일과 링크) 및 실행

입력한 코드는 컴파일과 링크를 해야 합니다. 컴파일과 링크는 한꺼번에 이루어지며, 이 과정을 빌드(build)라고 합니다. 앞으로 컴파일과 링크를 따로 언급하지 않고 빌드라고 하겠습니다.

01 작성한 프로그램을 빌드하기 위해 메뉴에서 [Project]-[Build All]을 선택합니다.

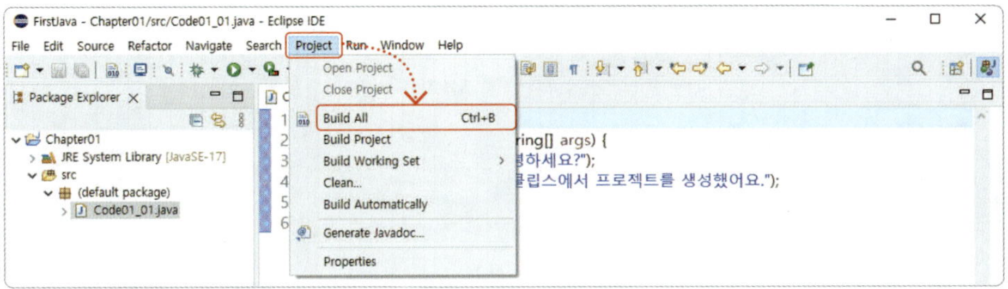

그림 1-46 **프로젝트 빌드 1**

02 이클립스 하단의 [Problems] 탭에 아무런 메시지가 나타나지 않았다면 오류가 없는 것입니다. 만약 실패라고 표시되어 있으면 코드에서 오타나 문법상 잘못된 부분을 수정한 후 다시 빌드하면 됩니다.

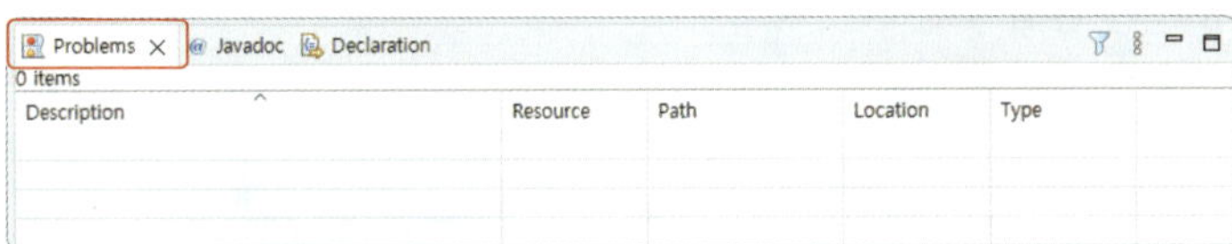

그림 1-47 **프로젝트 빌드 2**

03 이제 프로젝트를 실행해봅시다. 메뉴에서 [Run]-[Run]을 선택하거나 Ctrl + F11을 눌러 코드를 실행하면 아래쪽 [Console]에서 결과를 확인할 수 있습니다.

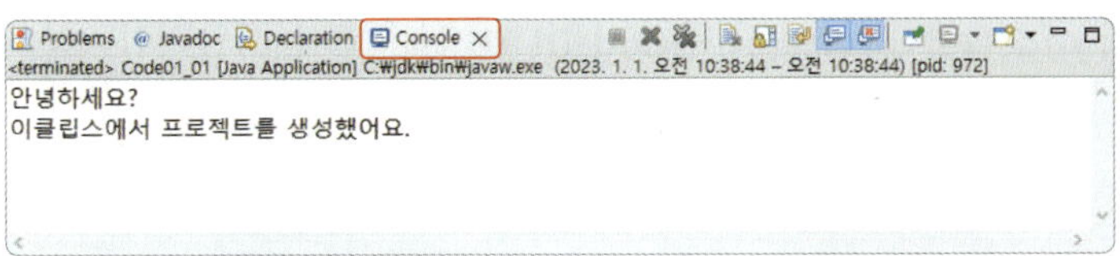

그림 1-48 **프로젝트 실행 결과**

만약 [Save and Launch] 창이 나타난다면 코드가 저장되지 않았기 때문입니다. 〈OK〉를 클릭하면 저장된 후 실행됩니다.

04 만약 빌드를 하지 않고 실행하면 자동으로 빌드가 수행된 후 코드가 실행됩니다.

프로젝트 닫기 및 다시 열기

01 프로젝트를 모두 완료했다면 [Package Explorer]의 프로젝트명에서 마우스 오른쪽 버튼을 클릭하고 [Close Project]를 선택합니다.

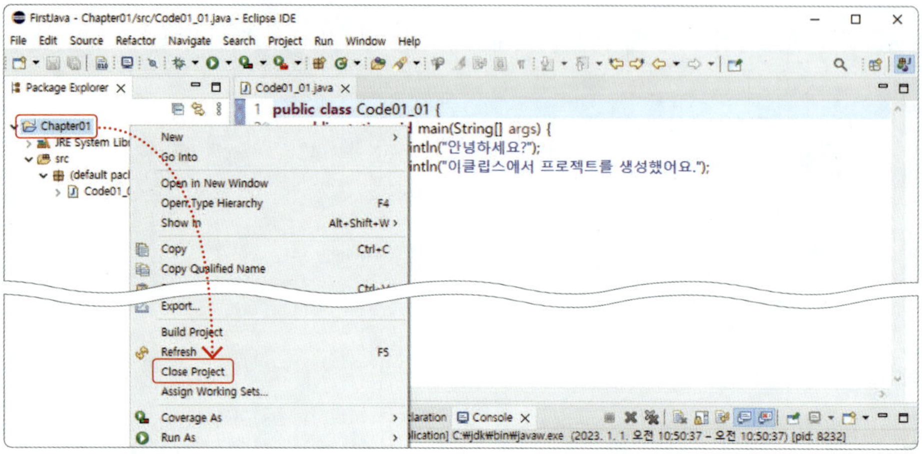

그림 1-49 **프로젝트 닫기**

02 프로젝트가 닫히면 [Package Explorer]의 프로젝트 아이콘이 닫힌 모양으로 바뀌고, 화면 오른쪽의 [Code01_01.java] 창이 자동으로 닫힙니다.

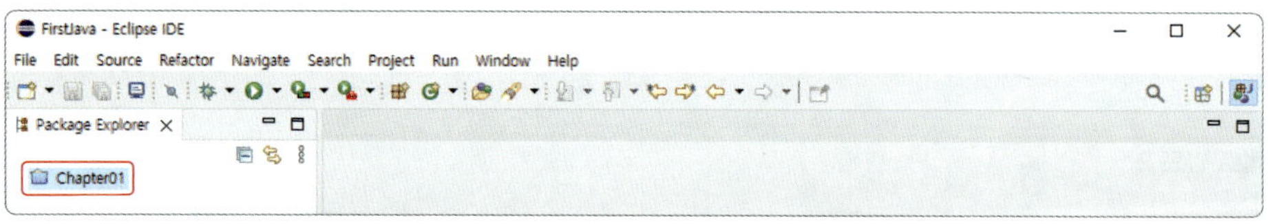

그림 1-50 **프로젝트가 닫힌 화면**

03 프로젝트를 다시 열려면 왼쪽의 프로젝트명을 더블클릭합니다. 또한 소스 코드를 보려면 프로젝트명 왼쪽의 ⌄를 클릭하여 [src]–[(default package)]–[Code01_01.java]를 더블클릭합니다.

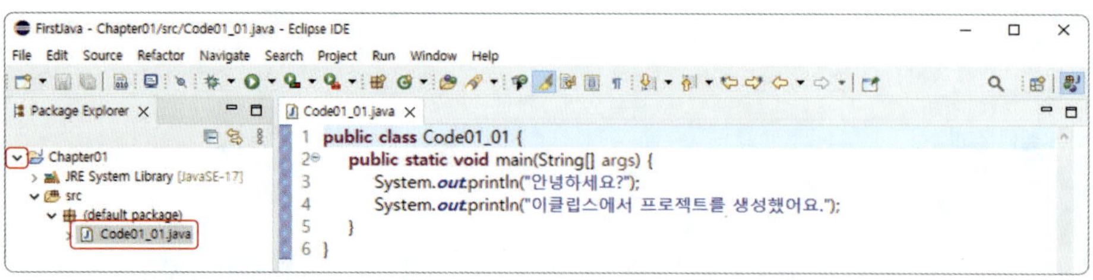

그림 1-51 **프로젝트 다시 열기**

04 [Package Explorer]의 프로젝트명에서 마우스 오른쪽 버튼을 클릭하고 [Close Project]를 선택하여 프로젝트를 다시 닫습니다.

05 [Package Explorer]의 프로젝트명에서 마우스 오른쪽 버튼을 클릭하고 [Delete]를 선택한 뒤 [Delete Resources] 창에서 〈OK〉를 클릭하면 [Package Explorer]에서 프로젝트가 사라집니다.

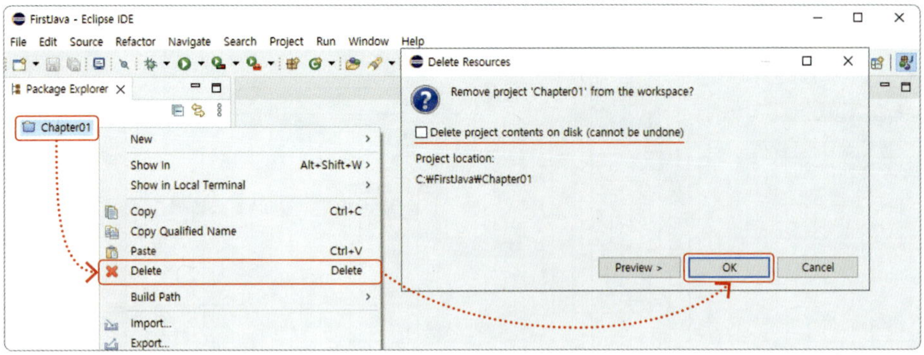

그림 1-52 **목록에서 프로젝트 제거**

[Delete Resources] 창의 'Delete project contents on disk (cannot be undone)'에 체크되어 있으면 프로젝트가 디스크에서 완전히 삭제되어 되돌릴 수 없으니 주의하세요.

06 다시 프로젝트를 가져오려면 메뉴에서 [File]-[Import]를 선택한 뒤 [Select] 창에서 [General]-[Existing Projects into Workspace]를 선택하고 〈Next〉를 클릭합니다.

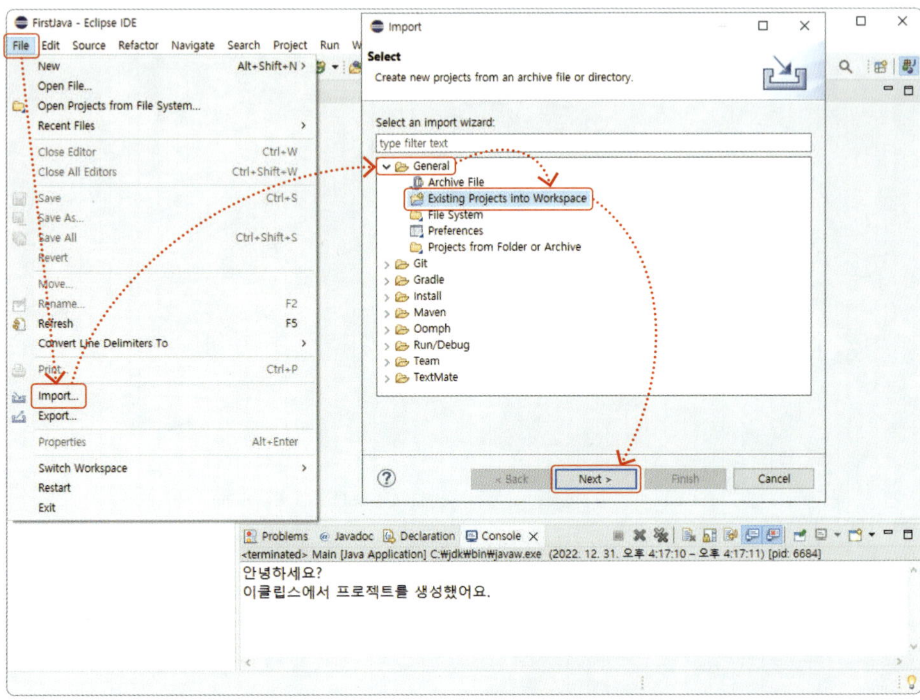

그림 1-53 **프로젝트 가져오기 1**

07 [Import Projects] 창에서 'Select root directory'가 선택된 상태에서 〈Browse〉를 클릭하여 프로젝트의 폴더(C:\FirstJava\Chapter01)를 선택하고 〈폴더 선택〉을 클릭합니다. 폴더가 선택된 것을 확인한 다음 〈Finish〉를 클릭하면 임포트가 완료됩니다.

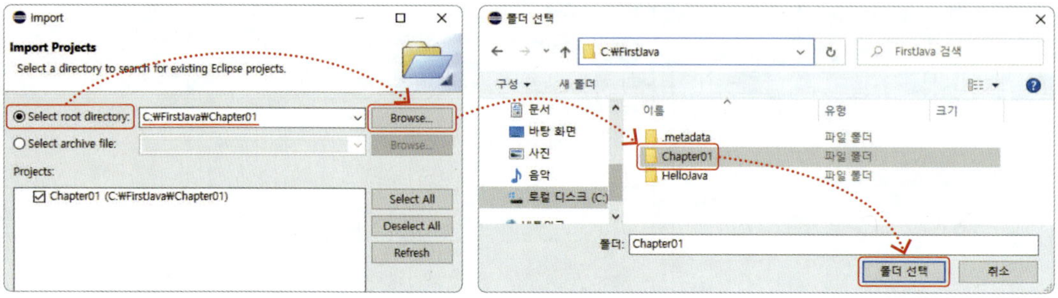

그림 1-54 **프로젝트 가져오기 2**

08 [Package Explorer]의 프로젝트 아이콘이 다시 열린 모양으로 바뀌고, [Code01_01.java]를 더블클릭하면 코드를 확인할 수 있습니다.

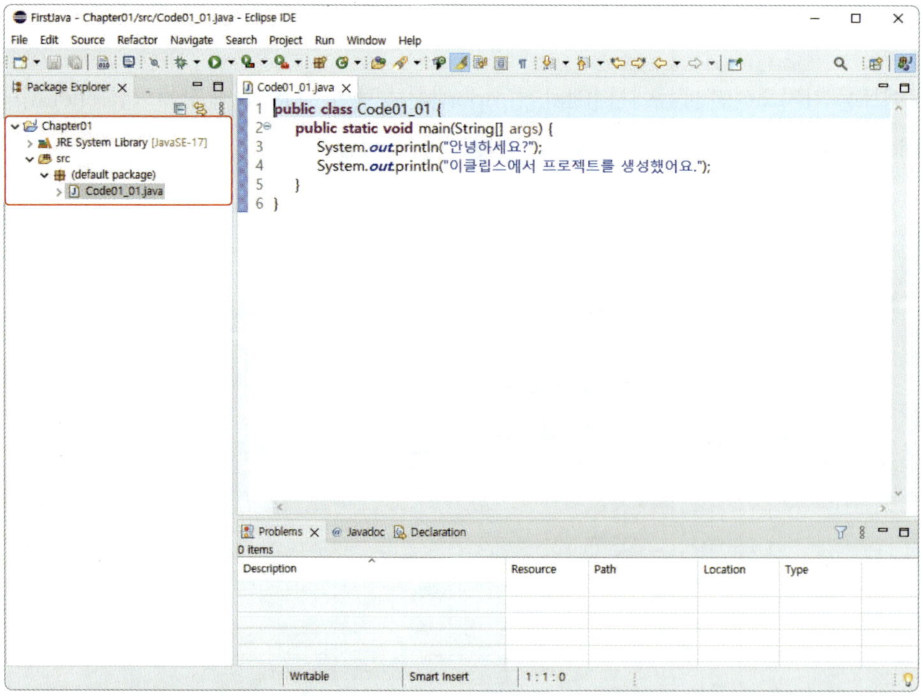

그림 1-55 **프로젝트 가져오기 3**

확인문제

이클립스에서 Chapter01 프로젝트에 Code01_02 클래스를 추가하고, 자신의 이름이 출력되도록 코드를 작성한 후 실행하시오.

Hint Chapter01 프로젝트를 더블클릭하여 열고 [Package Explorer]의 [Chapter01]–[src]에서 마우스 오른쪽 버튼을 클릭하여 클래스를 추가하세요.

정답

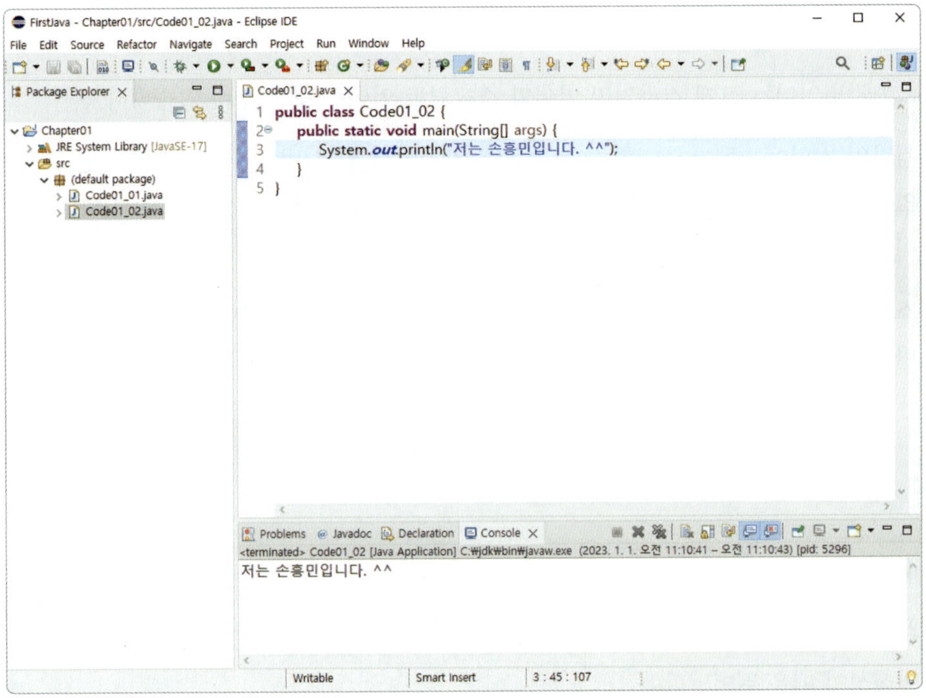

요약

01 우리가 일상생활에서 사용하는 수많은 소프트웨어는 프로그램이며, 프로그램을 만드는 작업을 프로그래밍이라고 합니다.

02 컴퓨터가 이해하는 언어인 프로그래밍 언어는 컴퓨터에서 작동하는 프로그램을 만들기 위한 도구입니다.

03 프로그래밍 언어는 크게 컴파일러 언어와 스크립트 언어로 구분할 수 있습니다.

- **컴파일러 언어:** 소스 코드를 실행 가능한 기계어로 일괄 번역한 후, 번역이 완료된 파일을 실행하는 언어를 말합니다. 대표적인 컴파일러 언어에는 C, C++, 자바, C# 등이 있습니다.
- **스크립트 언어:** 소스 코드를 한 줄씩 읽어 실행하는 언어를 말합니다. 대표적인 스크립트 언어에는 파이썬, 자바스크립트, 펄 등이 있습니다.

04 자바는 제임스 고슬링이라는 프로그래머가 1995년에 개발한 객체지향 프로그래밍 언어입니다.

05 자바의 장점은 다음과 같습니다.

- 프로그래밍을 위한 간결한 문법을 제공합니다.
- 이식성이 매우 뛰어납니다.
- 완전한 객체지향 언어입니다.
- 다양한 분야의 응용 프로그램을 작성할 수 있습니다.

06 JVM은 각 운영체제에 설치되는 바이트 코드를 실행하는 소프트웨어로, 운영체제에 상관없이 한 번 작성한 자바 코드를 어디에서든 실행할 수 있게 합니다.

07 'Hello, world!'를 출력하는 자바 코드는 다음과 같습니다.

```
public class HelloJava {
    public static void main(String[] args) {
        System.out.println("Hello, world!");
    }
}
```

08 이클립스는 자바 프로그래밍을 위한 IDE입니다. 이클립스를 실행한 후 코딩을 하는 순서는 다음과 같습니다.

워크스페이스 선택 → 자바 프로젝트 생성 → src 폴더에 클래스 추가 → 코드 입력 → 빌드 → 실행

연습문제

01 다음은 무엇에 대한 설명인가요?

> 소스 코드를 실행 가능한 기계어로 일괄 번역한 후, 번역이 완료된 파일(예 *.exe, *.class 등의 파일)을 실행하는 언어를 말한다. 대표적으로 C, C++, 자바, C# 등이 있다.

① 컴파일러 언어　② C 언어

③ 소스 코드 언어　④ 스크립트 언어

02 다음 중 자바에 대한 설명으로 옳지 않은 것을 고르시오.

① 제임스 고슬링이 개발했다.

② Oracle JDK는 학습용 및 개인의 경우 무료로 사용할 수 있다.

③ Open JDK는 상업용으로 사용하면 안 된다.

④ 많은 분야에서 다양하게 사용되고 있다.

03 다음 중 자바의 장점으로 옳지 않은 것을 고르시오.

① 간결한 문법을 제공한다.

② 이식성이 매우 뛰어나다.

③ 완전한 절차지향 언어이다.

④ 다양한 분야의 응용 프로그램을 작성할 수 있다.

04 다음 중 자바 가상 머신과 자바 프로그램 버전에 대한 설명으로 옳지 않은 것을 고르시오.

① 자바 가상 머신은 운영체제와 상관없이 자바 코드가 작동되게 한다.

② 자바 가상 머신은 무료로 다운로드하여 설치할 수 있다.

③ 자바의 LTS는 장기 지원 버전이다.

④ 자바 프로그램은 작성하려면 JRE를 설치해야 한다.

05 다음 중 자바 개발 환경에 대한 설명으로 옳지 않은 것을 고르시오.

① 64비트 윈도우 8 이상에 설치할 수 있다.

② https://java.oracle.com에서 JDK를 다운로드할 수 있다.

③ 32비트용 JDK는 윈도우 10 이상에 설치할 수 있다.

④ 자바 개발 환경인 JDK 17을 간단히 Java 17이라고 부르기도 한다.

06 다음 중 자바의 환경 변수 설정에 대한 설명으로 옳지 않은 것을 고르시오.

① JAVA_HOME은 JDK가 설치된 홈 폴더를 의미한다.

② Path는 명령 프롬프트에서 명령을 실행할 때, 실행할 명령어를 찾아보는 폴더의 경로 모음을 의미한다.

③ 자바 환경 변수를 설정하는 명령어는 `SET_JAVA`이다.

④ 자바의 버전을 확인하는 명령어는 `JAVA -version`이다.

07 다음 중 'Hello, World!'를 출력하는 코드를 고르시오.

① `System.out.writeln("Hello, world!");`

② `System.out.printing("Hello, world!");`

③ `System.out.println("Hello, world!");`

④ `System.out.display("Hello, world!");`

08 다음 중 MyHello.java 코드를 컴파일하고 실행하는 순서를 고르시오.

① JAVAC MyHello.java → JAVA MyHello

② JAVAC MyHello.java → JAVA MyHello.java

③ JAVAC MyHello → JAVA MyHello.java

④ JAVAC MyHello → JAVA MyHello

09 다음 중 자바 프로그래밍을 하기 위한 통합 개발 환경을 고르시오.

① 인스톨러 ② 자바 에디터

③ 디벨로퍼 ④ 이클립스

10 이클립스에서 자바를 코딩하는 데 사용되는 용어를 단위가 큰 것부터 순서대로 나열한 것을 고르시오.

① 클래스 > 워크스페이스 > 프로젝트

② 프로젝트 > 클래스 > 워크스페이스

③ 워크스페이스 > 프로젝트 > 클래스

④ 프로젝트 > 워크스페이스 > 클래스

CHAPTER 02

변수

학습목표

- 간단한 계산기를 만들어봅니다.
- 변수의 개념과 사용법을 완전히 이해합니다.
- 키보드로 값을 입력받는 방법을 익힙니다.
- 계산기 응용 프로그램을 작성합니다.
- 터틀 그래픽을 작동하는 기본 방법을 알아봅니다.

Preview

프로그래밍을 배울 때는 실제로 예제 코드를 작성하면서 개념을 이해하는 것이 좋습니다. 이 장에서는 간단한 계산기 프로그램을 작성하면서 변수와 대입 연산자, 산술 연산자의 개념을 이해합니다.

먼저 프로젝트 생성 방법을 복습한 뒤 계산기를 만드는 데 필요한 변수에 대해 알아봅니다. 그리고 좀 더 효용성 있는 계산기를 만들기 위해 사용자가 값을 입력하는 방법을 배워 완전한 기능을 갖춘 계산기를 완성합니다.

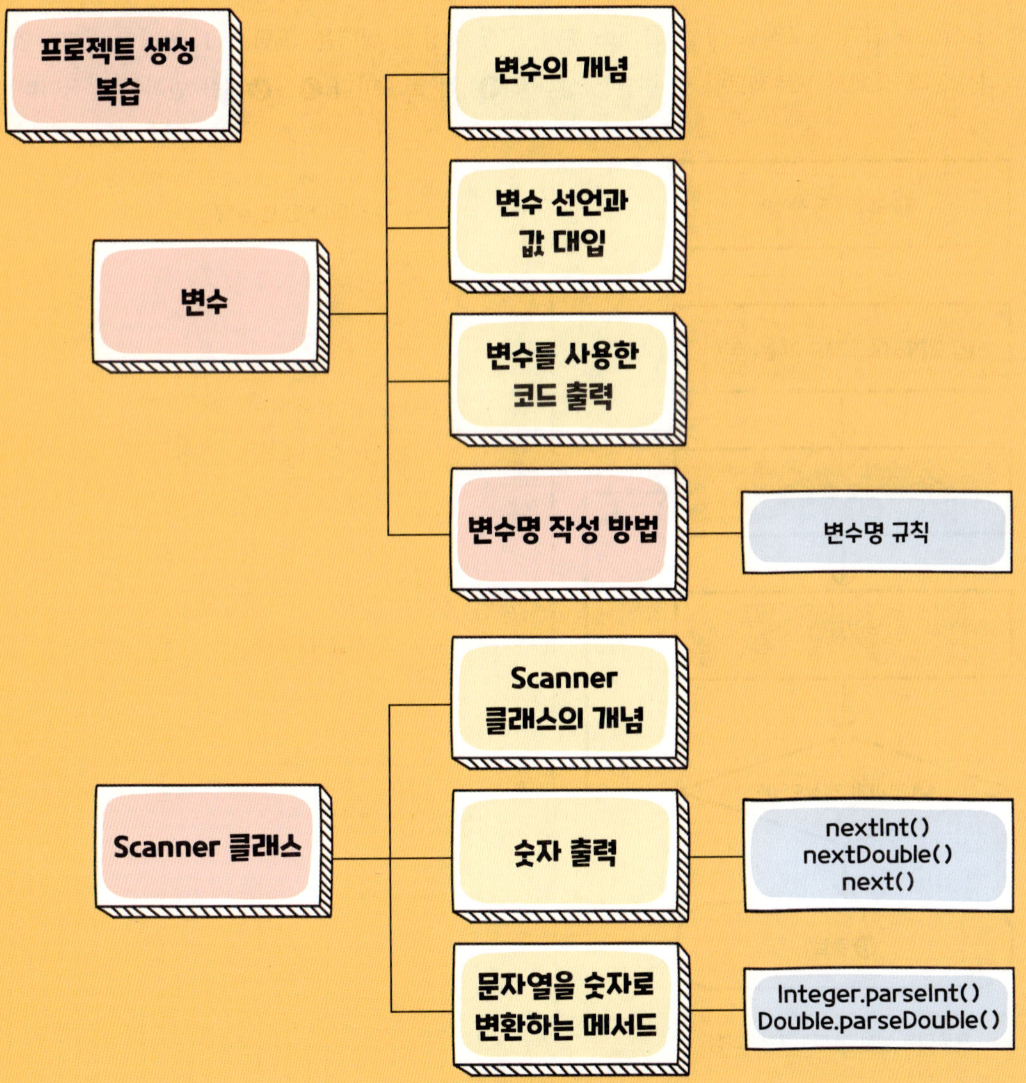

Section 01

간단한 자바 프로젝트 생성 복습

1장에서 프로젝트를 생성하고 자바 코드(클래스)를 추가했습니다. 이 장에서 본격적으로 변수를 학습하기 전에 간단한 프로젝트를 생성하고 자바 코드를 추가하여 실행해보겠습니다. 앞으로 각 장에서 실습을 위한 프로젝트 생성, 클래스 추가, 코드 작성 및 실행은 [그림 2-1]과 같이 진행될 것입니다. 즉 각 장에서 프로젝트를 한 번만 생성하고(❶) 각 코드마다 ❷~❻번을 반복하게 됩니다.

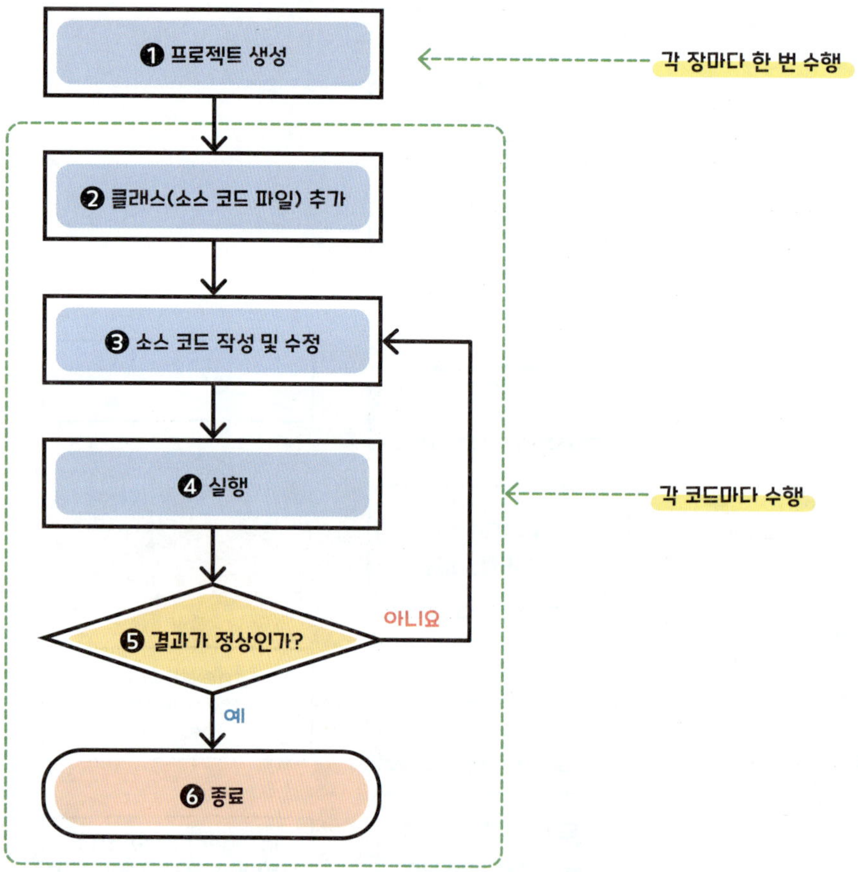

그림 2-1 프로젝트 생성 및 코드 작성 과정

1 프로젝트 생성

01 이클립스를 실행한 뒤 [Select a directory as workspace] 창에서 'Workspace'가 'C:\FirstJava'인지 확인하고 〈Launch〉를 클릭합니다.

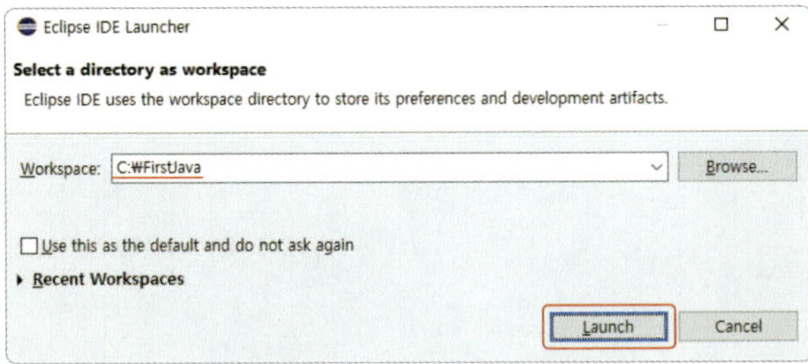

그림 2-2 워크스페이스 선택

하나 더 알기 워크스페이스, 프로젝트, 클래스의 관계

워크스페이스는 프로젝트를 모아놓은 작업 공간으로, 폴더와 매한가지입니다. 이 책의 모든 프로젝트는 C:\FirstJava 폴더에 생성되며, 이 폴더가 바로 워크스페이스입니다. 다음 그림은 워크스페이스, 프로젝트, 소스 코드 파일(클래스)의 관계를 보여줍니다.

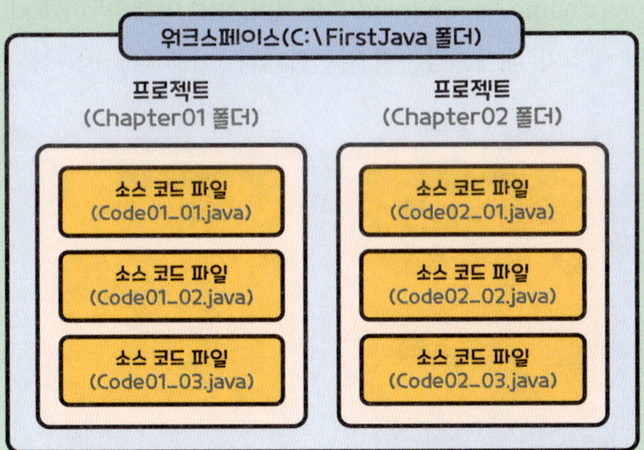

02 만약 1장에서 실습한 프로젝트가 열려 있다면 프로젝트명에서 마우스 오른쪽 버튼을 클릭하고 [Close Project]를 선택하여 프로젝트를 닫습니다.

여러 프로젝트가 열려 있어도 상관없지만, 한 프로젝트만 열고 작업하는 것이 혼란스럽지 않고 더 바람직합니다.

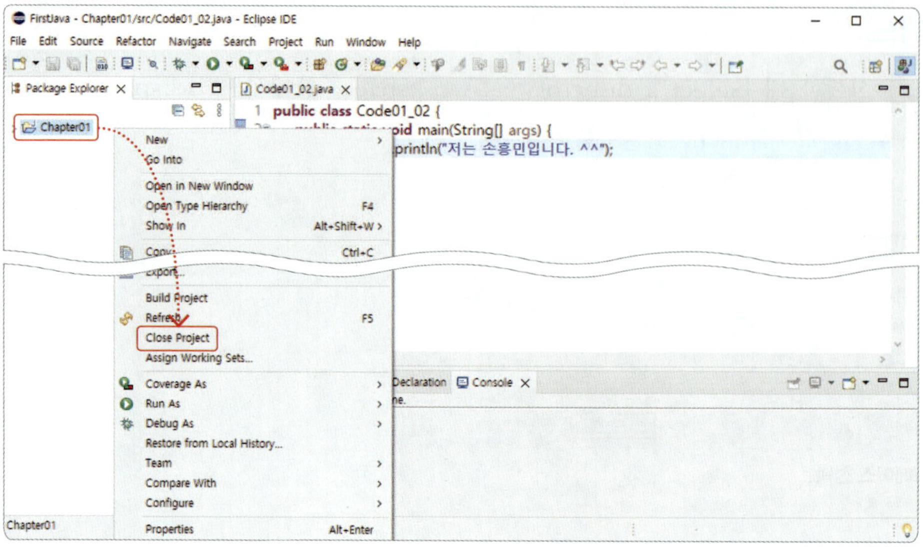

그림 2-3 **Chapter01 프로젝트 닫기**

03 [Eclipse IDE]가 실행되면 메뉴에서 [File]−[New]−[Java Project]를 선택합니다.

04 [Create a Java Project] 창에서 'Project name'에 'Chapter02'를 입력하고 아래쪽의 'Module'에서 'Create module-info.java file'의 체크가 해제되었는지 확인합니다. 이제 〈Finish〉를 클릭하면 프로젝트가 생성됩니다.

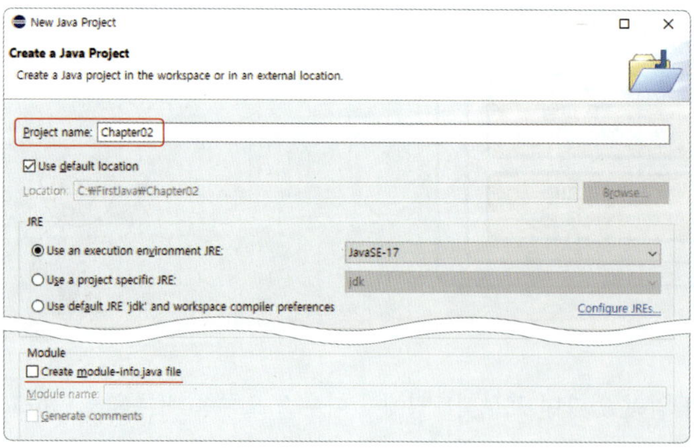

그림 2-4 **프로젝트 생성**

2 클래스 추가

01 [Package Explorer]의 프로젝트명(Chapter02)을 확장한 뒤 src 폴더에서 마우스 오른쪽 버튼을 클릭하고 [New]−[Class]를 선택합니다.

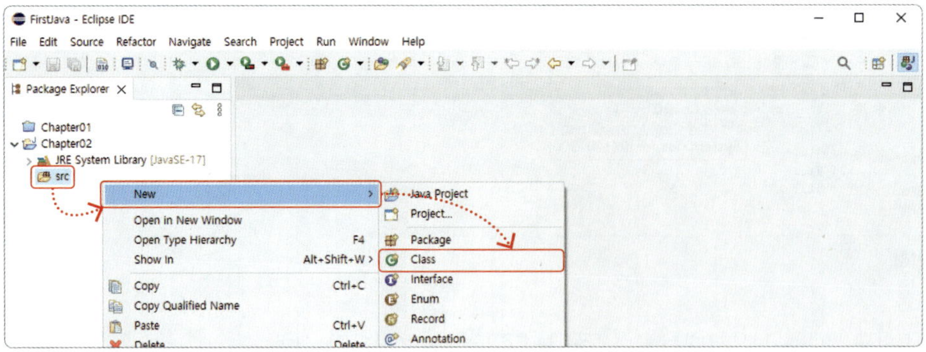

그림 2-5 **클래스(소스 파일) 생성 1**

02 [Java Class] 창에서 'Name'에 [코드 2-1]의 파일명인 'Code02_01'을 입력한 뒤 아래쪽의 'public static void main(String[] args)'에 체크하고 〈Finish〉를 클릭합니다.

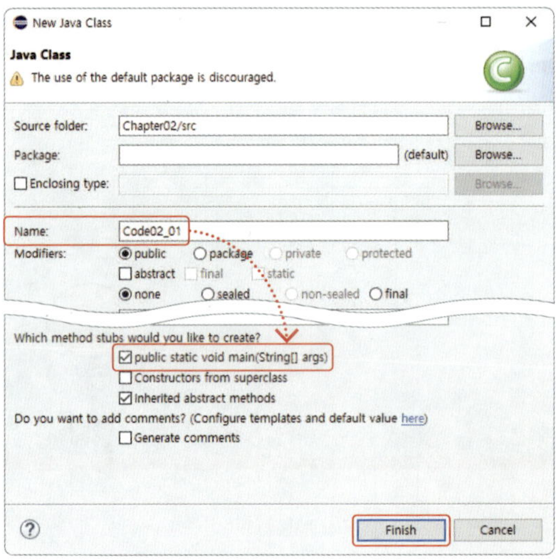

그림 2-6 **클래스(소스 파일) 생성 2**

3 코드 작성 및 수정

01 자동 생성된 코드의 주석(//)을 지우고 [코드 2-1]을 입력합니다. 이때 빈 행을 삭제해도 됩니다.

코드 2-1 Code02_01.java

```
public class Code02_01 {
    public static void main(String[] args) {
        System.out.println(100+200);
    }
}
```

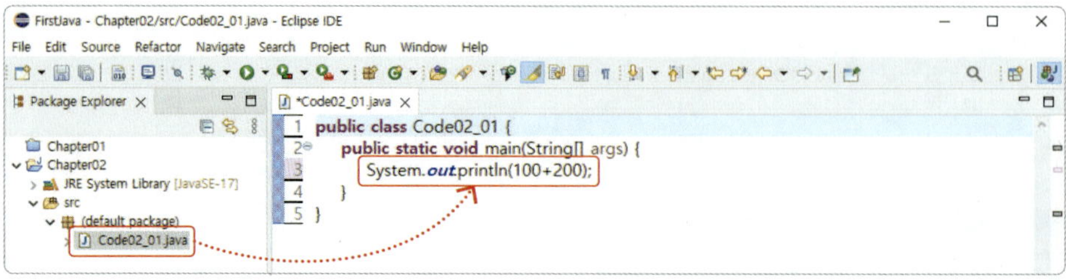

그림 2-7 **코드 입력**

02 메뉴에서 [File]–[Save]를 선택하거나 Ctrl + S 를 눌러 저장합니다.

하나 더 알기 **자바의 주석**

- **//**

// 이후의 내용은 한 행만 주석으로 처리됩니다.

```
// 이 행은 주석입니다.
System.out.println(100);  // 이 부분은 주석입니다.
```

- **/* ~ */**

여러 행을 묶어서 주석으로 처리할 때 사용합니다.

```
/*
이 행은 주석입니다.
이 행도 주석입니다.
*/
```

4 실행 및 결과 확인

01 메뉴에서 [Run]–[Run]을 선택하거나 Ctrl + F11 을 눌러 코드를 실행합니다.

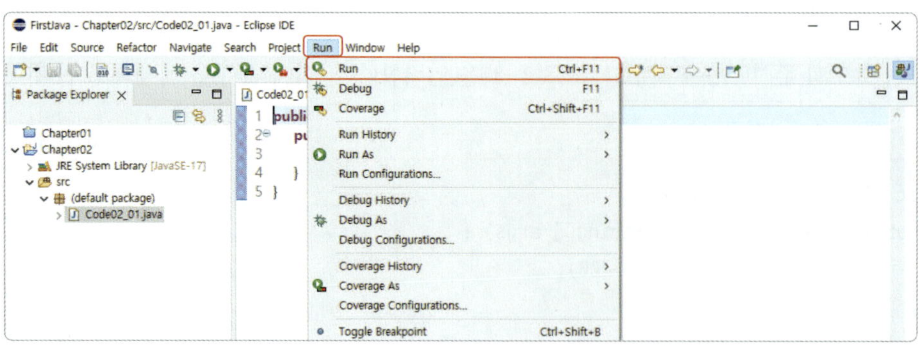

그림 2-8 **코드 실행**

02 아래쪽 [Console]에 출력된 내용이 정상적인 결과인지 확인합니다.

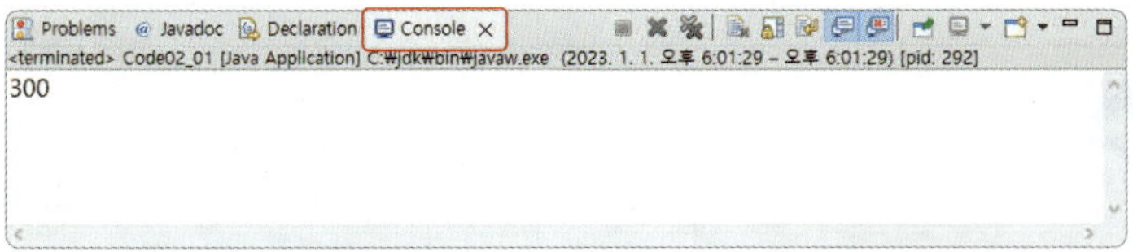

그림 2-9 **정상적인 실행 결과**

03 만약 오류가 발생하거나 원하는 결과가 아니라면 [코드 2-1]과 다른 부분이 있는지 확인하고 코드를 수정합니다.

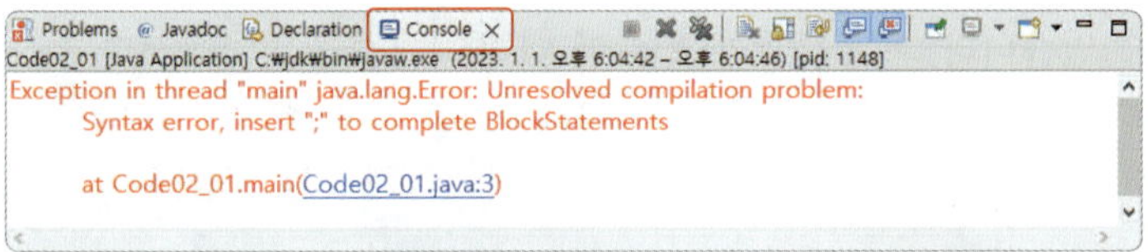

그림 2-10 **비정상적인 실행 결과(오류 발생)**

04 코드가 정상적으로 실행된 것을 확인했다면 메뉴에서 [File]–[Close Editor]를 선택하거나 [Code02_01.java] 창의 ☒를 클릭하여 코드 창을 닫습니다.

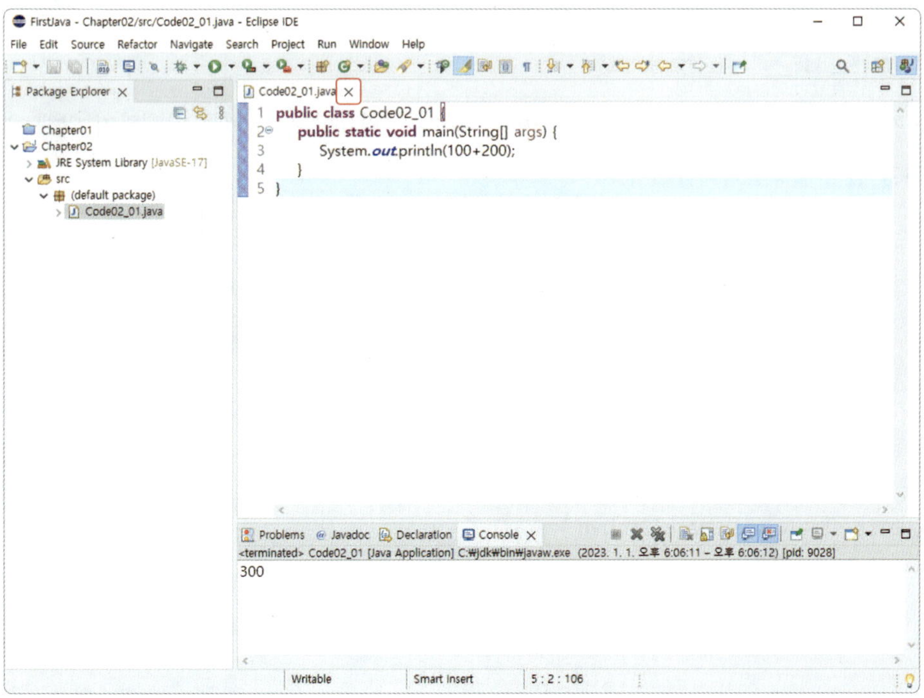

그림 2-11 **코드 창 닫기**

Section 02

변수

프로그래밍에서 가장 먼저 이해해야 하는 것 중 하나는 변수입니다. 변수를 잘 이해하면 프로그래밍을 어떻게 해야 할지 감을 잡을 수 있습니다. 예제를 통해 변수에 대해 차근차근 알아봅시다.

1 변수의 개념

변수는 값을 저장하는 메모리 공간입니다. 쉽게 비유하자면 변수는 무엇을 담는 그릇이라고 할 수 있습니다. 예를 들어 100과 200을 더하는 [코드 2-1]을 생각해봅시다. 100과 200을 더한 결과인 300이 제대로 출력되었지만, 100과 200은 한 번 사용된 후 사라져버립니다.

그릇에 비유되는 변수

100과 200을 저장하려면 이 두 값을 담을 그릇(변수) 두 개가 필요합니다. 이를 이해하기 위해 우선 [코드 2-2]를 입력하고 실행해봅시다.

프로젝트에 소스 코드 파일(클래스)을 추가하고 실행하는 방법은 앞에서 설명했으니 더 이상 언급하지 않겠습니다.

코드 2-2 Code02_02.java

```
public class Code02_02 {
    public static void main(String[] args) {
        int a = 100;
        int b = 200;
    }
}
```

```
아무것도 출력되지 않음
```

화면에 값을 출력하는 메서드인 System.out.println()을 사용하지 않으면 화면에 아무것도 나오지 않습니다. 또한 자바 코드는 문장의 끝에 반드시 세미콜론(;)을 넣어야 합니다.

다음과 같이 a, =, 100, ;을 띄어 쓰거나 붙여 쓰거나 상관없습니다. 자바는 a, =, 100, ;을 모두 따로 따로 취급하기 때문입니다.

```
int a = 100 ;
int a=100;
```

3, 4행에서 int는 정수형을 뜻하는 integer의 약자입니다. 그리고 =는 같다는 의미가 아니라 오른쪽의 값을 왼쪽에 넣으라는 의미의 기호입니다. 즉 값을 대입하는 연산자이므로 '대입 연산자'라고 부릅니다. 따라서 3, 4행은 [그림 2-12]와 같이 나타낼 수 있습니다.

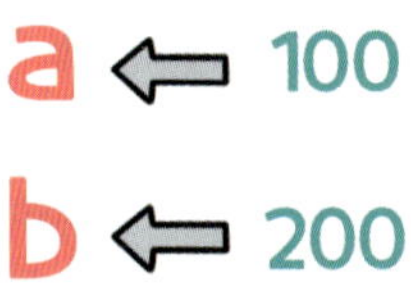

그림 2-12 **대입 연산자 =의 의미**

다시 말해 100을 a라는 그릇에 넣고, 200을 b라는 그릇에 넣으라는 의미입니다. 그 결과 [그림 2-13]과 같이 두 그릇에 각각의 값이 담기게 됩니다.

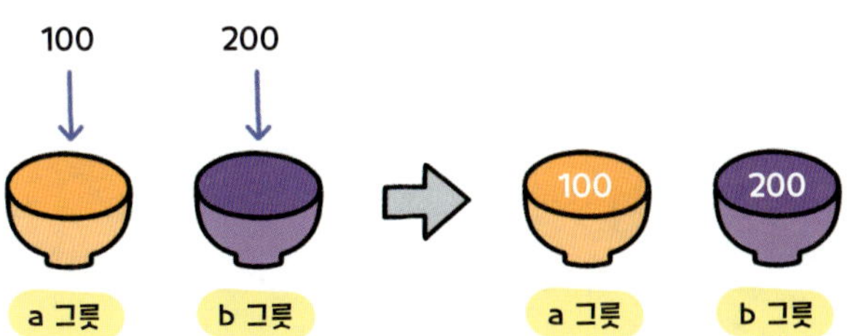

그림 2-13 **변수에 값 대입(그릇에 값 넣기)**

하나 더 알기 **그릇의 종류**

그릇에는 밥그릇, 국그릇, 반찬 그릇 등이 있고 밥그릇에는 밥을, 국그릇에는 국을, 반찬 그릇에는 반찬을 담습니다. 이와 마찬가지로 변수도 정수(int)를 담는 정수형 변수, 실수(double)를 담는 실수형 변수, 문자(char)를 담는 문자형 변수, 문자열(String)을 담는 문자열형 변수 등 여러 가지 종류가 있습니다. 이를 데이터형이라고 부르는데, 이에 대해서는 4장에서 자세히 살펴보겠습니다.

이번에는 두 그릇에 들어 있는 값을 더해봅시다. 그런데 두 값을 합하고 나면 어딘가에 담아야 하므로 새로운 그릇이 필요합니다. 두 그릇의 값을 합한 결과를 담을 그릇을 c라고 하겠습니다.

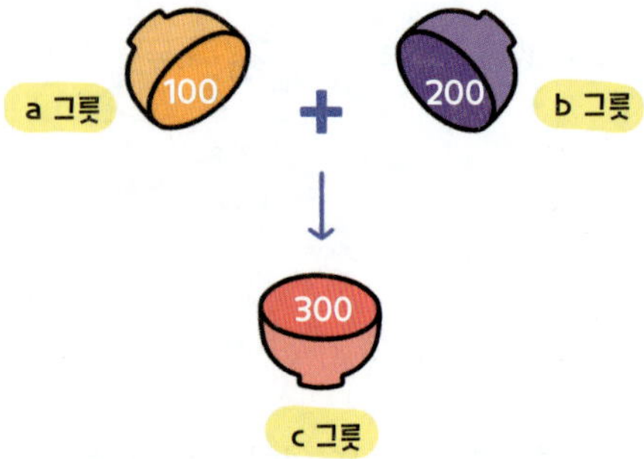

그림 2-14 **변수의 값 더하기(더한 값을 그릇에 담기)**

일단 그릇(변수)의 이름은 마음대로 붙여도 됩니다. 변수명에 대해서는 잠시 후 자세히 살펴보겠습니다.

a의 100과 b의 200을 합한 값인 300을 c 그릇에 넣는 것을 코드로 표현하면 [코드 2-3]과 같습니다.

코드 2-3 Code02_03.java

```
01  public class Code02_03 {
02      public static void main(String[] args) {
03          int a = 100;
04          int b = 200;
05
06          int c = a + b;
07      }
08  }
```

```
아무것도 출력되지 않음
```

6행에서 a 그릇의 100과 b 그릇의 200을 합하여 c 그릇에 대입했습니다.

값 출력

결과를 저장한 c 그릇의 내용을 `System.out.println()`을 사용하여 출력해봅시다.

코드 2-4 Code02_04.java

```java
public class Code02_04 {
    public static void main(String[] args) {
        int a = 100;
        int b = 200;

        int c = a + b;
        System.out.println(c);
    }
}
```

```
300
```

300이 출력되는데, 계산 결과만 화면에 나오니 무엇을 계산한 것인지 한눈에 보이지 않습니다. 그렇다면 전체 계산식(100 + 200 = 300)이 출력되도록 코드를 수정해봅시다.

코드 2-5 Code02_05.java

```java
public class Code02_05 {
    public static void main(String[] args) {
        int a = 100;
        int b = 200;

        int c = a + b;
        System.out.println(a + "+" + b + "=" + c);
    }
}
```

```
100+200=300
```

이처럼 `System.out.println()`은 괄호 안의 내용을 모두 출력하는 메서드로, 여러 개를 출력하고자 할 때는 괄호 안에서 +로 연결하면 됩니다.

연속된 문자인 문자열은 "abcd", "안녕?"과 같이 큰따옴표로 묶습니다. [코드 2-5]에서 "+", "="는 문자열입니다.

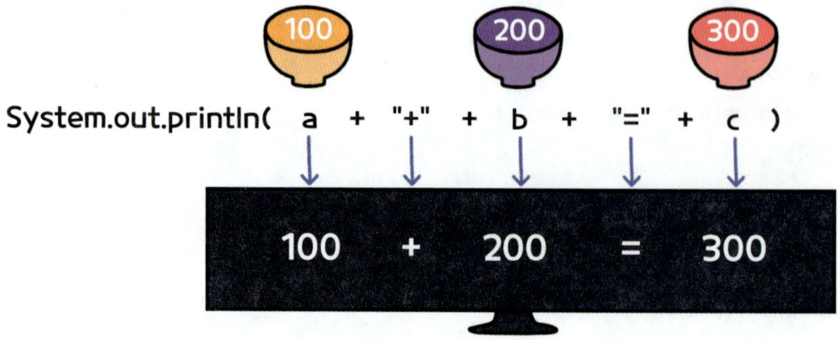

그림 2-15 System.out.println()의 기능

하나 더 알기 **메서드**

메서드(method)는 특정 기능을 하도록 미리 만들어놓은 것으로, 무조건 뒤에 괄호가 붙습니다. [코드 2-5]에서 사용한 System.out.println() 메서드는 괄호 안의 내용을 화면에 출력하는 기능을 합니다. System.out.println()은 자바가 미리 만들어서 제공하는 메서드로, 이 밖에도 다양한 메서드가 있습니다. 앞으로 프로젝트에 새로운 메서드가 등장할 때마다 소개할 것이며, 메서드에 대한 자세한 내용은 10장에서 다루겠습니다.

확인문제

다음 빈칸에 알맞은 말을 넣으시오.

- 변수와 그릇은 비슷한 개념이다. int a=100;은 정수형 변수 [㉠]에 값 [㉡]을 대입하라는 의미이다.
- 화면에 변수 또는 값을 출력하는 메서드는 [㉢]이다.

정답

㉠ a ㉡ 100 ㉢ System.out.println()

2 변수 선언과 값 대입

앞에서는 정수형 변수 a, b에 각각 100, 200을 대입하고 두 변수의 값을 더하여 정수형 변수 c에 대입했습니다. 즉 아주 간단한 덧셈 계산기를 만든 것입니다. 그런데 변수를 선언하고 값을 대입할 때 주의해야 할 점은 무엇일까요?

올바른 값 대입

우선 정수형 변수 세 개(숫자를 저장할 변수 두 개, 연산 결과를 저장할 변수 한 개)를 준비하겠습니다. 이러한 작업을 '변수를 선언한다'고 표현합니다.

```
int num1;
int num2;
int result;
```

위의 변수는 모두 소수점이 없는 숫자인 정수형(int)이므로 다음과 같이 쉼표(,)로 구분하여 한 줄로 써도 무방합니다.

```
int num1, num2, result;
```

이제 변수 num1에 100을, num2에 50을 대입하겠습니다.

```
num1 = 100;
num2 = 50;
```

그리고 두 변수를 더한 결과를 변수 result에 대입하겠습니다.

```
result = num1 + num2;
```

이러한 과정을 완전한 코드로 작성하면 [코드 2-6]과 같습니다.

코드 2-6 Code02_06.java

```
public class Code02_06 {
    public static void main(String[] args) {
        int num1, num2, result;

        num1 = 100;
        num2 = 50;

        result = num1 + num2;
        System.out.println(num1 + "+" + num2 + "=" + result);
```

```
10        }
11    }
```

```
100+50=150
```

여기서는 대입 연산자인 =의 오른쪽 부분이 모두 계산된 후 왼쪽에 대입된다는 것을 주의해야 합니다. [그림 2-16]은 8행의 계산 과정을 보여줍니다.

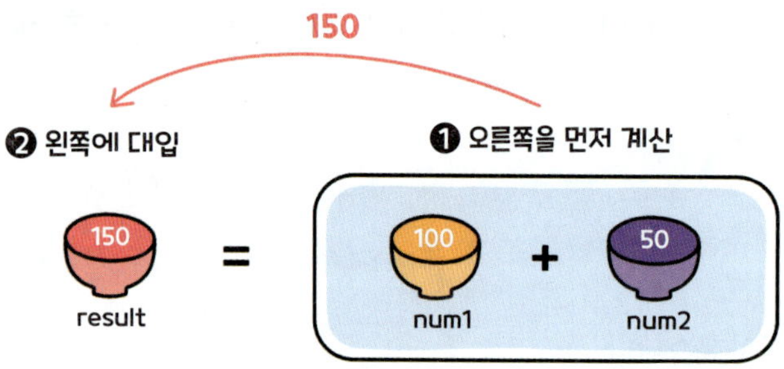

그림 2-16 **대입 연산자의 정상적인 구조 1**

모든 코드에서 =의 왼쪽에는 변수가 있어야 하나 =의 오른쪽이 모두 변수일 필요는 없습니다. = 오른쪽에서는 값과 값의 연산이든 변수와 값의 연산이든 문제없이 처리됩니다.

```
result = num1 + 200;
```

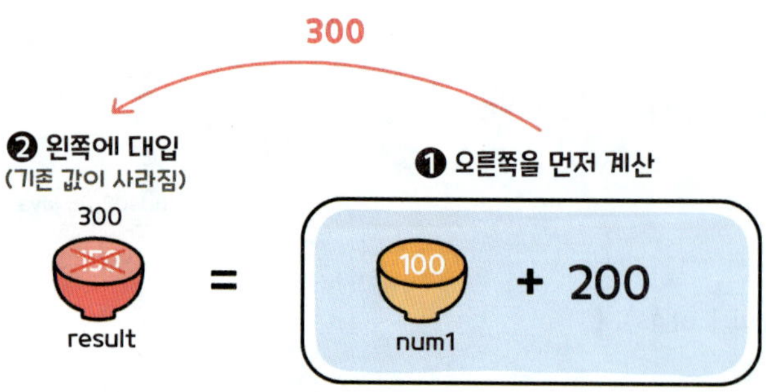

그림 2-17 **대입 연산자의 정상적인 구조 2**

그렇다면 `result`에 이미 들어 있는 150은 어떻게 될까요? 대입 연산자의 왼쪽이 변수이면 기존 값이 사라지고 새 값이 담깁니다.

잘못된 값 대입

대입 연산자의 왼쪽에 무조건 변수가 있어야 하는 것은, 무언가를 담으려면 그릇(변수)이 필요하기 때문입니다. 이를 쉽게 이해하기 위해 다음 코드를 살펴봅시다.

```
100 = num1 + num2;
```

위 코드는 [그림 2-18]과 같은 문제로 인해 오류가 발생합니다. 계산 결과를 대입 연산자의 왼쪽에 넣어야 하는데 왼쪽에 변수가 없기 때문입니다.

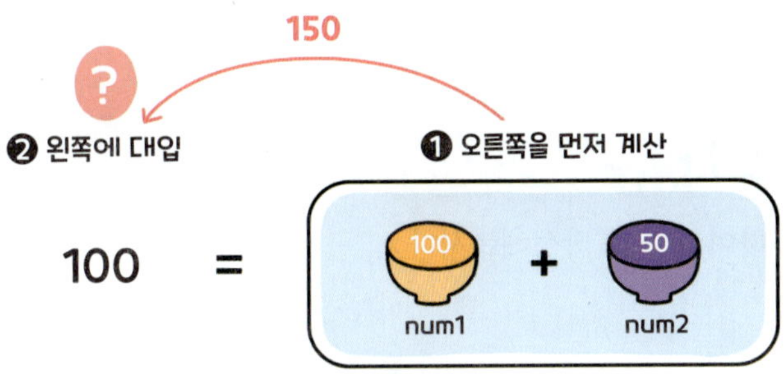

그림 2-18 대입 연산자의 비정상적인 구조 1

다음 코드는 대입 연산자의 왼쪽에 변수가 있지만 잘못된 코드입니다. 왼쪽에 변수가 한 개여야 하는데 연산이 있기 때문입니다.

```
num1 + num2 = result;
```

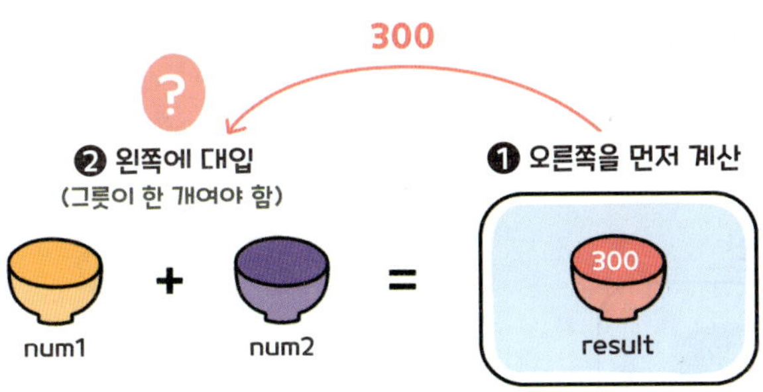

그림 2-19 대입 연산자의 비정상적인 구조 2

확인문제

다음 중 오류가 발생하는 것을 모두 고르시오.

① 100 = 150 + 200;

② result = 100 + 50;

③ result + 100 = 50;

④ result = num1 + num2;

정답

①, ③

3 변수를 사용한 코드 출력 1: 숫자

이번에는 빼기, 곱하기, 나누기 기능을 활용하여 코드를 작성해봅시다.

빼기 연산

변수 num1에 100이, num2에 50이 들어 있을 때의 빼기는 더하기와 마찬가지로 다음과 같이 처리됩니다.

```
result = num1 - num2 ;                                  // num1: 100, num2: 50
System.out.println(num1 + "-" + num2 + "=" + result);   // 출력 코드
```

```
100-50=50
```

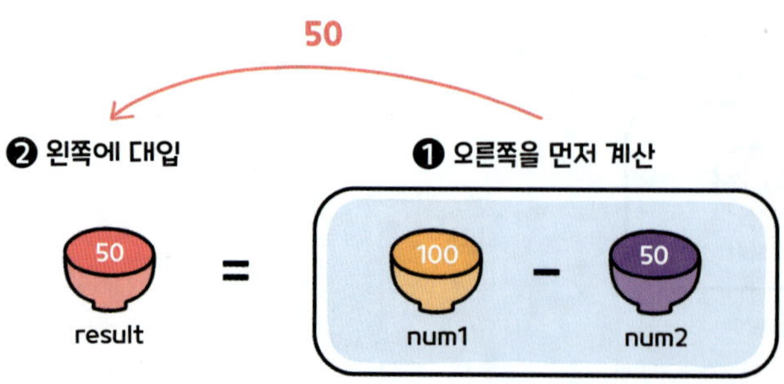

그림 2-20 빼기 연산

곱하기 연산

수학에서는 곱하기 연산에 ×를 사용하지만 컴퓨터에서는 *를 사용합니다. x로 출력되더라도 실제 계산에는 *를 사용해야 합니다.

```
result = num1 * num2; ●———————— num1: 100, num2: 50
System.out.println(num1 + "x" + num2 + "=" + result); ●— 출력 코드
```

```
100x50=5000
```

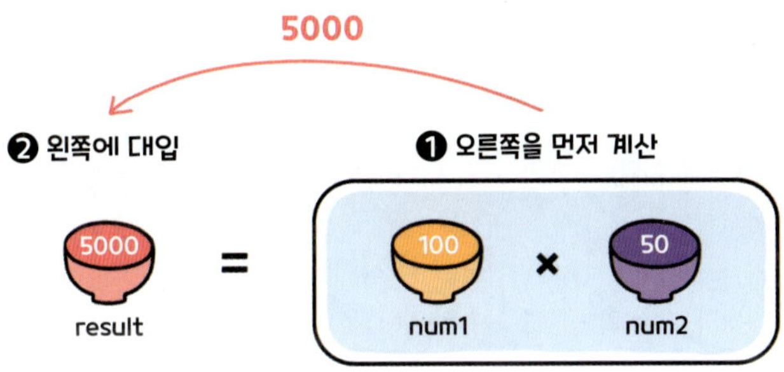

그림 2-21 곱하기 연산

나누기 연산

수학에서는 나누기 연산에 ÷를 사용하지만 컴퓨터에서는 /를 사용합니다.

```
result = num1 / num2; ●———————— num1: 100, num2: 50
System.out.println(num1 + "/" + num2 + "=" + result); ●— 출력 코드
```

```
100/50=2
```

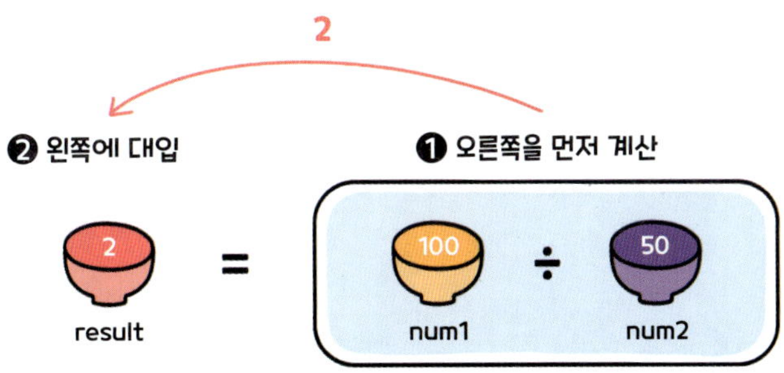

그림 2-22 나누기 연산

사칙연산 계산기 코드

지금까지 설명한 더하기, 빼기, 곱하기, 나누기 연산을 통합하면 [코드 2-7]과 같습니다.

코드 2-7 Code02_07.java

```java
public class Code02_07 {
    public static void main(String[] args) {
        int num1, num2, result;
        num1 = 100;
        num2 = 50;

        result = num1 + num2;
        System.out.println(num1 + "+" + num2 + "=" + result);

        result = num1 - num2;
        System.out.println(num1 + "-" + num2 + "=" + result);

        result = num1 * num2;
        System.out.println(num1 + "x" + num2 + "=" + result);

        result = num1 / num2;
        System.out.println(num1 + "/" + num2 + "=" + result);
    }
}
```

```
100+50=150
100-50=50
100x50=5000
100/50=2
```

4 변수를 사용한 코드 출력 2: 문자열

앞에서는 계산기 프로그램을 만들기 위해 변수에 숫자를 저장했는데, 필요하다면 변수에 문자열을 저장할 수도 있습니다.

변수에 문자열 대입

문자열(String)에는 큰따옴표(" ")를 사용하고, 한 글자로 이루어진 문자(char)에는 작은따옴표(' ')를 사용합니다. 문자와 문자열은 4장에서 자세히 다루겠습니다.

```
String str1 = "난생처음";
String str2 = "자바";
System.out.print(str1);
System.out.println(str2);
```

```
난생처음자바
```

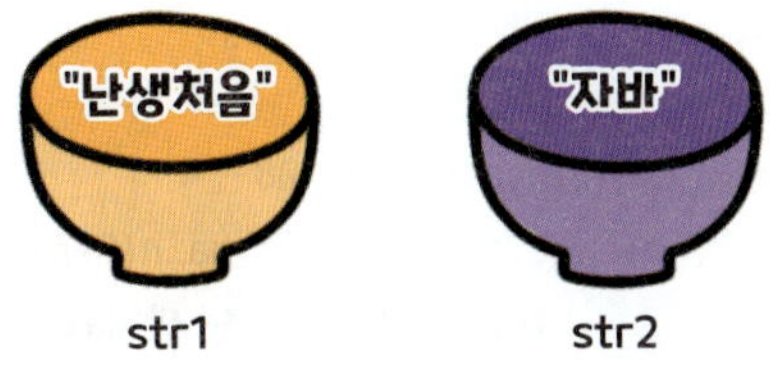

그림 2-23 **변수에 문자열 대입**

System.out.print()는 문자열을 출력한 후 다음 행으로 넘어가지 않지만, System.out.println()은 문자열을 출력한 후 다음 행으로 넘어갑니다.

println은 'print line'의 약자입니다.

문자열의 더하기·빼기 연산

다음은 문자열을 더하는 연산입니다.

```
String result = str1 + str2;
System.out.println(result);
```

```
난생처음자바
```

문자열의 더하기는 쉽게 말해 문자열을 이으라는 의미입니다. 따라서 '난생처음'과 '자바'가 붙어서 출력되었습니다. 문자열의 더하기 연산은 [그림 2-24]와 같이 처리됩니다.

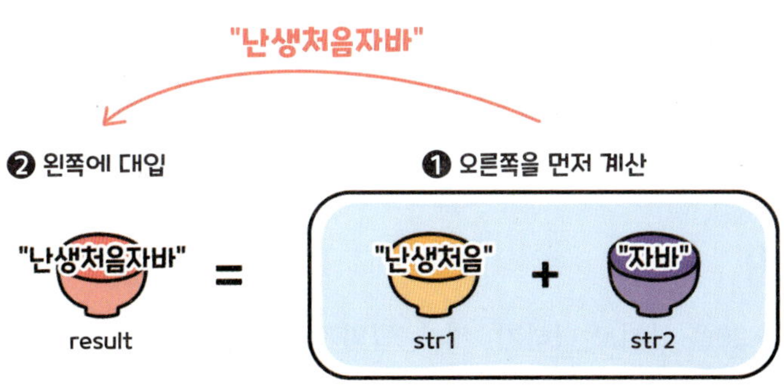

그림 2-24 **문자열의 더하기 연산**

[코드 2-8]은 문자열의 더하기를 완전한 코드로 작성한 것입니다.

코드 2-8 Code02_08.java

```
01 public class Code02_08 {
02     public static void main(String[] args) {
03         String str1 = "난생처음";
04         String str2 = "자바";
05
06         System.out.print(str1);
07         System.out.println(str2);
08
09         String result = str1 + str2;
10
11         System.out.println(result);
12     }
13 }
```

```
난생처음자바
난생처음자바
```

다음은 [코드 2-8]의 9행을 수정한 문자열의 빼기 연산인데 오류가 발생했습니다. 문자열(String)은 마이너스(−)가 정의되어 있지 않다는 오류 메시지가 나타났습니다.

```
String result = str1 - str2;
```

```
Exception in thread "main" java.lang.Error: Unresolved compilation problem:
    The operator - is undefined for the argument type(s) java.lang.String,
    java.lang.String at Code02_08.main(Code02_08.java:9)
```

문자열은 더하기 연산만 가능하고 빼기를 할 수 없습니다. 예를 들어 문자열 '자바'에서 '공부중'을 빼는 것은 불가능합니다. 이와 마찬가지로 문자열의 경우 곱하기와 나누기도 할 수 없습니다.

5 간단한 사칙연산 계산기

지금까지 배운 내용을 바탕으로 10과 20을 가지고 더하기, 빼기, 곱하기, 나누기 연산을 출력하는 계산기를 작성해봅시다.

01 빈 자바 파일을 생성하기 위해 [Package Explorer]의 [Chapter02]–[src]에서 마우스 오른쪽 버튼을 클릭하고 [New]–[Class]를 선택합니다. 그리고 [Java Class] 창에서 'Name'에 'Code02_09.java'를 입력한 뒤 아래쪽의 'public static void main(String[] args)'에 체크하고 〈Finish〉를 클릭합니다. [코드 2–9]와 같이 변수 두 개를 준비하고 네 가지 연산을 각 결과 변수에 저장합니다.

코드 2-9 Code02_09.java

```java
public class Code02_09 {
    public static void main(String[] args) {
        int number1 = 10, number2 = 20;
        int resAdd;
        int resSub;
        int resMul;
        int resDiv;

        resAdd = number1 + number2;
        resSub = number1 - number2;
        resMul = number1 * number2;
        resDiv = number1 / number2;

        System.out.println(number1 + "+" + number2 + "=" + resAdd);
        System.out.println(number1 + "-" + number2 + "=" + resSub);
        System.out.println(number1 + "x" + number2 + "=" + resMul);
        System.out.println(number1 + "/" + number2 + "=" + resDiv);
    }
}
```

02 메뉴에서 [File]–[Save]를 선택하여 파일을 저장합니다. 그리고 메뉴에서 [Run]–[Run]을 선택하거나 Ctrl + F11 을 눌러 코드를 실행하고 결과를 확인해봅니다.

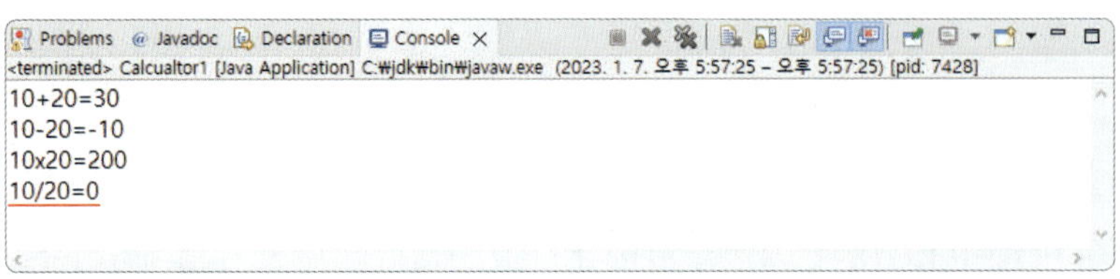

그런데 결과가 좀 이상합니다. 더하기, 빼기, 곱하기 연산은 문제가 없으나 나누기 연산의 결과는 0.5가 아니라 0입니다. 정수와 정수의 연산 결과는 정수이기 때문에 0.5에서 소수점 이하가 없어진 것인데, 이러한 결과가 나오지 않게 하려면 실수형인 `double`로 변경해야 합니다.

03 다음과 같이 7행의 'int'를 'double'로 변경하고 다시 실행해봅니다.

```
double resDiv;
```

```
10+20=30
10-20=-10
10x20=200
10/20=0.0
```

그런데 실수형으로 변경했음에도 결과가 0.5가 아니라 0.0입니다. 앞에서 언급했듯이 정수와 정수의 연산 결과는 정수이기 때문입니다.

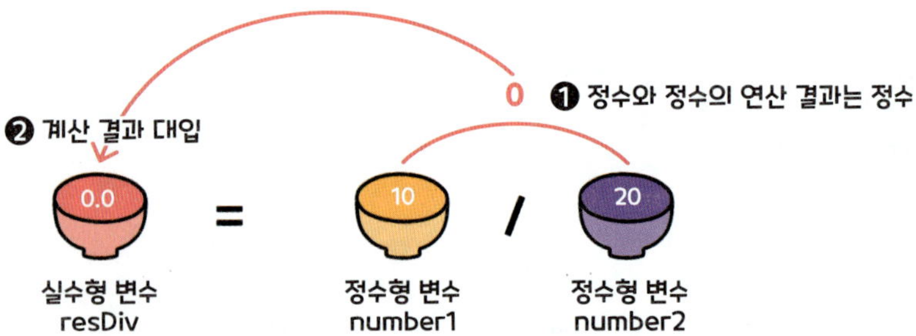

그림 2-25 정수와 정수의 연산

10과 20은 정수이므로 10/20의 결과는 실수 0.5가 아니라 정수 0입니다. 그래서 정수 0을 실수형 변수인 resDiv에 넣어봤자 0.0이 될 수밖에 없습니다. 정수와 실수의 연산에는 다음과 같은 규칙이 있는데 잘 기억해두세요.

```
정수 (+, -, *, /) 정수 = 정수
정수 (+, -, *, /) 실수 = 실수
실수 (+, -, *, /) 실수 = 실수
```

04 10/20=0.5가 출력되게 하는 방법은 여러 가지인데, 간단히 변수 앞에 (데이터형) 형식을 붙이면 그 변수의 데이터형이 잠깐 바뀝니다. 7행과 12행을 다음과 같이 수정하고 다시 실행해봅시다.

```
double resDiv; ●──────────── 7행
resDiv = (double) number1 / number2; ●── 12행
```

```
10+20=30
10-20=-10
10x20=200
10/20=0.5
```

12행에서 '(double) number1'은 정수인 number1을 잠깐 실수로 바꿔줍니다. 이렇게 하면 실수/정수의 연산이 되어 결과도 실수가 됩니다.

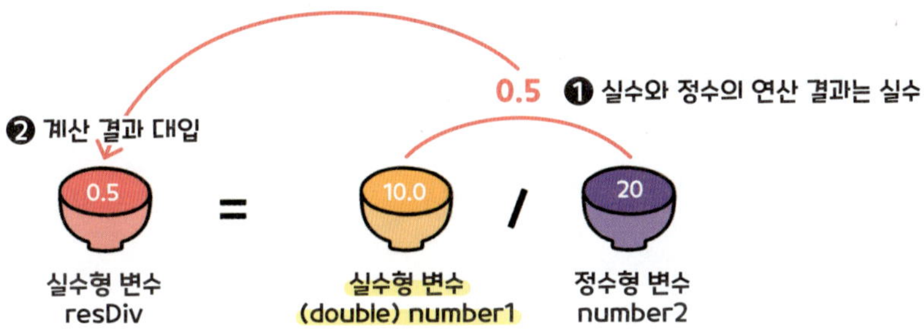

그림 2-26 실수와 정수의 연산

정수형과 실수형은 4장에서 더 자세히 다루겠습니다.

확인문제

다음 코드에서 문법상 잘못된 부분을 찾아 바르게 고치시오.

① num1=10;
② num2=20;
③ num1 + num2 = res;
④ System.out.println(res);

정답

③ res = num1 + num2

Section

03 변수명 작성 방법

만약 그릇에 이름을 붙인다면 그릇 주인 마음대로 이름을 붙일 수 있듯이 변수명도 프로그래머 마음대로 지을 수 있습니다. 하지만 변수명을 지을 때는 몇 가지 지켜야 할 규칙이 있습니다.

1 변수명 규칙

■ 영문과 숫자 사용 가능

다음과 같이 영문과 숫자를 섞어서 변수명을 만들 수 있습니다.

```
int a = 100;
int abcd = 200;
int zzzz = 300;
int p1234 = 400;
int love = 500;
int its4you = 600;
```

단, 변수명은 영문이 맨 앞에 와야 합니다. 변수명을 숫자로만 구성해도 안 되고, 영문과 숫자가 섞였더라도 숫자로 시작하면 안 됩니다. 다음은 모두 오류가 발생하는 변수명입니다.

```
int 333 = 100;     ●── 숫자로만 이루어져 오류 발생
int 3abcd = 200;   ●── 숫자로 시작하여 오류 발생
```

위 코드에서는 변수의 데이터형이 정수형(int)이지만 다른 데이터형을 사용해도 됩니다.

한글판 윈도우 환경에서는 변수명에 한글을 지정할 수 있으나 문제가 많이 발생하므로 변수명에 한글을 사용하는 것은 권장하지 않습니다.

■ 언더바 사용 가능

변수명에는 띄어쓰기를 허용하지 않습니다. 가령 입력된 숫자를 저장할 변수명을 `input number`로 지정하고 싶은 경우, 띄어쓰기를 하지 않고 `inputnumber`로 변수명을 지을 수도 있지만 이렇게 하면 의미를 한눈에 파악하기가 어렵습니다. 이럴 때는 띄어쓰기 자리에 언더바(_)를 사용하면 의미를 쉽게 알아볼 수 있습니다. 다음은 모두 올바른 변수명입니다.

```
int input_number = 100;
int _number = 200;
int _data_ = 300;
int __my__ = 400;
int _1 = 500;
int _1234 = 500;
```

언더바(underbar)는 언더스코어(underscore) 또는 밑줄이라고도 부릅니다.

언더바는 변수명의 맨 앞, 중간, 맨 뒤 어디에든 넣을 수 있으며, _1과 같은 변수명도 허용됩니다. 쉽게 말해 언더바를 하나의 문자라고 생각하면 됩니다.

■ 대·소문자 구분

자바에서는 대문자와 소문자를 완전히 다르게 취급하기 때문에 변수명의 대문자와 소문자도 같지 않습니다. 다음은 모두 올바른 변수명이며 각기 다른 변수입니다.

```
int mynumber = 100;
int MYNUMBER = 200;
int Mynumber = 300;
int myNumber = 400;
```

변수명에 대문자와 소문자를 섞으면 언더바 없이도 의미를 부여할 수 있습니다. 예를 들어 `my_number` 대신 `myNumber`라고 하면 언더바를 사용하지 않고도 의미가 명확한 변수명이 됩니다. 일반적으로 변수명은 소문자로 시작하고 클래스명은 대문자로 시작하는 것이 좋습니다.

■ 예약어 사용 불가

예약어는 자바에서 이미 문법상 사용하고 있는 단어로, [표 2-1]과 같은 종류가 있습니다.

표 2-1 **자바의 예약어**

boolean	byte	char	short	int	long	float	double
private	protected	public	class	abstract	interface	extends	implements
enum	void	return	if	else	switch	case	default
for	do	while	break	continue	true	false	try
catch	finally	throw	throws	transient	volatile	package	import
synchronized	native	final	static	strictfp	assert		

그런데 다음과 같이 예약어를 변수명으로 사용하면 오류가 발생하므로 주의해야 합니다.

```
int if = 100;
int else = 200;
int for = 300;
```

자바 프로그래밍을 하려면 예약어를 모두 알고 있어야 합니다. 하지만 지금 당장 예약어를 외울 필요는 없고, 학습해나가다 보면 자연스럽게 머릿속에 기억될 것입니다.

■ 클래스명 사용 지양

클래스명을 변수로 사용하면 문법상 오류가 발생하지는 않지만 클래스 본래의 기능을 잃어버리기 때문에 프로그램이 엉망이 될 수도 있습니다. 예를 들어 System.out.println() 메서드에서 클래스명인 System과 문자열 클래스인 String을 변수명으로 사용한 다음 코드의 경우 당장 오류가 발생하지는 않습니다.

```
int System = 100;
int String = 200;

int result = System + String;
```

위 코드에서는 변수 result에 300이 대입될 것입니다. 이번에는 System.out.println() 메서드의 본래 기능을 이용하여 "**난생처음**"이라는 문자열을 출력해보겠습니다.

```
System.out.println("난생처음");
```

```
Exception in thread "main" java.lang.Error: Unresolved compilation problem:
    The primitive type int of System does not have a field out
```

클래스인 System을 변수명으로 지정함으로써 화면 출력 메서드인 System.out.println()을 더 이상 사용할 수 없게 됩니다. 따라서 클래스명을 변수명으로 사용하는 것은 바람직하지 않습니다.

지금까지 언급한 클래스는 몇 개 되지 않지만 앞으로 수많은 클래스를 다룰 텐데, 이 모든 클래스를 변수명으로 사용하지 않는 것이 좋습니다.

2 바람직한 변수명

변수명은 그 자체만 보고도 의미를 파악할 수 있도록 짓는 것이 좋습니다. 다시 말해 변수명을 통해 해당 변수의 용도를 예측하기 어려운 것은 바람직하지 않으며, 특히 코드가 길고 변수를 많이 사용하는 경우에는 더더욱 그렇습니다. 다음 변수명은 문법상 문제가 없으나 변수의 용도를 알 수 없으므로 바람직하지 않습니다.

```
int a = 100;
int bbb = 200;
int asdf = 300;
int AA = 400;
```

또한 의미를 잘 나타낸 변수명이라 하더라도 너무 길면 코드를 입력할 때 불편합니다. 다음 변수명은 문법상 문제가 없으나 너무 길어서 바람직하지 않습니다.

```
int first_number_of_input_values = 100;
int second_number_of_input_values = 200;
```

따라서 변수명은 다음과 같이 짧으면서도 그 의미를 한눈에 파악할 수 있는 것이 좋습니다.

```
int first_num = 100;   // first number의 약자
int num_input = 200;   // 입력된 숫자
int inputData = 300;   // 입력값
```

이 책에서는 이러한 방식으로 변수명을 지정하겠습니다.

확인문제

다음 중 변수명에 대한 설명으로 옳은 것을 고르시오.

① 변수명은 영문과 숫자로 시작해야 한다.

② 변수명은 언더바로 시작할 수 있다.

③ 변수명에 공백을 넣을 수 있다.

④ 예약어를 변수명으로 사용할 수 있다.

정답

②

Section 04

값을 입력받는 Scanner 클래스

앞에서 계산기를 만들어보고 변수도 배웠으니 이제 정해진 수를 계산하는 것에서 더 나아가 다양한 수를 계산하는 계산기를 만들어봅시다. 즉 사용자가 키보드로 입력하는 숫자를 처리하는 계산기로 업그레이드하는 것입니다.

1 Scanner 클래스의 개요

[코드 2-2]의 3, 4행에서는 변수에 100, 200이라는 값을 입력해두었는데, 실행할 때마다 키보드로 값을 입력하게 한다면 어떤 수든 사칙연산을 할 수 있을 것입니다.

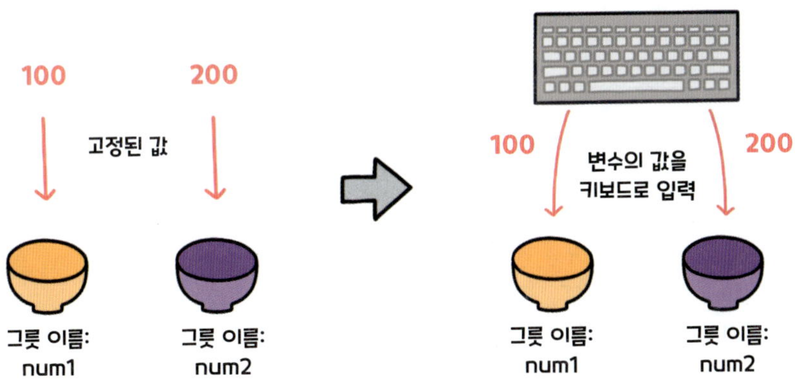

그림 2-27 변수의 값을 키보드로 입력하는 경우

이렇게 변수의 값을 키보드로 입력받도록 도와주는 역할을 하는 것이 Scanner 클래스입니다. Scanner 클래스는 nextInt() 메서드를 제공하는데, 잠시 후 그 사용법을 자세히 설명하겠습니다.

Scanner 클래스 사용 형식

먼저 Scanner 클래스를 사용하기 위한 형식을 알아봅시다. 사용자로부터 값을 입력받고자 할 때는 다음 네 행을 추가해야 합니다.

```
import java.util.Scanner;
Scanner s = new Scanner(System.in);
변수명 = s.nextInt();
s.close()
```

Scanner를 사용하려면 코드의 맨 위에 첫 번째 행과 같이 작성해야 합니다. 두 번째 행은 Scanner 객체 s를 준비했습니다. s 대신 다른 이름을 사용해도 되지만 이 책에서는 s를 사용하겠습니다. 세 번째 행에서는 키보드로 변수의 값을 입력받고, 네 번째 행은 입력 작업이 모두 끝나면 Scanner를 닫습니다. 이 네 개 행은 기본적으로 들어가는 코드이니 잘 기억해두세요.

자바 프로그램이 종료되면 Scanner가 자동으로 닫히기 때문에 네 번째 행은 생략해도 됩니다.

2 사용자가 입력한 숫자 출력

nextInt()

nextInt()는 사용자로부터 정수를 입력받을 때 사용하는 메서드입니다. 사용자가 키보드로 정수를 입력하면 이 정수를 출력하는 간단한 코드를 작성해봅시다. 바로 앞에서 설명한 네 개 행을 사용해야 합니다.

코드 2-10 Code02_10. java

```
import java.util.Scanner;
public class Code02_10 {
    public static void main(String[] args) {
        Scanner s = new Scanner(System.in);

        int num;

        num = s.nextInt();
        System.out.println("사용자가 입력한 값 ==> " + num);

        s.close();
    }
}
```

```
100 ●———————— 사용자가 입력
사용자가 입력한 값 ==> 100
```

값을 입력받으려면 1, 4, 11행을 항상 동일하게 작성해야 합니다. 6행에서 정수형 변수 num을 준비하고, 8행에서 이 변수에 대입할 정수를 입력받습니다.

[코드 2-10]을 실행한 후 이클립스 아래쪽의 [Console] 안에 마우스를 클릭하고 키보드로 값을 입력합니다. 그런데 하얀 화면에 커서가 깜박거리기만 하면 사용자는 무엇을 해야 할지 명확히 알 수 없습니다. 따라서 7행에 다음과 같은 코드를 추가하여 사용자에게 해야 할 일을 알려줍니다.

```
System.out.print("정수를 입력하세요 :");
```

```
정수를 입력하세요 : 200 ●———— 사용자가 입력
사용자가 입력한 값 ==> 200
```

System.out.println()은 괄호 안의 내용을 출력한 뒤 다음 행으로 넘어가지만, System.out.print()는 출력한 뒤 다음 행으로 넘어가지 않기 때문에 사용자가 내용을 입력하기에 더 편리합니다.

nextDouble(), next()

[코드 2-10]을 다시 실행하여 이번에는 '3.14' 또는 '난생처음'을 입력해봅시다. nextInt()는 정수만 입력받을 수 있는데, 정수가 아닌 것을 입력했기 때문에 오류가 발생합니다.

```
정수를 입력하세요 : 3.14 ●———— 사용자가 입력
Exception in thread "main" java.util.InputMismatchException
at java.base/java.util.Scanner.throwFor(Scanner.java:939)
~~~생략~~~
```

[코드 2-11]과 같이 실수를 입력받으려면 nextDouble()을, 문자열을 입력받으려면 next()를 사용해야 합니다.

코드 2-11

Code02_11.java

```java
01 import java.util.Scanner;
02 public class Code02_11 {
03     public static void main(String[] args) {
04         Scanner s = new Scanner(System.in);
05 
06         double num;
07         System.out.print("실수를 입력하세요 :");
08         num = s.nextDouble();
09         System.out.println("사용자가 입력한 값 ==> " + num);
10 
11         String str;
12         System.out.print("문자열을 입력하세요 :");
13         str = s.next();
14         System.out.println("사용자가 입력한 값 ==> " + str);
15 
16         s.close();
17     }
18 }
```

```
실수를 입력하세요 : 3.14 ←── 사용자가 입력
사용자가 입력한 값 ==> 3.14
문자열을 입력하세요 : 난생처음 ←── 사용자가 입력
사용자가 입력한 값 ==> 난생처음
```

6행에서 double형으로 변수를 준비하고 8행에서 nextDouble()로 실수를 입력받았습니다. 또한 11행에서 String형으로 변수를 준비하고 13행에서 next()로 문자열을 입력받았습니다.

확인문제

다음 빈칸에 알맞은 말을 넣으시오.

- 키보드로 값을 입력받는 기능을 제공하는 클래스는 [㉠], 정수를 입력받는 메서드는 [㉡]이다.
- 문자열을 입력받는 메서드는 s.[㉢]이고, 실수를 입력받는 메서드는 s.[㉣]이다.

정답

㉠ Scanner ㉡ nextInt() ㉢ next() ㉣ nextDouble()

3 문자열을 숫자로 변환하는 메서드

문자열을 입력받은 다음 정수 또는 실수로 변환하는 메서드도 있습니다. Integer.parseInt()는 문자열을 정수로 바꿔주고, Double.parseDouble()은 문자열을 실수로 바꿔줍니다.

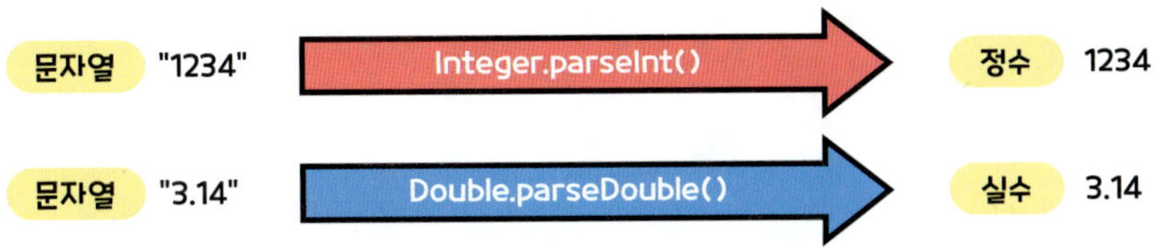

그림 2-28 **문자열을 숫자로 변환**

[코드 2-12]에서 이 두 가지 메서드를 확인해봅시다.

코드 2-12 Code02_12.java

```
01  public class Code02_12 {
02      public static void main(String[] args) {
03          int num1;
04          double num2;
05          String str;
06
07          str = "1234";
08          num1 = Integer.parseInt(str);
09          System.out.println("문자열 ==> 정수 : " + num1);
10
11          str = "3.14";
12          num2 = Double.parseDouble(str);
13          System.out.println("문자열 ==> 실수 : " + num2);
14      }
15  }
```

```
문자열 ==> 정수 : 1234
문자열 ==> 실수 : 3.14
```

3~5행에서 정수형, 실수형, 문자열형 변수를 준비한 다음 7행에서 문자열에 "1234"를 대입하고 8행에서 문자열을 정수로 변환했습니다. 또한 11행에서 문자열에 "3.14"를 대입하고 12행에서 문자열을 실수로 변환했습니다.

확인문제

다음 빈칸에 알맞은 말을 넣으시오.

문자열을 정수로 변환하는 메서드는 Integer.[㉠]이고, 문자열을 실수로 변환하는 메서드는 Double.[㉡]이다.

정답

㉠ parseInt() ㉡ parseDouble()

LAB 택배 배송 정보 입력하기

난생이가 택배를 보내려고 편의점에 갔습니다. 택배를 보내려면 받는 사람의 이름과 주소, 택배의 무게를 입력해야 합니다. 택배비는 그램(g)당 5원이며 자동으로 계산됩니다. 이러한 정보를 입력받아 배송비와 함께 출력하는 프로그램을 만들어봅시다.

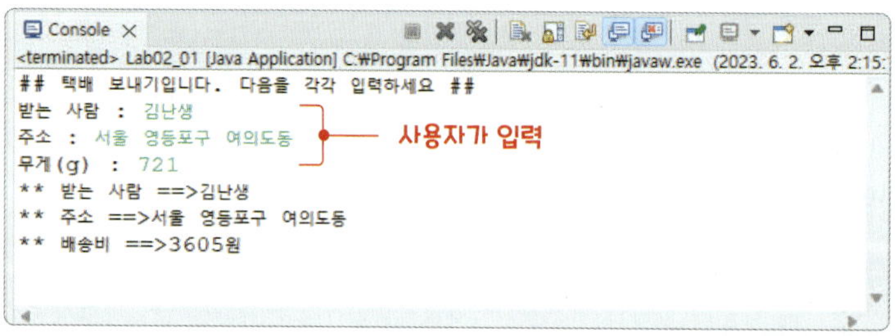

1. Chapter02 프로젝트에 Lab02_01.java 파일을 만들고, 키보드로 값을 입력받기 위해 Scanner 클래스를 사용할 수 있도록 준비합니다.

```
import java.util.Scanner;              // 코드 첫 행에 입력

Scanner s = new Scanner(System.in);  // main() 메서드 내 첫 행에 입력
```

2. 택배를 받는 사람의 이름과 주소, 택배의 무게를 저장할 변수를 선언합니다.

```
String personName, psersonAddr;
int weight;
```

3. 택배를 받는 사람의 이름과 주소, 택배의 무게를 키보드로 입력받는 코드를 추가합니다. nextLine()은 띄어쓰기나 Enter를 입력받는 메서드입니다. 받는 사람과 주소는 문자열을 입력받고, 택배의 무게는 숫자를 입력받습니다.

```
System.out.println("## 택배 보내기입니다. 다음을 각각 입력하세요 ##");

System.out.print("받는 사람 : ");
personName = s.nextLine();
System.out.print("주소 : ");
psersonAddr = s.nextLine();
System.out.print("무게(g) : ");
weight = s.nextInt();
```

4. 택배를 받는 사람의 이름과 주소, 배송료를 출력하는데, 배송료는 그램당 5원을 곱한 결과를 출력합니다.

```
System.out.println("** 받는 사람 ==>" + personName);
System.out.println("** 주소 ==>" + psersonAddr);
System.out.println("** 배송비 ==>" + weight*5 + "원");
```

5. 완성된 코드는 다음과 같습니다.

Lab02_01.java

```
import java.util.Scanner;
public class Lab02_01 {
    public static void main(String[] args) {
        Scanner s = new Scanner(System.in);

        String personName, psersonAddr;
        int weight;

        System.out.println("## 택배 보내기입니다. 다음을 각각 입력하세요 ##");

        System.out.print("받는 사람 : ");
        personName = s.nextLine();
        System.out.print("주소 : ");
        psersonAddr = s.nextLine();
        System.out.print("무게(g) : ");
        weight = s.nextInt();

```

```
        System.out.println("** 받는 사람 ==>" + personName);
        System.out.println("** 주소 ==>" + psersonAddr);
        System.out.println("** 배송비 ==>" + weight*5 + "원");

        s.close();
    }
}
```

6. 이클립스 메뉴에서 [Run]–[Run]을 선택하거나 Ctrl+F11을 눌러 코드를 실행하고 결과를 확인해봅니다.

LAB 숫자를 입력하는 계산기 만들기

사용자가 키보드로 두 정수를 입력하면 더하기, 빼기, 곱하기, 나누기, 나머지 연산을 하는 계산기를 만들어봅시다.

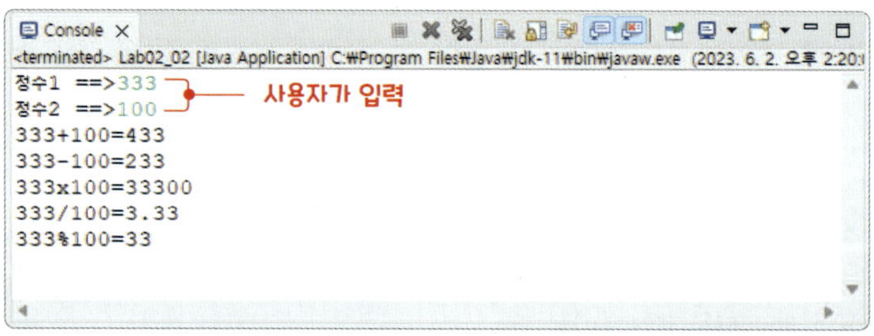

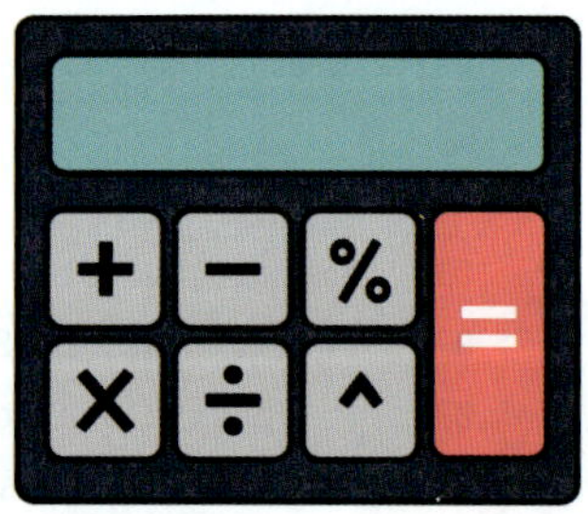

Hint 나머지를 구할 때는 정수%정수 연산자를 사용합니다. 이에 대해서는 3장에서 자세히 다루겠습니다.

1. Chapter02 프로젝트에 Lab02_02.java 파일을 만들고, 키보드로 값을 입력받기 위해 Scanner 클래스를 사용할 수 있도록 준비합니다.

```
import java.util.Scanner;              // 코드 첫 행에 입력

Scanner s = new Scanner(System.in);  // main() 메서드 내 첫 행에 입력
```

2. 다음과 같이 계산기 기능을 코딩합니다. 정수형 변수 두 개와 계산 결과를 저장할 변수 다섯 개를 준비하는데, 이때 나누기 결과는 실수형으로 해야 한다는 것을 주의하세요.

```
int number1, number2;
int resAdd;
int resSub;
int resMul;
double resDiv;    // 나누기 결과
int resRem;       // 나머지 결과
```

3. 두 변수에 키보드로 정수를 입력받는 코드를 추가합니다.

```
System.out.print("정수1 ==>");
number1 = s.nextInt();
System.out.print("정수2 ==>");
number2 = s.nextInt();
```

4. 다섯 가지 연산을 코딩하고 각각의 결과를 변수에 저장합니다.

```
resAdd = number1 + number2;           // 더하기
resSub = number1 - number2;           // 빼기
resMul = number1 * number2;           // 곱하기
resDiv = (double) number1 / number2;  // 나누기(실수로 처리)
resRem = number1 % number2;           // 나머지
```

5. 다섯 가지 연산을 출력합니다.

```
System.out.println(number1 + "+" + number2 + "=" + resAdd);
System.out.println(number1 + "-" + number2 + "=" + resSub);
System.out.println(number1 + "x" + number2 + "=" + resMul);
System.out.println(number1 + "/" + number2 + "=" + resDiv);
System.out.println(number1 + "%" + number2 + "=" + resRem);
```

6. 완성된 코드는 다음과 같습니다.

Lab02_02.java

```
import java.util.Scanner;
public class Lab02_02 {
    public static void main(String[] args) {
        Scanner s = new Scanner(System.in);

        int number1, number2;
        int resAdd;
```

```
        int resSub;
        int resMul;
        double resDiv;
        int resRem;

        System.out.print("정수1 ==>");
        number1 = s.nextInt();
        System.out.print("정수2 ==>");
        number2 = s.nextInt();

        resAdd = number1 + number2;
        resSub = number1 - number2;
        resMul = number1 * number2;
        resDiv = (double) number1 / number2;
        resRem = number1 % number2;

        System.out.println(number1 + "+" + number2 + "=" + resAdd);
        System.out.println(number1 + "-" + number2 + "=" + resSub);
        System.out.println(number1 + "x" + number2 + "=" + resMul);
        System.out.println(number1 + "/" + number2 + "=" + resDiv);
        System.out.println(number1 + "%" + number2 + "=" + resRem);

        s.close();
    }
}
```

7. 이클립스 메뉴에서 [Run]−[Run]을 선택하거나 Ctrl + F11을 눌러 코드를 실행하고 결과를 확인해봅니다.

실전 예제 거북이가 나오는 프로그램

문제

프로그래밍 언어를 처음 배울 때 딱딱한 텍스트 환경에서 학습을 진행하는 경우가 많습니다. 지금까지 우리도 글자나 숫자만 있는 텍스트 환경에서 코딩을 진행해왔는데, 그러한 분위기에서 벗어나 터틀 그래픽(Turtle Graphics)이라는 그래픽 환경에서 재미있게 프로그래밍을 해봅시다.

해결

[터틀 그래픽 준비하기]

1. 터틀 그래픽은 자바뿐 아니라 파이썬, C# 등에서도 프로그래밍 입문자용으로 많이 사용되고 있습니다. 자바에서 터틀 그래픽을 사용하려면 먼저 프로젝트에 Turtle.java 파일을 복사해야 합니다.

   웹 브라우저에서 저자가 운영하는 IT CookBook for Beginner 카페(https://cafe.naver.com/itCookBook)에 접속하여 왼쪽 메뉴의 [난생처음 자바]–[자료실]에 들어갑니다. 그리고 '[난생처음자바_1판] 터틀 그래픽(Turtle.java)' 게시글에서 Turtle.java 파일을 다운로드합니다(https://cafe.naver.com/itCookBook/81에 바로 접속해도 됩니다).

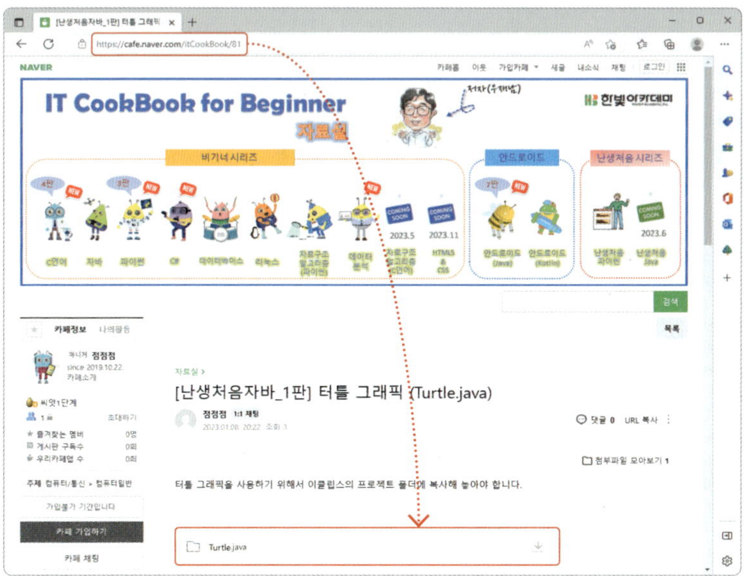

Turtle.java는 오픈 소스로 제공되므로 누구나 사용할 수 있고, 필요하다면 수정하거나 배포할 수도 있습니다. Turtle.java를 배포하는 공식 사이트 주소는 https://sites.google.com/a/asmsa.org/java-turtle/home입니다.

2. 다운로드한 Turtle.java를 복사하여 이클립스에서 프로젝트의 소스 폴더인 src 폴더에 붙여넣습니다.

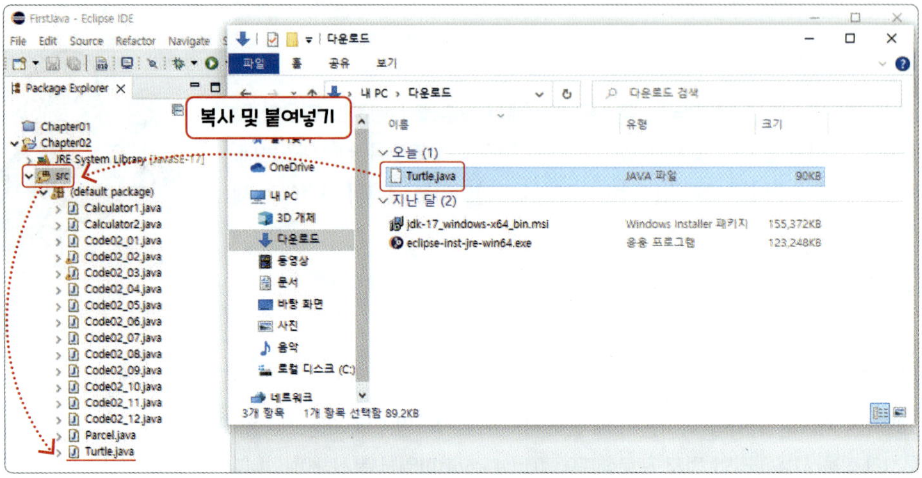

[터틀 그래픽 시작하기]

1. Chapter02 프로젝트에 Ex02_01.java 파일을 만들고, 터틀 그래픽이 나오도록 `main()` 메서드 안에 다음과 같이 한 행을 입력하고 [Run]–[Run]을 선택하여 실행해봅니다. 가운데에 거북이가 있는 윈도우 창이 나타날 것입니다.

```
public class Ex02_01 {
    public static void main(String[] args) {
        Turtle turtle = new Turtle();

    }
}
```

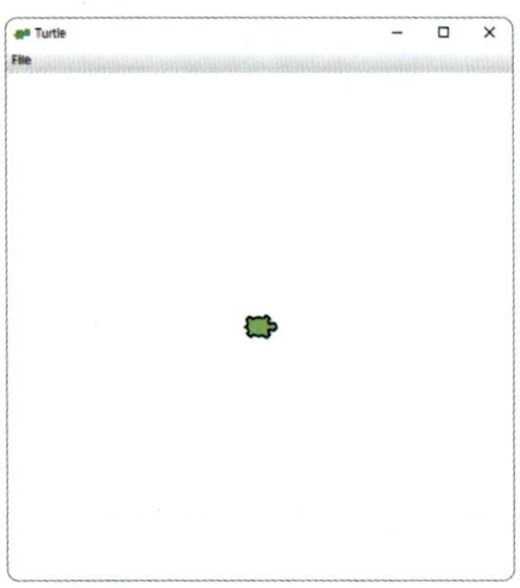

이로써 터틀 그래픽이 준비되었습니다. 거북이 모양에 연두색인 기본 아이콘을 변경할 수 있는데, 이에 대해서는 나중에 살펴보겠습니다.

[거북이 이동 및 회전시키기]

1. 현재 거북이가 오른쪽을 바라보고 있는데 이 거북이를 움직여봅시다. 4행 다음에 아래 코드를 추가하고 실행하면 거북이가 앞으로 이동합니다.

```
turtle.forward(200);  // 앞으로 200만큼 이동
```

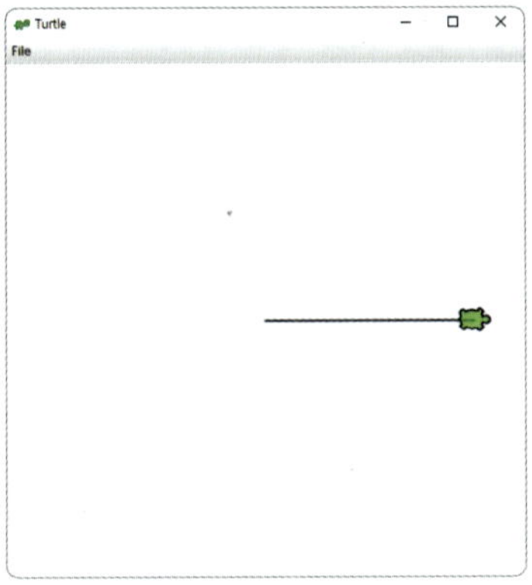

실행할 때마다 새로운 터틀 그래픽 창이 열리니 기존의 터틀 그래픽 창을 닫고 실행하세요.

2. turtle.forward(200)은 거북이가 바라보는 방향으로 200만큼 이동하게 합니다. 200은 화면의 픽셀(점) 개수라고 보면 됩니다. 이번에는 거북이를 위쪽으로 200만큼 움직여봅시다. 거북이를 왼쪽으로 90도 회전시킨 다음 앞으로 200만큼 이동하는 코드를 작성하고 실행합니다.

```
turtle.left(90);  // 왼쪽으로 90도 회전
turtle.forward(200);
```

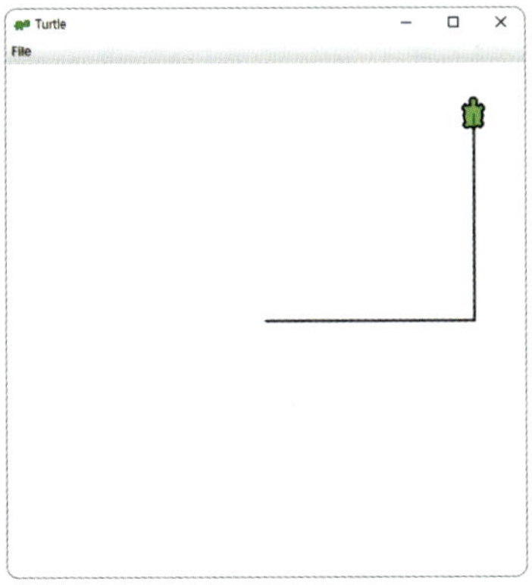

3. 앞의 코드를 두 번 더 반복하면 거북이가 정사각형을 그리고 원래의 위치로 돌아옵니다. 최종 코드는 다음과 같습니다.

Ex02_01.java

```
01  public class Ex02_01 {
02      public static void main(String[] args) {
03          Turtle turtle = new Turtle();
04
05          turtle.forward(200);
06
07          turtle.left(90);
08          turtle.forward(200);
09
10          turtle.left(90);
11          turtle.forward(200);
12
13          turtle.left(90);
14          turtle.forward(200);
15      }
16  }
```

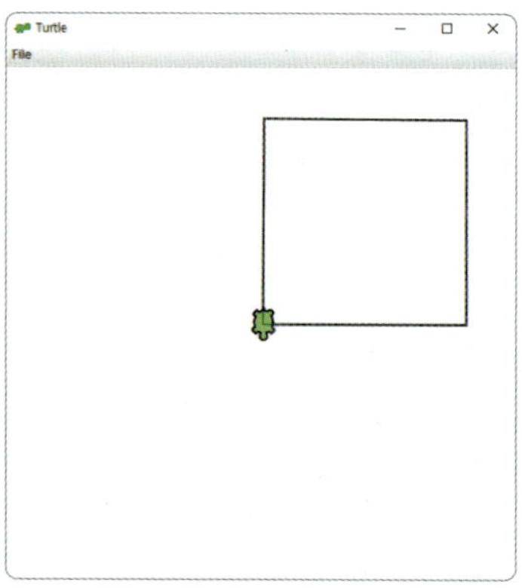

몇 줄의 코딩으로 윈도우 창에 거북이가 선을 그리며 돌아다니는 프로그램이 완성되었습니다. 여기서는 `turtle.left()`, `turtle.forward()` 등의 메서드만 사용했지만 turtle과 관련된 메서드는 상당히 많습니다. 다음 장부터는 더욱 다양한 형태의 거북이 그래픽을 프로그래밍할 것입니다.

`turtle.speed(밀리초)`를 사용하여 거북이의 속도를 조절할 수도 있습니다. 위 코드의 4행에 `turtle.speed(500)`을 추가하고 실행하면 거북이의 움직임이 느려집니다.

요약

01 변수는 값을 저장하는 메모리 공간으로, 쉽게 비유하자면 변수는 무엇을 담는 그릇이라고 할 수 있습니다.

02 대입 연산자(=)는 오른쪽의 값을 왼쪽에 넣으라는 의미의 기호입니다.

03 대입 연산자를 사용하면 오른쪽 부분이 모두 계산된 후 왼쪽의 변수에 대입됩니다. 이때 변수의 기존 값이 사라지고 새 값이 담깁니다.

04 변수에 문자열을 저장할 수도 있습니다. 문자열(String)에는 큰따옴표를 사용하고, 한 글자로 이루어진 문자(char)에는 작은따옴표를 사용합니다.

05 문자열의 더하기는 문자열을 이으라는 의미입니다. 문자열은 더하기 연산만 가능하고 빼기, 곱하기, 나누기 연산을 할 수 없습니다.

06 변수명을 지을 때는 다음 규칙을 지켜야 합니다.

- 영문과 숫자를 섞어서 변수명을 만들 수 있으나 영문이 맨 앞에 와야 합니다. 변수명을 숫자로만 구성해도 안 되고, 영문과 숫자가 섞였더라도 숫자로 시작하면 안 됩니다.
- 변수명에는 띄어쓰기를 허용하지 않습니다. 그래서 띄어쓰기 자리에 언더바를 사용하면 의미를 쉽게 알아볼 수 있습니다.
- 대문자와 소문자가 완전히 다르게 취급됩니다.
- 예약어를 변수명으로 사용하면 오류가 발생합니다.

07 정수와 정수의 연산 결과는 정수이고, 정수와 실수의 연산 결과는 실수입니다.

08 Scanner 클래스는 변수의 값을 키보드로 입력받도록 도와주는 역할을 합니다. Scanner 클래스는 정수를 입력받는 netxtInt() 메서드를 제공합니다.

연습문제

01 자바 프로젝트를 생성하는 데 사용되는 용어를 단위가 큰 것부터 순서대로 나열한 것을 고르시오.

① 워크스페이스 > 소스 코드 > 프로젝트

② 프로젝트 > 워크스페이스 > 소스 코드

③ 소스 코드 > 프로젝트 > 워크스페이스

④ 워크스페이스 > 프로젝트 > 소스 코드

02 다음 주석 중 오류가 발생하는 것을 고르시오.

① `// 이 부분은 주석`

② `/* 이 부분은 주석 */`

③ `int a; // 이 부분은 주석`

④ `int a; /* */ 이 부분은 주석`

03 변수명 규칙에 대한 설명으로 옳지 않은 것을 고르시오.

① `myvar`와 `MyVar`는 동일한 변수이다.

② `_myvar`는 변수명으로 사용할 수 있다.

③ `myvar123`은 변수명으로 사용할 수 있다.

④ `_if`는 변수명으로 사용할 수 있다.

04 다음 중 문법상 옳지 않은 것을 고르시오.

① `int a = 100;`

② `int b = 200;`

③ `int c = a + b;`

④ `int 300 = d;`

05 다음 코드의 실행 결과를 고르시오.

```
int a = 200;
int b = 300;
int c = a + b;
System.out.println(a + "+" + b + "=" + c);
```

① a + b = c

② 200 + 300 = 500

③ 200, + , 300 , = , 500

④ 200 "+" 300 "=" 500

06 다음 코드를 실행했을 때 result 변수에 저장되는 값은 무엇인가요?

```
int number1 = 200;
int number2 = 300;
int result = number1 + 200;
```

① 200

② 300

③ 400

④ 500

07 다음 코드의 실행 결과를 고르시오.

```
String string1 = "안녕";
String string2 = "2";
System.out.println(string1 + string2);
```

① 안녕안녕

② 안녕

③ 22

④ 안녕2

08 다음 중 문법상 오류가 발생하는 것을 고르시오.

① a = 100;

② b = 200;

③ a + b = 300;

④ a = b + 300;

09 다음 중 변수명으로 적절하지 않은 것을 고르시오.

① mydata2

② my_data2

③ 2mydata

④ _2mydata

10 다음 코드를 실행하고 키보드로 200과 300을 입력했을 때의 출력 결과를 고르시오.

```
int number1 = s.nextInt();
int number2 = s.nextInt();
System.out.println(number1 + number2);
```

① 500

② 200300

③ 200

④ 300

11 다음 중 문자열을 정수로 변환하는 메서드를 고르시오.

① int.parseInt(문자열)

② Integer.parseInt(문자열)

③ int.convertInt(문자열)

④ Integer.convertInt(문자열)

12 다음과 같은 결과를 출력하는 프로그램을 작성하시오.

[실행 결과]

```
아이디 ==> NewJeans
이름 ==> 민지
메일 ==> new@jeans.com
아이디는 NewJeans이며, 이름은 민지이며, 이메일은 new@jeans.com입니다
```

사용자가 입력

13 심화 거북이가 별표 두 개를 그리는 프로그램을 작성하시오.

Hint 1 거북이가 별을 그리기 위해 각 점에서 오른쪽으로 144도 회전한다.

Hint 2 입력한 이동 값이 음수이면 거북이가 뒤로 이동한다.

CHAPTER 03

연산자

학습목표

- 연산자의 개념을 이해하고 그 종류를 파악합니다.
- 산술 연산자, 대입 연산자, 비교 연산자, 논리 연산자에 대해 알아봅니다.
- 연산자의 우선순위를 이해하고 실습합니다.

Preview

컴퓨터가 사람보다 훨씬 더 빨리 할 수 있는 것 중 하나가 연산(계산)이며, 이는 프로그래밍 언어로 할 수 있는 대표적인 일이기도 합니다. 이에 이 장에서는 연산에 사용되는 연산자에 대해 알아봅니다.

자바의 연산자에는 더하기·빼기·곱하기·나누기 등의 산술 연산자, 값을 대입하는 대입 연산자, 크다/작다/같다 등의 비교 연산자, AND/OR 등의 논리 연산자가 있습니다. 종류가 여러 가지라 복잡해 보이지만 그다지 어렵지 않습니다.

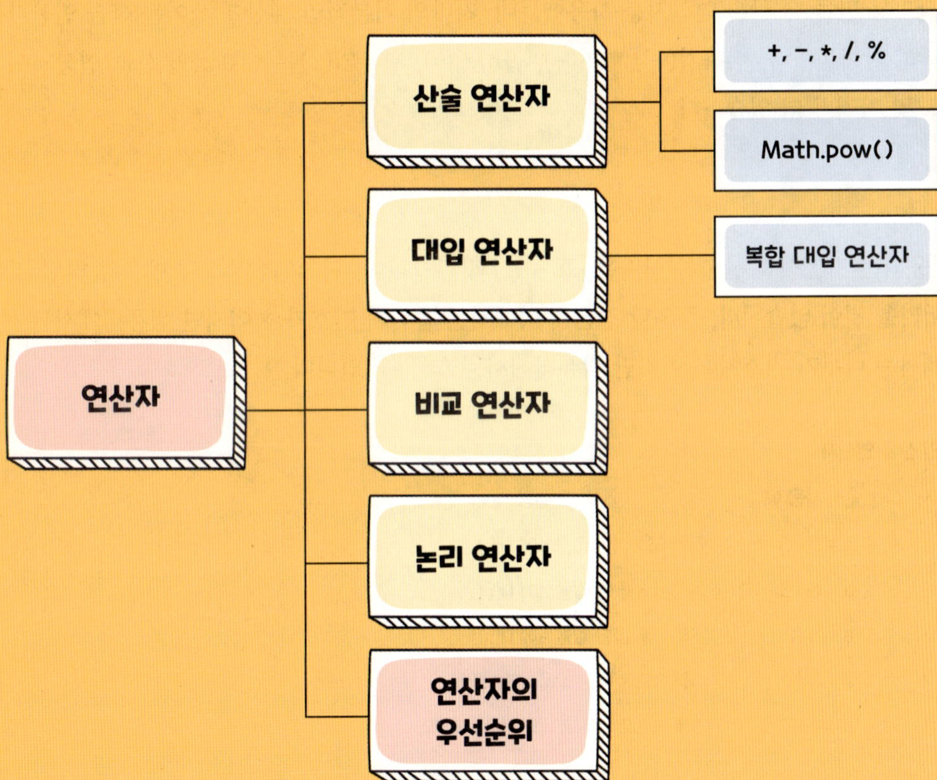

Section 01 산술 연산자

1 기본 산술 연산자

2장에서 계산기를 만들 때 산술 연산자를 사용했는데, 자바의 기본적인 계산에 쓰이는 산술 연산자에 대해 자세히 알아봅시다. 더하기(+), 빼기(−), 곱하기(*), 나누기(/)는 대표적인 산술 연산자이며 이 밖에도 몇 가지가 더 있습니다.

사칙연산자

자바에서 사용되는 기본적인 산술 연산자는 [표 3−1]과 같습니다. 사칙연산은 평소에 사용하던 것이라 별로 어려울 것이 없습니다. 주의할 점은 수학에서는 곱하기 기호가 ×이지만 컴퓨터에서는 * 이고, 수학에서는 나누기 기호가 ÷이지만 컴퓨터에서는 /라는 것입니다.

표 3−1 기본적인 산술 연산자

산술 연산자		사용 예	설명
+	더하기	a = 5+3	5와 3을 더한 값을 a에 대입
−	빼기	a = 5−3	5에서 3을 뺀 값을 a에 대입
*	곱하기	a = 5*3	5와 3을 곱한 값을 a에 대입
/	나누기	a = 5/3	5를 3으로 나눈 값을 a에 대입
%	나머지	a = 5%3	5를 3으로 나누고 나머지를 a에 대입

앞 장에서 이미 다루었지만 복습도 할 겸 산술 연산자를 다시 살펴봅시다.

다시 말하지만 각 장에서 프로젝트를 생성할 때마다 자바 클래스를 추가해야 합니다. 기억이 나지 않으면 2장의 앞부분을 참조하여 Chapter03 프로젝트를 생성한 다음 Code03_01.java 클래스를 추가하여 코딩을 진행하세요. 이후로는 프로젝트 생성 및 자바 클래스 추가에 대해 더 이상 설명하지 않겠습니다.

코드 3-1 Code03_01.java

```
public class Code03_01 {
    public static void main(String[] args) {
        int n1, n2, res;
        n1 = 5;
        n2 = 3;
        res = n1 + n2;
        System.out.println(res);
    }
}
```

```
8
```

변수 n1, n2에 값을 대입하여 더한 결과를 변수 res에 넣어 출력했습니다. 이번에는 빼기, 곱하기, 나누기, 나머지를 한꺼번에 처리해봅시다.

코드 3-2 Code03_02.java

```
public class Code03_02 {
    public static void main(String[] args) {
        int n1, n2, res;
        n1 = 5;
        n2 = 3;
        res = n1 + n2;
        System.out.println(res);
        res = n1 - n2;
        System.out.println(res);
        res = n1 * n2;
        System.out.println(res);
        res = n1 / n2;
        System.out.println(res);
        res = n1 % n2;
        System.out.println(res);
    }
}
```

```
8
2
15
1
2
```

이는 암산도 충분히 가능한데, 12행에서는 5를 3으로 나눈 결과가 1.6667이지만 1이 출력되었습니다. 2장에서 언급했듯이 정수끼리의 연산 결과는 정수이므로, 실수인 1.6667에서 소수점 이하가 떨어져나간 정수 1, 즉 몫만 출력된 것입니다. 또한 14행에서는 5를 3으로 나누었을 때의 나머지인 2가 출력되었습니다.

앞서 언급했듯이 변수에 새로운 값을 넣으면 기존의 값을 덮어씁니다. 즉 기존에 들어 있던 값이 없어지고 새로운 값으로 대체됩니다. [그림 3-1]은 빼기 연산의 작동 과정을 보여줍니다.

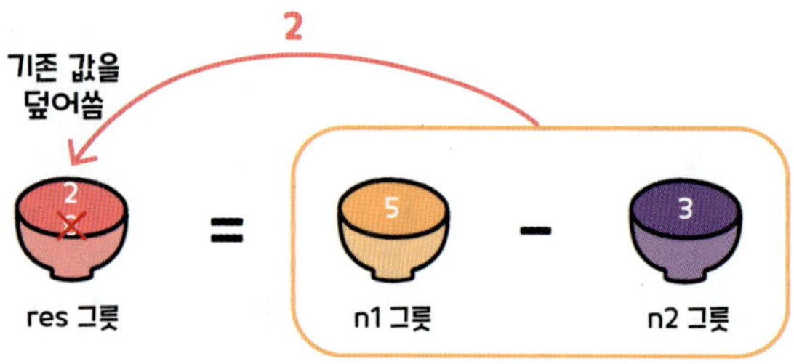

그림 3-1 **연산 결과를 덮어씀**

산술 연산자의 우선순위

하나의 연산에 여러 개의 연산자가 있는 경우에는 연산자의 우선순위가 정해져 있어야 정확한 계산 결과를 산출할 수 있습니다. 연산자가 계산되는 순서를 알아보기 위해 [코드 3-3]을 실행해봅시다.

코드 3-3 Code03_03.java

```java
public class Code03_03 {
    public static void main(String[] args) {
        int a = 3, b = 4, c = 5;
        System.out.println(a + b - c);
        System.out.println(a - c + b);
        System.out.println(-c + a + b);
    }
}
```

```
2
2
2
```

더하기, 빼기 연산은 순서를 바꿔도 동일한 결과가 나옵니다. 따라서 더하기와 빼기가 함께 있을 때는 앞에서부터 차례대로(왼쪽에서 오른쪽 방향으로) 계산하면 됩니다. 다시 말해 더하기와 빼기는 연산자의 우선순위가 동일하기 때문에 어떤 것을 먼저 계산해도 상관없습니다.

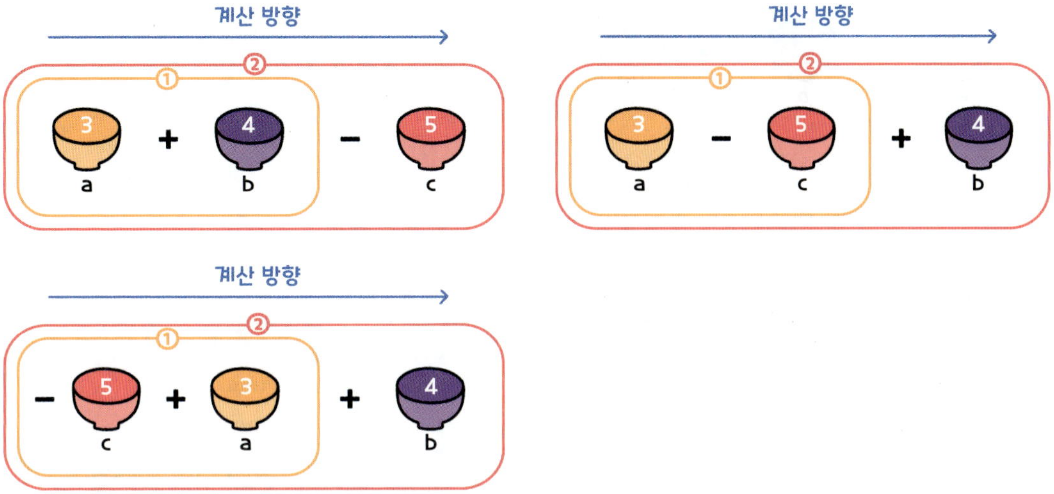

그림 3-2 **더하기, 빼기가 여러 개일 때의 계산 순서**

그렇다면 곱하기와 나누기가 함께 있는 경우는 어떨까요? 곱하기, 나누기 연산 역시 순서를 바꿔도 동일한 결과가 나오므로 앞에서부터 차례대로 계산하면 됩니다. 또한 [코드 3-4]에서는 계산 결과가 실수일 수도 있으므로 실수형(double) 변수를 사용했습니다.

코드 3-4 Code03_04.java

```
public class Code03_04 {
    public static void main(String[] args) {
        double a = 2, b = 4, c = 6;
        System.out.println(a / b * c);
        System.out.println(a * c / b);
        System.out.println(c / b * a);
    }
}
```

```
3.0
3.0
3.0
```

다시 말해 곱하기와 나누기는 연산자의 우선순위가 동일하기 때문에 어떤 것을 먼저 계산해도 상관없습니다.

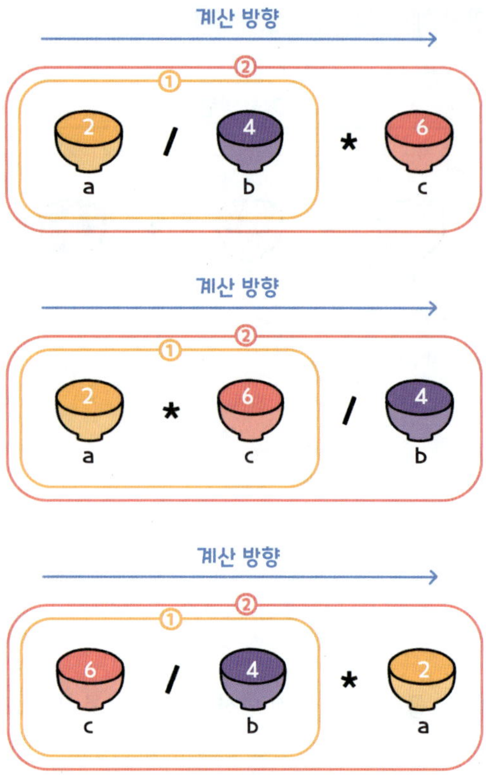

그림 3-3 **곱하기, 나누기가 여러 개일 때의 계산 순서**

이번에는 더하기와 곱하기가 함께 있는 경우인 [코드 3-5]를 실행해봅시다.

코드 3-5 Code03_05.java

```
01  public class Code03_05 {
02      public static void main(String[] args) {
03          int a = 3, b = 4, c = 5;
04          System.out.println(a * b + c);
05          System.out.println(c + a * b);
06      }
07  }
```

```
17
17
```

4, 5행의 결과는 모두 17인데, 앞에서부터 차례대로 계산하면 [그림 3-4]와 같이 결과가 달라집니다. 3*4+5는 순서대로 계산해도 결과가 17이지만, 5+3*4를 순서대로 계산한 결과는 32입니다.

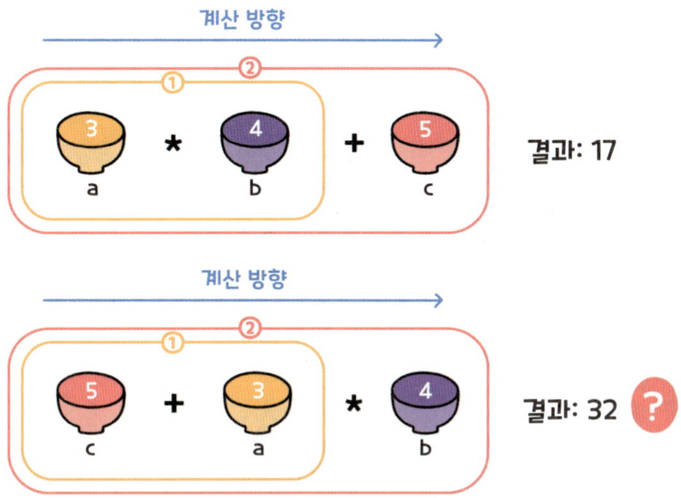

그림 3-4 더하기와 곱하기가 함께 있을 때의 계산 순서 1

이는 더하기와 곱하기가 함께 있을 때 곱하기가 먼저 계산되기 때문입니다. 즉 5+3*4는 [그림 3-5]와 같이 3*4를 먼저 계산한 다음에 5를 더합니다.

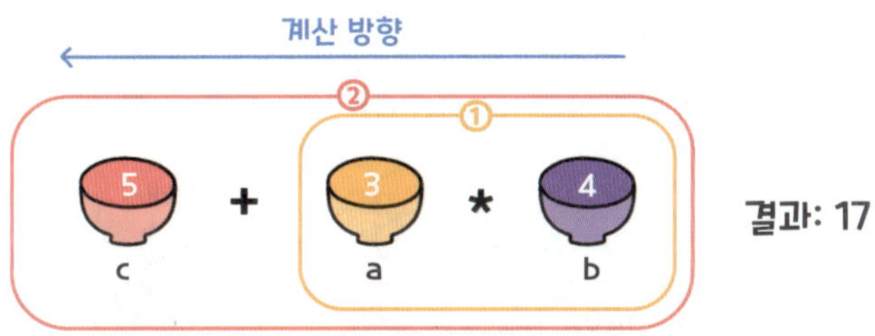

그림 3-5 더하기와 곱하기가 함께 있을 때의 계산 순서 2

이처럼 더하기(또는 빼기)와 곱하기(또는 나누기)가 함께 있을 때는 곱하기(또는 나누기)가 먼저 계산된다는 것을 주의하기 바랍니다. 이 밖에도 몇 가지 연산자가 더 있는데 이것들의 우선순위는 잠시 후에 살펴보겠습니다.

2 제곱 연산

자바에서 제곱 연산을 하고 싶다면 `Math.pow(밑수, 지수)` 메서드를 사용해야 합니다. 자바는 제곱을 구하는 연산자를 제공하지 않기 때문입니다. 예를 들어 3^2과 4^3은 [코드 3-6]과 같이 구할 수 있습니다.

코드 3-6 Code03_06.java

```java
public class Code03_06 {
    public static void main(String[] args) {
        double num;
        num = Math.pow(3, 2);
        System.out.println(num);
        num = Math.pow(4, 3);
        System.out.println(num);
    }
}
```

```
9.0
64.0
```

변수 num을 double형으로 지정한 것은 Math.pow()의 결과가 실수이기 때문입니다.

하나 더 알기 **Math 클래스**

자바 프로그래밍을 하다 보면 수학과 관련된 계산을 해야 하는 경우가 종종 있습니다. 간단한 사칙연산은 지금까지 배운 내용으로 쉽게 해결할 수 있지만 제곱, 제곱근, 최댓값, 최솟값, 삼각함수 등의 복잡한 계산은 코드로 풀어내기가 어렵습니다. 그래서 자바는 다음과 같이 다양한 수학 계산 메서드가 포함된 Math 클래스를 제공하고 있습니다.

- Math.abs(): 절댓값
- Math.log(): 로그값
- Math.max(): 최댓값
- Math.min(): 최솟값
- Math.sin(), Math.cos(), Math.tan(): 삼각함수

확인문제

다음 빈칸에 알맞은 말을 넣으시오.

- 자바의 다섯 가지 사칙연산자 기호는 (㉠)이다.
- 더하기와 곱하기 중에서 먼저 연산되는 것은 (㉡)이다.

정답

㉠ +, −, *, /, % ㉡ 곱하기

LAB 덤벨의 파운드를 킬로그램으로 환산하기

한빛 헬스장에는 미국에서 수입한 덤벨만 있어 무게가 킬로그램(kg)이 아닌 파운드(lb)로 표시되어 있습니다. 우리는 파운드보다 킬로그램에 익숙하니 덤벨의 무게를 쉽게 파악할 수 있도록 파운드와 킬로그램을 상호 변환하는 프로그램을 만들어봅시다.

[조건]

- 1파운드 = 0.453592킬로그램
- 1킬로그램 = 2.204623파운드

실행 결과

```
파운드(lb)를 입력하세요: 15   ← 사용자가 입력
15.0파운드(lb)는 6.803879999999995킬로그램(kg)입니다.
킬로그램(kg)을 입력하세요: 15   ← 사용자가 입력
15.0킬로그램(kg)은 33.069345000000006파운드(lb)입니다.
```

1. Chapter03 프로젝트에 Lab03_01.java 파일을 만들고, 키보드로 값을 입력받기 위해 Scanner 클래스를 사용할 수 있도록 준비합니다.

```
import java.util.Scanner;            // public class 밖에 입력

Scanner s = new Scanner(System.in);  // main() 메서드 내 첫 행에 입력

s.close();                           // main() 메서드 내 마지막 행에 입력
```

2. double형 변수를 준비하고, 파운드 값을 입력받아 킬로그램 값으로 변환합니다.

```
double pound, kg;

System.out.print("파운드(lb)를 입력하세요: ");
pound = s.nextDouble();
kg = pound * 0.453592;
System.out.println(pound + "파운드(lb)는 " + kg + "킬로그램(kg)입니다.");
```

3. 킬로그램 값을 입력받아 파운드 값으로 변환합니다.

```
System.out.print("킬로그램(kg)을 입력하세요: ");
kg = s.nextDouble();
pound = kg * 2.204623;
System.out.println(kg + "킬로그램(kg)은 " + pound + "파운드(lb)입니다.");
```

4. 완성된 코드는 다음과 같습니다. Ctrl+F11을 눌러 실행 결과를 확인해봅니다.

Lab03_01.java

```
01  import java.util.Scanner;
02  public class Lab03_01 {
03      public static void main(String[] args) {
04          Scanner s = new Scanner(System.in);
05          double pound, kg;
06
07          System.out.print("파운드(lb)를 입력하세요: ");
08          pound = s.nextDouble();
09          kg = pound * 0.453592;
10          System.out.println(pound + "파운드(lb)는 " + kg + "킬로그램(kg)입니다.");
11
12          System.out.print("킬로그램(kg)을 입력하세요: ");
13          kg = s.nextDouble();
14          pound = kg * 2.204623;
15          System.out.println(kg + "킬로그램(kg)은 " + pound + "파운드(lb)입니다.");
16
17          s.close();
18      }
19  }
```

출력 결과의 소수점 아래 숫자가 너무 길면 Math.round()를 활용하여 소수점 아래 자릿수를 지정할 수 있습니다. 예를 들어 소수점 아래 셋째 자리까지 출력하려면 9행과 10행 사이에 다음 코드를 추가합니다.

```
kg = Math.round(kg * 1000.0) / 1000.0;
```

Section
02 대입 연산자

1 대입 연산자의 개념

자바의 가장 기본적인 대입 연산자는 =으로, 이는 오른쪽의 값이나 계산 결과를 왼쪽의 변수에 대입하라는 의미입니다. 이를 이해하기 위해 [코드 3-7]을 살펴봅시다.

코드 3-7 Code03_07.java

```
public class Code03_07 {
    public static void main(String[] args) {
        int num;
        num = 100;
        num = 100 * 200;
        num = Integer.parseInt("100") + Integer.parseInt("200");
    }
}
```

위 코드에서 대입 연산자는 [그림 3-6]과 같이 작동합니다.

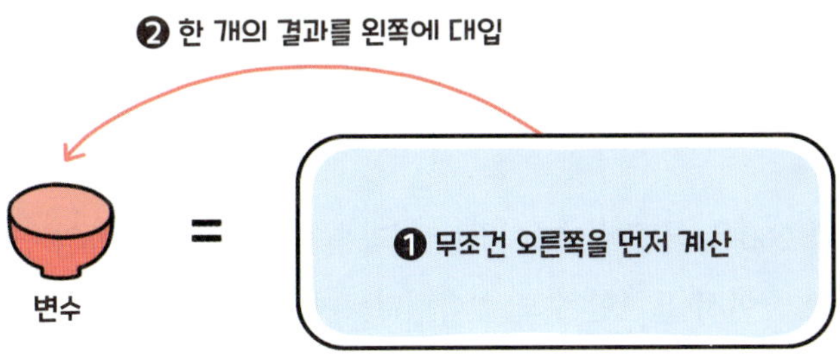

그림 3-6 한 개의 대입 연산자

여기서 기억해야 할 점이 있습니다. 숫자, 수식, 문자열, 계산식 등 문법상 옳은 것은 무엇이든 =의 오른쪽에 들어갈 수 있지만, =의 왼쪽에는 변수가 한 개여야 합니다. 그래야만 오른쪽에서 처리된 결과가 왼쪽에 대입될 수 있기 때문입니다.

2 대입 연산자의 활용

변수의 값을 변경한 후 이를 자신에게 대입할 수도 있는데, 이러한 연산자를 복합 대입 연산자라고 합니다.

코드 3-8 Code03_08.java

```
01  public class Code03_08 {
02      public static void main(String[] args) {
03          int num;
04          num = 100;
05          num = num + 200;
06          System.out.println(num);
07      }
08  }
```

```
300
```

위 코드의 5행은 [그림 3-7]과 같이 작동합니다.

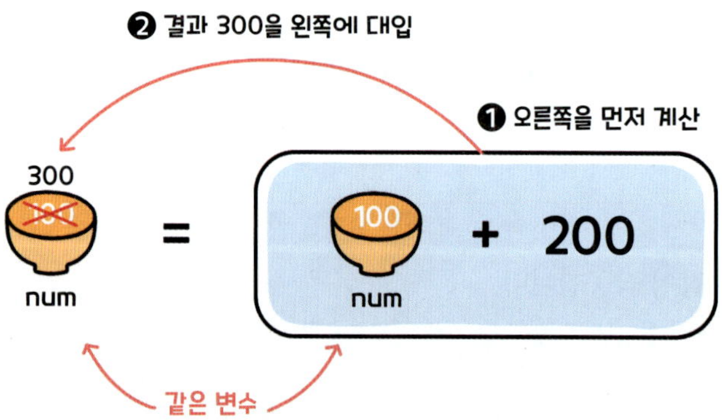

그림 3-7 자신과 연산한 후 자신에게 대입

먼저 오른쪽의 변수 num에 들어 있는 100과 200을 더하여 300이라는 결과를 얻고, 이를 왼쪽의 변수 num에 대입합니다. 이 5행은 다음과 같이 줄여서 표현할 수도 있습니다.

```
num += 200
```

즉 num = num + 200과 num += 200은 동일한 코드입니다. 복합 대입 연산자에는 += 말고도 -=, *=, /=, %= 등이 있습니다.

표 3-2 복합 대입 연산자

복합 대입 연산자	사용 예	설명
+=	num += 3	num = num + 3과 동일
-=	num -= 3	num = num - 3과 동일
*=	num *= 3	num = num * 3과 동일
/=	num /= 3	num = num / 3과 동일
%=	num %= 3	num = num % 3과 동일

그리고 변수의 값이 1씩 증가하는 경우에는 ++를, 1씩 감소하는 경우에는 --를 사용할 수 있으며, ++와 --를 증감 연산자라고 부릅니다.

표 3-3 증감 연산자

증감 연산자	사용 예	설명
++	num++ ++num	num = num+1, num += 1과 동일
--	num-- --num	num = num-1, num -= 1과 동일

지금까지 배운 대입 연산자를 간단한 예제로 정리하고 넘어갑시다.

코드 3-9 Code03_09.java

```
public class Code03_09 {
    public static void main(String[] args) {
        int num = 20;
        num++ ; System.out.print(num+" ");
        num-- ; System.out.print(num+" ");
        num += 3 ; System.out.print(num+" ");
        num -= 3 ; System.out.print(num+" ");
        num *= 3 ; System.out.print(num+" ");
        num /= 3 ; System.out.print(num+" ");
        num %= 3 ; System.out.print(num+" ");
    }
}
```

```
21 20 23 20 60 20 2
```

세미콜론(;)은 문장의 끝을 나타내므로 이어서 코딩해도 다음 행에 코딩한 것과 마찬가지입니다. 또한 `System.out.print()`는 결과를 출력한 후 다음 행으로 넘어가지 않기 때문에 결과가 연이어 출력되었습니다.

확인문제

다음 빈칸에 알맞은 말을 넣으시오.

- 대입 연산자의 기호는 [㉠]이며, 이는 오른쪽의 값이나 계산 결과를 왼쪽의 변수에 대입하라는 의미이다.
- a = a + 1을 줄여서 a [㉡] 1 또는 a [㉢]로 나타낼 수 있다.

정답

㉠ = ㉡ += ㉢ ++

LAB 편의점의 일일 매출 계산하기

편의점은 본사로부터 구입한 물품을 손님에게 판매하는데, 이때 본사로부터 구입한 물품의 가격에 이윤을 붙여서 판매 가격을 책정합니다. 편의점에서 취급하는 물품의 구입 가격과 판매 가격이 다음과 같을 때, 오늘의 총매출액을 계산하는 프로그램을 만들어봅시다.

구분	캔 커피	삼각 김밥	바나나맛 우유	도시락	콜라	새우깡
구입 가격	500	900	800	3500	700	1000
판매 가격	1800	1400	1800	4000	1500	2000

[구매 및 판매 내역]

- 삼각 김밥(900원) 10개 구입
- 바나나맛 우유(1800원) 2개 판매
- 도시락(3500원) 5개 구입
- 도시락(4000원) 4개 판매
- 콜라(1500원) 1개 판매
- 새우깡(2000원) 4개 판매
- 캔커피(1800원) 5개 판매

실행 결과

```
오늘 총매출액은 11600원입니다.
```

1. Lab03_02.java 파일을 만들고, `main()` 메서드 내부에서 총매출액 변수 `total`을 0으로 초기화합니다.

```
int total = 0;
```

2. 구입한 물품의 경우 구입 가격에 개수를 곱한 후 총매출액에서 뺍니다.

```
total -= 900*10;
total -= 3500*5;
```

3. 판매한 물품의 경우 판매 가격에 개수를 곱한 후 총매출액에 더합니다.

```
total += 1800*2;
total += 4000*4;
total += 1500;
total += 2000*4;
total += 1800*5;
```

4. 총매출액을 출력합니다.

```
System.out.println("오늘 총매출액은 " + total + "원입니다.");
```

5. 완성된 코드는 다음과 같습니다. Ctrl + F11을 눌러 실행 결과를 확인해봅니다.

Lab03_02.java

```
public class Store {
    public static void main(String[] args) {
        int total = 0;

        total -= 900*10;
        total += 1800*2;
        total -= 3500*5;
        total += 4000*4;
        total += 1500;
        total += 2000*4;
```

```
            total += 1800*5;

            System.out.println("오늘 총매출액은 " + total + "원입니다.");
        }
    }
```

Section 03

비교 연산자와 논리 연산자

1 비교 연산자의 개념

비교 연산자는 어떤 것이 큰지, 작은지, 같은지를 비교하는 연산자로, 관계 연산자라고도 부릅니다. 비교 연산자의 결과는 yes 또는 참을 의미하는 true, no 또는 거짓을 의미하는 false입니다. 또한 비교 연산자는 단독으로 사용하는 경우가 거의 없고 조건문이나 반복문과 함께 사용합니다.

여기서는 비교 연산자가 어떻게 작동하는지를 이해하고 실제 조건문 코드는 5장에서 살펴보겠습니다. 먼저 [그림 3-8]을 통해 기본적인 비교 연산자에 대해 알아봅시다.

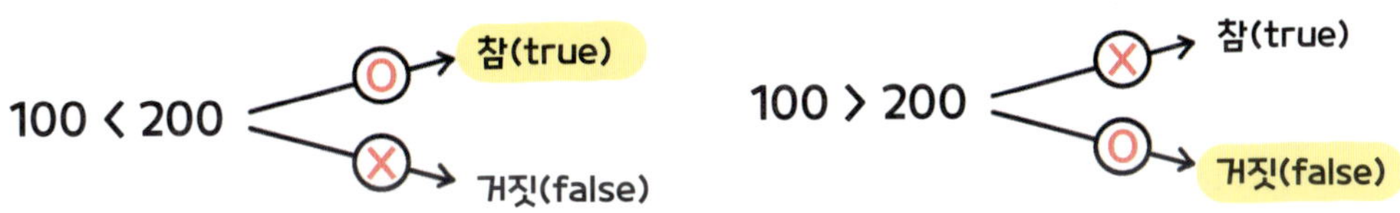

(a) 100은 200보다 작다: 참(true)

(b) 100은 200보다 크다: 거짓(false)

그림 3-8 비교 연산자의 기본 개념

(a)의 경우 100이 200보다 작기 때문에 결과가 참(true)이지만, (b)의 경우 100이 200보다 크지 않기 때문에 결과가 거짓(false)입니다.

앞에 제시된 것을 기준으로 이야기하기 때문에 (a)의 경우 '200이 100보다 크다'라고 하지 않고 '100이 200보다 작다'라고 합니다.

2 비교 연산자의 활용

실제 프로그래밍에서는 '100<200' 또는 '100>200'처럼 결과가 뻔한 비교를 하지는 않으며, [그림 3-9]와 같이 변수에 들어 있는 값을 주로 사용합니다.

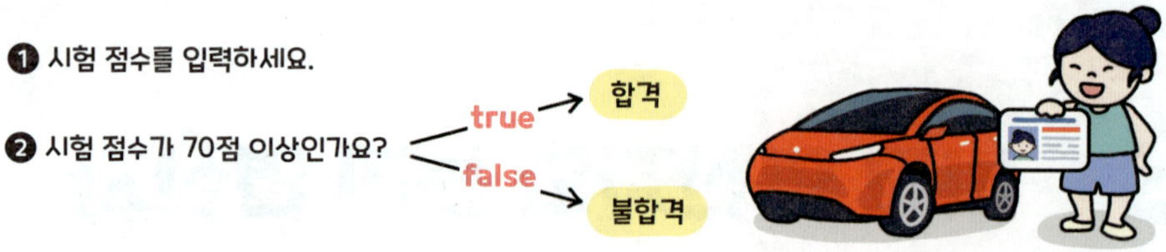

그림 3-9 비교 연산자의 기본 활용

운전면허 필기시험 점수를 입력받아 70점 이상이면 합격(true), 그렇지 않으면 불합격(false)으로 처리하는 프로그램을 작성해봅시다.

코드 3-10 Code03_10.java

```
01  import java.util.Scanner;
02  public class Code03_10 {
03      public static void main(String[] args) {
04          Scanner s = new Scanner(System.in);
05          int score;
06
07          System.out.print("필기시험 점수를 입력하세요: ");
08          score = s.nextInt();
09          System.out.println(score >= 70);
10
11          s.close();
12      }
13  }
```

```
필기시험 점수를 입력하세요: 80 ←—— 사용자가 입력
true
```

8행에서 점수(score)를 입력받고, 9행에서 >= 기호를 사용하여 70점 이상(크거나 같음)을 나타냈습니다. 입력된 값이 80이고, 80은 70 이상이므로 true가 출력되었습니다.

자바에서 사용할 수 있는 비교 연산자의 종류는 [표 3-4]와 같습니다.

표 3-4 비교 연산자

비교 연산자	의미	설명
==	같다	왼쪽 값과 오른쪽 값이 같으면 참
!=	같지 않다	왼쪽 값과 오른쪽 값이 다르면 참
>	크다	왼쪽 값이 오른쪽 값보다 크면 참
<	작다	왼쪽 값이 오른쪽 값보다 작으면 참
>=	크거나 같다	왼쪽 값이 오른쪽 값보다 크거나 같으면 참
<=	작거나 같다	왼쪽 값이 오른쪽 값보다 작거나 같으면 참

간단한 예제를 통해 비교 연산자의 개념을 확실히 이해하고 넘어갑시다.

코드 3-11 Code03_11.java

```
public class Code03_11 {
    public static void main(String[] args) {
        int n1 = 100, n2 = 200;

        System.out.print(n1 == n2);     // n1이 n2와 같음
        System.out.println(n1 != n2);  // n1이 n2와 같지 않음

        System.out.print(n1>n2);
        System.out.println(n1<n2);

        System.out.print(n1>=n2);
        System.out.println(n1<=n2);
    }
}
```

```
false true
false true
false true
```

하나 더 알기 ✓ 비교 연산자(==)와 대입 연산자(=)

n1과 n2가 같은지 확인하는 비교 연산자는 ==인데, 수학의 등호(=)와 헷갈려서 =을 한 개만 입력하지 않도록 주의해야 합니다. 예를 들어 다음과 같이 작성하면 엉뚱한 결과를 얻게 됩니다.

```
int n1 = 100, n2 = 200;
System.out.print(n1 = n2);
```

```
200
```

'n1 = n2'는 n2의 값을 n1에 넣으라는 의미이므로 n2의 값인 200이 n1에 대입되어 200이 출력됩니다. 숙련된 프로그래머라도 간혹 이러한 실수를 저지르곤 하니 주의하기 바랍니다.

3 논리 연산자의 개념

비교 연산자가 여러 번 필요할 때는 논리 연산자를 사용합니다. 논리 연산자에는 &&, ||, ! 등이 있으며, [표 3-5]에 이에 대해 정리했습니다.

표 3-5 논리 연산자

<table>
<tr><th>논리 연산자</th><th>의미</th><th>설명</th><th>사용 예</th></tr>
<tr><td>&&</td><td>그리고(and)</td><td>둘 다 참이어야 참</td><td>(num>10) && (num<20)</td></tr>
<tr><td>||</td><td>또는(or)</td><td>둘 중 하나만 참이어도 참</td><td>(num==10) || (num==20)</td></tr>
<tr><td>!</td><td>부정(not)</td><td>참이면 거짓/거짓이면 참</td><td>!(num<100)</td></tr>
</table>

&&는 and로, ||는 or로, !는 not으로 읽으며, ||는 Enter 바로 위에 있는 키를 Shift를 누르고 입력하면 됩니다. 참고로 배타적 논리합(exclusive or)인 ^도 논리 연산자이지만 잘 사용되지 않으므로 이 책에서는 다루지 않았습니다.

예를 들어 변수 num의 값이 10과 20 사이(10과 20은 제외)여야 한다면 두 가지 조건을 충족해야 합니다. 즉 num은 10보다 커야 합니다. 그리고 num은 20보다 작아야 합니다. 여기서 중요한 것은 '그리고'입니다. 다시 말해 num은 10보다 커야 한다도 참이어야 하고, num은 20보다 작아야 한다도 참이어야 합니다. 이를 자바 코드로 작성하면 다음과 같습니다.

```
(num > 10) && (num < 20)
```

[그림 3-10]은 앞의 코드를 그림으로 나타낸 것입니다. 계산되는 순서를 살펴보면, ❶ num > 10이 참인지 거짓인지 확인한 뒤 ❷ num < 20이 참인지 거짓인지 확인합니다. 그런 다음 ❶과 ❷의 결과를 &&로 처리합니다. &&의 경우 왼쪽과 오른쪽이 둘 다 참이어야 그 결과가 참이며, 하나라도 거짓이면 그 결과는 거짓이 됩니다.

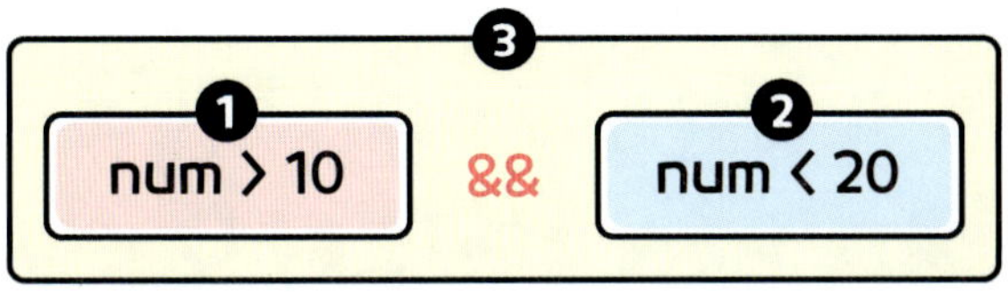

그림 3-10 && 연산

앞의 코드에서 괄호를 빼도 연산자의 우선순위에 의해 'num > 10'과 'num < 20'이 먼저 처리되고 &&가 마지막에 처리됩니다. 하지만 처리 순서가 더 명확하게 드러나도록 괄호를 사용하는 것이 좋습니다.

&& 연산은 두 조건이 모두 참이어야 참이 되지만 || 연산은 둘 중 하나만 참이어도 참이 됩니다. 논리 연산자가 어떻게 쓰이는지 [코드 3-12]에서 살펴봅시다.

코드 3-12 Code03_12.java

```
01  public class Code03_12 {
02      public static void main(String[] args) {
03          int num = 99;
04
05          System.out.println( (num > 100) && (num < 200) );
06          System.out.println( (num == 99) || (num == 100) );
07          System.out.println( !(num == 100) );
08      }
09  }
```

```
false
true
true
```

5행의 (num > 100) && (num < 200)은 num이 100과 200 사이에 있는지 확인합니다. 즉 num이 100보다 큰 동시에 200보다 작아야 합니다. 그런데 num이 99이므로 (num > 100)은 거짓, (num < 200)은 참이며, 따라서 '거짓 && 참'의 결과인 거짓(false)이 출력되었습니다.

6행의 `(num == 99) || (num == 100)`은 num이 99 또는 100인지 확인합니다. 즉 num이 99여도 되고 100이어도 됩니다. 그런데 num이 99이므로 `(num == 99)`는 참, `(num == 100)`은 거짓이며, 따라서 '참 || 거짓'의 결과인 참(true)이 출력되었습니다.

또한 7행에서는 num이 99이므로 `(num == 100)`은 거짓이며, `!(num == 100)`은 그 반대를 나타내므로 거짓의 반대인 참(true)이 출력되었습니다.

확인문제

다음 빈칸에 알맞은 말을 넣으시오.

- '같다'를 나타내는 비교 연산자는 [㉠]이고, '같지 않다'를 나타내는 비교 연산자는 [㉡]이다.
- 둘 다 참이어야 참이 되는 논리 연산자는 [㉢]이고, 둘 중 하나만 참이어도 참이 되는 논리 연산자는 [㉣]이다.

정답

㉠ == ㉡ != ㉢ && ㉣ ||

Section

04 연산자의 우선순위

자바에는 다양한 연산자가 있는데, 프로그래밍을 하다 보면 한 줄에 여러 연산자가 동시에 들어가기도 합니다. 이러한 경우 어떤 연산자를 먼저 계산할지 정해져 있는데, 이를 연산자의 우선순위라고 합니다.

연산자의 우선순위는 [표 3-6]과 같습니다. 앞에서 이미 더하기/빼기보다 곱하기/나누기의 우선순위가 높다는 것은 익혔으나 아직 배우지 않은 것이 많습니다. 앞으로 새로운 연산자를 계속 배워나갈 것이며, 여러 연산자가 동시에 나오면 [표 3-6]을 참조하기 바랍니다. 여기서는 괄호가 최우선이고 곱하기/나누기가 더하기/빼기보다 우선한다는 것, 대입 연산자가 나중에 처리된다는 것 정도만 기억해두세요.

표 3-6 연산자의 우선순위

<table>
<tr><th>우선순위</th><th>연산자</th><th>설명</th><th>순위가 같을 때의 진행 방향</th></tr>
<tr><td>1</td><td>() [] .</td><td>1차 연산자</td><td>→</td></tr>
<tr><td>2</td><td>+ - ++ -- ~ ! (type)</td><td>단항 연산자(변수 또는 상수 앞에 붙음)</td><td>←</td></tr>
<tr><td>3</td><td>* / %</td><td>산술 연산자</td><td>→</td></tr>
<tr><td>4</td><td>+ -</td><td>산술 연산자</td><td>→</td></tr>
<tr><td>5</td><td><< >> >>></td><td>비트 시프트 연산자</td><td>→</td></tr>
<tr><td>6</td><td>< <= > >= instanceof</td><td>비교 연산자</td><td>→</td></tr>
<tr><td>7</td><td>== !=</td><td>비교 연산자</td><td>→</td></tr>
<tr><td>8</td><td>&</td><td>비트 연산자</td><td>→</td></tr>
<tr><td>9</td><td>^</td><td>비트 연산자</td><td>→</td></tr>
<tr><td>10</td><td>|</td><td>비트 연산자</td><td>→</td></tr>
<tr><td>11</td><td>&&</td><td>논리 연산자</td><td>→</td></tr>
<tr><td>12</td><td>||</td><td>논리 연산자</td><td>→</td></tr>
<tr><td>13</td><td>?:</td><td>조건 삼항 연산자</td><td>→</td></tr>
<tr><td>14</td><td>= += -= *= /= %=
&= ^= |= <<= >>=</td><td>대입 연산자</td><td>←</td></tr>
</table>

우선순위가 2위인 +와 –는 더하기와 빼기가 아니라, 숫자나 변수 앞에 붙는 플러스, 마이너스 기호를 말합니다.

확인문제

다음 연산자 중에서 우선순위가 가장 높은 것과 가장 낮을 것을 고르시오.

① + ② * ③ && ④ = ⑤ ( )

정답

우선순위가 가장 높은 연산자: ⑤ 우선순위가 가장 낮은 연산자: ④

LAB 기말 평균 학점 구하기

한빛대학교 1학년인 난생이는 다음과 같은 기말고사 성적표를 받았습니다. 연산자의 우선순위에 주의하면서 평균 학점을 구하는 프로그램을 작성해봅시다.

과목(이수 학점)	성적
자바(3학점)	B(3.5)
모바일(2학점)	A0(4.0)
엑셀(1학점)	A(4.5)

실행 결과

```
평균 학점 : 3.83
```

1. Lab03_03.java 파일을 만들고 자바, 모바일, 엑셀 변수에 각각의 이수 학점을 넣어 선언합니다.

```
int java = 3, mobile = 2, excel = 1;
```

2. A, A0, B 학점에 대응하는 점수를 넣어 선언합니다.

```
double A = 4.5, A0 = 4.0, B = 3.5;
```

3. 각 과목과 해당 점수를 곱하여 더한 다음 총학점으로 나눕니다. 이때 연산자의 우선순위를 고려하여 괄호를 넣습니다.

```
double avg;
avg = ((java*B) + (mobile*A0) + (excel*A)) / (java + mobile + excel);
```

4. 평균 학점(avg)을 그대로 출력하면 소수점 아래 숫자가 너무 길어지기 때문에 소수점 아래 두 자리까지 출력되게 합니다. 평균 학점에 100.0을 곱하여 Math.round()로 처리하고 100.0으로 나눕니다.

```
avg = Math.round(avg*100.0) / 100.0;
```

소수점 아래 한 자리만 출력되게 하려면 10.0을, 소수점 아래 세 자리까지 출력되게 하려면 1000.0을 사용하면 됩니다.

5. 평균 학점을 출력합니다.

```
System.out.println("평균 학점 : " + avg);
```

6. 완성된 코드는 다음과 같습니다. Ctrl+F11을 눌러 실행 결과를 확인해봅니다.

Lab03_03.java

```
public class Lab03_03 {
    public static void main(String[] args) {
        int java = 3, mobile = 2, excel = 1;
        double A = 4.5, A0 = 4.0, B = 3.5;

        double avg;
        avg = ((java*B) + (mobile*A0) + (excel*A)) / (java + mobile + excel);
        avg = Math.round(avg*100.0) / 100.0;

        System.out.println("평균 학점 : " + avg);
    }
}
```

실전 예제

거북이의 펜 바꾸기

문제

거북이가 선을 그리지 않으면서 이동하게 해봅시다. turtle.up() 메서드는 거북이가 펜을 드는 메서드로, 이는 선을 그리지 않겠다는 의미입니다. 또한 다시 선을 그리고 싶을 때는 turtle.down() 메서드를 사용하면 됩니다.

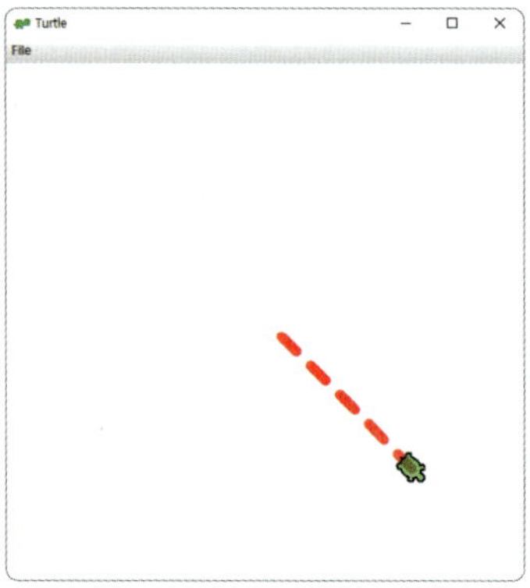

해결

자바에서 터틀 그래픽을 사용하려면 먼저 Turtle.java 파일을 복사하여 프로젝트에 넣어야 합니다. 복사하여 붙여넣는 방법이 기억나지 않으면 2장의 [실전 예제]를 참고하세요.

Ex03_01.java

```
01  public class Ex03_01 {
02      public static void main(String[] args) {
03          Turtle turtle = new Turtle
04
05          turtle.width(5);
06          turtle.penColor("red");
07
08          turtle.right(45);
09
10          turtle.up();
11          turtle.forward(20);
12          turtle.down();
13          turtle.forward(20);
14
15          // 10~13행을 4회 반복
16      }
17  }
```

03 Ex03_01.java 파일을 만들고 거북이를 준비합니다.

05, 06 거북이가 그리는 선의 두께와 색상을 변경할 수 있습니다. 선의 두께는 `turtle.width()`로 지정하는데, 1~10 정도면 적당합니다. 이를 지정하지 않으면 기본값인 2로 설정됩니다. 또한 선의 색상을 지정하는 메서드는 `turtle.pencolor()`이며 "red", "green", "blue" 등 다양하게 설정할 수 있습니다. 이를 지정하지 않으면 기본값인 "black"으로 설정됩니다.

08 처음에 오른쪽을 바라보고 있는 거북이를 45도 오른쪽으로 회전시킵니다.

10, 11 거북이가 선을 그리지 않고 20만큼 이동합니다. 거북이가 선을 그리지 않게 하려면 `tutle.up()`을 사용하고, 거북이를 이동하는 데에는 `turtle.forward()`를 사용합니다.

12, 13 거북이가 선을 그리면서 20만큼 이동합니다. 거북이가 선을 그리게 하려면 `turtle.down()`을 사용합니다.

실전 예제 입력한 값만큼 거북이 움직이기

문제

사용자가 입력한 거리와 각도만큼 거북이가 이동하되, 이동하는 횟수가 무한 반복되는 프로그램을 작성해봅시다.

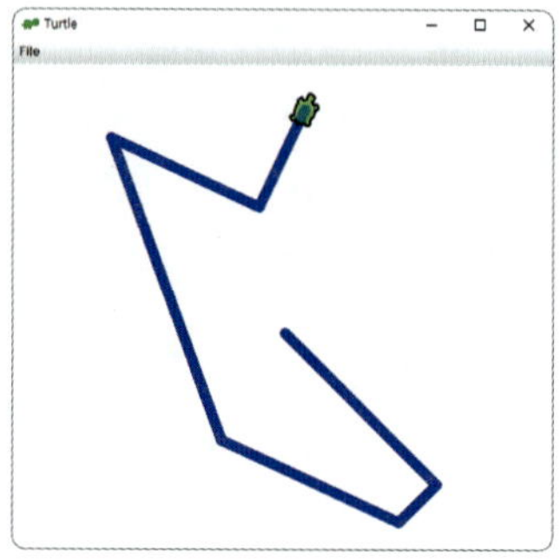


```
거북이의 회전 각도: 45
거북이의 이동 거리: 200
~~~생략~~~
거북이의 회전 각도: -90
거북이의 이동 거리: 100
```

해결

반복문은 6장에서 자세히 다룰 것이며, 여기서는 거북이가 계속 선을 그릴 수 있도록 무한 반복만 잠깐 살펴보겠습니다. 다음은 무한 반복을 위한 코드로, `while(true)`는 그 아래 행이 무한 반복되게 합니다. 이때 무한 반복할 행을 중괄호({ }) 안에 넣어야 합니다.

```
while(true) {
   // 이 부분에 무한 반복할 코드 작성
}
```

Ex03_02.java

```
import java.util.Scanner;
public class Ex03_02 {
    public static void main(String[] args) {
        Scanner s = new Scanner(System.in);
        Turtle turtle = new Turtle();
        int angle, distance;

        turtle.width(10);
        turtle.penColor("blue");

        while(true) {
            System.out.print("거북이의 회전 각도 : ");
            angle = s.nextInt();        // 거북이의 회전 각도 입력
            System.out.print("거북이의 이동 거리 : ");
            distance = s.nextInt();    // 거북이의 선 길이 입력
```

```
16
17                turtle.right(angle);       // 거북이를 오른쪽으로 회전시킴
18                turtle.forward(distance);  // 거북이를 거리만큼 이동함
19            }
20        }
21    }
```

06~09 회전 각도와 이동 거리를 입력받기 위한 변수를 준비하고, 거북이가 그리는 선의 두께와 색상을 적당히 지정합니다.

11~19 무한 반복할 부분에서 회전 각도와 이동 거리를 입력받아 거북이가 움직이게 합니다.

요약

01 대표적인 산술 연산자는 더하기(+), 빼기(−), 곱하기(*), 나누기(/), 나머지(%)입니다.

02 정수를 정수로 나눈 결과는 정수입니다. 정수끼리의 연산 결과는 정수이기 때문입니다.

03 더하기와 빼기가 함께 있을 때는 앞에서부터 차례대로(왼쪽에서 오른쪽 방향으로) 계산하면 됩니다. 곱하기, 나누기 연산 역시 순서를 바꿔도 동일한 결과가 나오므로 앞에서부터 차례대로 계산하면 됩니다.

04 더하기/빼기와 곱하기/나누기가 함께 있을 때는 곱하기/나누기가 먼저 계산됩니다.

05 자바에서는 `Math.pow(밑수, 지수)` 메서드를 사용하여 제곱 연산을 합니다. 자바는 다양한 수학 계산 메서드가 포함된 `Math` 클래스를 제공합니다.

06 대입 연산자(=)는 오른쪽의 값이나 계산 결과를 왼쪽의 변수에 대입하라는 의미입니다.

07 복합 대입 연산자는 +=, −=, *=, /=, %= 등이고, 증감 연산자는 ++, −−입니다.

08 비교 연산자(관계 연산자)는 어떤 것이 큰지, 작은지, 같은지를 비교하는 연산자로, 그 결과는 yes 또는 참을 의미하는 true, no 또는 거짓을 의미하는 false입니다.

09 비교 연산자에는 ==, !=, >, <, >=, <= 등이 있습니다.

10 &&, ||, ! 등의 논리 연산자는 비교 연산자가 여러 번 필요할 때 사용합니다.

11 어떤 연산자를 먼저 계산할지 정해져 있는데, 이를 연산자의 우선순위라고 합니다. 괄호가 최우선이고, 곱하기/나누기가 더하기/빼기보다 우선하며, 대입 연산자가 나중에 처리됩니다.

연습문제

01 다음 중 사칙연산자 기호가 아닌 것을 고르시오.

① + ② − ③ x ④ /

02 다음 코드의 실행 결과를 고르시오.

```
int num1 = 2;
int num2 = 3;
int num3 = 4;
System.out.println(num1 + num2 * num3);
```

① 20 ② 14 ③ 10 ④ 9

03 다음 중 연산자에 대한 설명으로 옳지 않은 것을 고르시오.

① /는 나누기 연산자이다.
② %는 나머지 연산자이다.
③ *는 곱하기 연산자이다.
④ **는 제곱 연산자이다.

04 다음 코드에 대한 설명으로 옳은 것을 고르시오.

```
int num = 100;
int value = num + 200;
```

① =의 오른쪽이 모두 계산된 후 왼쪽에 대입되므로 value에 300이 대입된다.
② =의 왼쪽이 먼저 계산되므로 num에 300이 대입된다.
③ value와 num에 동일한 값이 대입된다.
④ num에 100이 대입되고 value에 200이 대입된다.

05 다음 중 오류가 발생하는 것을 고르시오.

① num %= 1; ② num += 1;
③ num++; ④ num**;

06 다음 코드의 실행 결과를 고르시오.

```
int num = 100;
num = num + 1;
num -= 100;
System.out.println(num);
```

① -1　　② 0　　③ 1　　④ 2

07 다음 중 복합 대입 연산자가 <u>아닌</u> 것을 고르시오.

① +=　　② −=　　③ x=　　④ /=

08 다음 중 결과가 참(true)인 것을 고르시오.

① 10 > 20　　② 10 == 20

③ 10 >= 20　　④ 10 <= 20

09 다음 중 결과가 참(true)인 것을 고르시오.

① 10 > 20 && 10 == 20　　② 10 == 20 && 10 > 20

③ 10 >= 20 && 10 > 20　　④ 10 <= 20 && 10 < 20

10 다음 연산자 중 우선순위가 가장 높은 것을 고르시오.

① *　　② /　　③ =　　④ ()

11 다음과 같은 결과가 출력되도록 프로그램을 작성하시오.

[실행 결과]

```
숫자 1==>100
숫자 2==>3
100+3=103
100*3=300
100/3=33
100%3=1
```

사용자가 입력 (100, 3)

12 심화 사용자가 거북이의 모양, 색상, 선 두께를 지정하고, 사용자가 입력하는 각도와 거리만큼 거북이가 무한 반복하여 이동하는 프로그램을 작성하시오.

[실행 결과]

```
거북이 모양(turtle, circle, square, rectangle) ==>circle
거북이 펜 색상(red,blue,green,yellow,magenta) ==>green
거북이 선 두께 ==>8
거북이의 회전 각도 : 45
거북이의 이동 거리 : 70
거북이의 회전 각도 : 55
거북이의 이동 거리 : 80
~~~생략~~~
```

사용자가 입력

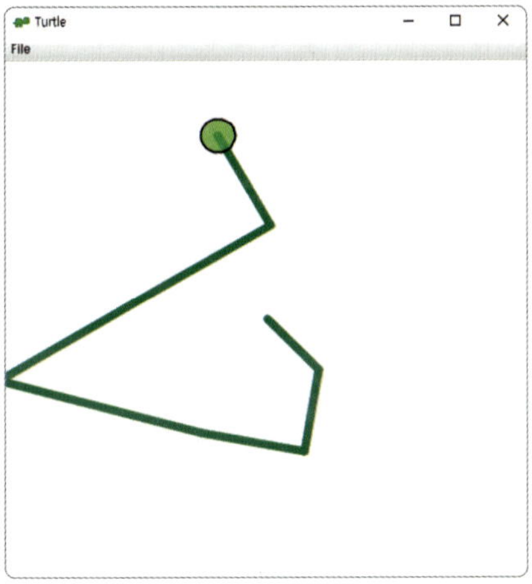

CHAPTER 04

데이터형과 문자열

학습목표

- 자바의 데이터형에 대해 알아봅니다.
- 데이터형에 따른 출력 방법을 익힙니다.
- 문자열을 이해하고 응용 방법을 익힙니다.
- 문자열 메서드의 종류와 활용법을 파악합니다.

Preview

요리를 할 때 다양한 식기를 사용해야 맛있고 보기 좋은 고급 요리를 만들어낼 수 있듯이, 자바 프로그래밍을 할 때도 다양한 데이터형을 사용해야 제대로 된 프로그램을 작성할 수 있습니다. 자바의 데이터형에는 정수, 실수, 문자열, 불형 등이 있는데, 이 장에서는 이러한 데이터형에 대해 자세히 알아보고 사용법을 익힙니다. 또한 사용 빈도가 높은 문자열의 고급 활용 방법도 배워봅니다.

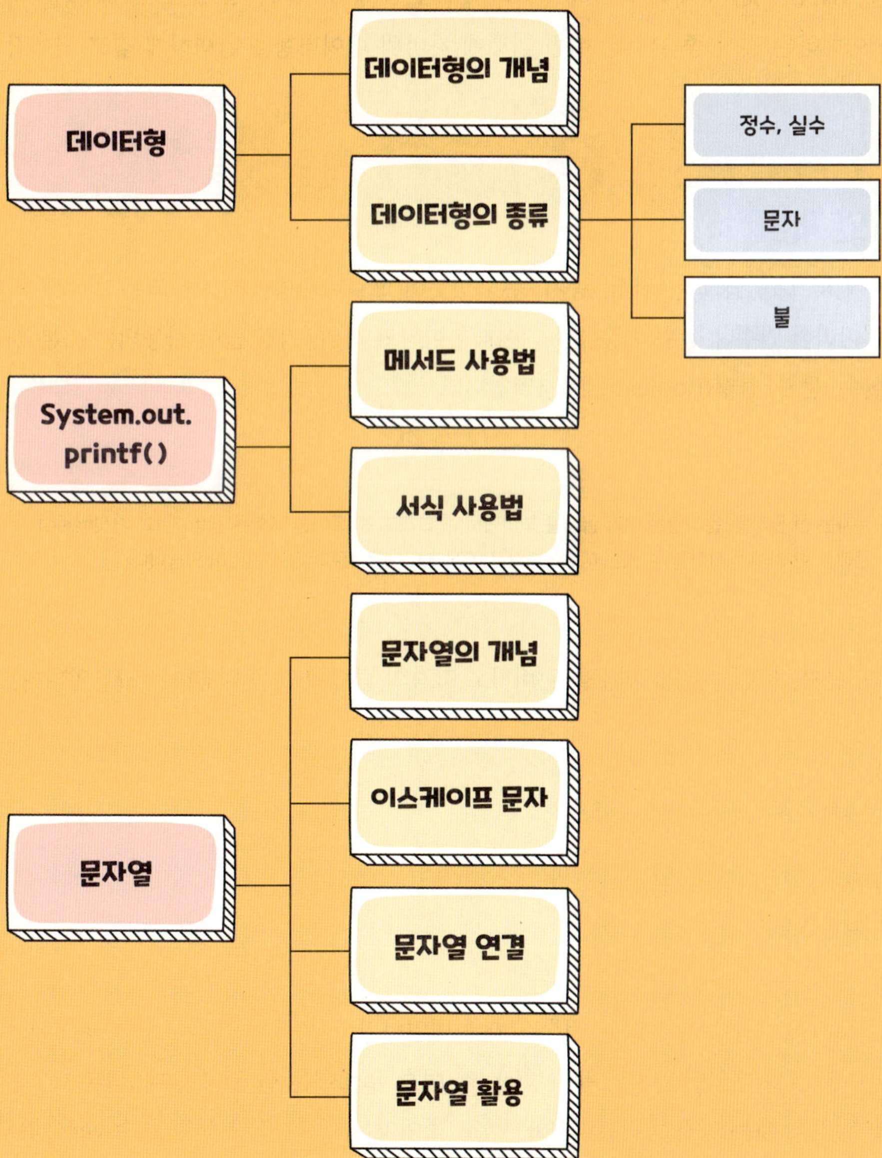

Section 01 데이터형의 개요

지금까지 데이터형(data type)에 대해 특별히 생각하지 않고 코딩을 했지만 고급 프로그래밍을 하려면 데이터형을 이해하는 것이 좋습니다. 이번 기회에 자바의 데이터형을 완벽하게 짚고 넘어갑시다.

1 데이터형의 개념

요리를 담는 식기에 국그릇, 밥그릇, 접시, 종지 등이 있듯이 프로그래밍에서 사용되는 변수의 종류도 다양합니다. 이러한 변수나 상수의 종류를 데이터형이라고 하며, 가장 많이 사용되는 기본 데이터형은 정수, 실수, 문자, 불형(Boolean), 문자열입니다.

문자는 한 글자를, 문자열은 여러 글자를 의미합니다. 그리고 좀 특이한 불형은 참(true)과 거짓(false) 중에서 한 가지만 저장할 수 있는 데이터형으로, 5장에서 배울 if문과 깊은 관련이 있습니다.

다음은 정수, 실수, 문자, 불형, 문자열 변수를 준비하고 각각의 변수에 값을 대입하는 코드입니다.

```
int var1 = 100;
double var2 = 3.14;
char var3 = '자';
boolean var4 = true;
String var5 = "난생처음";
```

정수형(int) 변수 var1에는 소수점이 없는 정수 100을 대입하고, 실수형(double) 변수 var2에는 소수점이 있는 실수 3.14를 대입했습니다. 문자형(char) 변수 var3에는 한 글자를 대입했는데, 문자형 변수에 값을 대입할 때는 이처럼 작은따옴표(' ')로 묶어야 합니다. 또한 불형 변수 var4에는

true 또는 false만 대입할 수 있으며, 문자열(String) 변수 var5에는 여러 글자를 큰따옴표(" ")로 묶어 대입했습니다.

> String은 자바의 기본 데이터형이 아니고 클래스로 제공됩니다. 하지만 문자열이 많이 사용되기 때문에 기본 데이터형과 함께 소개했습니다.

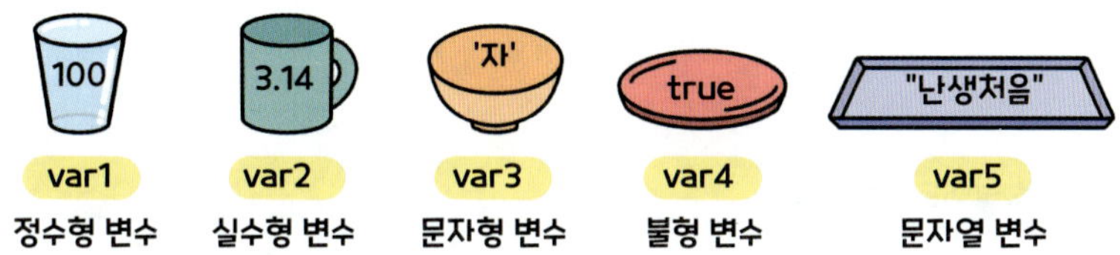

그림 4-1 변수의 종류

2 변수에 맞는 데이터형의 값 대입

물컵에 물을 담고 밥그릇에 밥을 담듯이 변수에는 해당 데이터형의 값을 대입해야 합니다.

그림 4-2 변수에 맞는 데이터형의 값 대입

다음 코드의 마지막 행은 오류가 발생합니다. 문자형(char) 변수에는 한 글자를 작은따옴표로 묶어서 대입해야 하는데, 큰따옴표로 묶은 문자열을 대입했기 때문입니다.

```
int var1 = 100;
double var2 = 3.14;
char var3 = "난생";        // 오류
```

그럼 다음과 같이 큰따옴표를 작은따옴표로 바꾸면 될까요?

```
char var3 = '난생';          // 오류
```

역시 오류가 발생합니다. 문자형의 경우 한 글자만 작은따옴표로 묶어야 하기 때문입니다. 만약 문자열을 대입하고 싶다면 다음과 같이 데이터형을 String으로 바꿔야 합니다.

```
char var3 = '난';
String var4 = "난생";
```

하나 더 알기 ✓ **다른 데이터형을 넣어도 되는 경우**

물컵에 밥을 담으면 안 되겠지만 물 대신 오렌지 주스를 담을 수는 있습니다. 이와 마찬가지로 변수에 다른 데이터형을 넣는 것이 허용되는 경우가 있습니다.

밥 넣기
물컵

오렌지 주스 넣기
물컵

정수를 실수형 변수에 넣으면 실수로 변환됩니다. 소수점만 붙을 뿐 같은 값이기 때문에 별 문제가 없습니다.

```
double var1 = 1234;
System.out.println(var1)
```

```
1234.0
```

하지만 반대로 정수형 변수에 실수를 넣으면 오류가 발생합니다.

```
int var2 = 100.0;          // 오류
```

확인문제

다음 빈칸에 알맞은 말을 넣으시오.

- 정수형(int) 변수에는 [㉠]를 대입하고, 문자형(char) 변수에는 [㉡]를 대입해야 한다.
- 가장 많이 사용되는 기본 데이터형은 정수, 실수, [㉢], [㉣], [㉤]이다.

정답

㉠ 정수 ㉡ 문자 ㉢ 문자 ㉣ 불형 ㉤ 문자열

Section

02 데이터형의 종류

자바에서 지원하는 기본 데이터형은 정수, 실수, 문자, 불형, 문자열이며, 각각의 데이터형은 종류가 여러 가지입니다. 기본 데이터형의 세부적인 종류를 알아봅시다.

1 정수 데이터형

자바 프로그래밍을 하면서 정수형을 사용할 때는 그 크기를 고려해야 합니다. 예를 들어 입력할 값이 사람의 나이라면 0~120세로 설정하면 될 것입니다. 또한 홈페이지 가입 회원의 출생 연도는 1900~2500년, 은행 예금은 0~9999억 원 정도를 설정하면 됩니다.

그림 4-3 정수의 다양한 범위

정수형은 상황에 따라 값의 범위를 달리하며, 이 범위는 [표 4-1]과 같이 구분할 수 있습니다. 자바에서는 int형을 기본 정수형으로 취급합니다. 예컨대 나이의 경우 int형을 사용할 수 있지만, 127세를 넘지는 않을 테니 4바이트를 차지하는 int형보다는 1바이트만 차지하는 byte형이 더 효율적입니다. 또한 출생 연도에는 short형이 적당하고, 은행 예금의 경우 21억이 넘을 수도 있으므로

표 4-1 정수 데이터형

정수형	의미	크기	값의 범위
byte	아주 작은 정수	1바이트	-2^7(−128)~2^7−1(127)
short	작은 정수	2바이트	-2^{15}(−32768)~2^{15}−1(32767)
int	정수	4바이트	2^{31}(약 −21억)~2^{31}−1(약 21억)
long	큰 정수	8바이트	-2^{63}(약 −900경)~2^{63}−1(약 900경)

long형으로 지정하는 것이 바람직합니다. 지정된 데이터형의 값을 초과하면 어떻게 되는지 [코드 4-1]에서 확인해봅시다.

코드 4-1 Code04_01.java

```java
01  public class Code04_01 {
02      public static void main(String[] args) {
03          byte age = 127;                // byte형의 최댓값
04          short birth = 32767;           // short형의 최댓값
05          int money = 2147483647;        // int형의 최댓값
06
07          System.out.println((byte)(age + 1));
08          System.out.println((short)(birth + 1));
09          System.out.println((int)(money + 1));
10      }
11  }
```

```
-128
-32768
-2147483648
```

3행에서 byte형의 최댓값인 127을 대입했습니다. 이는 문제가 없는데, 7행에서 127에 1을 더한 후 (byte)형으로 변경함으로써 byte형의 최솟값으로 되돌아가 −128이 출력되었습니다. 만약 127을 넘는 값이 있을 것으로 예상된다면 short형을 사용해야 합니다. 4행의 short형과 5행의 int형 역시 최댓값을 넘어서면 최솟값으로 바뀝니다. 따라서 각 데이터형의 최댓값을 벗어나지 않도록 해야 합니다.

(byte)와 같은 () 연산자를 캐스팅 연산자라고 하며, 이는 데이터형을 잠깐 변경하는 기능을 합니다.

2 실수 데이터형

실수형은 3.14, −8.8과 같이 소수점이 있는 숫자를 말합니다. 자바에는 [표 4−2]와 같은 실수형이 있으며, 둘 중 기본형은 `double`형입니다. 그래서 3.14라고 하면 `double`형 값으로 인식하며, `float`형의 경우 float를 의미하는 'f'를 숫자 뒤에 붙여 3.14f와 같이 나타내야 합니다.

표 4-2 **실수 데이터형**

실수형	의미	크기	값의 범위
float	실수	4바이트	약 −3.4×1038~3.4×1038
double	큰 실수	8바이트	약 −1.79×10308~1.79×10308

`float`형과 `double`형은 둘 다 값의 범위가 엄청나게 크기 때문에 이 둘을 구분하여 사용하는 경우는 그리 흔치 않습니다. `float`형과 `double`형의 중요한 차이점은 소수점 아래 자릿수입니다. `float`형은 대개 소수점 아래 일곱 자리까지 표현되고, `double`형은 소수점 아래 열대여섯 자리 정도를 표현할 수 있습니다. 예를 들어 우주선의 발사 각도를 계산하는 경우라면 매우 정밀한 값을 구해야 하므로 `double`형을 사용하고, 학점처럼 간단한 실수의 경우에는 `float`형으로도 충분합니다.

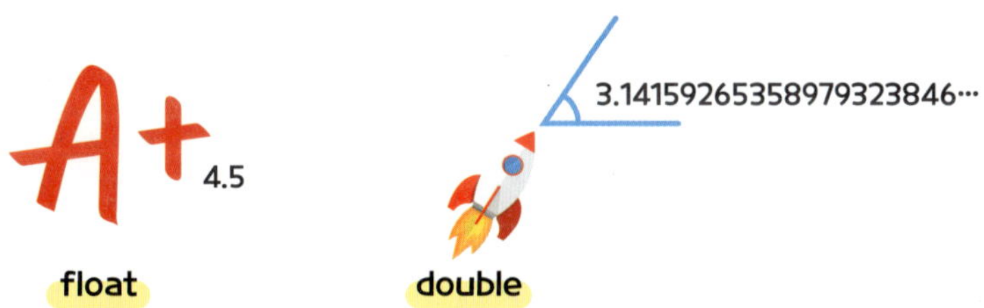

그림 4-4 **실수형의 정밀도**

[코드 4−2]에서 `float`형과 `double`형의 정밀도를 비교해봅시다.

코드 4-2 Code04_02.java

```java
public class Code04_02 {
    public static void main(String[] args) {
        float f = 0.1234567890123456789012345f;
        double d = 0.1234567890123456789012345;

        System.out.println(f);
        System.out.println(d);
    }
}
```

```
0.12345679
0.12345678901234568
```

3행과 4행에서 각각 `float`형, `double`형으로 소수점 아래 스물다섯 자리를 대입하여 6행과 7행에서 출력한 결과 `float`형은 소수점 아래 여덟 자리, `double`형은 열일곱 자리가 출력되었습니다.

이번에는 정수와 정수의 연산을 살펴봅시다. [코드 4-3]과 같이 정수와 정수의 연산에서 더하기, 빼기, 곱하기는 문제가 없지만 나누기의 경우 문제가 발생할 수 있습니다.

코드 4-3 Code04_03.java

```
01  public class Code04_03 {
02      public static void main(String[] args) {
03          int n1 = 1;
04          int n2 = 2;
05
06          System.out.println(n1+n2);
07          System.out.println(n1-n2);
08          System.out.println(n1*n2);
09          System.out.println(n1/n2);
10      }
11  }
```

```
3
-1
2
0
```

9행의 나누기 연산(1/2) 결괏값이 0.5가 아니라 0입니다. 정수와 정수를 연산했기 때문에 소수점을 버린 0이 출력된 것입니다. 이를 해결하려면 다음과 같이 4행의 `int`를 `double`로 변경해야 합니다.

```
double n2 = 2;
```

```
3.0
-1.0
2.0
0.5
```

n2에 소수점이 붙음으로써 모든 결괏값이 실수로 출력되었습니다. 즉 정수와 실수의 연산 결과는 실수입니다.

그림 4-5 정수와 실수의 연산 결과

3 문자 데이터형

한 글자를 저장하는 문자형은 작은따옴표로 묶어서 대입합니다.

표 4-3 문자 데이터형

문자형	의미	크기	값의 범위
char	문자	2바이트	영문 또는 한글 한 글자

```
char ch1 = 'A';
char ch2 = '난';
char ch3 = '5';
```

셋째 행의 '5'는 숫자 5가 아니라 글자 5를 의미합니다. char형에는 문자뿐만 아니라 값의 범위에 해당하는 정수를 대입할 수도 있습니다.

```
char ch4 = 100;
System.out.println(ch4);
```

```
d
```

100을 넣은 변수 ch4를 출력했는데 100이 아니라 d가 출력되었습니다. 왜 문자 d가 출력되었을까요? 문자 d는 100을 가리킵니다. A는 64, B는 65, …, Z는 90, 그리고 a는 96, b는 97, …, z는

122와 같이 각 문자에는 고유한 숫자가 할당되어 있는데, 이를 아스키코드(ASCII code)라고 부릅니다. [표 4-4]는 활용 빈도가 높은 아스키코드를 보여줍니다.

표 4-4 아스키코드

아스키코드	10진수
0~9	48~57
A~Z	65~90
a~z	97~122

하나 더 알기 ✓ 유니코드 문자

영문과 숫자뿐만 아니라 한글, 중국어, 아랍어 등 다양한 언어도 문자에 포함됩니다. 유니코드(Unicode)는 이러한 수많은 종류의 문자를 표현하기 위한 것으로, 자바의 문자형인 char는 유니코드를 표현하기 위해 2바이트를 할당하므로 0~2^{16}−1(0~65535)의 범위를 표현할 수 있습니다.

예를 들어 '난'과 '生'의 유니코드 숫자는 다음과 같이 확인할 수 있습니다.

```
char ch1 = '난';
System.out.println(ch1 + "-->" + (int)ch1);
char ch2 = '生';
System.out.println(ch2 + "-->" + (int)ch2);
```

```
난-->45212
生-->29983
```

4 불 데이터형

불형은 논리형이라고도 부르며 참(true) 또는 거짓(false)만 저장할 수 있습니다.

표 4-5 불 데이터형

불형	의미	크기	값의 범위
boolean	참 또는 거짓	1바이트	true 또는 false

[코드 4-4]는 불형을 활용하는 간단한 예제입니다.

코드 4-4 Code04_04.java

```
01  public class Code04_04 {
02      public static void main(String[] args) {
03          boolean boo1, boo2;
04
05          boo1 = true;
06          System.out.println(boo1);
07
08          boo2 = (100 < 10);
09          System.out.println(boo2);
10      }
11  }
```

```
true
false
```

3행에서 불형 변수 두 개를 선언하고 5, 6행에서 변수 boo1에 true를 대입하여 출력했습니다. 또한 8행에서는 변수 boo2에 (100 < 10)의 결과가 대입되는데, 다시 말해 '100이 10보다 작다'는 거짓이므로 false가 boo2에 들어갑니다.

불형은 단독으로 사용되기보다는 if문에서 주로 사용됩니다. if문은 5장에서 배울 것입니다.

확인문제

1. 다음 중 옳지 않은 것을 고르시오.

① 자바의 정수형에는 byte, short, int, long이 있다.
② 자바에서는 정수의 크기에 제한이 있다.
③ 자바의 기본 정수형은 short형이다.
④ byte형의 최댓값을 초과하면 최솟값인 −128로 바뀐다.

2. 다음 중 옳지 않은 것을 고르시오.

① 정수와 정수를 더하면 정수가 된다.
② 정수를 정수로 나누면 실수가 된다.
③ 실수와 실수를 더하면 실수가 된다.
④ 정수와 실수를 더하면 실수가 된다.

3. 다음 중 결과가 다른 것을 고르시오.

① `var1 = (30 > 300)`
② `var1 = (300 <= 300)`
③ `var1 = (30 <= 300)`
④ `var1 = (300 > 30)`

정답

1. ③ 2. ② 3. ①

5 문자열 클래스

문자열은 "자바", "Java", "난생처음", "123"과 같이 한 문자가 여러 개 이어진 '문자형의 집합'을 의미하며, 큰따옴표로 감싸서 표현합니다.

표 4-6 문자열 클래스

문자열 클래스	의미	크기	값의 범위
String	문자열	(입력된 문자 수×2)바이트	입력된 모든 문자

자바는 문자열 데이터형을 따로 지원하지 않으며 `String` 클래스를 사용해야 합니다. 원칙적으로 문자열은 기본 데이터형이 아니지만 자주 사용되므로 데이터형에 포함하여 다룹니다.

문자열에 대해서는 할 이야기가 많으니 4절에서 자세히 살펴보겠습니다.

Section 03

System.out.printf() 메서드의 서식 지정

화면에 내용을 출력하는 System.out의 대표적인 메서드는 세 가지입니다.

- System.out.println(): 괄호 안의 내용을 출력한 후 행갈이를 합니다.
- System.out.print(): 괄호 안의 내용을 출력한 후 행갈이를 하지 않습니다.
- System.out.printf(): 서식을 지정하여 출력할 수 있습니다.

System.out.println()과 System.out.print()는 앞에서 사용해보았기 때문에 어느 정도 익숙해졌을 것입니다. 여기서는 좀 더 보기 좋게 출력하기 위해 System.out.printf()를 사용하여 서식을 지정하는 방법을 알아봅시다.

System.out.println()의 ln은 'line feed'의 약자이고, system.out.printf()의 f는 'format'의 약자입니다.

1 System.out.printf() 사용법

다음은 큰따옴표 안의 내용을 화면에 출력하는 코드로, 이렇게 큰따옴표만 사용한다면 System.out.print()와 동일합니다.

```
System.out.printf("Hello");
```

```
Hello
```

다음 두 코드의 실행 결과를 비교해봅시다.

```
System.out.printf("200");
```

```
200
```

```
System.out.printf("%d", 200);
```

```
200
```

실행 결과는 둘 다 200이지만 실은 완전히 다른 결과입니다. 첫 번째 코드의 결과인 200은 숫자 200이 아니라 문자 200(이영영)입니다. System.out.printf()의 경우 큰따옴표 안에 들어 있는 것이 '문자'든 '숫자 형태의 문자'든 무조건 문자로 취급됩니다. 한편 두 번째 코드의 결과인 200은 숫자 200(이백)입니다. 서식(%d)이 지정된 숫자는 숫자 자체를 의미하며, %d는 정수형으로 출력하라는 서식입니다.

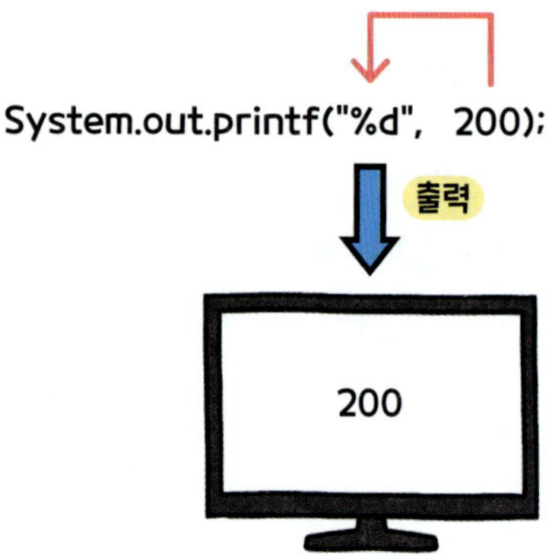

그림 4-6 서식과 숫자의 대응 1

System.out.printf()를 활용한 [코드 4-5]를 살펴봅시다.

코드 4-5 Code04_05.java

```java
public class Code04_05 {
    public static void main(String[] args) {
        System.out.printf("200+300");
        System.out.println();
        System.out.printf("%d", 200+300);
        System.out.println();
    }
}
```

```
200+300
500
```

3행에서는 큰따옴표로 묶었으므로 글자 그대로 200+300이 출력되었고, 5행에서는 숫자 200과 300을 더한 결과인 숫자 500이 출력되었습니다.

System.out.printf()는 출력 후 다음 행으로 넘어가지 않기 때문에 4행과 6행을 작성하여 다음 행으로 넘어가도록 했습니다. 3행과 4행을 합하여 다음과 같이 작성해도 동일한 결과를 얻을 수 있습니다.

```
System.out.printf("200+300 \n");
```

정수 서식 %d

%d는 정수(decimal)를 의미하며, 이러한 것을 서식이라고 합니다. %d가 여러 개일 수도 있는데, 이럴 때는 짝이 맞아야 합니다.

다음 코드는 %d가 하나뿐인데 뒤쪽의 숫자가 두 개(200, 300)여서 앞의 200만 출력됩니다.

```
System.out.printf("%d", 200, 300);
```

```
200
```

반대로 다음 코드는 %d가 두 개인데 숫자가 하나(200)라 짝이 맞지 않아서 오류가 발생합니다.

```
System.out.printf("%d %d", 200);
```

```
200 Exception in thread "main" ~~~생략~~~
```

위의 두 코드는 다음과 같이 수정해야 정상적으로 출력됩니다.

```
System.out.printf("%d %d", 200, 300);
```

```
200 300
```

앞의 서식이 두 개이고 뒤의 숫자도 두 개이므로 짝이 맞아서 결과가 제대로 출력되었습니다. 위의 코드는 [그림 4-7]과 같이 작동합니다. 중간의 쉼표는 왼쪽의 서식과 오른쪽의 값을 구분하는 역할을 하며, 오른쪽의 숫자는 쉼표로 구분해야 합니다.

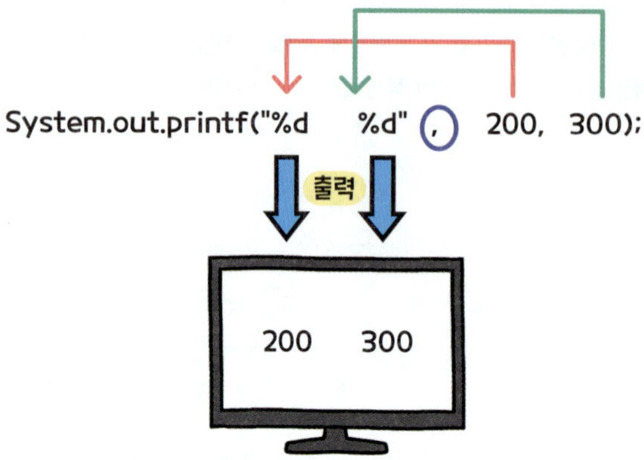

그림 4-7 서식과 숫자의 대응 2

2 자주 사용되는 기타 서식

앞에서 정수의 서식에 대해 알아보았는데, 그렇다면 실수의 경우에는 어떤 서식을 사용할까요? 먼저 [코드 4-6]의 실행 결과를 예상해봅시다.

코드 4-6 Code04_06.java

```
public class Code04_06 {
    public static void main(String[] args) {
        System.out.printf("%d / %d = %d", 100, 200, 0.5);
    }
}
```

```
Problems  Javadoc  Declaration  Console
<terminated> Code04_06 [Java Application] C:₩jdk₩bin₩javaw.exe (2023. 2. 4. 오후 6:25:28 – 오후 6:25:28) [pid: 1624]
100 / 200 = Exception in thread "main" java.util.IllegalFormatConversionException: d != java.lang.Double
	at java.base/java.util.Formatter$FormatSpecifier.failConversion(Formatter.java:4442)
	at java.base/java.util.Formatter$FormatSpecifier.printInteger(Formatter.java:2963)
	at java.base/java.util.Formatter$FormatSpecifier.print(Formatter.java:2918)
	at java.base/java.util.Formatter.format(Formatter.java:2689)
	at java.base/java.io.PrintStream.format(PrintStream.java:1209)
	at java.base/java.io.PrintStream.printf(PrintStream.java:1105)
	at Code04_06.main(Code04_06.java:3)
```

`100 / 200 = 0.5`를 기대했을 테지만 오류가 발생했습니다. 결과를 출력하는 서식이 정수형(`%d`)인데 세 번째 숫자(0.5)가 실수이기 때문입니다. [그림 4-8]에서 보듯이 100과 200은 출력되지만, 0.5에 대응되는 서식이 정수를 표현하는 `%d`이므로 오류가 발생합니다.

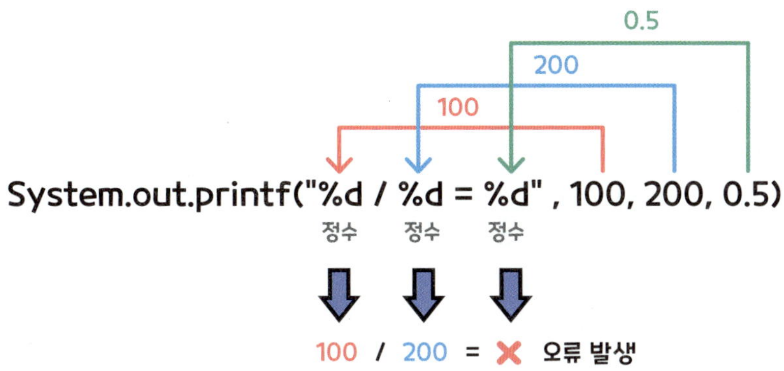

그림 4-8 서식과 숫자의 불일치

따라서 출력하는 결괏값에 따라 서식을 달리해야 합니다. System.out.printf()에서 사용할 수 있는 대표적인 서식을 [표 4-7]에 정리했습니다. 특히 문자와 문자열을 주의해야 하는데, 문자는 작은따옴표 안에 한 글자만 들어 있고, 문자열은 큰따옴표 안에 한 글자 이상이 들어 있습니다.

표 4-7 System.out.printf()의 대표 서식

서식	설명	예
%d, %x, %o	정수(10진수, 16진수, 8진수)	10, 100, 1234
%f	실수(소수점이 있는 수)	0.5, 1.0, 3.14
%c	한 개의 문자(작은따옴표로 묶음)	'a', 'b', 'F'
%s	한 개 이상의 문자로 이루어진 문자열(큰따옴표로 묶음)	"안녕", "abcdefg", "a"

그렇다면 오류가 발생한 앞의 코드를 어떻게 고쳐야 할까요? 0.5에 대응되는 세 번째 서식을 %f로 수정하면 됩니다.

```
System.out.printf("%d / %d = %f",  100, 200, 0.5);
```

```
100 / 200 = 0.500000
```

그런데 결괏값은 올바르지만 소수점 아래의 0이 너무 많습니다. 이럴 때는 "%전체자릿수.소수점아래자릿수f" 형식을 사용하여 0.5만 출력되게 할 수 있습니다. 예를 들어 %3.1f는 총 세 자리를 준비하고 소수점 아래는 한 자리만 할당하라는 의미입니다.

```
System.out.printf("%d / %d = %3.1f",  100, 200, 0.5);
```

```
100 / 200 = 0.5
```

이와 같이 상황에 맞게 %5.2f, %10.3f 등으로 서식을 지정하면 됩니다. 만약 정수의 자릿수를 더 넓히고 싶다면 다음과 같이 지정할 수도 있습니다.

```
System.out.printf("%d", 123);
System.out.println();
System.out.printf("%5d", 123);
System.out.println();
System.out.printf("%05d", 123);
```

```
123
  123
00123
```

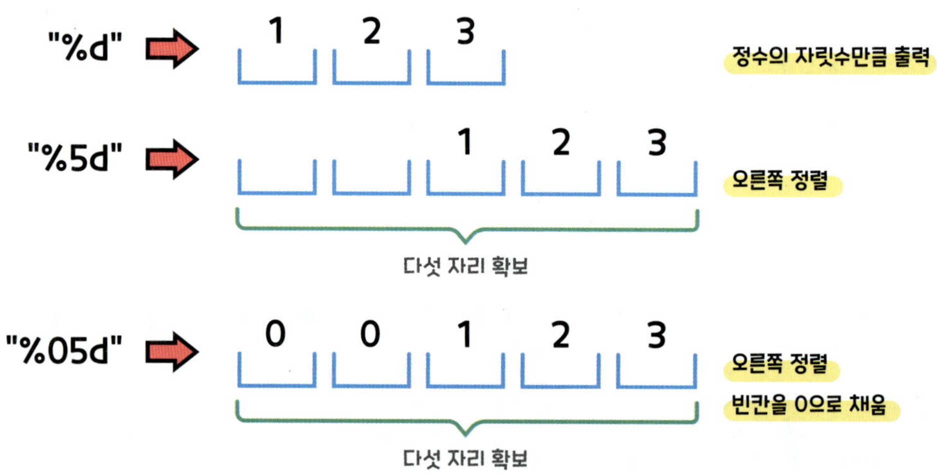

그림 4-9 **정수형 데이터 서식 지정**

문자열은 다음과 같이 지정할 수 있으며, 두 코드의 실행 결과는 같습니다.

```
System.out.printf("난생처음 자바");
System.out.println();
System.out.printf("%s", "난생처음 자바");
```

```
난생처음 자바
난생처음 자바
```

문자열은 첫 행처럼 그냥 출력해도 되고, 셋째 행처럼 `%s`로 지정하여 출력해도 됩니다. `%s`를 사용할 때 `"%자릿수s"` 형식으로 자릿수를 지정할 수도 있습니다.

```
System.out.printf("난생처음 자바 \n");
System.out.printf("%20s", "난생처음 자바 \n");
```

```
난생처음 자바
       난생처음 자바
```

`%20s`는 스무 자리를 준비하고 글자를 오른쪽 정렬하라는 의미이므로 글자 앞에 공백이 출력되었습니다.

확인문제

1. 다음 중 오류가 발생하는 것을 고르시오.

   ① `System.out.printf("%d", 30);`

   ② `System.out.printf("%d %d", 30, 40);`

   ③ `System.out.printf("%d %d", 30, 40, 50);`

   ④ `System.out.printf("%d %d %d", 30, 40, 50);`

2. 다음 중 오류가 발생하는 것을 고르시오.

   ① `System.out.printf("%d", 30);`

   ② `System.out.printf("%f", 3.14);`

   ③ `System.out.printf("%s", "자바");`

   ④ `System.out.printf("%g", 50);`

정답

1. ③ 2. ④

Section 04

문자열

1 다양한 문자열

문자가 여러 개든, 한 개든, 0개든 문자열로 취급할 수 있습니다. 다음은 모두 문자열의 형태입니다.

```
String var1 = "난생처음 자바";
String var2 = "난";
String var3 = "";
```

var1에는 여러 문자로 이루어진 문자열을, var2에는 한 문자로 된 문자열을 지정하고, var3에는 문자가 하나도 없는 문자열을 지정했습니다. 이처럼 문자의 개수에 상관없이 모두 문자열입니다.

문자열 안에 따옴표 포함하기

이미 언급했듯이 문자열은 큰따옴표로 묶어서 표현하는데, 문자열 중간에 작은따옴표나 큰따옴표를 넣을 수도 있습니다. 작은따옴표나 큰따옴표 앞에 백슬래시(\)를 붙이면 백슬래시 다음의 작은따옴표나 큰따옴표가 문자로 인식됩니다.

코드 4-7 Code04_07.java

```java
public class Code04_07 {
    public static void main(String[] args) {
        String var1 = "작은따옴표는 \' 모양입니다.";
        String var2 = "큰따옴표는 \" 모양입니다.";

        System.out.println(var1);
        System.out.println(var2);
    }
}
```

```
작은따옴표는 ' 모양입니다.
큰따옴표는 " 모양입니다.
```

3행에서 문자열 안에 \'를 넣어 작은따옴표를 문자로 만들고, 4행에서 문자열 안에 \"를 넣어 큰따옴표를 문자로 만들었습니다.

여러 행의 문자열 만들기

문자열을 더하기(+) 연산자로 연결하면 여러 행을 문자열로 만들 수 있습니다. 이때 \n을 사용하면 행갈이가 됩니다.

코드 4-8 Code04_08.java

```
01 public class Code04_08 {
02     public static void main(String[] args) {
03         String var1 = "난생처음 \n" +
04                       "자바를 \n" +
05                       "열공 중입니다.";
06         System.out.println(var1);
07     }
08 }
```

```
난생처음
자바를
열공 중입니다.
```

문서를 작성할 때 행갈이를 하여 입력하듯이 3~5행에서 코딩했습니다. 바로 이어서 \n의 용도를 좀 더 살펴봅시다.

2 이스케이프 문자를 사용한 문자열

[코드 4-8]과 같은 결과를 얻기 위해 \n을 이용하여 다음과 같이 작성할 수도 있습니다.

```
String var1 = "난생처음 \n자바를 \n열공 중입니다.";
System.out.println(var1);
```

```
난생처음
자바를
열공 중입니다.
```

여기서 \n은 출력하라는 의미가 아니라 행갈이를 하라는 의미로 Enter와 동일한 효과를 발휘하는데, 이러한 것을 이스케이프(escape) 문자 또는 서식 문자라고 합니다. 이스케이프 문자는 앞에 백슬래시를 붙이는 것이 특징적이며, [표 4-8]에 몇 가지 이스케이프 문자를 정리했습니다.

표 4-8 이스케이프 문자

이스케이프 문자	설명
\n	다음 행으로 이동(Enter와 같은 효과)
\t	다음 탭으로 이동(Tab과 같은 효과)
\b	뒤로 한 칸 이동(Backspace와 같은 효과)
\'	' 출력
\"	" 출력
\\	\ 출력

이클립스에서 \b를 사용하면 깨진 글자로 보일 수 있습니다.

간단한 예제를 통해 이스케이프 문자의 쓰임을 살펴봅시다.

코드 4-9 Code04_09.java

```java
public class Code04_09 {
    public static void main(String[] args) {
        System.out.println("\n줄바꿈\n연습 ");
        System.out.println("\t탭키\t연습");
        System.out.println("어떤 글자를 \"강조\"하는 효과1");
        System.out.println("어떤 글자를 \'강조\'하는 효과2");
        System.out.println("\\\\ 백슬래시 2개 출력");
    }
}
```

```

줄바꿈
연습
        탭키    연습
어떤 글자를 "강조"하는 효과1
어떤 글자를 '강조'하는 효과2
\\ 백슬래시 2개 출력
```

3행에서 행갈이를 하고, 4행에서 \t를 사용하여 단어 사이를 탭 간격만큼 벌렸습니다. 그리고 4행에서 큰따옴표를 넣고 5행에서 작은따옴표를 넣어 강조하는 효과를 냈습니다. 또한 7행에서는 백슬래시 두 개를 출력하기 위해 백슬래시를 네 번 입력했습니다.

확인문제

다음 중 이스케이프 문자가 아닌 것을 고르시오.

① \n　　② \t　　③ \u　　④ \\

정답

③

3 문자열 연결

문자열을 연결하고자 할 때는 더하기(+) 연산자를 사용하면 됩니다.

그림 4-10 문자열을 연결하는 방법

```
String var1 = "난생" + "처음" + "자바";
System.out.println(var1);
```

```
난생처음자바
```

문자열을 연결할 때 다음과 같이 여러 행에 걸쳐 연결해도 됩니다.

```
String var1 = "난생";
var1 = var1 + "처음";
var1 += "자바";
System.out.println(var1);
```

```
난생처음자바
```

즉 문자열과 문자열의 덧셈은 문자열을 연결하라는 의미입니다. 그럼 문자열과 숫자를 더하면 어떻게 될까요?

```
String var1 = "난생" + 3;
System.out.println(var1);
```

```
난생3
```

문자열과 숫자를 더하면 숫자가 문자열로 바뀌어 '문자열+문자열'이 됩니다. 이처럼 문자열의 덧셈은 가능하지만 문자열의 뺄셈, 곱셈, 나눗셈은 모두 오류가 발생합니다.

```
var1 = "난생" - "처음"
var2 = "난생" * "처음"      오류 발생
var3 = "난생" / "처음"
```

"난생"에서 "처음"을 빼는 것은 논리적으로 성립되지 않으며, 곱셈과 나눗셈도 마찬가지입니다.

확인문제

다음 중 옳지 않은 것을 고르시오.

① 문자열에 숫자를 더하면 오류가 발생한다.
② 문자열에서 문자열을 빼면 오류가 발생한다.
③ 문자열에서 숫자를 빼면 오류가 발생한다.
④ 문자열에 숫자를 곱하면 오류가 발생한다.

정답

①

4 문자열 관련 메서드

문자열을 직접 다루기가 쉽지 않을 때는 자바에서 제공하는 문자열 관련 메서드를 사용하면 매우 편리합니다. 문자열 관련 메서드를 사용하려면 먼저 String 클래스 유형의 변수를 선언하고 다음과 같은 형식으로 지정하면 됩니다.

```
String 문자열_변수;
문자열변수.문자열_메서드();
```

유용한 몇 가지 문자열 관련 메서드를 자세히 알아봅시다.

문자열의 길이를 구하는 length()

문자열의 길이를 확인할 때는 length() 메서드를 사용합니다. 이는 앞으로 종종 사용할 메서드이니 우선 간단한 사용법을 살펴봅시다.

아직 반복문을 배우지 않아서 length()의 활용도가 높지 않지만, 6장에서 반복문을 배우고 나면 length()를 자주 사용하게 될 것입니다.

코드 4-10 Code04_10.java

```
public class Code04_10 {
    public static void main(String[] args) {
        String str = "난생처음 자바";
        int len;

        len = str.length();

        System.out.println("문자열 : " + str);
        System.out.println("문자열 길이 : " + len);
    }
}
```

```
문자열 : 난생처음 자바
문자열 길이 : 7
```

한글, 기호, 영문, 공백, 숫자를 모두 하나의 문자로 취급하므로 문자열의 길이가 8입니다. 이어서 좀 더 복잡한 프로그램을 작성해봅시다. [코드 4-11]은 두 개의 문자열을 입력받아 어떤 문자열이 얼마나 더 긴지 출력하는 프로그램입니다.

코드 4-11 Code04_11.java

```
01 import java.util.Scanner;
02 public class Code04_11 {
03     public static void main(String[] args) {
04         Scanner s = new Scanner(System.in);
05         String var1, var2;
06         int diff;
07
08         System.out.print("첫 번째 문자열 ==> ");
09         var1 = s.nextLine();
10         System.out.print("두 번째 문자열 ==> ");
11         var2 = s.nextLine();
12
13         diff = var1.length() - var2.length();
14         System.out.println("두 문자열 길이의 차이는 " + diff + "입니다." );
15         s.close();
16     }
17 }
```

```
첫 번째 문자열 ==> 난생처음 자바
두 번째 문자열 ==> First Java
두 문자열 길이의 차이는 -3입니다.
```

사용자가 입력

5행에서 문자열 변수 두 개를 선언하고, 6행에서 문자열 길이의 차이를 저장할 변수를 선언했습니다. 그리고 8~11행에서 두 개의 문자열을 입력받아 13, 14행에서 두 문자열 길이의 차이를 구하여 출력했습니다.

대·소문자를 변환하는 toUpperCase( ), toLowerCase( )

영문 소문자를 대문자로 변환하는 메서드는 `toUpperCase()`이고, 대문자를 소문자로 변환하는 메서드는 `toLowerCase()`입니다. 영문을 제외한 한글, 숫자, 기호 등은 `toUpperCase()`, `toLowerCase()` 메서드의 영향을 받지 않습니다.

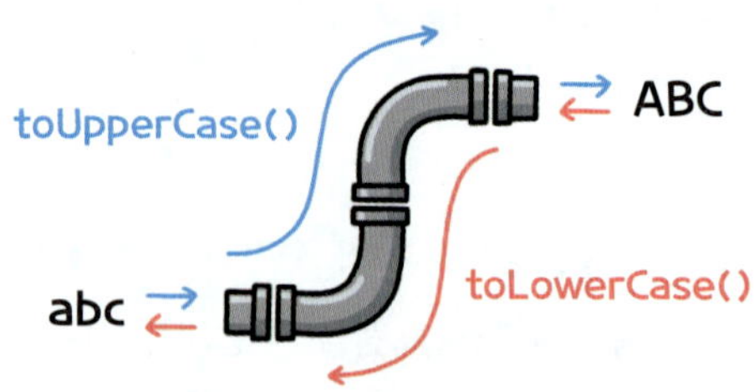

그림 4-11 대·소문자 변환 메서드

코드 4-12 Code04_12.java

```
01  public class Code04_12 {
02      public static void main(String[] args) {
03          String ss = "First Java를 공부 중입니다.";
04          String var1, var2;
05
06          var1 = ss.toUpperCase();
07          System.out.println(var1);
08          var2 = ss.toLowerCase();
09          System.out.println(var2);
10      }
11  }
```

```
FIRST JAVA를 공부 중입니다.
first Java를 공부 중입니다.
```

3행에서 변수 ss에 문자열을 넣고, 4행에서 문자열의 대·소문자를 바꾸어 저장할 변수 두 개를 선언했습니다. 그리고 6, 7행에서 ss의 문자열을 대문자로 바꾸어 출력하고 8, 9행에서 소문자로 바꾸어 출력했습니다.

공백을 제거하는 trim()

trim()은 문자열 앞뒤의 공백을 잘라내는 메서드입니다.

코드 4-13 Code04_13.java

```
public class Code04_13 {
    public static void main(String[] args) {
        String str = "   한글   ABCD  efgh   ";
        String cutStr = "";

        cutStr = str.trim();

        System.out.println("기존 문자열 ==> [" + str + "]");
        System.out.println("공백 제거  ==> [" + cutStr + "]");
    }
}
```

```
기존 문자열 ==> [   한글   ABCD  efgh   ]
공백 제거  ==> [한글   ABCD  efgh]
```

3행에서 변수 str에 대입된 문자열에는 앞뒤에 공백이 있는데, 6행에서 이 공백을 제거했습니다. 그리고 8, 9행에서 원래의 문자열과 공백이 제거된 문자열을 출력했습니다.

그런데 trim() 메서드는 문자열 중간의 공백을 잘라내지는 않습니다. 문자열 전체의 공백을 제거하려면 replaceAll(기존문자열, 새문자열) 메서드를 사용해야 합니다. [코드 4-13]의 6행을 다음과 같이 수정하면 공백이 있는 " "가 공백이 없는 ""로 대체됨으로써 모든 공백이 없어집니다.

```
cutStr = str.replaceAll(" ", "");
```

```
기존 문자열 ==> [   한글   ABCD  efgh  ]
공백 제거   ==> [한글ABCDefgh]
```

하나 더 알기 ✓ replaceAll()의 활용

replaceAll(기존문자열, 새문자열)은 공백만 제거하는 메서드가 아니라 특정 문자열을 다른 문자열로 대체하는 메서드입니다. 다시 말해 replaceAll(기존문자열, 새문자열)을 사용하면 어떤 문자열이든 원하는 문자열로 바꿀 수 있습니다. 예를 들어 replaceAll("난생", "First")는 "난생"이라는 글자를 모두 "First"로 바꿉니다.

문자열을 찾는 indexOf()

어떤 글자가 문자열의 몇 번째에 위치하는지 찾으려면 indexOf(찾을문자열) 메서드를 사용합니다. 이때 주의할 점은 문자열의 위치가 0번부터 시작한다는 것으로, [그림 4-12]에서는 첫 번째 글자인 '난'이 0번이 됩니다. 또한 공백도 하나의 문자이므로 문자열의 순서에 포함됩니다.

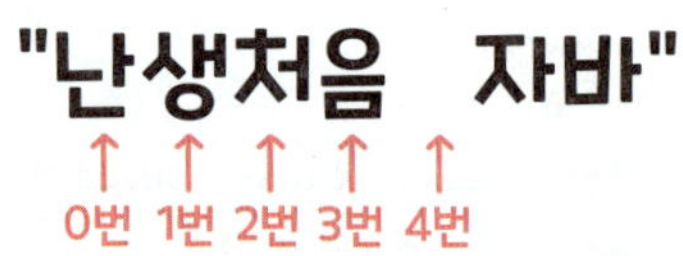

그림 4-12 문자열의 순서

코드 4-14 Code04_14.java

```
public class Code04_14 {
    public static void main(String[] args) {
        String str = "난생처음 자바";

        System.out.println(str.indexOf("난생"));
        System.out.println(str.indexOf("처"));
    }
}
```

```
0
2
```

5행에서 "난생"을 찾았더니 0번이 반환되고, 6행에서 "처"를 찾았더니 2번이 반환되었습니다.

그런데 똑같은 문자가 여러 개 있을 때는 원하는 문자의 위치를 어떻게 찾을까요? 예를 들어 "난생처음 자바를 처음 학습 중입니다. 자바는 처음이지만 재미있네요."에서 "처음"이라는 글자의 위치를 `indexOf("처음")`으로 찾으면 항상 왼쪽부터 찾기 때문에 첫 번째의 "처음"만 찾게 됩니다. 이러한 경우 `indexOf("처음", 시작위치)`로 지정하면 시작 위치부터 글자를 찾을 수 있습니다.

코드 4-15 Code04_15.java

```
01  public class Code04_15 {
02      public static void main(String[] args) {
03          String str = "난생처음 자바를 처음 학습 중입니다. 자바는 처음이지만 재미있네요.";
04
05          System.out.println(str.indexOf("처음"));
06          System.out.println(str.indexOf("처음"));
07          System.out.println(str.indexOf("처음", 4));
08      }
09  }
```

```
2
2
9
```

5, 6행에서 반복하여 "처음"을 찾았으나 둘 다 첫 번째 "처음"의 위치인 2번을 반환했습니다. 반면에 7행은 4번 글자부터 "처음"을 찾기 때문에 9번이 반환되었습니다.

문자열 위치에 접근하는 charAt( )

문자열은 여러 개의 문자로 이루어져 있기 때문에 각 문자마다 위치가 지정되어 있습니다. 다음과 같이 변수 str에 네 개의 문자를 넣는다면 str의 길이는 4가 됩니다.

```
String str = "Java";
System.out.println(str.length());
```

```
4
```

그런데 자바의 문자열은 0번부터 시작합니다. 따라서 네 개의 문자에 0번, 1번, 2번, 3번이라는 위치가 자동으로 지정됩니다. 즉 문자열의 길이는 4이지만 위치는 0번부터 시작하기 때문에 4번이 없습니다.

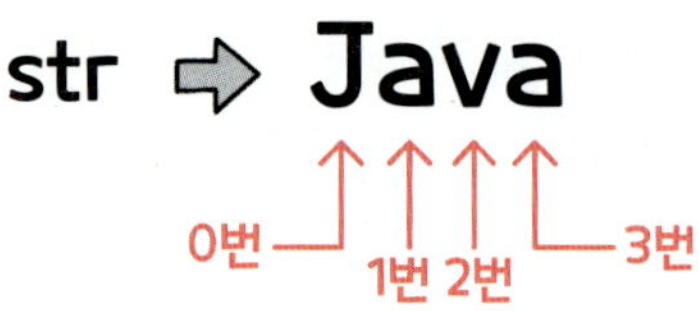

그림 4-13 **문자열의 순번**

charAt(위치) 메서드를 사용하면 문자열의 각 문자에 접근할 수 있는데, [코드 4-16]에서 이를 확인해봅시다.

코드 4-16 Code04_16.java

```java
public class Code04_16 {
    public static void main(String[] args) {
        String str = "Java";

        System.out.println(str.charAt(0));
        System.out.println(str.charAt(1));
        System.out.println(str.charAt(2));
        System.out.println(str.charAt(3));
        System.out.println(str.charAt(4));
    }
}
```

```
J
a
v
a
오류 발생
```

str.charAt(0)부터 str.charAt(3)까지는 접근과 출력에 문제가 없으나 str.charAt(4)는 오류가 발생합니다. [그림 4-13]에서 보았듯이 4번 문자가 존재하지 않기 때문입니다.

str.charAt(4)로 접근했을 때 발생하는 오류를 인덱스 범위 오류(index out of range error)라고 합니다. 이는 문자가 없는 위치에 접근할 때 발생하는 오류로, 실무 경력이 있는 프로그래머도 흔히 저지르는 실수입니다.

그런데 charAt()로 얻은 결과는 하나의 문자를 의미하는 char형 문자입니다.

그림 4-14 **문자열을 문자로 변경하는 charAt()**

만약 추출한 하나의 문자를 문자열로 취급하고 싶다면 substring(시작위치,끝위치)를 사용해야 합니다. 이때 끝 위치의 문자가 포함되지 않는다는 것을 주의해야 합니다. 예를 들어 다음 코드는 0번째부터 1번째의 바로 앞(즉 0번째) 문자를 반환합니다. 다시 말해 0번째 한 글자만 반환됩니다.

```
String str = "Java";
System.out.println(str.substring(0,1));
```

```
J
```

substring()을 사용하여 얻은 결과는 하나의 문자이지만 문자열입니다.

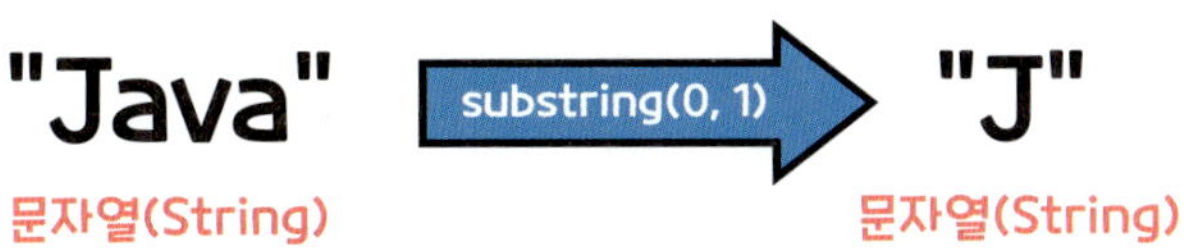

그림 4-15 **문자열을 문자열로 추출하는 substring()**

필요하다면 substring()으로 여러 문자를 추출할 수도 있습니다.

```
String str = "Java";
System.out.println(str.substring(2,4));
```

va

하나 더 알기 ✓ **배열 맛보기**

배열(array)은 자바에서 가장 중요한 데이터형입니다. 9장에서 자세히 다룰 테지만, 문자열을 문자 배열로 변환하여 사용하는 경우가 많기 때문에 미리 간단히 살펴보겠습니다.

배열은 여러 개의 값을 하나로 묶어놓은 꾸러미라고 볼 수 있습니다. 다음은 'J', 'a', 'v', 'a'라는 네 개의 값을 하나의 배열로 묶은 것입니다.

```
char[] arr = {'J', 'a', 'v', 'a'};
```

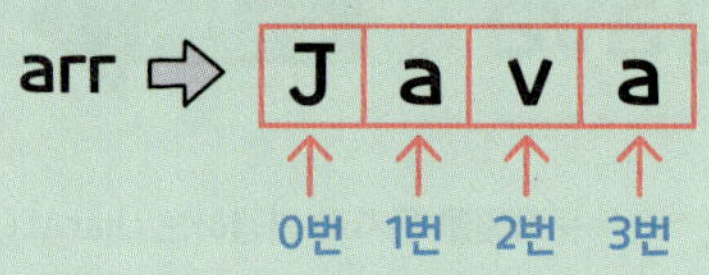

arr의 개수를 구하려면 length 속성을 사용하며, 다음 코드의 경우 4가 출력됩니다. 메서드와 달리 속성에는 괄호가 붙지 않습니다.

```
System.out.println(arr.length);
```

arr[위치]를 사용하면 각 값에 접근할 수 있습니다. 문자열과 마찬가지로 배열의 위치도 0번부터 시작하므로 'v'를 출력하려면 다음과 같이 작성해야 합니다.

```
System.out.println(arr[2]);
```

또한 문자열을 배열로 변환하려면 toCharArray() 메서드를 사용합니다.

```
String str = "Java";
char[] arr = str.toCharArray();
```

확인문제

다음 빈칸에 알맞은 말을 넣으시오.

- 문자열의 길이를 구하는 메서드는 [㉠]이다.
- 문자열을 대문자로 변경하는 메서드는 [㉡]이고, 소문자로 변경하는 메서드는 [㉢]이다.
- 문자열의 앞뒤 공백을 제거하는 메서드는 [㉣]이고, 모든 공백을 제거하는 메서드는 [㉤]이다.
- 어떤 글자의 위치를 찾는 메서드는 [㉥]이다.
- 문자열의 길이가 5라면 각 문자의 위치에 [㉦]번부터 [㉧]번이 할당된다.

정답

㉠ length() ㉡ toUpperCase() ㉢ toLowerCase() ㉣ trim() ㉤ replaceAll()
㉥ indexOf() ㉦ 0 ㉧ 4

LAB 문자열 거꾸로 출력하기

"블랙핑크"라는 문자열을 거꾸로 출력하는 프로그램을 만들어봅시다.

실행 결과

```
원본 문자열 ==> 블랙핑크
반대 문자열 ==> 크핑랙블
```

1. Lab04_01.java 파일을 만들고, 변수 ss에 "블랙핑크"라는 문자열을 저장하여 출력합니다.

```
String ss = "블랙핑크";
System.out.println("원본 문자열 ==> " + ss);
```

2. 거꾸로 출력될 문자열을 표시합니다. System.out.print()는 출력 후 행갈이를 하지 않습니다.

```
System.out.print("반대 문자열 ==> ");
```

3. 문자열의 길이가 4이므로 마지막 글자가 ss.charAt(3)이며, ss.charAt(3)부터 출력합니다. 3번부터 0번까지 글자를 차례대로 출력하면 문자열을 거꾸로 출력하는 것과 마찬가지입니다.

```
System.out.print(ss.charAt(3));
System.out.print(ss.charAt(2));
System.out.print(ss.charAt(1));
System.out.print(ss.charAt(0));
```

4. 완성된 코드는 다음과 같습니다. Ctrl + F11을 눌러 실행 결과를 확인해봅니다.

Lab04_01.java

```
public class Lab04_01 {
    public static void main(String[] args) {
        String ss = "블랙핑크";
        System.out.println("원본 문자열 ==> " + ss);

        System.out.print("반대 문자열 ==> ");
        System.out.print(ss.charAt(3));
        System.out.print(ss.charAt(2));
        System.out.print(ss.charAt(1));
        System.out.print(ss.charAt(0));
    }
}
```

LAB 대·소문자 변환하기

대문자는 소문자로, 소문자는 대문자로 변환하는 프로그램을 만들어봅시다.

실행 결과

```
원본 문자열 ==>Java
변환 문자열 ==>jAVA
```

지금까지 배운 내용만으로 프로그램을 만들어야 해서 상당히 비효율적일 수밖에 없지만, 6장까지 공부하고 나면 훨씬 효율적으로 코딩할 수 있습니다. 여기서는 대·소문자 변환에만 초점을 맞추겠습니다.

1. Lab04_02.java 파일을 만들고, 변수 ss에 "Java"라는 문자열을 저장하여 출력합니다. 그리고 대·소문자를 변경한 문자를 저장할 빈 문자열 변수 newSS를 선언합니다.

```
String ss = "Java";
System.out.println("원본 문자열 ==> " + ss);
String newSS = "";
```

2. 첫 번째 글자는 대문자이므로 toLowerCase() 메서드를 사용하여 소문자로 변경합니다.

```
newSS = ss.substring(0,1).toLowerCase();
```

3. 두 번째부터 네 번째 글자는 소문자이므로 toUpperCase() 메서드를 사용하여 대문자로 변경한 후 newSS에 연결합니다.

```
newSS += ss.substring(1,2).toUpperCase();
newSS += ss.substring(2,3).toUpperCase();
newSS += ss.substring(3,4).toUpperCase();
```

4. 결국 newSS에는 대문자인 첫 번째 글자가 소문자로 저장되고, 소문자인 나머지 글자가 대문자로 저장됩니다.

```
System.out.print("변환 문자열 ==> ");
System.out.print(newSS);
```

5. 완성된 코드는 다음과 같습니다. Ctrl+F11을 눌러 실행 결과를 확인해봅니다.

Lab04_02.java

```
public class Lab04_02 {
    public static void main(String[] args) {
        String ss = "Java";
        System.out.println("원본 문자열 ==> " + ss);
        String newSS = "";

        newSS = ss.substring(0,1).toLowerCase();
        newSS += ss.substring(1,2).toUpperCase();
        newSS += ss.substring(2,3).toUpperCase();
        newSS += ss.substring(3,4).toUpperCase();

        System.out.print("변환 문자열 ==> ");
        System.out.print(newSS);
    }
}
```

실전 예제　여행지에서 스탬프 찍는 거북이

문제

거북이가 여행을 다니면서 각 여행지에서 스탬프를 찍는 프로그램을 작성해봅시다. 사용자가 X와 Y 위치, 스탬프의 크기와 색상을 입력하면 거북이가 해당 위치에서 스탬프를 찍으며, 이때 거북이는 화면의 중앙에서 출발합니다.

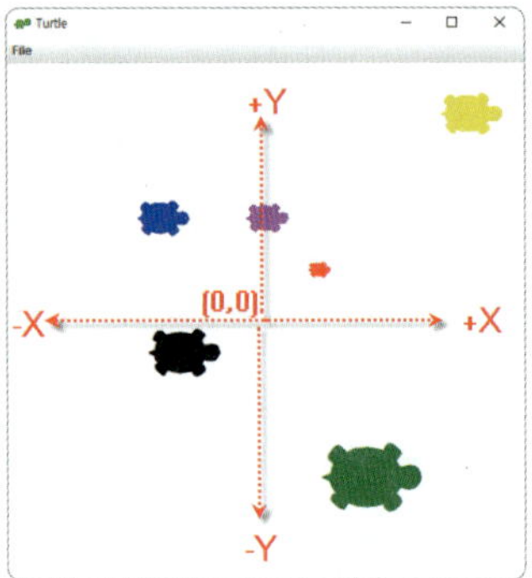

```
X 위치(-200 ~ +200) ==> 50
Y 위치(-200 ~ +200) ==> 50
스탬프 크기(1~100) ==> 20
스탬프 색상(red, green, blue, black, yellow) ==> red
X 위치(-200 ~ +200) ==> -100
Y 위치(-200 ~ +200) ==> 100
스탬프 크기(1~100) ==> 50
스탬프 색상(red, green, blue, black, yellow) ==> blue
```

해결

Ex04_01.java

```java
import java.util.Scanner;
public class Ex04_01 {
    public static void main(String[] args) {
        Scanner s = new Scanner(System.in);
        Turtle turtle = new Turtle();

        double x, y;
        int tsize;
        String color;
        turtle.up();
```

```
11
12          while(true) {
13              System.out.print("X 위치(-200 ~ +200) ==> ");
14              x = s.nextDouble();
15              System.out.print("Y 위치(-200 ~ +200) ==> ");
16              y = s.nextDouble();
17              System.out.print("스탬프 크기(1~100) ==> ");
18              tsize = s.nextInt();
19              System.out.print("스탬프 색상(red, green, blue, black, yellow) ==> ");
20              color = s.next();
21
22              turtle.setPosition(x, y);
23              turtle.shapeSize(tsize, tsize);
24              turtle.outlineColor(color);
25              turtle.fillColor(color);
26              turtle.stamp();
27          }
28      }
29  }
```

07 거북이의 이동 위치를 저장할 변수를 선언합니다.

08 스탬프의 크기를 저장할 변수를 선언합니다.

09 스탬프의 색상을 저장할 변수를 선언합니다.

10 거북이가 선을 그리지 않고 여행을 다니게 합니다.

12~27 거북이가 여행을 멈출 때까지 무한 반복되게 합니다.

13~20 필요한 값을 입력받습니다.

22, 23 거북이를 x, y 위치로 이동하고 스탬프의 크기를 설정합니다.

24~26 스탬프의 바깥쪽, 안쪽 색상을 설정하고 현재 거북이의 위치에 스탬프를 찍습니다.

요약

01 가장 많이 사용되는 기본 데이터형은 정수, 실수, 문자, 불형, 문자열입니다.

02 변수에는 해당 데이터형의 값을 대입해야 합니다.

03 정수형은 범위에 따라 `byte`, `short`, `int`, `long`으로 구분되고, 기본형은 `int`형입니다.

04 실수형은 소수점 아래 정밀도에 따라 `float`, `double`로 구분되고, 기본형은 `double`형입니다.

05 한 글자를 저장하는 문자형은 작은따옴표로 묶어서 대입합니다.

06 불형은 논리형이라고도 부르며 참(true) 또는 거짓(false)만 저장할 수 있습니다.

07 문자열은 한 문자가 여러 개 이어진 문자형의 집합을 의미하며, 큰따옴표로 감싸서 표현합니다.

08 `System.out.printf()`는 서식을 지원하는 출력문으로, 다음과 같이 정수를 출력할 수 있습니다. `System.out.printf()`에서 사용할 수 있는 대표적인 서식은 `%d`, `%x`, `%o`, `%f`, `%c`, `%s` 등입니다.

```
System.out.printf("%d", 200);
```

09 문자가 여러 개든, 한 개든, 0개든 문자열로 취급할 수 있습니다.

10 문자열을 더하기(+) 연산자로 연결하면 여러 행을 문자열로 만들 수 있습니다.

11 문자열 관련 메서드로 `length()`, `toUpperCase()`, `toLowerCase()`, `trim()`, `indexOf()`, `charAt()`, `substring()` 등이 있습니다.

연습문제

01 다음 중 자바의 기본 데이터형에 속하지 않는 것을 고르시오.

① 정수 ② 실수 ③ 지수 ④ 문자

02 다음 중 자바의 데이터형으로 옳지 않은 고르시오.

① 정수: `int` ② 실수: `double`
③ 문자: `char` ④ 문자열: `char[]`

03 다음 중 자바의 정수형에 대한 설명으로 옳지 않은 것을 고르시오.

① `char`형은 크기가 1바이트이고 값의 범위가 −128~127이다.
② `short`형은 크기가 2바이트이고 값의 범위가 −32768~32767이다.
③ `int`형은 크기가 4바이트이고 값의 범위가 약 −21억~21억이다.
④ `long`형은 크기가 8바이트이고 값의 범위가 약 −900경~900경이다.

04 다음 중 데이터형의 연산에 대한 설명으로 옳지 않은 것을 고르시오.

① 정수와 정수의 연산 결과는 정수이다.
② 정수와 실수의 연산 결과는 실수이다.
③ 실수와 실수의 연산 결과는 실수이다.
④ 실수와 정수의 연산 결과는 정수이다.

05 다음 중 자바의 데이터형에 대한 설명으로 옳지 않은 것을 고르시오.

① `double`형은 `float`형보다 소수점 아래 정밀도가 더 높다.
② `char`형은 한글은 한 글자, 영문은 두 글자를 저장할 수 있다.
③ `boolean`형은 참(true) 또는 거짓(false)만 저장할 수 있다.
④ `String`은 데이터형이 아니라 문자열을 지정하는 클래스이다.

06 다음 중 `System.out.printf()`에서 사용되는 서식에 대한 설명으로 옳지 않은 것을 고르시오.

① `%d`, `%x`, `%o`는 정수형에 사용된다.
② `%f`는 실수형에 사용된다.
③ `%c`는 문자형에 사용된다.
④ `%s`는 문자열형이나 불형에 사용된다.

07 다음 중 이스케이프 문자에 대한 설명으로 옳지 않은 것을 고르시오.

① \n은 다음 탭으로 이동한다.

② \b는 뒤로 한 칸 이동한다.

③ \'는 '를 출력한다.

④ \"는 "를 출력한다.

08 다음 문자열의 연산을 실행할 수 있는 코드를 고르시오.

```
String str1 = "한빛";
String str2 = "아카데미";
```

① System.out.print(str1 + str2)

② System.out.print(str1 - str2)

③ System.out.print(str1 * str2)

④ System.out.print(str1 / str2)

09 다음 중 문자열 메서드에 대한 설명으로 옳지 않은 것을 고르시오.

① length()는 문자열의 길이를 확인한다.

② toLowerCase()는 영문 대문자를 소문자로 변경한다.

③ trim()은 문자열 앞뒤 및 중간의 공백을 제거한다.

④ indexOf()는 문자열에서 어떤 글자의 위치를 찾는다.

10 다음과 같은 결과가 출력되도록 프로그램을 작성하시오. 단, 첫 행은 아래 코드로 시작하시오.

[실행 결과]

```
원본 문자열 : 자바는 재밌어요~~ Java is Funny.  ^^
모두 대문자로 : 자바는 재밌어요~~ JAVA IS FUNNY.  ^^
모두 소문자로 : 자바는 재밌어요~~ java is funny.  ^^
Java 글자의 시작 위치 : 11
```

```
String ss = "자바는 재밌어요~~ Java is Funny.  ^^";
```

11 심화 사용자가 거북이의 중심 위치와 색상을 입력하면 거북이가 무한 반복하여 이동하고 사각형 스탬프를 찍는 프로그램을 작성하시오. 이때 사각형은 입력한 좌표를 중심으로 가로 및 세로 크기를 60, 60으로 합니다.

[실행 결과]

```
X 위치(-200 ~ +200) ==> 90
Y 위치(-200 ~ +200) ==> 90
스탬프 색상(red, green, blue, black, yellow) ==> blue
X 위치(-200 ~ +200) ==> -100
Y 위치(-200 ~ +200) ==> 50
스탬프 색상(red, green, blue, black, yellow) ==> green
X 위치(-200 ~ +200) ==> 150
Y 위치(-200 ~ +200) ==> -150
스탬프 색상(red, green, blue, black, yellow) ==> red
~~~생략~~~
```

사용자가 입력

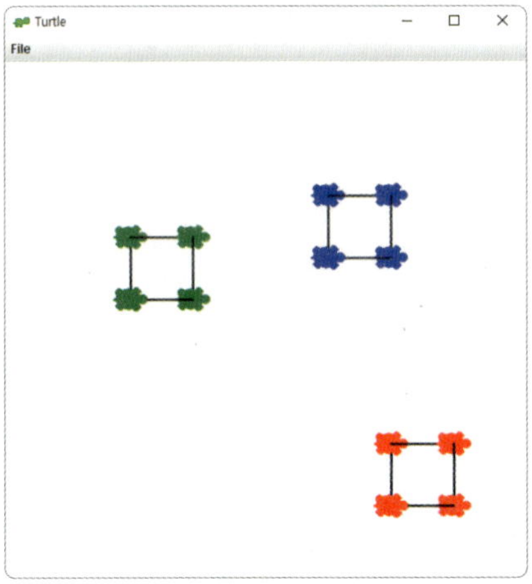

CHAPTER 05

조건문

학습목표

- 세 가지 기본 제어 구조에 대해 알아봅니다.
- 기본 if문 사용법을 익힙니다.
- if~else문과 else if문 사용법을 익힙니다.
- switch~case문 사용법을 익힙니다.

Preview

조건문과 반복문은 컴퓨터 프로그래밍의 꽃이라고 할 수 있습니다. 조건문은 어떤 조건에 따라 선택이 달라지는 것을 나타내는 문장으로, 가게에서 카드로 계산할지, 현금으로 계산할지 선택하는 경우, 자격증 시험을 쳐서 합격하거나 떨어지는 경우 등 실생활에서도 이러한 상황이 수없이 발생합니다.

프로그래밍은 현실 세계를 컴퓨터상에서 구현하는 것이므로 조건문을 이해하는 것은 프로그래밍을 하는 데 매우 중요한 과정입니다. 이 장에서는 조건문을 완전히 정복하여 고급 프로그래밍에 한 걸음 더 다가갑시다.

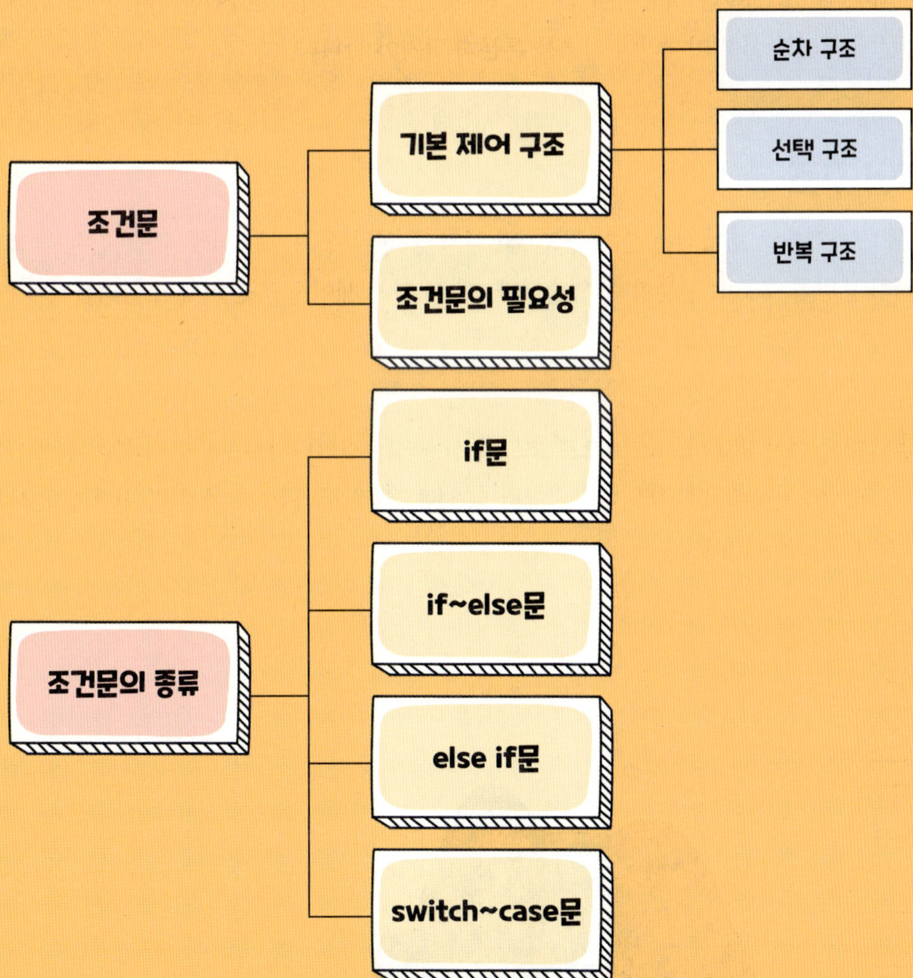

Section 01

조건문의 개요

조건문을 사용하지 않고 코딩을 하는 것은 단팥 없이 단팥빵을 만드는 셈이라고 할 수 있을 정도로 조건문은 컴퓨터 프로그래밍에서 필수적입니다. 앞에서는 조건문이 필요 없는 아주 간단한 코드를 작성했는데, 이제부터는 조건문을 사용하여 좀 더 그럴듯한 프로그램을 만들어봅시다. 이를 위해서는 먼저 조건문에 대해 확실히 이해하여 기초를 튼튼히 다져야 합니다.

1 기본 제어 구조

프로그램의 흐름은 차례대로 진행되는 순차 구조, 몇 가지 중 하나를 고르는 선택 구조, 같은 작업은 여러 번 수행하는 반복 구조로 구분할 수 있습니다. 이 세 가지 제어 구조를 자세히 살펴봅시다.

순차 구조

순차 구조는 말 그대로 순차적(sequential)으로 코드가 실행되는 것입니다. 쉽게 말해 물이 위에서 아래로 흐르듯이 과정이 차례대로 진행됩니다. [그림 5-1]은 '시작'부터 '종료'까지 각 단계가 순서대로 실행되는 순차 구조를 보여줍니다.

그림 5-1 물의 흐름에 비유되는 순차 구조

순차 구조는 가장 단순한 구조이지만 실제로 많이 사용되는 구조이기도 합니다. [그림 5-2]와 같이 마트에서 차례대로 물건을 골라 계산하고 나오는 것도 순차 구조의 예입니다.

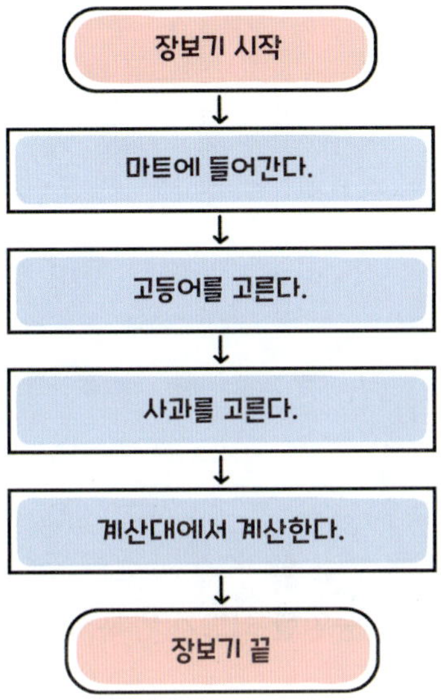

그림 5-2 **순차 구조의 예**

선택 구조

선택 구조는 두 가지 중에서 선택한 쪽으로 코드가 실행되는 것입니다. 이는 목적지를 향해 가는 도중에 갈림길을 만났을 때 어느 한쪽으로 가야 하는 것에 비유할 수 있습니다.

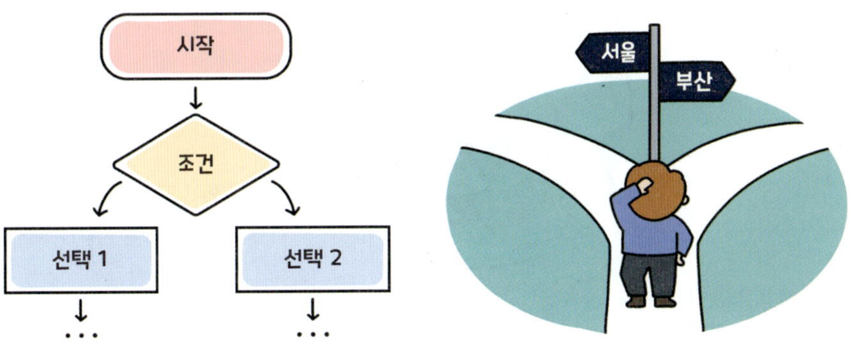

그림 5-3 **갈림길에 비유되는 선택 구조**

조건이 있을 때 둘 중에서 선택하는 선택 구조는 실제 프로그램에서 많이 볼 수 있으며, 이 장에서 중점적으로 배울 내용이 바로 선택 구조입니다. 실생활에서의 예를 들자면, [그림 5-4]와 같이 외출을 할 때 날씨에 따라서 긴팔 옷을 입을지, 반팔 옷을 입을지 결정하는 경우도 선택 구조입니다.

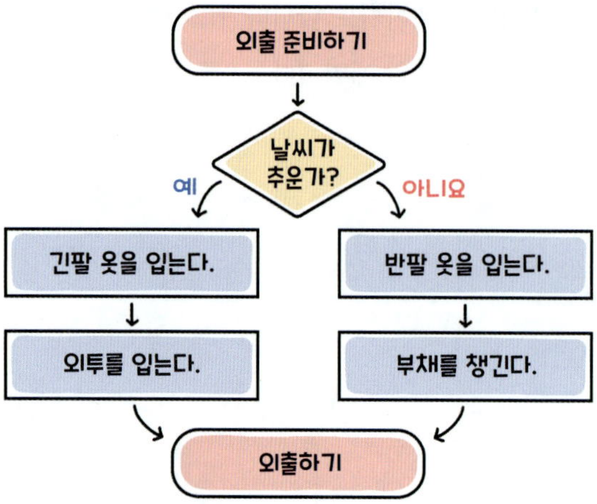

그림 5-4 선택 구조의 예

반복 구조

강아지가 자기 꼬리를 물려고 한자리에서 빙글빙글 돌 듯이 반복 구조는 동일한 코드가 반복적으로 여러 번 실행되는 것입니다.

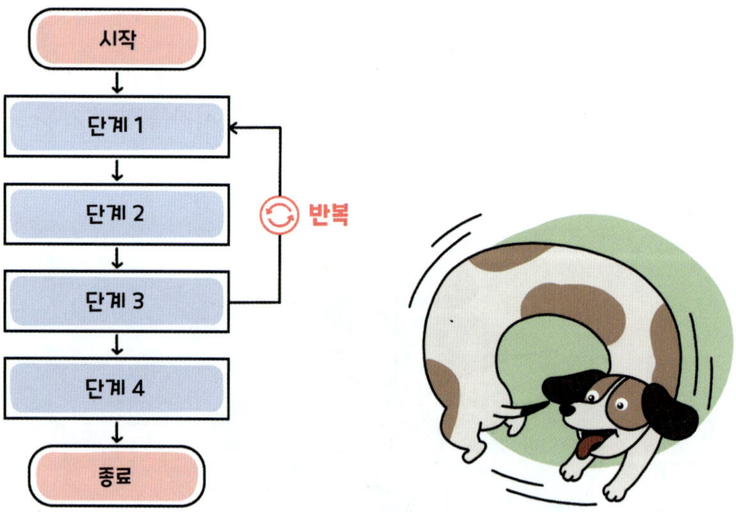

반복 구조는 6장에서 자세히 배울 것입니다.

그림 5-5 빙글빙글 도는 강아지에 비유되는 반복 구조

특정 단계가 계속 반복되는 반복 구조도 실제 프로그램에서 상당히 많이 사용됩니다. 실생활에서의 예로는 [그림 5-6]과 같이 헬스클럽에 가서 운동을 할 때 자전거 타기와 역기 들기를 10회 반복하는 경우를 들 수 있습니다.

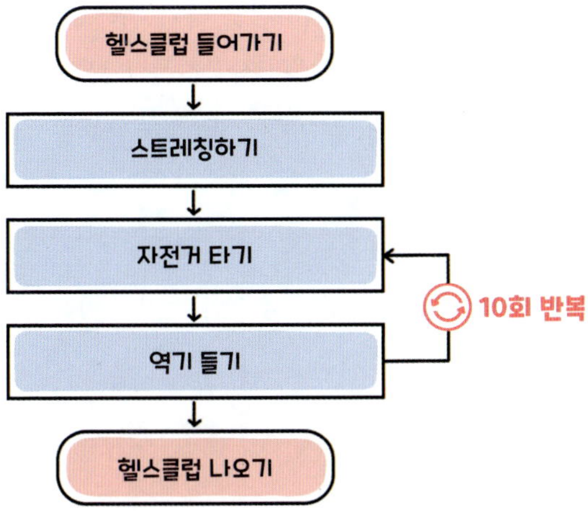

그림 5-6 반복 구조의 예

확인문제

다음 빈칸에 들어갈 내용이 바르게 짝지어진 것을 고르시오.

- 특정 단계가 반복적으로 실행되는 구조는 [㉠]이다.
- 두 가지 중에서 선택한 쪽으로 실행되는 구조는 [㉡]이다.

① ㉠ 선택 구조, ㉡ 순차 구조
② ㉠ 순차 구조, ㉡ 반복 구조
③ ㉠ 선택 구조, ㉡ 반복 구조
④ ㉠ 반복 구조, ㉡ 선택 구조

정답

④

2 조건문의 필요성

실생활에서 조건문이 활용되는 경우는 허다합니다. 예를 들어 운전면허 필기시험에서 70점 이상이면 합격, 70점 미만이면 불합격인 것도 이에 해당합니다. 운전면허 필기시험의 채점은 사람이 직접 하는 것이 아니라 컴퓨터 프로그램이 처리하는데, [그림 5-7]은 그 흐름을 보여줍니다.

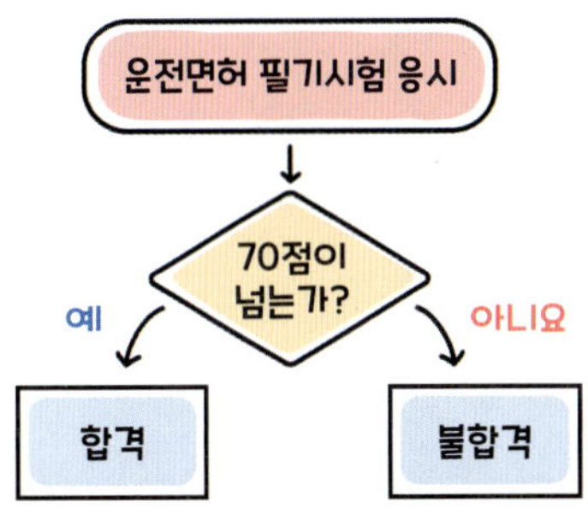

그림 5-7 운전면허 필기시험 채점의 흐름

비밀번호를 누르고 건물에 출입할 때도, 마트에서 카드로 계산할 때도, 지하철을 타기 위해 교통카드를 사용할 때도 조건문이 필요합니다. 오늘날의 삶은 대부분이 컴퓨터에서 작동하는 프로그램과 연관되며, 이러한 프로그램에서 조건문은 매우 중요한 역할을 합니다.

확인문제

마트에서 치약을 구매하기 위해 카드로 결제할 때 정상적으로 결제되는 경우와 그렇지 않은 경우를 흐름도로 작성하시오.

정답

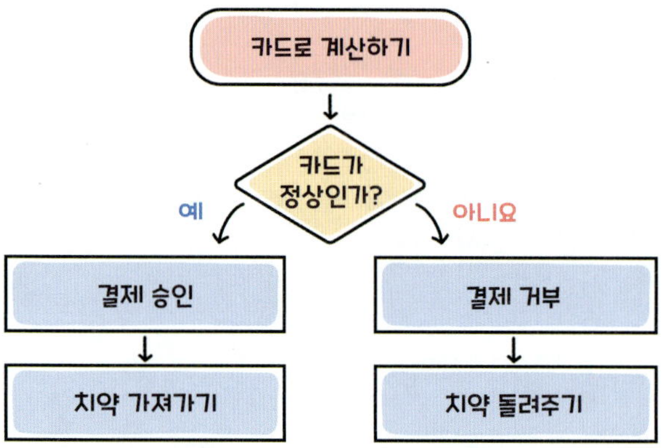

Section 02

if문

프로그래밍 언어에서 매우 중요한 개념 중 하나인 조건문은 '만약에 …라면'이라고 해석할 수 있습니다. 자바에서 제공하는 대표적인 조건문은 if문으로, if문을 완벽하게 파악하고 나면 다양한 경우의 수에 따라 프로그램이 다른 방향으로 실행되도록 코딩할 수 있습니다. if문을 잘 활용하면 더욱 완성도 높은 고급 프로그래밍을 할 수 있으니 잘 배워두세요.

1 기본 if문

참일 때는 어떤 작업을 수행하고 거짓일 때는 아무것도 하지 않는 가장 단순한 if문의 형식은 [그림 5-8]과 같습니다. `if(조건식)`을 그림으로 나타낼 때는 대개 마름모꼴로 표현합니다. if문에서 조건이 참이면 조건식 다음 문장을 실행하고, 거짓이면 조건식 다음 문장을 실행하지 않고 건너뜁니다.

```
if(조건식)
    실행할 문장;
```

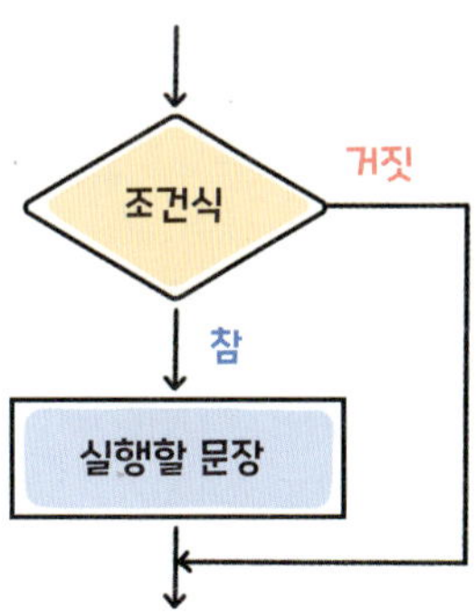

그림 5-8 **기본 if문의 형식**

[코드 5-1]은 가장 간단한 if문입니다.

자바 프로그래밍을 할 때는 들여쓰기를 하는 것이 보기에 좋습니다. `if(조건식)` 다음의 실행할 문장은 `if(조건식)`보다 들여써야 눈에 잘 들어옵니다. 다행히 이클립스에서는 대부분의 경우에 자동으로 들여쓰기가 됩니다.

코드 5-1 Code05_01.java

```
public class Code05_01 {
    public static void main(String[] args) {
        int num = 99;

        if (num < 100)
            System.out.println("100보다 작습니다.");
    }
}
```

```
100보다 작습니다.
```

num에 99가 대입되어 조건식 num < 100이 참이기 때문에 if문 안의 문장이 실행되는데, 실행할 문장이 System.out.println()이므로 해당 내용이 출력되었습니다. [코드 5-1]의 흐름은 [그림 5-9]와 같습니다.

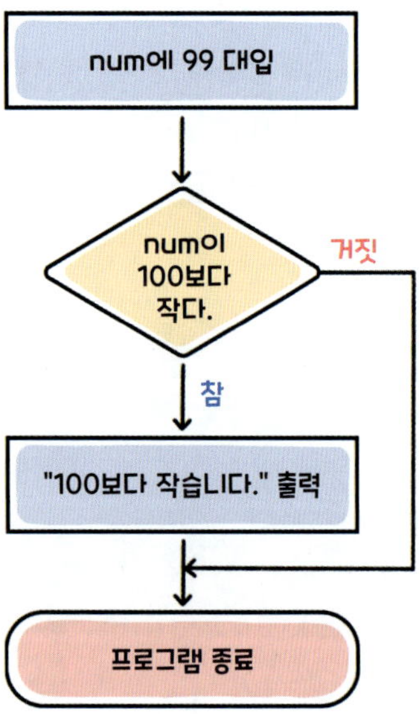

그림 5-9 [코드 5-1]의 실행 과정

이번에는 조건이 참일 때 실행할 문장이 두 개인 경우를 살펴봅시다.

코드 5-2 Code05_02.java

```java
01  public class Code05_02 {
02      public static void main(String[] args) {
03          int num = 99;
04
05          if (num < 100) {
06              System.out.print("100보다 ");
07              System.out.print("작습니다.");
08          }
09
10      }
11  }
```

```
100보다 작습니다.
```

[코드 5-1]과 [코드 5-2]의 차이는 출력하는 문장의 개수가 한 개에서 두 개로 늘어난 것뿐입니다. 조건이 참일 때 실행할 문장이 두 개라면 [코드 5-2]의 5, 8행처럼 중괄호로 묶어야 하며, 실행할 문장이 한 개라면 예외적으로 [코드 5-1]의 5, 6행처럼 중괄호를 생략해도 됩니다.

2 if~else문

기본 if문은 조건이 참일 때는 실행하고 거짓일 때는 실행하지 않고 넘어갑니다. 그러나 조건이 참일 때 실행하는 것과 거짓일 때 실행하는 것이 다르다면 if~else문을 사용해야 합니다. [그림 5-10]은 조건이 참이면 문장 1을 실행하고, 조건이 거짓이면 문장 2를 실행하는 경우를 보여줍니다.

```
if(조건식)
    실행할 문장 1;
else
    실행할 문장 2;
```

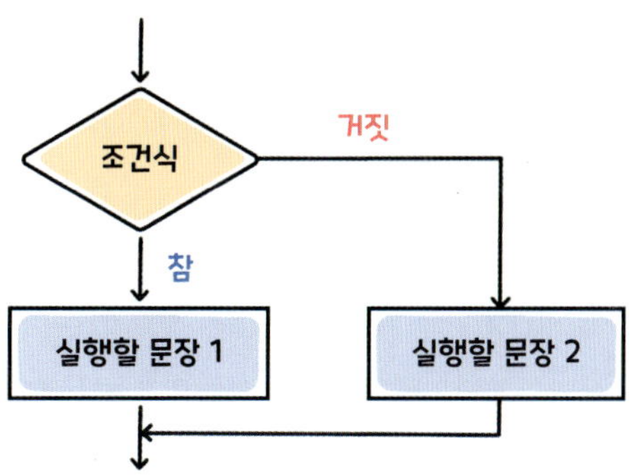

그림 5-10 if~else문의 형식

이와 같이 if~else문에서는 조건이 참일 때 실행할 문장과 거짓일 때 실행할 문장이 다릅니다. if~else문을 이용하여 작성한 간단한 프로그램을 살펴봅시다.

코드 5-3 Code05_03.java

```java
01  public class Code05_03 {
02      public static void main(String[] args) {
03          int num = 200;
04
05          if (num < 100)
06              System.out.println("100보다 작군요.");
07          else
08              System.out.println("100보다 크군요.");
09
10      }
11  }
```

```
100보다 크군요.
```

3행에서 num에 200을 대입하여 5행의 조건식이 거짓이 되므로 `else` 아래의 8행이 실행되었습니다. [코드 5-3]의 흐름은 [그림 5-11]과 같습니다.

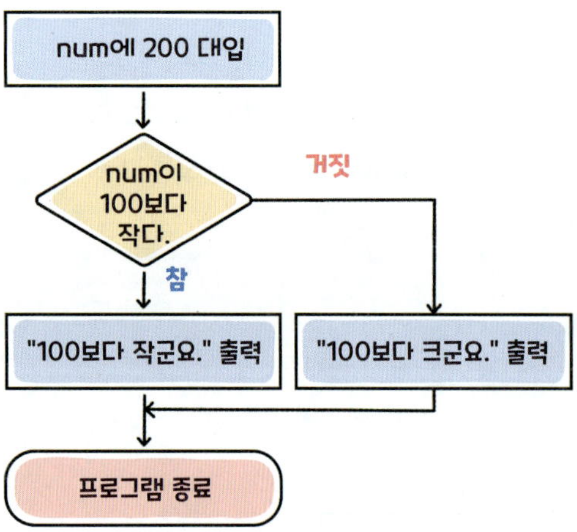

그림 5-11 [코드 5-3]의 실행 과정

[코드 5-3]에서는 if문 및 else문 이후에 실행할 문장이 한 개라 중괄호를 생략했지만, 다음과 같이 중괄호를 넣어도 됩니다.

```
if (num < 100) {
    System.out.println("100보다 작군요.");
} else {
    System.out.println("100보다 크군요.");
}
```

만약 조건이 참일 때 실행할 문장이 여러 개이고 거짓일 때 실행할 문장도 여러 개라면 [코드 5-4]와 같이 중괄호로 묶어야 합니다.

코드 5-4 Code05_04.java

```
01  public class Code05_04 {
02      public static void main(String[] args) {
03          int num = 200;
04
05          if (num < 100) {
06              System.out.println("100보다 작군요.");
07              System.out.println("여기는 참입니다.");
08          } else {
09              System.out.println("100보다 크군요.");
10              System.out.println("여기는 거짓입니다.");
11          }
12
13          System.out.println("프로그램 끝!");
14      }
15  }
```

```
100보다 크군요.
여기는 거짓입니다.
프로그램 끝!
```

3행에서 num에 200을 대입하여 5행의 조건식이 거짓이 되므로 else에 해당하는 8~11행이 실행되고 그 이후의 13행도 실행되었습니다. [그림 5-12]는 이러한 실행 과정을 보여줍니다.

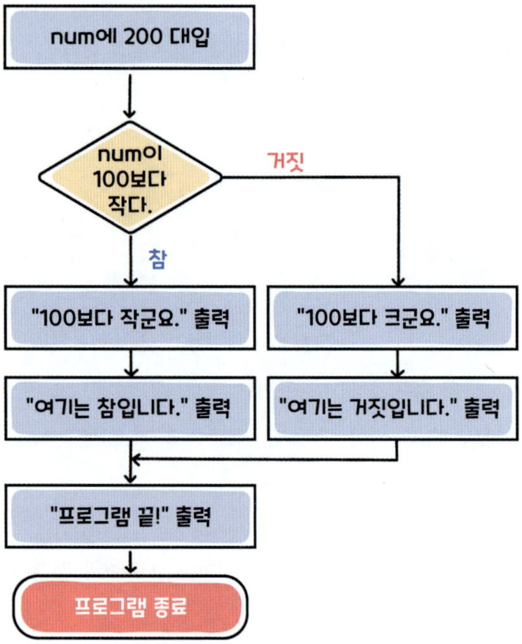

그림 5-12 [코드 5-4]의 실행 과정

[코드 5-5]는 사용자가 입력한 숫자가 짝수인지 홀수인지 확인하는 프로그램입니다. 짝수는 2로 나누면 나머지가 0이고, 홀수는 2로 나누면 나머지가 1이라는 것을 활용하여 코딩해봅시다.

코드 5-5 Code05_05.java

```
import java.util.Scanner;
public class Code05_05 {
    public static void main(String[] args) {
        Scanner s = new Scanner(System.in);
        int num;

        System.out.print("숫자 입력 ==> ");
        num = s.nextInt();

        if (num%2 == 0)
            System.out.println("짝수입니다.");
        else
            System.out.println("홀수입니다.");

        s.close();
    }
}
```

```
숫자 입력 ==> 1773 ●———— 사용자가 입력
홀수입니다.
```

8행에서 정수를 입력받으며, 10행에서 이 정수를 2로 나누어 나머지가 0이면 11행이 실행되고 0이 아니면 13행이 실행됩니다.

3 중첩 if문

앞에서는 if문이 한 번만 등장했지만 조건을 검사하는 과정이 두 번 이상인 경우도 있습니다. 가령 서울에 사는 학생 중에서 25세 이상이 몇 명인지 구하는 프로그램을 만든다고 가정해봅시다. 이 경우에는 일단 학생이 서울에 사는지 아닌지 확인하고, 서울에 사는 학생 중에서 25세 이상 여부를 파악해야 합니다. 이를 위해서는 if문을 실행하고 나서 그 결과에 대해 다시 if문을 실행해야 하는데, 이러한 if문을 중첩 if문 또는 중복 if문이라고 부릅니다.

중첩 if문은 if문 안에 또 다른 if문이 있다고 생각하면 됩니다. 조건식이 여러 개일 때는 조금 헷갈릴 수도 있으니 주의해야 합니다. [그림 5-13]에서는 조건식 1이 참이면 조건식 2를 수행하고, 조건식 2도 참이면 문장 1을 실행합니다. 그러나 조건식 2가 거짓이면 문장 2가 실행됩니다. 또한 조건식 1이 거짓이면 조건식 2를 건너뛰고 문장 3이 실행됩니다.

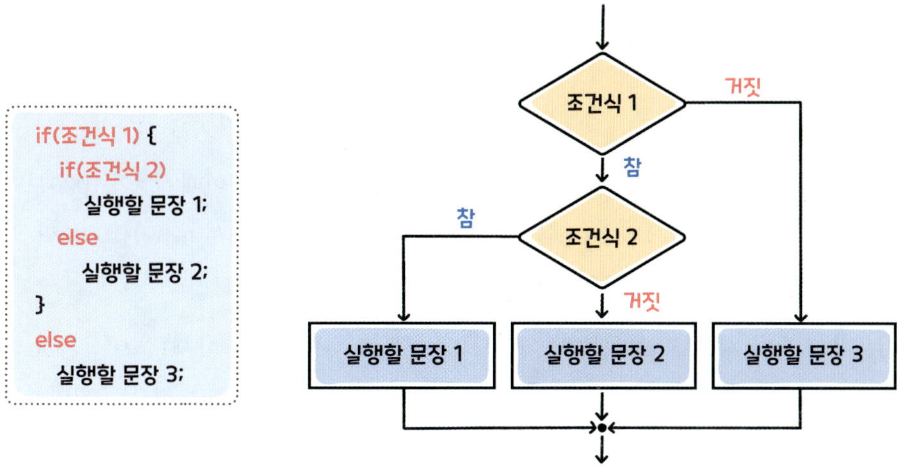

그림 5-13 중첩 if문의 형식

입력한 숫자가 100보다 작은지, 100보다 크고 1000보다 작은지, 1000보다 큰지 구분하는 프로그램을 중첩 if문을 사용하여 작성해봅시다.

코드 5-6 Code05_06.java

```
01 import java.util.Scanner;
02 public class Code05_06 {
03     public static void main(String[] args) {
04         Scanner s = new Scanner(System.in);
05         int num;
06 
07         System.out.print("숫자 입력 ==> ");
08         num = s.nextInt();
09 
10         if (num > 100) {
11             if (num < 1000) {
12                 System.out.println("100보다 크고 1000보다 작군요.");
13             } else {
14                 System.out.println("와~ 1000보다 크군요.");
15             }
16         } else {
17             System.out.println("음~ 100보다 작군요.");
18         }
19 
20         s.close();
21     }
22 }
```

```
숫자를 입력 ==> 150 ● 사용자가 입력
100보다 크고 1000보다 작군요.
```

10행에서 num이 100보다 크면 중괄호로 묶인 부분(11~15행)이 실행됩니다. 이때 num이 1000보다 작으면 12행을 실행하고, 그렇지 않으면 14행을 실행합니다. 그러나 10행에서 num이 100보다 작거나 같으면 바로 16행으로 넘어가서 17행이 실행됩니다.

실생활에 중첩 if문을 적용한 사례를 살펴봅시다. [코드 5-7]은 점수를 입력받아 90점 이상은 A 학점, 80점 이상은 B 학점, 70점 이상은 C 학점, 60점 이상은 D 학점, 그 외는 F 학점으로 처리하는 프로그램입니다. 복잡해 보일 수도 있지만 중첩 if문을 이해하기에 좋은 예제입니다.

코드 5-7 Code05_07.java

```
01  import java.util.Scanner;
02  public class Code05_07 {
03      public static void main(String[] args) {
04          Scanner s = new Scanner(System.in);
05          int score;
06
07          System.out.print("점수 입력 ==> ");
08          score = s.nextInt();
09
10          if (score >= 90)
11              System.out.print("A");
12          else
13              if (score >= 80)
14                  System.out.print("B");
15              else
16                  if (score >= 70)
17                      System.out.print("C");
18                  else
19                      if (score >= 60)
20                          System.out.print("D");
21                      else
22                          System.out.print("F");
23
24          System.out.println(" 학점입니다.");
25          s.close();
26      }
27  }
```

```
점수 입력 ==> 77    ← 사용자가 입력
C 학점입니다.
```

10행에서 score가 90점 이상이면 11행을 실행한 후 바로 23행으로 건너뛰고, 그렇지 않으면 (score가 90점 미만이면) 12행으로 가서 score가 80점 이상이면 14행을 실행한 후 바로 23행으로 건너뜁니다. 나머지 점수도 이러한 방식으로 처리하며, 코드의 전체적인 흐름은 [그림 5-14]와 같습니다.

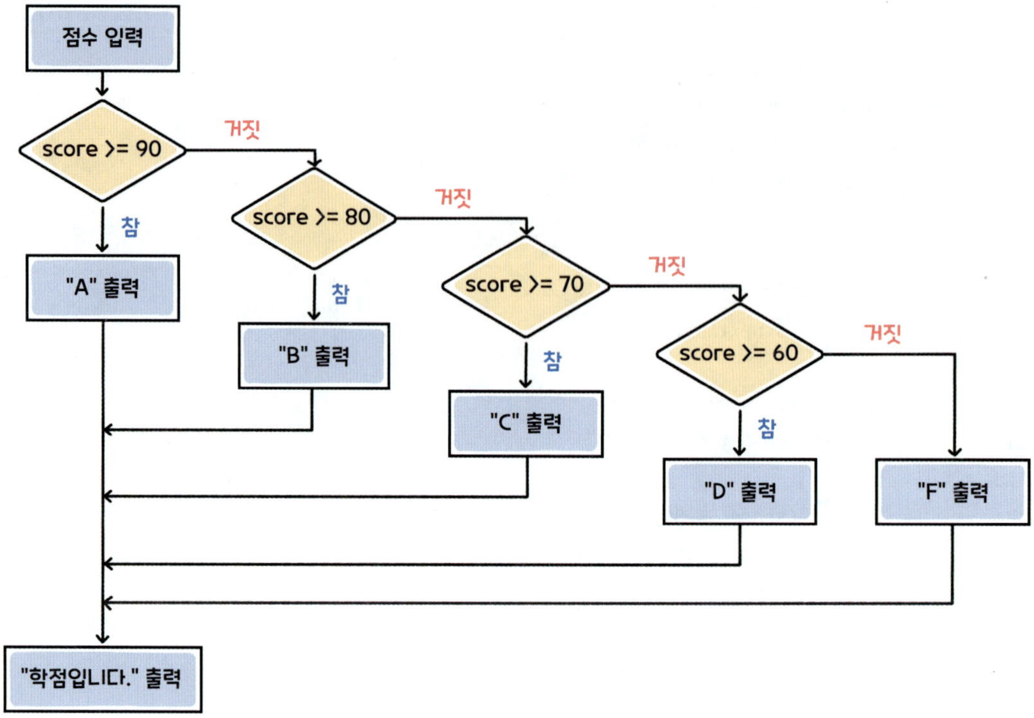

그림 5-14 [코드 5-7]의 실행 과정

4 else if문

중첩 if문은 if~else문 안에 또 if~else문이 들어 있어 복잡해 보입니다. 그래서 중첩 if문을 사용할 때는 중간의 else~if를 else if문으로 줄이는데, 이렇게 하면 더 짧고 깔끔한 코드가 되어 가독성이 좋아집니다. [코드 5-8]은 else if문을 사용하여 [코드 5-7]을 수정한 것으로, 실행 결과는 동일합니다.

코드 5-8 Code05_08.java

```
import java.util.Scanner;
public class Code05_08 {
    public static void main(String[] args) {
        Scanner s = new Scanner(System.in);
        int score;

        System.out.print("점수 입력 ==> ");
        score = s.nextInt();

        if (score >= 90)
```

```
            System.out.print("A");
        else if (score >= 80)
            System.out.print("B");
        else if (score >= 70)
            System.out.print("C");
        else if (score >= 60)
            System.out.print("D");
        else
            System.out.print("F");

        System.out.println(" 학점입니다.");
        s.close();
    }
}
```

```
점수 입력 ==> 77 ●———— 사용자가 입력
C 학점입니다.
```

else~if 부분을 else if문으로 줄였더니 코드가 한결 간결해졌습니다.

확인문제

다음 빈칸에 들어갈 알맞은 말을 [보기]에서 고르시오.

① 자바에서 가장 기본적인 조건문은 [ ]이다.

② 조건식이 참일 때 수행할 문장과 거짓일 때 수행할 문장이 다른 경우에는 [ ]을 사용해야 한다.

③ 조건문에서 if~else if~else if~else와 같이 if문이 여러 번 중복되는 것을 [ ]이라고 한다.

[보기]

㉠ if문	㉡ if~else문	㉢ for문
㉣ else~if문	㉤ 중첩 if문	㉥ 조건문
㉦ 반복문	㉧ 순차 구조	㉨ 선택 구조

정답

① ㉠ ② ㉡ ③ ㉤

LAB PC방 이용자의 나이 검사하기

밤 10시가 넘으면 청소년은 PC방을 이용할 수 없습니다. 나이를 입력하여 밤 10시에 PC방 출입이 가능한지 확인하는 프로그램을 만들어봅시다.

실행 결과

```
나이 입력 ==> 22 ●──── 사용자가 입력
즐거운 시간 보내세요.^^
협조 감사합니다.
```

1. Lab05_01.java 파일을 만들고, 키보드로 값을 입력받기 위해 Scanner 클래스를 사용할 수 있도록 준비합니다.

```
import java.util.Scanner;            // 코드 첫 행에 입력

Scanner s = new Scanner(System.in);  // main() 메서드 내 첫 행에 입력

s.close();                           // main() 메서드 내 마지막 행에 입력
```

2. 나이를 입력받을 변수를 선언하고 나이를 입력받습니다.

```
int age;

System.out.print("나이 입력 ==> ");
age = s.nextInt();
```

3. 입력된 나이가 18세 미만이면 집으로 돌아가게 하는 조건문을 작성합니다. 그리고 청소년이든 아니든 협조 감사문을 출력합니다.

```
if (age >= 18) {
    System.out.println("즐거운 시간 보내세요^^");
} else {
    System.out.println("집에 갈 시간이네요!");
}
System.out.println("협조 감사합니다.");
```

4. 완성된 코드는 다음과 같습니다. Ctrl + F11 을 눌러 실행 결과를 확인해봅니다.

Lab05_01.java

```
import java.util.Scanner;
public class Lab05_01 {
    public static void main(String[] args) {
        Scanner s = new Scanner(System.in);
        int age;

        System.out.print("나이 입력 ==> ");
        age = s.nextInt();

        if (age >= 18) {
            System.out.println("즐거운 시간 보내세요^^");
        } else {
            System.out.println("집에 갈 시간이네요!");
        }
        System.out.println("협조 감사합니다.");

        s.close();
    }
}
```

LAB 컴퓨터와 가위바위보하기

컴퓨터와 가위바위보를 하는 프로그램을 만들어봅시다. 이미 잘 알고 있겠지만 가위바위보의 규칙은 다음과 같습니다. 사용자를 기준으로 컴퓨터가 내는 것에 따라 승패를 결정하면 됩니다.

나	컴퓨터	결과(나 기준)
가위	가위 바위 보	비김 짐 이김
바위	가위 바위 보	이김 비김 짐
보	가위 바위 보	짐 이김 비김

실행 결과

```
나의 가위/바위/보 ==> 가위 •——— 사용자가 입력
컴퓨터의 가위/바위/보 ==> 가위
비겼습니다. —.—
```

실행 결과

```
나의 가위/바위/보 ==> 바위 •——— 사용자가 입력
컴퓨터의 가위/바위/보 ==> 가위
이겼습니다. ^^
```

1. Lab05_02.java 파일을 만들고, 키보드로 값을 입력받기 위해 `Scanner` 클래스를 사용할 수 있도록 준비합니다.

```
import java.util.Scanner;            // 코드 첫 행에 입력

Scanner s = new Scanner(System.in);  // main() 메서드 내 첫 행에 입력

s.close();                           // main() 메서드 내 마지막 행에 입력
```

2. 사용자의 손에 해당하는 변수 `myHand`, 컴퓨터의 손에 해당하는 변수 `comHand`를 선언하고, 사용자로부터 가위, 바위, 보 중 하나를 입력받아 `myHand`에 저장합니다.

```
String myHand, comHand;

System.out.print("나의 가위/바위/보 ==> ");
myHand = s.next();
```

3. 컴퓨터의 가위, 바위, 보는 랜덤으로 추출하여 `comHand`에 저장합니다. 랜덤 값 추출 방법은 205쪽의 [하나 더 알기]를 참조하세요.

```
String[] hands = {"가위", "바위", "보"};
int rnd = (int) (Math.random() * hands.length);
comHand = hands[rnd];

System.out.println("컴퓨터의 가위/바위/보 ==> " + comHand);
```

4. 사용자가 입력한 가위, 바위, 보에 따라 if문을 사용합니다. 우선 사용자가 가위를 냈을 때 컴퓨터가 가위를 내면 비기고, 컴퓨터가 바위를 내면 지고, 컴퓨터가 보를 내면 이기도록 작성합니

다. 가위바위보의 규칙에 따라 사용자의 입장에서 승패를 판단합니다.

```
if (myHand.equals("가위")) {
    if (comHand.equals("가위"))
        System.out.println("비겼습니다. —.—");
    else if (comHand.equals("바위"))
        System.out.println("졌습니다. ㅠㅠ");
    else if (comHand.equals("보") )
        System.out.println("이겼습니다. ^^");
}
```

문자열1과 문자열2를 비교할 때는 '문자열1 == 문자열2'보다 '문자열1.equals(문자열2)' 메서드를 사용하는 것이 더 정확합니다.

5. 사용자가 바위를 낸 경우와 보를 낸 경우도 위와 같이 작성합니다. 가위가 아니라고 판단된 상태에서 바위와 보를 확인해야 하므로 else if문을 사용합니다.

```
else if (myHand.equals("바위")) {
    ~~~생략~~~
}
else if (myHand.equals("보")) {
    ~~~생략~~~
}
```

6. 사용자가 입력한 값이 가위, 바위, 보가 아닐 경우에 대비하여 else문을 작성합니다.

```
else {
    System.out.println("가위/바위/보 중 하나를 내세요.");
}
```

7. 완성된 코드는 다음과 같습니다. Ctrl + F11을 눌러 실행 결과를 확인해봅니다.

Lab05_02.java

```
import java.util.Scanner;
public class Lab05_02 {
    public static void main(String[] args) {
        Scanner s = new Scanner(System.in);
        String myHand, comHand;

```

```
        System.out.print("나의 가위/바위/보 ==> ");
        myHand = s.next();

        String[] hands = {"가위", "바위", "보"};
        int rnd = (int) (Math.random() * hands.length);
        comHand = hands[rnd];
        System.out.println("컴퓨터의 가위/바위/보 ==> " + comHand);

        if (myHand.equals("가위")) {
            if (comHand.equals("가위"))
                System.out.println("비겼습니다. —.—");
            else if (comHand.equals("바위"))
                System.out.println("졌습니다. ㅠㅠ");
            else if (comHand.equals("보") )
                System.out.println("이겼습니다. ^^");
        }
        else if (myHand.equals("바위")) {
            if (comHand.equals("가위"))
                System.out.println("이겼습니다. ^^");
            else if (comHand.equals("바위"))
                System.out.println("비겼습니다. —.—");
            else if (comHand.equals("보") )
                System.out.println("졌습니다. ㅠㅠ");
        }
        else if (myHand.equals("보")) {
            if (comHand.equals("가위"))
                System.out.println("졌습니다. ㅠㅠ");
            else if (comHand.equals("바위"))
                System.out.println("이겼습니다. ^^");
            else if (comHand.equals("보"))
                System.out.println("비겼습니다. —.—");
        }
        else {
            System.out.println("가위/바위/보 중 하나를 내세요.");
        }

        s.close();
    }
}
```

하나 더 알기 ✓ 랜덤 값 추출하기

알 수 없는 임의의 랜덤 값이 필요한 경우가 종종 있는데, 몇 가지 사례를 살펴봅시다.

▪ 로또 추첨하기

로또는 1~45 중에서 여섯 개의 숫자를 추첨하는 복권입니다. 그런데 어떤 숫자가 추첨되도록 프로그래밍을 해놓는다면 프로그램을 만든 사람이 항상 1등에 당첨될 것입니다. 이를 방지하려면 숫자를 추첨할 때마다 임의의 숫자가 나와야 하는데, 자바에서는 랜덤 값을 추출하는 데 Math.random() 메서드를 사용합니다.

```
double rnd = Math.random();
System.out.println(rnd);
```

```
0.7591030749604109
```
랜덤 값

Math.random() 메서드를 사용하면 0부터 1 미만의 값, 즉 0.00000000~0.9999999999가 double형으로 추출되며, 이 값을 1~45로 변경하기 위해 45를 곱한 다음 1을 더하고 정수형인 int로 변환합니다.

```
int rnd = (int) (Math.random() * 45 + 1);
System.out.println(rnd);
```

```
23
```
랜덤 값

▪ 점심 메뉴 고르기

임의로 추출하는 값이 숫자가 아닌 경우에는 어떻게 해야 할까요? 예를 들어 점심 메뉴를 김밥, 라볶이, 돈까스, 짜장면 중에서 임의로 고르는 경우에는 다음과 같이 작성하면 됩니다.

```
String[] foods = {"김밥", "라볶이", "돈까스", "짜장면"};
int rnd = (int) (Math.random() * foods.length);
System.out.println(foods[rnd]);
```

```
돈까스
```
랜덤 값

String[]은 여러 개의 값을 묶어놓은 배열을 의미합니다. 배열의 순서는 0번부터 시작되므로 0번이 김밥, 1번이 라볶이, 2번이 돈까스, 3번이 짜장면입니다. 그리고 foods.length는 foods 배열의 개수를 나타내므로 4이며, 따라서 rnd 값에 0, 1, 2, 3 중 하나가 들어갑니다. 또한 foods[숫자]는 배열에서 해당 숫자 위치의 값을 가리키며, 만약 foods[2]라면 "돈까스"가 됩니다. 배열은 9장에서 자세히 살펴보겠습니다.

Section 03

switch~case문

if문은 참 또는 거짓 중에서 하나를 선택하기 때문에 '이중 분기'라고 표현하기도 합니다. 그런데 세상에는 참 또는 거짓만으로 해결할 수 없고 여러 개 중에서 하나를 선택해야 하는 경우가 수도 없이 많습니다. 이럴 때는 switch~case문을 사용해야 하며, 이처럼 여러 개 중에서 하나를 선택하는 것을 '다중 분기'라고 합니다.

1 switch~case문의 개요

먼저 switch~case문의 형식을 살펴봅시다. [그림 5-15]와 같이 switch문의 조건(정숫값)에 따라 case문을 실행하는데, 정숫값이 1이면 문장 1이 실행되고, 정숫값이 2이면 문장 2가 실행되며, 그 외의 값이면 문장 3이 실행됩니다.

```
switch(정숫값) {
  case 정숫값 1:
    실행할 문장 1;
    break;
  case 정숫값 2:
    실행할 문장 2;
    break;
  default:
    실행할 문장 3;
    break;
}
```

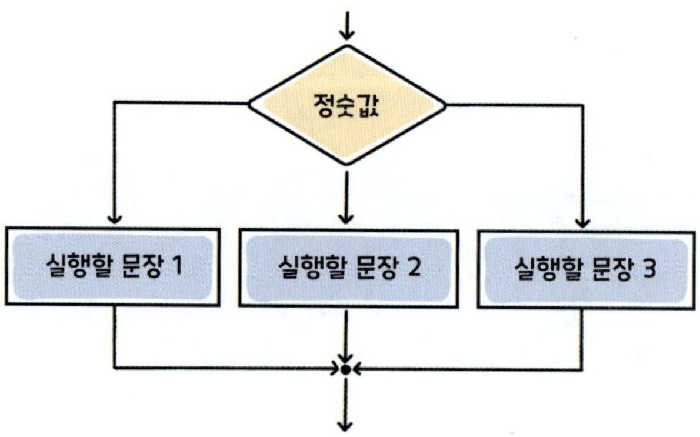

그림 5-15 switch~case문의 형식

[코드 5-9]는 switch~case문을 활용하는 예제로, 세 숫자 1, 2, 3 중에서 하나를 선택하면 각 선택에 따라 다른 문장이 출력됩니다.

코드 5-9 Code05_09.java

```
01  import java.util.Scanner;
02  public class Code05_09 {
03      public static void main(String[] args) {
04          Scanner s = new Scanner(System.in);
05          int select;
06
07          System.out.print("1~3 중에 선택하세요 : ");
08          select = s.nextInt();
09
10          switch(select) {      // 입력된 select 값에 따라 분기
11              case 1:           // select가 1이면 12행을 실행하고 13행에서 빠져나감
12                  System.out.println("1을 선택했습니다.");
13                  break;
14              case 2:
15                  System.out.println("2를 선택했습니다.");
16                  break;
17              case 3:
18                  System.out.println("3을 선택했습니다.");
19                  break;
20              default:          // select가 1, 2, 3이 아닌 경우 실행
21                  System.out.println("이상한 것을 선택했습니다.");
22          }
23
24          s.close();
25      }
26  }
```

```
1~3 중에 선택하세요 : 2  ← 사용자가 입력
2를 선택했습니다.
```

8행에서 입력된 숫자가 10행의 switch문에서 사용됩니다. 이 숫자가 1이면 11행으로, 2이면 14행으로, 3이면 17행으로 넘어가고, 만약 입력된 숫자가 1, 2, 3이 아니면 20행을 실행합니다. 예컨대 2를 입력했다면 10행의 switch문에서 14행으로 넘어가 15행의 **"2를 선택했습니다."**를 출력한 후 16행의 break문을 만나 switch문의 블록(10~22행)을 빠져나갑니다. [그림 5-16]은 이러한 실행 과정을 보여줍니다.

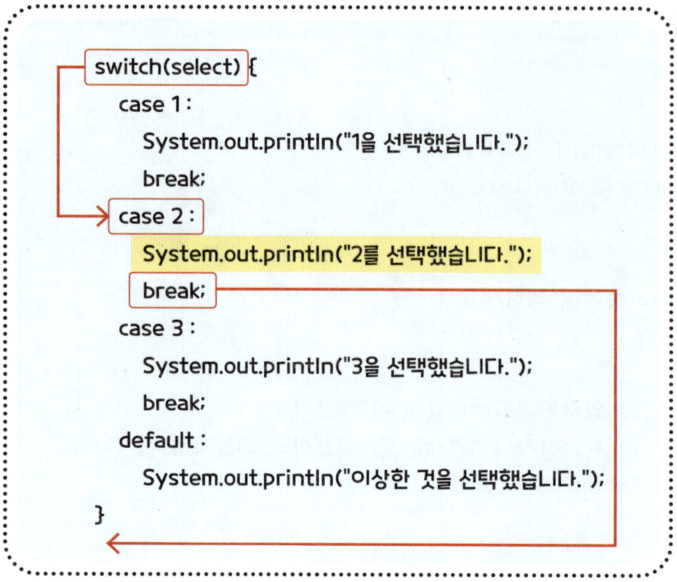

그림 5-16 [코드 5-9]에서 select가 2일 때 switch~case문의 흐름

[코드 5-9]에서 20행의 'default:'는 마지막 부분이기 때문에 굳이 break;를 작성하지 않아도 됩니다. 다시 말해 21행 이후에 break를 넣든 생략하든 상관없습니다.

2 switch~case문 사용 시 주의점

switch~case문을 사용할 때 주의할 점은 각각의 실행문 끝부분에 반드시 break문을 써야 한다는 것입니다. 그렇지 않으면 switch~case문을 빠져나가지 않고 다음 코드를 계속 수행합니다. 이를 확인하기 위해 [코드 5-9]에서 break문을 모두 빼고 실행해봅시다.

```
switch(select) {
    case 1:
        System.out.println("1을 선택했습니다.");
    case 2:
        System.out.println("2를 선택했습니다.");
    case 3:
        System.out.println("3을 선택했습니다.");
    default:
        System.out.println("이상한 것을 선택했습니다.");
}
```

```
1~3 중에 선택하세요 : 2 ●———— 사용자가 입력
2를 선택했습니다.
3을 선택했습니다.
이상한 것을 선택했습니다.
```

실행 결과를 보면, 2를 입력하여 switch문에서 `System.out.println("2를 선택했습니다.");`를 실행했으나 break문이 없어서 그다음 코드가 이어서 실행되었습니다.

확인문제

다음 빈칸에 들어갈 알맞은 말을 고르시오.

switch~case 블록을 빠져나가기 위해 사용하는 구문은 [ ] 이다.

① if ② for ③ else if ④ break

정답

④

LAB 출생 연도에 따른 띠 확인하기

우리나라와 중국, 일본 등에서는 출생 연도에 따라 열두 지지를 상징하는 띠가 부여됩니다. 출생 연도를 입력하면 쥐띠, 소띠, 호랑이띠, 토끼띠, 용띠, 뱀띠, 말띠, 양띠, 원숭이띠, 닭띠, 개띠, 돼지띠 중에서 해당하는 띠를 알려주는 프로그램을 만들어봅시다.

실행 결과

```
출생 연도를 입력하세요 ==> 2003
양띠
```

사용자가 입력

1. Lab05_03.java 파일을 준비하고, 키보드로 값을 입력받기 위해 Scanner 클래스를 사용할 수 있도록 준비합니다.

```
import java.util.Scanner;
Scanner s = new Scanner(System.in);

s.close();
```

2. 출생 연도를 입력받을 변수를 선언하고, 사용자로부터 출생 연도를 입력받습니다.

```
int year;

System.out.printf("출생 연도를 입력하세요 ==> ");
year = s.nextInt();
```

3. 출생 연도를 12로 나눈 나머지로 띠를 결정하기 위해 switch~case문을 이용합니다. 나머지가 0이면 원숭이띠, 1이면 닭띠, 2이면 개띠, 3이면 돼지띠, 4이면 쥐띠, 5이면 소띠, 6이면 호랑이띠, 7이면 토끼띠, 8이면 용띠, 9이면 뱀띠, 10이면 말띠, 11이면 양띠가 출력되게 합니다.

```
switch(year%12) {
   case 0: System.out.println("원숭이띠");   break;
   case 1: System.out.println("닭띠");   break;
   case 2: System.out.println("개띠");   break;
   ~~~생략~~~
   case 11: System.out.println("양띠");   break;
}
```

4. 완성된 코드는 다음과 같습니다. Ctrl + F11을 눌러 실행 결과를 확인해봅니다.

Lab05_03.java

```
import java.util.Scanner;
public class Lab05_03 {
   public static void main(String[] args) {
      Scanner s = new Scanner(System.in);
      int year;
```

```
        System.out.printf("출생 연도를 입력하세요 ==> ");
        year = s.nextInt();

        switch(year%12) {
            case 0: System.out.println("원숭이띠");   break;
            case 1: System.out.println("닭띠");   break;
            case 2: System.out.println("개띠");   break;
            case 3: System.out.println("돼지띠");   break;
            case 4: System.out.println("쥐띠");   break;
            case 5: System.out.println("소띠");   break;
            case 6: System.out.println("호랑이띠");   break;
            case 7: System.out.println("토끼띠");   break;
            case 8: System.out.println("용띠");   break;
            case 9: System.out.println("뱀띠");   break;
            case 10: System.out.println("말띠");   break;
            case 11: System.out.println("양띠");   break;
        }

        s.close();
    }
}
```

실전 예제 사춘기 거북이 지도하기

문제

사춘기인 거북이는 언제 어디로 튈지 몰라 그대로 두면 화면 밖으로 나가버릴 수도 있습니다. 그렇다고 해서 너무 통제하는 것도 좋지 않으니 거북이가 화면 안에서 움직이면 그냥 놔두고, 화면 밖으로 나가려고 하면 화면 한가운데에 데려다 놓읍시다.

화면의 크기를 (300, 300)으로 지정하면 화면 중앙이 (0, 0)이므로 거북이의 활동 공간은 가로가 −150~150, 세로가 −150~150입니다. 거북이의 이동 위치가 이 범위 내라면 그대로 두고, 거북이가 범위 밖으로 벗어나면 화면 중앙인 (0, 0)으로 옮깁니다.

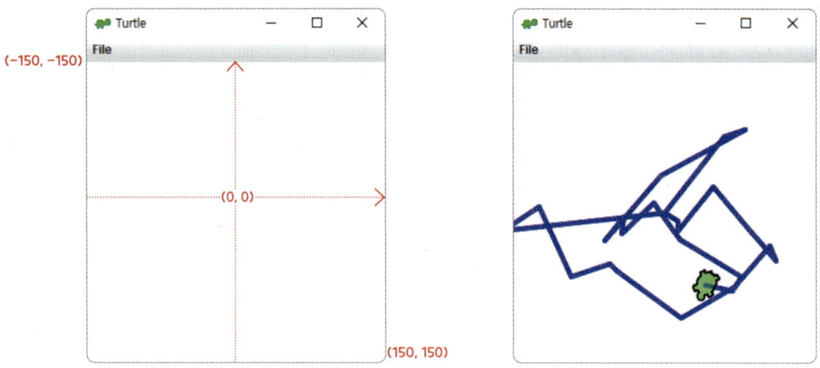

해결

Ex05_01.java

```
public class Ex05_01 {
    public static void main(String[] args) {
        Turtle turtle = new Turtle();
        int angle, distance, curX, curY;

        turtle.speed(500);
        turtle.setCanvasSize(300, 300);
        turtle.width(5);
        turtle.penColor("blue");

        while(true) {
            angle = (int)(Math.random()*360);
```

```
13              distance = (int)(Math.random()*90+10);
14
15              turtle.right(angle);
16              turtle.forward(distance);
17
18              curX = (int)turtle.getX();
19              curY = (int)turtle.getY();
20
21              if((curX >= -150 && curX <= 150) && (curY >= -150&& curY <= 150))
22                  System.out.println("Good Boy ~");
23              else
24                  turtle.setPosition(0, 0);
25          }
26
27      }
28  }
```

03, 04 거북이를 준비하고 각도, 이동 거리, X(가로)와 Y(세로) 위치를 입력받기 위한 변수 네 개를 선언합니다.

06 거북이의 움직임을 조금 느리게 설정합니다.

07~09 화면의 크기를 (300, 300)으로 설정하고 거북이가 그리는 선의 두께와 색상을 지정합니다.

11~25 무한 반복되게 합니다.

12, 13 거북이의 각도(0~359도)와 이동 거리(10~99)를 무작위로 추출합니다.

15, 16 거북이의 머리를 회전하여 움직입니다.

18, 19 거북이의 현재 위치를 알아냅니다.

21, 22, 24 거북이의 X 위치가 −150~150이고 Y 위치도 −150~150이라면 22행에서 메시지를 출력하고 넘어갑니다. 만약 거북이가 범위를 벗어나면 24행에서 거북이를 화면 중앙으로 옮깁니다.

요약

01 프로그램의 기본 제어 구조에는 순차 구조, 선택 구조, 반복 구조가 있습니다.

- 순차 구조는 물이 위에서 아래로 흐르듯이 순차적으로 코드가 실행되는 것입니다.
- 선택 구조는 두 가지 중에서 선택한 쪽으로 코드가 실행되는 것입니다.
- 반복 구조는 동일한 코드가 반복적으로 여러 번 실행되는 것입니다.

02 if문은 참일 때 어떤 작업을 실행하고 거짓일 때 아무것도 하지 않는 가장 단순한 조건문입니다.

```
if(조건식)
    실행할 문장;
```

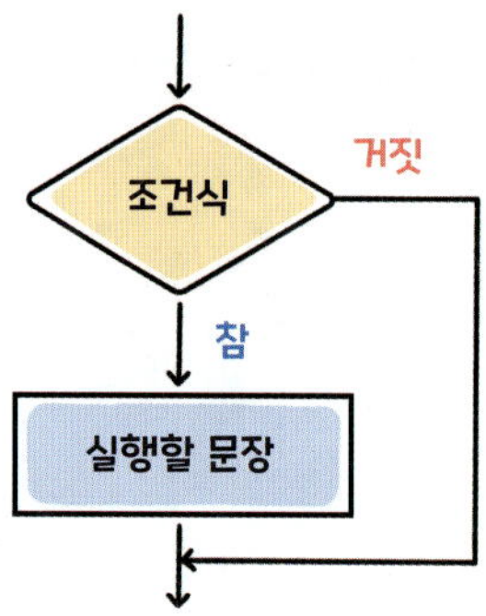

03 조건이 참일 때 실행하는 것과 거짓일 때 실행하는 것이 다르다면 if~else문을 사용해야 합니다.

```
if(조건식)
    실행할 문장 1;
else
    실행할 문장 2;
```

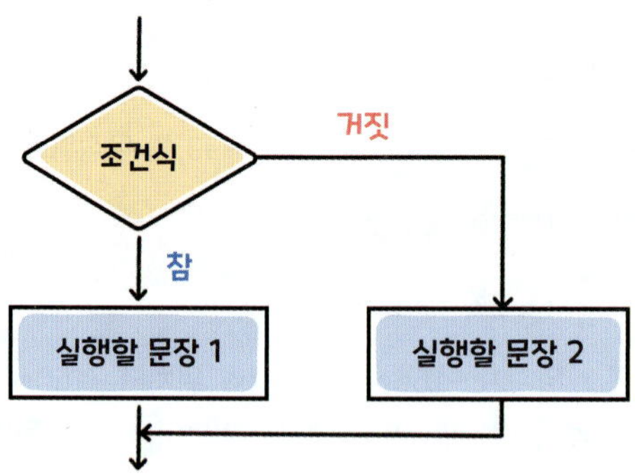

04 중첩 if문은 if문 안에 또 다른 if문이 있는 조건문입니다.

```
if(조건식 1) {
   if(조건식 2)
      실행할 문장 1;
   else
      실행할 문장 2;
}
else
   실행할 문장 3;
```

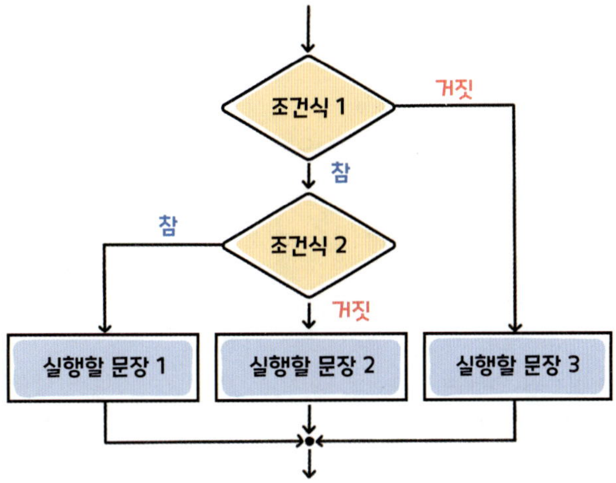

05 switch~case문은 switch문의 조건(정숫값)에 따라 case문이 실행되는데, 정숫값이 1이면 문장 1이 실행되고, 정숫값이 2이면 문장 2가 실행되며, 그 외의 값이면 문장 3이 실행됩니다.

```
switch(정숫값) {
   case 정숫값 1:
      실행할 문장 1;
      break;
   case 정숫값 2:
      실행할 문장 2;
      break;
   default:
      실행할 문장 3;
      break;
}
```

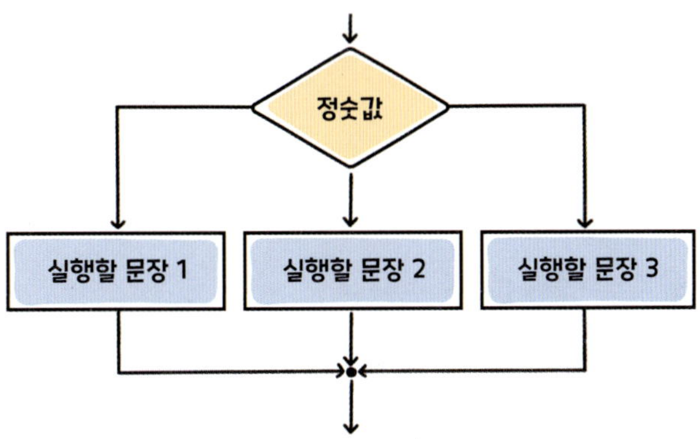

연습문제

01 다음 중 프로그램의 기본 제어 구조에 속하지 않는 것을 고르시오.

① 순차 구조
② 선택 구조
③ 반복 구조
④ 입력 구조

02 다음 코드의 실행 결과를 고르시오.

```
int number = 9;
if (number > 10)
    print("10보다 작네요");
```

① 10보다 작네요
② 아무것도 출력되지 않음
③ 9 10보다 작네요
④ print("10보다 작네요")

03 다음 코드의 실행 결과를 고르시오.

```
int number = 100;
if (number == 10)
    System.out.print("숫자가 ");
    System.out.print("10이네요 ");
System.out.println("끝");
```

① 숫자가 10이네요 끝
② 10이네요 끝
③ 끝
④ 아무것도 출력되지 않음

04 다음 코드의 실행 결과를 고르시오.

```
int number = 20;
if (number < 10)
    System.out.print("10보다 작군요. ");
else
    System.out.print("10보다 크군요.");
```

① 10보다 작군요.
② 10보다 작군요. 10보다 크군요.
③ 10보다 크군요.
④ 10보다 크군요. 10보다 작군요.

05 다음 코드의 실행 결과를 고르시오.

```
int number = 5;
if (number < 10) {
    System.out.println("10보다 작군요.");
    System.out.println("작은 수군요.");
} else
    System.out.println("10보다 크군요.");
System.out.println("그럼 이만.");
```

① 10보다 작군요. 작은 수군요. 그럼 이만.

② 10보다 크군요. 그럼 이만.

③ 10보다 작군요. 10보다 크군요.

④ 10보다 작군요. 10보다 크군요. 그럼 이만.

06 다음은 입력된 값이 10보다 큰지, 작은지, 같은지 구분하는 프로그램입니다. 빈칸에 들어갈 내용을 고르시오.

```
int number = s.nextInt();

if (                ) {
    if (number > 10) {
        System.out.println("10보다 크네요.");
    }
    else {
        System.out.println("10이네요.");
    }
} else {
    System.out.println("10보다 작네요.");
}
```

① number == 10　　② number <= 10

③ number >= 10　　④ number != 10

07 다음은 홀수, 짝수를 구분하는 프로그램입니다. 빈칸에 들어갈 내용을 고르시오.

```
int number = s.nextInt();
if (          )
    System.out.println("홀수입니다.");
else
    System.out.println("짝수입니다.");
```

① number % 2 >= 0　　② number % 2 <= 0

③ number % 2 == 0　　④ number % 2 != 0

08 무작위로 0~100점을 추출하여 90점 이상은 장학생, 60점 이상은 합격, 60점 미만은 불합격으로 구분하는 프로그램을 if~else문을 사용하여 작성하시오.

[실행 결과]

```
뽑힌 점수 : 67
합격입니다~~
```

[실행 결과]

```
뽑힌 점수 : 47
불합격입니다~~
```

[실행 결과]

```
뽑힌 점수 : 93
장학생입니다~~
```

09 다음은 90점 이상은 장학생, 90점 미만~60점 이상은 합격, 60점 미만은 불합격으로 구분하는 프로그램입니다. 빈칸에 들어갈 내용을 고르시오.

```
int value = s.nextInt();

if (          )
    System.out.print("장학생", end='');
else {
    if (          )
        System.out.print("합격", end='');
    else
        System.out.print("불합격", end='');
}
System.out.println("입니다. ");
```

① value >= 90, value <= 60　　② value <= 90, value <= 60

③ value == 90, value == 60　　④ value >= 90, value >= 60

10 다음은 학점을 A, B, C, D, F로 구분하는 프로그램입니다. 빈칸에 공통으로 들어갈 내용을 고르시오.

```
int value = s.nextInt();

if (value >= 90)
    System.out.print("A");
[        ] (value >= 80)
    System.out.print("B");
[        ] (value >= 70)
    System.out.print("C");
[        ] (value >= 60)
    System.out.print("D");
else
    System.out.print("F");

System.out.println(" 학점입니다.");
```

① if　　② else　　③ else if　　④ if else

11 다음 중 임의의 값을 추출하는 데 사용되는 메서드를 고르시오.

① Math.select()　　② Math.random()
③ Math.number()　　④ Math.pick()

12 심화 다음 조건을 갖춘 터틀 그래픽 프로그램을 작성하시오.

- 화면의 크기는 (300, 300)
- 거북이가 무작위로 회전 및 이동
- 거북이가 화면 밖으로 나가면 중심으로 강제 이동
- 거북이가 화면 밖으로 나간 횟수에 따라 거북이의 선을 다음과 같이 네 가지 색상으로 변경
  0회: blue, 1회: green, 2회: orange, 3회: red, 4회: blue, 5회: green, 6회: orange, …

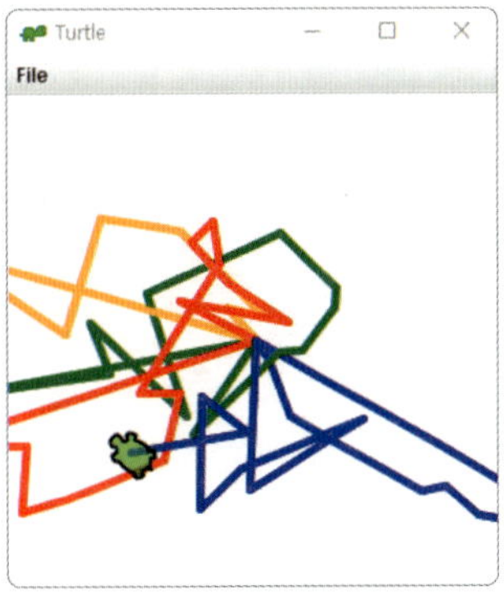

CHAPTER 06

반복문

학습목표

- 반복문의 필요성을 이해합니다.
- for문 사용법을 익힙니다.
- while문과 for문의 차이를 이해하고 while문 사용법을 익힙니다.
- break문과 continue문 사용법을 익힙니다.

Preview

컴퓨터 프로그래밍을 하는 이유 중 하나는 사람보다 컴퓨터가 반복 작업을 잘한다는 것입니다. 사람은 반복 작업을 할 때 지루해하고 한눈을 팔다 실수를 저지르기도 하지만, 컴퓨터는 사람과 비교할 수 없을 정도로 빠르고 정확하게 반복 작업을 할 수 있습니다. 게다가 컴퓨터는 일이 지겹고 힘들다고 투정을 부리지도 않습니다.

이러한 반복 작업을 하도록 프로그래밍을 하기 위해서는 반복문이 필요합니다. 이 장에서는 컴퓨터에 반복 작업을 시키는 반복문을 배워봅시다.

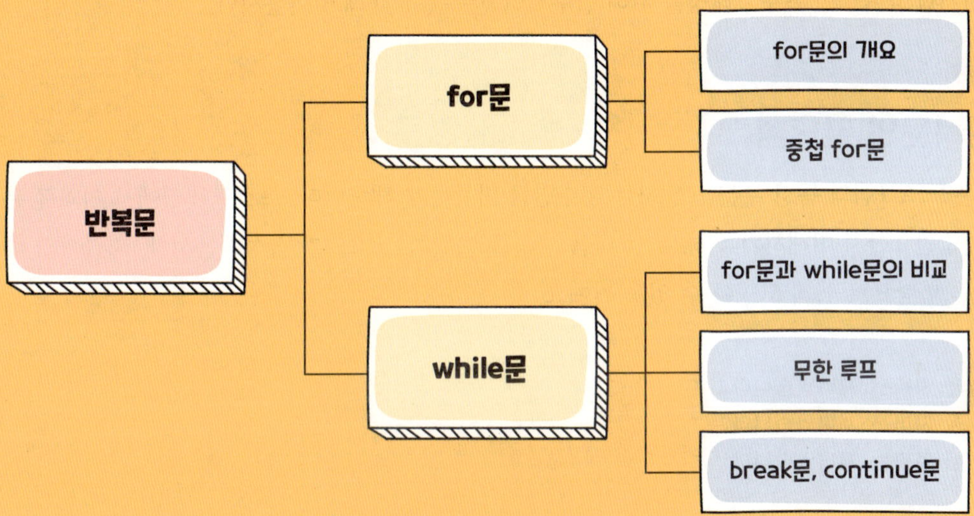

Section 01

반복문의 개요

반복문 없이 프로그래밍을 한다면 코드가 엄청나게 길어져서 현실적으로 프로그래밍이 불가능할 것입니다. 그러나 반복문을 사용하면 수백 줄의 코드를 단 몇 줄로 줄이는 마법을 발휘할 수도 있습니다. 이처럼 효율적인 프로그래밍을 위해 필수적인 반복문에 대해 알아봅시다.

1 반복문의 필요성

반복문은 프로그램의 특정 부분을 원하는 횟수만큼 반복하게 해줍니다. 프로그래밍에서 이와 같은 반복이 왜 필요한지 이해하기 위해 우선 다음 결과를 출력하는 코드를 작성해봅시다. 지금까지 배운 내용을 바탕으로 쉽게 코딩할 수 있을 거예요.

```
난생처음 자바는 재미있습니다. ^^
난생처음 자바는 재미있습니다. ^^
난생처음 자바는 재미있습니다. ^^
```

코드 6-1 Code06_01.java

```
01  public class Code06_01 {
02      public static void main(String[] args) {
03          System.out.println("난생처음 자바는 재미있습니다. ^^");
04          System.out.println("난생처음 자바는 재미있습니다. ^^");
05          System.out.println("난생처음 자바는 재미있습니다. ^^");
06      }
07  }
```

앞에서 학습한 내용을 기억하고 있다면 누워서 떡 먹기일 것입니다. 굳이 3~5행을 모두 입력하지 않고 System.out.println("난생처음 자바는 재미있습니다. ^^");를 한 번만 입력한 후 복사 및 붙여넣기를 하여 손쉽게 프로그램을 완성할 수 있습니다.

그런데 만약 세 번이 아니라 스무 번을 출력해야 한다면 어떨까요? 스무 번 정도의 복사 및 붙여넣기는 할 만합니다. 하지만 천 번, 만 번을 해야 한다면 걸리는 시간도 문제이거니와 짜증이 나서 하기 힘들 것입니다. 바로 이럴 때 필요한 것이 반복문인데, [코드 6-1]에 반복문을 적용해봅시다. [코드 6-2]는 간단한 예제이지만 반복문의 위력을 충분히 확인할 수 있습니다.

코드 6-2 Code06_02.java

```
01 public class Code06_02 {
02     public static void main(String[] args) {
03         for (int i=0 ; i<3 ; i++) {
04             System.out.println("난생처음 자바는 재미있습니다. ^^");
05         }
06     }
07 }
```

```
난생처음 자바는 재미있습니다. ^^
난생처음 자바는 재미있습니다. ^^
난생처음 자바는 재미있습니다. ^^
```

System.out.println()을 한 번밖에 사용하지 않았는데, [코드 6-1]에서 세 번 반복했던 것과 동일한 결과가 출력되었습니다. 3행의 for (int i=0 ; i<3 ; i++)는 세 번 반복하라는 의미이며, 이에 대해서는 잠시 후 자세히 설명하겠습니다.

[코드 6-2]와 같이 반복할 문장이 4행뿐이라면 3, 5행의 중괄호를 생략해도 됩니다. 또한 여는 중괄호는 3행처럼 행의 끝에 넣어도 되고 다음 행에 넣어도 됩니다. 즉 3~5행은 다음과 동일합니다.

```
for (int i=0 ; i<3 ; i++)
{
    System.out.println("난생처음 자바는 재미있습니다. ^^");
}
```

2 for문의 개요

앞에서 매우 간단한 for문을 사용해보았는데, for문은 프로그래밍에서 자주 쓰이기 때문에 확실히 알아두어야 합니다. 먼저 기본적인 for문의 형식과 동작 원리를 나타낸 [그림 6-1]을 살펴봅시다.

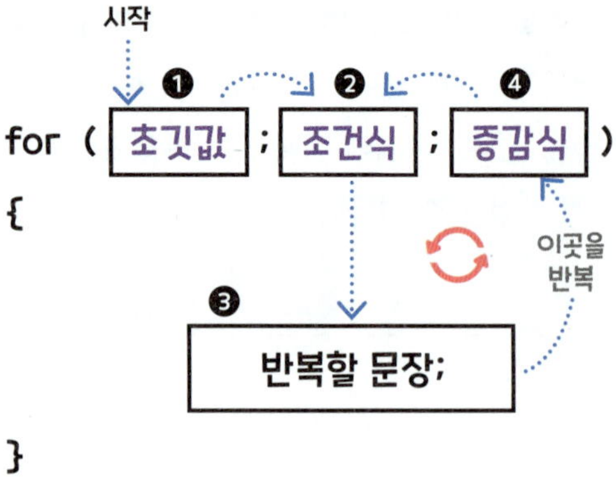

그림 6-1 for문의 동작 원리

for문 괄호 안의 초깃값, 조건식, 증감식이 세미콜론으로 구분되고, 중괄호 안에는 반복할 문장이 있습니다. 앞에서 언급했듯이 반복할 문장이 하나라면 중괄호를 생략해도 됩니다. 이 for문에서 수행되는 순서는 ❶→❷→❸→❹→❷이며, ❷→❸→❹가 반복됩니다. 만약 반복할 문장이 여러 개라면 '반복할 문장'에 여러 줄을 작성하면 됩니다.

이제 [코드 6-2]의 3~5행에서 사용한 for문의 기본 구조를 자세히 알아봅시다. 이해하기 쉽도록 [그림 6-2]에 나타낸 순서를 천천히 짚어가며 설명하겠습니다.

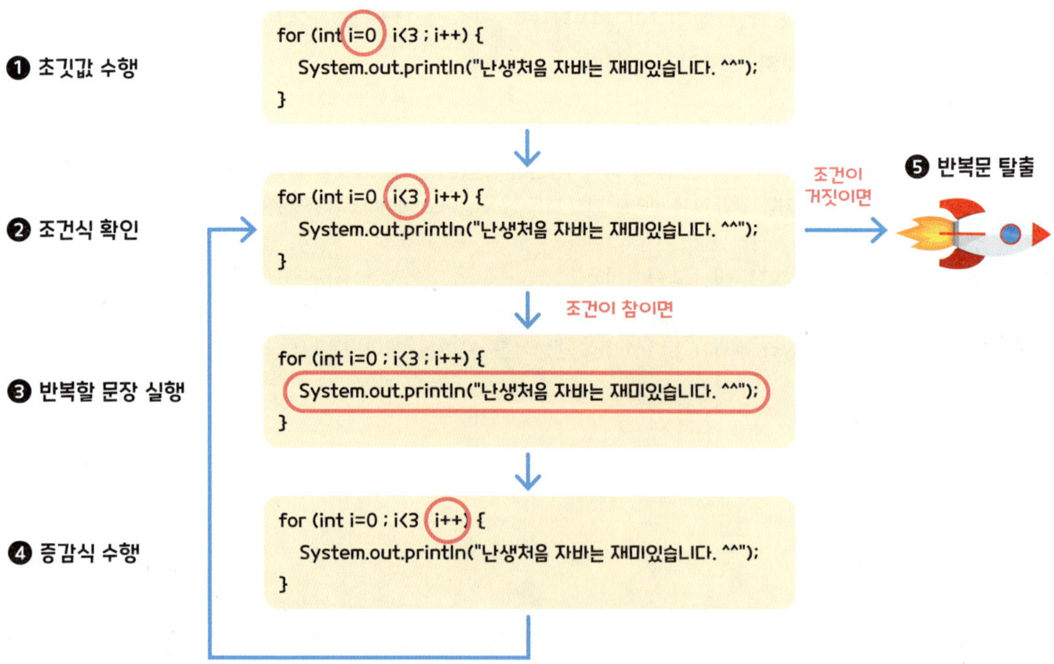

그림 6-2 for문의 반복 순서

1. ❶ 초깃값을 수행합니다(현재 i = 0).

2. ❷ 조건식을 확인합니다. 현재 i가 0이므로 i<3은 참입니다.

3. ❸ System.out.printf문을 실행합니다("난생처음 자바는 재미있습니다. ^^" 출력).

4. ❹ 증감식 i++를 수행하여 i 값을 1 증가시킵니다(현재 i = 1).

5. 다시 ❷ 조건식을 확인합니다. 현재 i가 1이므로 i<3은 참입니다.

6. 다시 ❸ System.out.printf문을 실행합니다("난생처음 자바는 재미있습니다. ^^" 출력).

7. 다시 ❹ 증감식 i++를 수행하여 i 값을 1 증가시킵니다(현재 i = 2).

8. 다시 ❷ 조건식을 확인합니다. 현재 i가 2이므로 i<3은 참입니다.

9. 다시 ❸ System.out.printf문을 실행합니다("난생처음 자바는 재미있습니다. ^^" 출력).

10. 다시 ❹ 증감식 i++를 수행하여 i 값을 1 증가시킵니다(현재 i = 3).

11. 다시 ❷ 조건식을 확인합니다. 현재 i가 3이므로 i<3은 거짓입니다.

12. 조건이 거짓이므로 ❺ 반복문을 탈출하여 반복문 블록({}) 밖의 내용을 수행합니다.

여기서 핵심은 ❷ 조건식을 확인하는 부분입니다. 처음 식에서 변수 i에 0을 대입하고 바로 조건식을 확인한다는 것을 잊지 마세요. 이는 조건이 거짓인 경우 for문을 한 번도 수행하지 않고 반복문을 끝낼 수도 있음을 뜻합니다. 예컨대 다음 코드는 조건식 자체가 거짓이므로 아무것도 출력되지 않습니다.

```
for (int i=0 ; i>3 ; i++) {
    System.out.println("한빛아카데미")
}
```

```
아무것도 출력되지 않음
```

지금까지는 변수 i에 0, 1, 2 등의 숫자를 대입하기만 했을 뿐 i 값을 코드 내부에서 사용하지는 않았습니다. 이번에는 i에 들어 있는 값을 코드 내부에서 사용해보겠습니다.

코드 6-3 Code06_03.java

```java
public class Code06_03 {
    public static void main(String[] args) {
        for (int i=0 ; i<3 ; i++) {
            System.out.println(i + ": 난생처음 자바는 재미있습니다. ^^");
        }
    }
}
```

```
0 : 난생처음 자바는 재미있습니다. ^^
1 : 난생처음 자바는 재미있습니다. ^^
2 : 난생처음 자바는 재미있습니다. ^^
```

System.out.println()에서 변수 i의 값을 사용하여 맨 앞에 숫자를 출력했습니다. for문을 사용할 때 꼭 0부터 시작할 필요는 없으며 초깃값을 마음대로 지정할 수 있습니다. 그렇다면 숫자 1~10을 차례대로 출력해봅시다.

코드 6-4 Code06_04.java

```java
public class Code06_04 {
    public static void main(String[] args) {
        for (int i=1 ; i<=10 ; i++) {
            System.out.print(i + " ");
        }
    }
}
```

```
1 2 3 4 5 6 7 8 9 10
```

(int i=1 ; i<=10 ; i++)는 1부터 10까지 1씩 증가되는 값을 생성합니다. 즉 1, 2, …, 10을 반환합니다. 주의할 점은 작거나 같다를 나타내는 연산자를 사용하여 i<=10으로 작성해야 한다는 것입니다. 만약 [코드 6-3]과 같이 < 연산자를 사용하려면 i<11로 작성해야 11 바로 앞의 10까지 반환됩니다. 흔히 실수하는 부분이니 잘 기억해두세요.

실행 결과가 모두 한 줄로 출력된 것은 System.out.print() 메서드를 사용했기 때문입니다. System.out.print()는 출력 후 다음 행으로 넘어가지 않기 때문에 숫자 사이를 띄우기 위해 공백(" ")를 더했습니다.

확인문제

다음과 같은 결과가 출력되도록 코드의 빈칸을 채우시오.

```
for (int [          ]) {
    System.out.print(i + " ");
}
```

```
2 3 4 5
```

정답

i=2 ; i<6 ; i++ 또는 i=2 ; i<=5 ; i++

LAB 학생들 줄 세우기

다섯 명의 학생에게 도시락을 나눠주려고 합니다. 이들이 도시락을 받기 위해 순서대로 줄을 서는 경우의 수는 모두 몇 가지일까요?

이는 팩토리얼(factorial)을 사용하면 쉽게 알아낼 수 있습니다. 팩토리얼은 1부터 n까지의 곱을 의미하며, 기호 !로 표시합니다. 예를 들어 5!은 $1 \times 2 \times 3 \times 4 \times 5 = 120$입니다.

실행 결과

```
A, B, C, D, E 학생들을 순서대로 세우는 경우의 수 : 120
```

1. Lab06_01.java 파일을 만들고, A~E 학생들이 줄을 서는 경우의 수를 계산하는 데 필요한 변수를 선언합니다. 팩토리얼은 곱셈이므로 팩토리얼을 저장할 변수 fact의 초깃값을 1로 해야 한다는 것을 주의하세요. 만약 초깃값을 0으로 하면 모든 곱셈이 0이 되기 때문입니다.

```
int fact = 1;
int friends_num = 5;
```

2. 1부터 5까지 1씩 증가하는 i를 fact에 곱하기 위해 for문을 활용합니다.

```
for (int i = 1; i <= friends_num; i++) {
    fact = fact * i;
}
```

3. 완성된 코드는 다음과 같습니다. Ctrl+F11을 눌러 실행 결과를 확인해봅니다. 또한 팩토리얼 계산이 잘되는지 알아보기 위해 friends_num의 숫자를 변경해봅니다.

Lab06_01.java

```
public class Lab06_01 {
    public static void main(String[] args) {
        int fact = 1;
        int friends_num = 5;

        for (int i = 1; i <= friends_num; i++) {
            fact = fact * i;
        }

        System.out.println("A, B, C, D, E 학생들을 순서대로 세우는 경우의 수 : " + fact);
    }
}
```

Section 02

for문

for문에 대해 이해했을 테니 이제 for문을 활용하여 프로그램을 만들어봅시다.

1 for문의 활용

먼저 for문을 배우기 전의 프로그래밍 방식으로 1~10의 합계를 구하는 프로그램을 작성해보겠습니다. 이 정도는 for문을 사용하지 않고 더하기 연산만으로도 간단히 작성할 수 있습니다.

코드 6-5 Code06_05.java

```
public class Code06_05 {
    public static void main(String[] args) {
        int hap;
        hap = 1 + 2 + 3 + 4 + 5 + 6 + 7 + 8 + 9 + 10;
        System.out.println("1부터 10까지의 합계 : " + hap);
    }
}
```

```
1에서 10까지의 합계 : 55
```

코드가 간단하고 결과도 잘 출력되었습니다. 하지만 1~10이 아니라 1~100이라면 hap = 1 + 2 + 3 + … + 100을 모두 입력해야 합니다. 이러한 방식으로 코딩을 한다면 자바를 배울 이유가 없을 것입니다. 이처럼 반복적인 작업이 필요할 때는 for문을 활용해야 합니다. 이를 위해 먼저 다음과 같은 의사 코드를 준비합니다.

```
1부터 10까지 합계를 누적할 변수 hap 준비

for(변수 i가 1을 시작으로 10까지 1씩 증가)
   hap 값에 i 값을 더함

hap 값을 출력
```

하나 더 알기 ✓ **의사 코드**

프로그램 코드가 아니라 코드와 비슷하게 글로 적은 것을 의사 코드(pseudocode)라고 합니다. 의사 코드는 진짜로 작동하지는 않지만 프로그램의 흐름을 파악하는 데 도움이 되며, 자바뿐 아니라 다른 프로그래밍 언어로 변환할 때도 사용됩니다. 컴퓨터 프로그래밍 분야에서 종종 쓰이는 용어이니 기억해두세요.

위 의사 코드를 자바 코드로 옮기면 [코드 6-6]과 같습니다.

코드 6-6 Code06_06.java

```java
01  public class Code06_06 {
02      public static void main(String[] args) {
03          int hap;
04          for (int i = 1 ; i <= 10 ; i++) {
05              hap = hap + i;
06          }
07          System.out.println("1부터 10까지의 합계 : " + hap);
08      }
09  }
```

```
Exception in thread "main" java.lang.Error: Unresolved compilation problems:
        The local variable hap may not have been initialized
        ~~~생략~~~
```

변수 hap을 초기화하지 않아서 오류가 발생했습니다. 그런데 [코드 6-5]의 3행에서는 변수 hap을 초기화하지 않았는데도 문제가 없었습니다. 왜 [코드 6-6]에서는 오류가 발생했는지 그 이유를 알아봅시다.

[코드 6-6]의 5행은 hap = hap + i인데, = 연산자의 경우 오른쪽 부분이 먼저 처리되므로 hap + i

가 먼저 처리되어야 합니다. 이때 hap에 무언가가 들어 있어야 거기에 i(현재 i = 1)를 더할 텐데, hap은 갑자기 튀어나온 변수입니다.

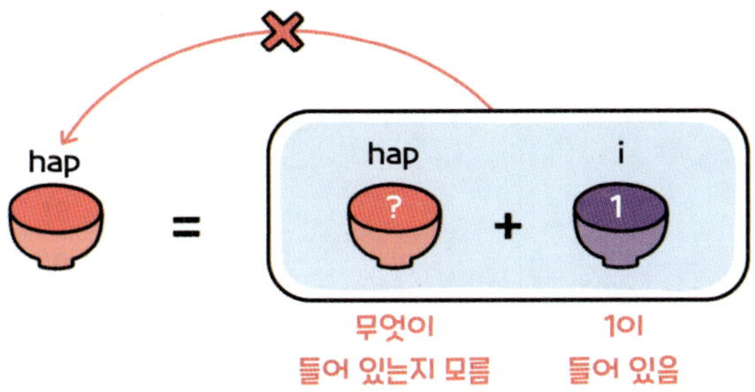

그림 6-3 [코드 6-6]의 변수 hap

즉 hap에 어떤 값이 들어 있어야만 hap 자체에 누적이 가능합니다. [코드 6-6]의 3행을 다음과 같이 hap을 0으로 초기화하는 코드로 변경하고 다시 실행해봅시다.

```
int hap = 0;
```

```
1부터 10까지의 합계 : 55
```

이제 hap에 0이 들어 있어 [그림 6-4]와 같이 처리되므로 결과가 제대로 출력되었습니다.

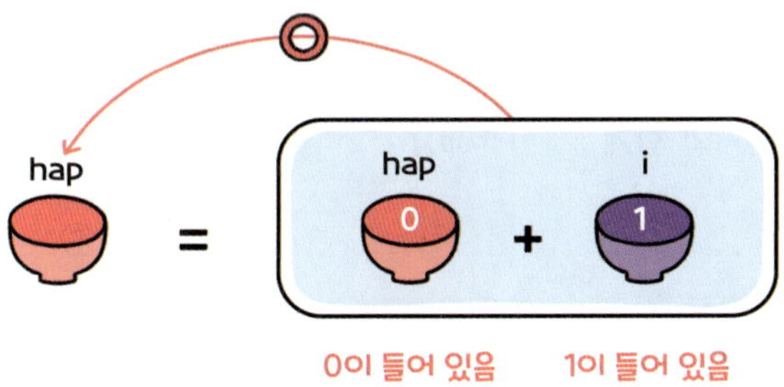

그림 6-4 수정된 [코드 6-6]의 변수 hap

수정된 [코드 6-6]에서 주의하여 살펴볼 것은 변수 i와 hap의 값으로, [그림 6-5]는 두 값의 변화를 보여줍니다. 수정된 [코드 6-6]의 3행에서 hap을 0으로 초기화하고 4~6행을 반복합니다. 제1회에서는 i 값 1을 hap의 현재 값인 0과 더하여 다시 hap에 넣었습니다. 제2회에서는 i 값 2를 hap의 현재 값인 1과 더하여 다시 hap에 넣었습니다. 이러한 과정을 제10회까지 반복하면 1~10을 더한 값이 hap에 들어갑니다.

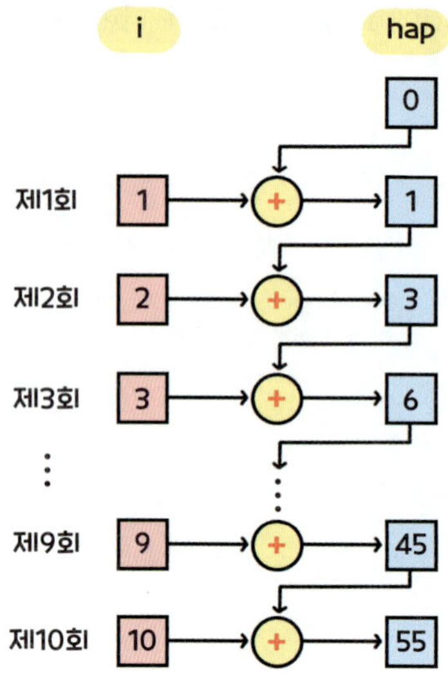

그림 6-5 **변수 i와 hap의 변화**

자, 그렇다면 반복문의 힘을 발휘하는 프로그래밍을 본격적으로 해봅시다. 1~1000의 합계를 구하는 프로그램을 작성하되 가급적 [코드 6-7]을 보지 않고 스스로 한 다음 비교해보세요.

코드 6-7 Code06_07.java

```java
public class Code06_07 {
    public static void main(String[] args) {
        int hap = 0;
        for (int i=1 ; i<=1000 ; i++) {
            hap = hap + i;
        }
        System.out.println("1부터 1000까지의 합계 : " + hap);
    }
}
```

```
1부터 1000까지의 합계 : 500500
```

앞에서 언급했듯이 조건식을 i<=1000 또는 i<1001로 해야 합니다. 이제는 아무리 큰 수의 합이라도 숫자만 바꾸면 계산할 수 있는데, 이것이 바로 반복문의 가장 큰 장점입니다.

이제 좀 더 난이도를 높여 1000~2000 사이에 있는 홀수의 합을 구하는 프로그램을 작성해봅시다. 이번에도 [코드 6-8]을 보지 않고 스스로 해보세요.

코드 6-8 Code06_08.java

```java
01  public class Code06_08 {
02      public static void main(String[] args) {
03          int hap = 0;
04          for (int i=1001 ; i<=2000 ; i+=2) {
05              hap += i;
06          }
07          System.out.println("1000부터 2000까지 홀수의 합계 : " + hap);
08      }
09  }
```

```
1000부터 2000까지 홀수의 합계 : 750000
```

for문의 범위를 지정하는 (int i=1001 ; i<=2000 ; i+=2) 부분을 변경하면 다양한 형태의 합계를 구할 수 있습니다. 4행에서 초깃값을 1001로 지정하고(홀수이므로 1001부터 시작됨), 조건식을 i<=2000으로 함으로써 끝값을 2000으로 지정했으며, 증가식을 i+=2로 설정했습니다. 따라서 i가 1001, 1003, 1005, …로 증가하므로 1001부터 2000 사이의 홀수를 모두 더하게 됩니다.

hap += i와 hap = hap+i는 동일한 코드입니다.

확인문제

500~1000 사이에 있는 짝수의 합을 구하는 코드의 빈칸을 채우시오.

```java
int hap = 0;
for (int [          ]) {
    hap += i;
}
System.out.println("500부터 1000까지 짝수의 합계 : " + hap);
```

```
500부터 1000까지 짝수의 합계 : 188250
```

정답

i=500 ; i<=1000 ; i+=2 또는 i=500 ; i<1001 ; i+=2

2 중첩 for문

for문 안에 또 for문을 사용할 수도 있는데, 이를 중첩 for문 또는 중복 for문이라고 합니다. 예를 들어 [그림 6-6]에 나타낸 중첩 for문의 경우 외부 for문이 세 번, 내부 for문이 두 번 반복됩니다.

외부 for문이 첫 번째로 실행되고 내부 for문의 반복할 문장이 두 번 실행된 뒤, 외부 for문이 두 번째로 실행되고 내부 for문의 반복할 문장이 두 번 실행됩니다. 그런 다음 외부 for문이 세 번째로 실행되고 내부 for문의 반복할 문장이 두 번 실행됩니다. 외부 for문이 세 번 반복되는 동안 내부 for문이 각각 두 번 반복되므로 총 실행 횟수는 $3 \times 2 = 6$회입니다. 즉 중첩 for문의 실행 횟수는 '외부 for문 반복 횟수×내부 for문 반복 횟수'입니다.

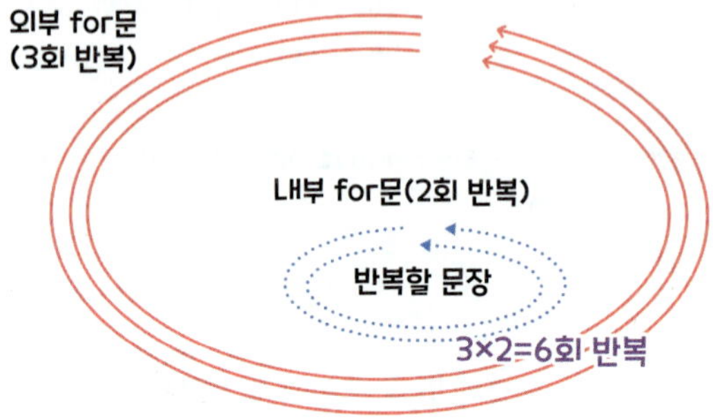

그림 6-6 중첩 for문의 동작 원리

[코드 6-9]는 [그림 6-6]처럼 반복되는 중첩 for문을 활용하는 예제입니다.

코드 6-9 Code06_09.java

```java
public class Code06_09 {
    public static void main(String[] args) {

        for (int i=0 ; i<3 ; i++) {
            for (int k=0 ; k<2 ; k++) {
                System.out.println("난생처음은 쉽습니다.^^"+"(i:"+i+",k:"+k+")");
            }
        }

    }
}
```

```
난생처음은 쉽습니다.^^(i:0,k:0)
난생처음은 쉽습니다.^^(i:0,k:1)
난생처음은 쉽습니다.^^(i:1,k:0)
난생처음은 쉽습니다.^^(i:1,k:1)
난생처음은 쉽습니다.^^(i:2,k:0)
난생처음은 쉽습니다.^^(i:2,k:1)
```

첫 번째 for문은 i 값이 0, 1, 2이므로 세 번 실행되고, 두 번째 for문은 k 값이 0, 1이므로 두 번 실행되어 3×2=6회 반복되었습니다. 이 중첩 for문이 처리되는 순서는 다음과 같습니다.

❶ **외부 for문 제1회:** i에 0 대입

　　내부 for문 제1회: k에 0을 대입한 후 `System.out.println()` 실행

　　내부 for문 제2회: k에 1을 대입한 후 `System.out.println()` 실행

❷ **외부 for문 제2회:** i에 1 대입

　　내부 for문 제1회: k에 0을 대입한 후 `System.out.println()` 실행

　　내부 for문 제2회: k에 1을 대입한 후 `System.out.println()` 실행

❸ **외부 for문 제3회:** i에 2 대입

　　내부 for문 제1회: k에 0을 대입한 후 `System.out.println()` 실행

　　내부 for문 제2회: k에 1을 대입한 후 `System.out.println()` 실행

TIP 반복문 안의 변수로 i와 j를 많이 사용하지만, i와 j가 비슷해 보여서 헷갈리는 경우가 종종 있기 때문에 이 책에서는 j 대신 k를 사용했습니다.

이러한 과정을 그림으로 나타내면 [그림 6-7]과 같습니다. 여기서 중요한 점은, 외부 변수인 i는 0, 1, 2로 변경된 후 끝나지만 내부 변수인 k는 외부 변수가 바뀔 때마다 0과 1로 계속 변경된다는 것입니다.

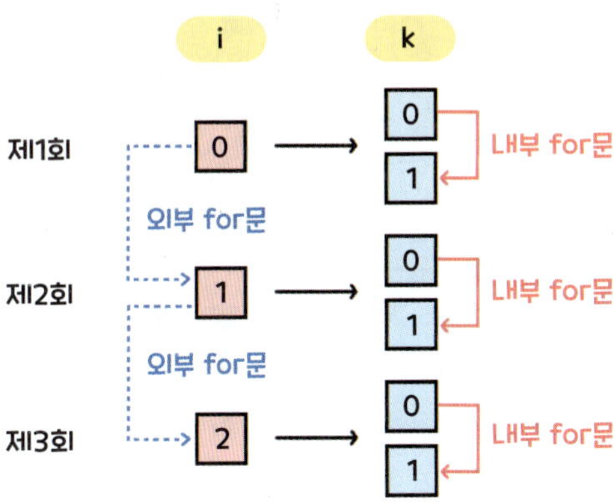

그림 6-7 중첩 for문에서 i와 k 값의 변화

확인문제

다음 코드를 실행하면 "중첩 for문입니다."가 총 몇 번 출력되나요?

```
for (int i=0 ; i<2 ; i++) {
    for (int k=0 ; k<3 ; k++) {
        System.out.println("중첩 for문입니다.");
    }
}
```

정답

여섯 번

LAB 구구단 계산기 만들기

2단부터 9단까지 구구단을 출력하는 구구단 계산기를 만들어봅시다. 이를 위해 for문을 사용하는데, 이때 2×1, 2×2, 2×3, …, 2×9와 같이 곱하는 숫자가 1~9로 바뀌기 때문에 곱하는 숫자에도 for문을 사용해야 합니다. 즉 외부 for문에는 2단, 3단…, 9단을 사용하고, 내부 for문에는 곱하는 숫자인 1, 2, …, 9를 사용하므로 중첩 for문입니다.

실행 결과

```
2 X 1 =2
2 X 2 =4
2 X 3 =6
2 X 4 =8
2 X 5 =10
2 X 6 =12
2 X 7 =14
2 X 8 =16
2 X 9 =18
3 X 1 =3
3 X 2 =6
~~~생략~~~
```

구구단의 생성 규칙

X	1	2	3	4	5	6	7	8	9	10
1	1	2	3	4	5	6	7	8	9	10
2	2	4	6	8	10	12	14	16	18	20
3	3	6	9	12	15	18	21	24	27	30
4	4	8	12	16	20	24	28	32	36	40
5	5	10	15	20	25	30	35	40	45	50
6	6	12	18	24	30	36	42	48	54	60
7	7	14	21	28	35	42	49	56	63	70
8	8	16	24	32	40	48	56	64	72	80
9	9	18	27	36	45	54	63	72	81	90
10	10	20	30	40	50	60	70	80	90	100

1. Lab06_02.java 파일을 만들고, `main()` 메서드 내부에서 단으로 사용할 변수 `dan`과 곱할 숫자로 사용할 변수 `num`을 선언합니다.

```
int dan, num;
```

2. 외부 for문의 경우 2단부터 9단까지이므로 여덟 번 반복하고, 내부 for문의 경우 1부터 9까지이므로 아홉 번 반복합니다. 그리고 내부 for문에서 dan와 num를 곱하여 구구단을 출력합니다.

```
for (dan=2 ; dan<=9 ; dan++) {
    for (num=1 ; num<=9 ; num++) {
        System.out.println(dan+"x"+num+"="+(dan*num));
    }
}
```

3. 완성된 코드는 다음과 같습니다. Ctrl + F11 을 눌러 실행 결과를 확인해봅니다.

Lab06_02.java

```
public class Lab06_02 {
    public static void main(String[] args) {
        int dan, num;

        for (dan=2 ; dan<=9 ; dan++) {
            for (num=1 ; num<=9 ; num++) {
                System.out.println(dan+"x"+num+"="+(dan*num));
            }
        }
    }
}
```

Section 03

while문

while문은 for문 다음으로 활용도가 높은 반복문으로, for문과 while문은 아주 친한 친구 같은 사이입니다. 여기서는 for문과 비교하면서 while문을 배워봅시다.

1 for문과 while문의 비교

for문과 while문은 용도가 비슷하지만 사용법이 조금 다릅니다. 먼저 앞에서 배운 for문의 형식을 다시 봅시다.

```
for(초깃값; 조건식; 증감식) {
   반복할 문장
}
```

for문을 사용할 때는 대개 반복할 횟수를 결정한 후 그 횟수만큼 반복합니다. 이와 달리 while문의 경우 반복 횟수를 미리 결정하기보다는 조건식이 참일 때 반복합니다. while문의 기본적인 형식은 다음과 같습니다.

```
while(조건식) {
   반복할 문장
}
```

while문은 조건식을 확인하여 이 값이 참이면 반복할 문장을 수행합니다. 그리고 반복할 문장이 끝나는 곳에서 다시 조건식으로 돌아와 같은 작업을 반복합니다. 다시 말해 조건식이 참인 동안에는 계속 반복됩니다.

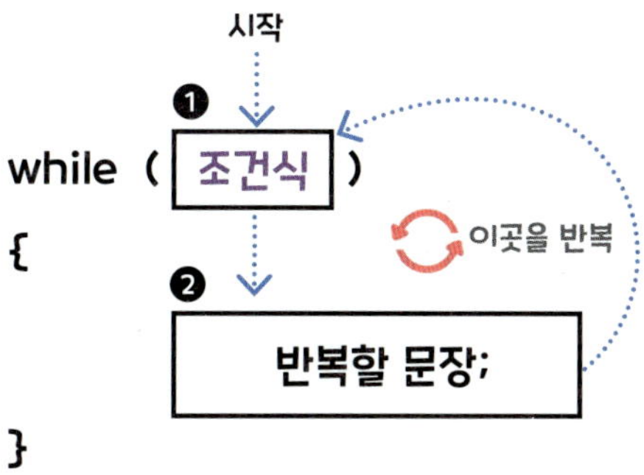

그림 6-8 while문의 동작 원리

[코드 6-3]에서 "난생처음 자바는 재미있습니다. ^^"를 세 번 출력했던 for문을 while문으로 변경해봅시다. 이 for문과 실행 결과는 다음과 같습니다.

```
for (int i=0 ; i<3 ; i++) {
    System.out.println(i + ": 난생처음 자바는 재미있습니다. ^^");
}
```

```
0 : 난생처음 자바는 재미있습니다. ^^
1 : 난생처음 자바는 재미있습니다. ^^
2 : 난생처음 자바는 재미있습니다. ^^
```

그럼 while문을 사용하여 동일한 결과를 출력해보겠습니다. for문에서 초깃값을 설정하는 부분은 `int i=0`인데, while문의 경우 초깃값을 넣는 문법이 없기 때문에 while문 이전에 다음과 같이 `i`의 초깃값을 지정해야 합니다.

```
int i=0;
```

이렇게 초깃값을 지정했으므로 while문에는 조건식만 넣으면 됩니다.

```
int i=0;
while(i<3) {
    System.out.println(i + ": 난생처음 자바는 재미있습니다. ^^");
}
```

for문에서는 `i`를 1씩 증가시키는 `i++`가 증감식 부분에 포함되지만, while문에는 조건식만 있기 때문에 while문의 마지막 행에서 강제로 1씩 증가시켜야 합니다. 앞의 while문은 종종 사용되는 형식이니 for문과 함께 잘 기억해두세요. 이렇게 해서 완성된 프로그램은 [코드 6-10]과 같습니다.

코드 6-10 Code06_10.java

```
public class Code06_10 {
    public static void main(String[] args) {
        int i=0;
        while(i<3) {
            System.out.println(i + ": 난생처음 자바는 재미있습니다. ^^");
            i++;
        }
    }
}
```

```
0 : 난생처음 자바는 재미있습니다. ^^
1 : 난생처음 자바는 재미있습니다. ^^
2 : 난생처음 자바는 재미있습니다. ^^
```

이처럼 for문과 while문은 서로 변환이 가능한 조건문이라고 볼 수 있습니다.

확인문제

다음 코드를 실행하면 "**즐거운 난생처음 ^^**"이 총 몇 번 출력되나요?

```
int i=0;
while(i<5) {
    System.out.println("즐거운 난생처음 ^^");
    i++;
}
```

정답

다섯 번

2 무한 루프를 위한 while문

무한 루프(무한 반복)는 반복문을 빠져나올 수 없어 무한히 반복되는 것으로, 이를 while문에 사용할 수 있습니다. while문에 무한 루프를 적용하려면 조건식을 true로 지정해야 합니다.

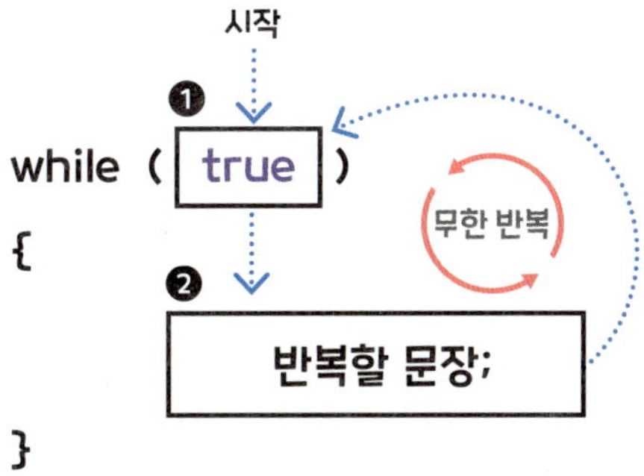

그림 6-9 while을 이용한 무한 루프

무한 루프가 포함된 간단한 while문을 작성해봅시다. [코드 6-11]은 ㅎ이 무한 반복되는 프로그램입니다.

코드 6-11 Code06_11.java

```java
public class Code06_11 {
    public static void main(String[] args) {
        while(true) {
            System.out.print("ㅎ");
        }
    }
}
```

```
ㅎㅎㅎㅎㅎㅎㅎㅎ ~~~무한 반복~~~
```

이클립스에서 무한 반복을 종료하려면 [Console] 창의 'Terminate' 아이콘(빨간색 네모)을 클릭합니다.

이번에는 무한 루프를 활용하여 두 숫자의 합계를 반복 계산하는 프로그램을 작성해봅시다. 프로그램을 종료하기 전까지는 계속 두 숫자를 입력받아 구한 합계를 출력합니다.

코드 6-12 Code06_12.java

```java
import java.util.Scanner;
public class Code06_12 {
    public static void main(String[] args) {
        Scanner s = new Scanner(System.in);
        int hap = 0;
        int num1, num2;

        while(true) {
            System.out.print("숫자1 ==> ");
```

```
10                  num1 = s.nextInt();
11                  System.out.print("숫자2 ==> ");
12                  num2 = s.nextInt();
13
14                  hap = num1 + num2;
15                  System.out.println(num1 + " + " + num2 + " = " + hap);
16              }
17          }
18      }
```

```
숫자1 ==> 30
숫자2 ==> 77
30 + 77 = 107
숫자1 ==> 8
숫자2 ==> 12345
8 + 12345 = 12353
숫자1 ==>
```

사용자가 입력

사용자가 입력

'Terminate' 아이콘을 클릭하여 종료

8행의 무한 반복문 때문에 9~15행이 반복되는데, 이는 사용자가 프로그램을 종료할 때까지 멈추지 않고 계속됩니다.

하나 더 알기 √ **무조건 한 번은 실행하는 do~while문**

반복문 중에 do~while문도 있는데, 이는 for문이나 while문보다 사용 빈도가 낮습니다. do~while문의 중요한 특징은 반복할 문장이 무조건 한 번은 실행된다는 것입니다. for문 및 while문과 비교해보기 위해 먼저 다음 코드에서 `System.out.println()`이 몇 번 실행되는지 생각해봅시다.

```
int num = 10;

for (int i=num; i<9; i++) {
    System.out.println("for문이 실행됐어요. ^^");
}

while (num<9) {
    System.out.println("while문이 실행됐어요. ^^");
}
```

```
아무것도 출력되지 않음
```

위의 for문과 while문에서는 `System.out.println()`이 한 번도 실행되지 않습니다. for문에서는 `i`가 10부터 시작되어 조건식 `i<9`가 처음부터 false이므로 실행되지 않고, while문도 마찬가지로 `10<9`여서 처음부터 false이므로 실행

되지 않습니다. 다시 말해 for문과 while문은 조건식이 false이면 반복할 문장이 한 번도 실행되지 않고 반복문이 종료될 수도 있습니다. 그럼 앞의 코드에 do~while문을 사용하면 어떻게 될까요?

```
int num = 10;

do {
    System.out.println("do~while문이 실행됐어요. ^^");
} while (num < 9);
```

```
do~while문이 실행됐어요. ^^
```

do~while문의 경우 무조건 중괄호 안의 내용을 실행한 후 `while(조건식)`에서 조건식을 확인합니다. 따라서 `System.out.println()`이 한 번 실행된 후 조건식 `10<9`가 false이므로 반복문이 종료되었습니다.

3 break문과 continue문

반복문을 강제로 빠져나가려면 break문을 사용하고, 반복문의 처음으로 돌아가려면 continue문을 사용해야 합니다. 이에 대해 자세히 알아봅시다.

반복문을 탈출시키는 break문

for문과 while문은 조건식이 false이면 반복문이 종료되고, 무한 루프의 경우 'Terminate' 아이콘을 클릭하면 프로그램이 종료됩니다. 이뿐만 아니라 논리적으로 반복문을 탈출하는 방법이 있습니다. 반복문 안에 break문을 사용하면 break문을 만났을 때 무조건 반복문을 빠져나갑니다.

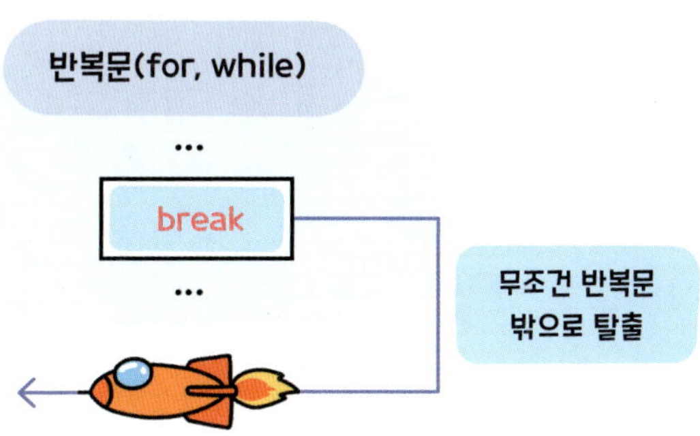

그림 6-10 break문의 동작 원리

간단한 코드로 이를 확인해봅시다.

코드 6-13 Code06_13.java

```
01 public class Code06_13 {
02     public static void main(String[] args) {
03 
04         for (int i=0; i<1000; i++) {
05             System.out.println(i + " : 반복문을 실행합니다");
06             break;
07         }
08 
09     }
10 }
```

```
0 : 반복문을 실행합니다
```

4행의 for문에서 1000번 실행하도록 설정했으나, 5행을 한 번 실행하고 나서 break문을 만나는 바람에 for문을 빠져나갔습니다. 여기서는 무조건 break문을 만나도록 코딩했지만, 실제로 break문은 무한 루프 안에서 if문과 함께 사용되는 경우가 많습니다. 무한 루프를 돌다가 특정 조건이 되면 반복문을 빠져나가게 하는 것입니다.

사용자가 'Terminate' 아이콘을 클릭할 때까지 계속 두 숫자의 합계를 구하는 [코드 6-12]에 break문을 적용해봅시다. 첫 번째 숫자(num1)에 0이 입력되면 반복문을 빠져나가게 합니다.

코드 6-14 Code06_14.java

```
import java.util.Scanner;
public class Code06_14 {
    public static void main(String[] args) {
        Scanner s = new Scanner(System.in);
        int hap = 0;
        int num1, num2;

        while(true) {
            System.out.print("숫자1 ==> ");
            num1 = s.nextInt();
            if (num1 == 0)
                break;
            System.out.print("숫자2 ==> ");
```

```
14                 num2 = s.nextInt();
15
16                 hap = num1 + num2;
17                 System.out.println(num1 + " + " + num2 + " = " + hap);
18             }
19
20             System.out.println("0을 입력해서 계산을 종료합니다");
21             s.close();
22         }
23     }
```

```
숫자1 ==> 333      사용자가 입력
숫자2 ==> 444
333 + 444 = 777
숫자1 ==> 0        사용자가 입력
0을 입력해서 계산을 종료합니다
```

무한 반복하도록 8행에서 while문을 작성했습니다. 10행에서 num1 값을 입력받으며, 11행에서 num1 값이 0이면 12행의 break문을 실행하여 while문을 빠져나가 19행으로 갑니다. 그러나 19행에는 아무것도 없으므로 20행이 실행됩니다.

반복문의 처음으로 돌아가게 하는 continue문

continue문은 반복문의 남은 부분을 모두 건너뛰고 반복문의 처음으로 돌아가게 합니다. [그림 6-11]은 이러한 continue문의 동작 원리를 보여줍니다.

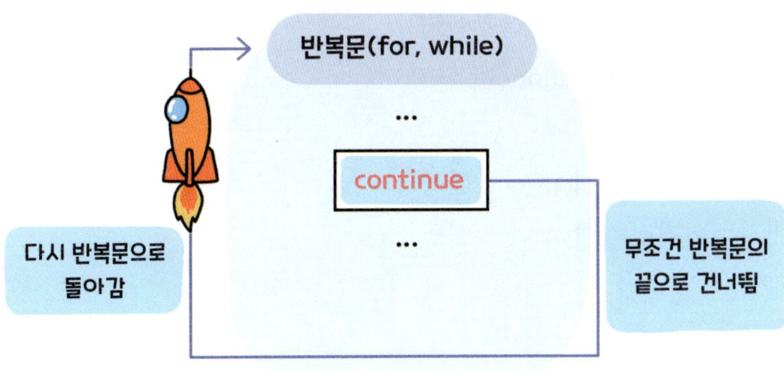

그림 6-11 continue문의 동작 원리

간단한 예로, 1~100의 합계를 구하되 4의 배수를 제외하고 더하는 경우를 가정해봅시다. 즉 1+2+3+5+6+7+9+…와 같이 4의 배수를 건너뛰고 합계를 구하는 것입니다. 4의 배수 여부는 4로 나눈 나머지가 0인지로 확인할 수 있으며, [코드 6-15]는 이를 구현한 프로그램입니다.

코드 6-15 Code06_15.java

```
01  public class Code06_15 {
02      public static void main(String[] args) {
03          int hap = 0;
04          for (int i=1 ; i<=100 ; i++) {
05              if (i%4 == 0) {
06                  continue;
07              }
08              hap += i;
09          }
10          System.out.println("1~100의 합계(4의 배수 제외) : " + hap);
11      }
12  }
```

```
1~100의 합계(4의 배수 제외) : 3750
```

5, 6행에서 i 값을 4로 나눈 나머지가 0이면(즉 4의 배수이면) for문의 끝으로 건너뛰고 3행으로 돌아갑니다. 5행의 `i%4 == 0`은 i를 4로 나눈 나머지가 0일 때 참이라는 의미입니다. 5행을 중심으로 몇 단계를 자세히 살펴봅시다.

- **제1회:** i 값 1을 4로 나눈 나머지는 1(거짓) → hap += 1 실행
- **제2회:** i 값 2를 4로 나눈 나머지는 2(거짓) → hap += 2 실행
- **제3회:** i 값 3을 4로 나눈 나머지는 3(거짓) → hap += 3 실행
- **제4회:** i 값 4를 4로 나눈 나머지는 0(참) → continue문 실행
  4행으로 돌아가서 다음 i 값 준비
- **제5회:** i 값 5를 4로 나눈 나머지는 1(거짓) → hap += 5 실행
- **제6회:** i 값 6을 4로 나눈 나머지는 2(거짓) → hap += 6 실행

⋮

이렇게 계속 진행하면 hap=1+2+3+5+6+7+9+···가 됩니다.

확인문제

다음 빈칸에 알맞은 말을 넣으시오.

- 무한 반복이 되게 하려면 `while(조건식)`의 조건식을 [㉠]로 지정해야 한다.
- while문이나 for문을 탈출하기 위한 키워드는 [㉡]이다.
- while문이나 for문의 남은 부분을 건너뛰고 반복문의 처음으로 돌아가기 위한 키워드는 [㉢]이다.

정답

㉠ `true` ㉡ `break` ㉢ `continue`

LAB 같은 숫자가 나올 때까지 주사위 던지기

주사위 세 개를 동시에 던져서 모두 같은 숫자가 나와야만 반복문을 탈출하는 게임을 만들어봅시다. 몇 번을 던져야 주사위 세 개의 숫자가 같은지는 알 수가 없으니 일단 주사위 세 개 던지기를 무한 루프로 작성하고, 주사위 세 개의 숫자가 같으면 무한 루프를 빠져나가도록 조건문을 추가합니다.

실행 결과

```
3개 주사위는 모두 2입니다.
같은 숫자가 나올 때까지 91번 던졌습니다.
```

1. Lab06_03.java 파일을 만들고, 주사위를 던진 횟수를 저장할 변수와 주사위 세 개의 숫자를 저장할 변수를 선언합니다.

```
int count = 0;
int dice1, dice2, dice3;
```

2. 몇 번을 던져야 주사위 세 개의 숫자가 같은지 알 수 없으므로 무한 반복되게 합니다. 주사위 세 개 던지기를 반복할 때마다 던진 횟수를 1씩 증가시킵니다.

```
while(true) {
    count ++;

}
```

3. 무한 반복문 안에 다음 코드를 추가합니다. Math.random()은 0.0000~0.9999 중 임의의 숫자를 반환하므로 6을 곱하면 0.0000~5.9999이며, 여기에 1을 더하고 정수로 변경하면 주사위의 숫자 1~6 중 하나가 됩니다. 그리고 주사위 세 개의 숫자가 같으면 무한 반복이 종료되도록 break문을 사용합니다.

```
dice1 = (int)(Math.random()*6 + 1);
~~~dice2, dice3 생략~~~

if ((dice1 == dice2) && (dice2 == dice3))
    break;
```

4. 무한 반복을 빠져나오면 주사위 세 개의 숫자와 주사위를 던진 횟수를 출력합니다.

5. 완성된 코드는 다음과 같습니다. Ctrl+F11을 눌러 실행 결과를 확인해봅니다. 실행할 때마다 다른 결과가 나올 것입니다.

Lab06_03.java

```
public class Lab06_03 {
    public static void main(String[] args) {
        int count = 0;
        int dice1, dice2, dice3;

        while(true) {
            count ++;
            dice1 = (int)(Math.random()*6 + 1);
            dice2 = (int)(Math.random()*6 + 1);
            dice3 = (int)(Math.random()*6 + 1);

            if ((dice1 == dice2) && (dice2 == dice3))
                break;
        }
        System.out.printf("3개 주사위는 모두 %d입니다.\n", dice1);
        System.out.printf("같은 숫자가 나올 때까지 %d번 던졌습니다.\n", count);
    }
}
```

LAB 컴퓨터와 숫자 맞히기 게임하기

컴퓨터가 1~5 중 하나를 생각하고 사람이 그 숫자를 맞히는 게임을 프로그램으로 구현해봅시다. 이세돌 9단과 알파고의 대국만큼 거창하지는 않지만 컴퓨터와 사람이 겨루는 대결입니다. 열 번 안에 맞혀야 하며, 숫자를 맞히면 break문으로 반복문을 빠져나가고 숫자를 맞히지 못하면 반복문의 처음으로 돌아갑니다.

실행 결과

```
게임 1회 : 컴퓨터가 생각한 숫자는? 3  ← 사용자가 입력
 아까워요. 4였는데요. 다시 해보세요. ㅠ
게임 2회 : 컴퓨터가 생각한 숫자는? 2  ← 사용자가 입력
 아까워요. 3였는데요. 다시 해보세요. ㅠ
게임 3회 : 컴퓨터가 생각한 숫자는? 4  ← 사용자가 입력
 아까워요. 3였는데요. 다시 해보세요. ㅠ
게임 4회 : 컴퓨터가 생각한 숫자는? 5  ← 사용자가 입력
 맞혔네요. 축하합니다!!
게임을 마칩니다.
```

1. Lab06_04.java 파일을 만들고, 키보드로 값을 입력받기 위해 Scanner 클래스를 사용할 수 있도록 준비합니다.

```
import java.util.Scanner;
Scanner s = new Scanner(System.in);

s.close();
```

2. 컴퓨터가 고른 숫자와 사용자가 고른 숫자를 저장할 변수를 선언합니다.

```
int computer, user;
```

3. 컴퓨터가 1~5 중 임의의 숫자를 고르고, 게임의 현재 횟수를 출력하면서 사용자로부터 숫자를 입력받습니다. 이러한 과정이 10회 반복됩니다.

```
for (int i=1; i<=10; i++) {
    computer = (int)(Math.random()*5 + 1);
    System.out.printf("게임 %d회 : ", i);
    System.out.printf("컴퓨터가 생각한 숫자는? ");
    user = s.nextInt();

}
```

4. 컴퓨터가 고른 숫자와 사용자가 고른 숫자가 같으면 정답 메시지를 출력하고 for문을 빠져나갑니다. 반대로 숫자가 다르면 오답 메시지를 출력하고 반복문의 처음으로 돌아갑니다.

```
if (computer == user) {
    System.out.println(" 맞혔네요. 축하합니다!! ");
    break;
} else {
    System.out.printf(" 아까워요. %d였는데요. 다시 해보세요. ㅠ\n", computer);
    continue;
}
```

5. 컴퓨터가 고른 숫자와 사용자가 고른 숫자가 같거나 열 번의 기회가 끝나면 게임 종료 메시지를 출력합니다.

6. 완성된 코드는 다음과 같습니다. Ctrl + F11 을 눌러 실행 결과를 확인해봅니다.

Lab06_04.java

```
import java.util.Scanner;
public class Lab06_04 {
    public static void main(String[] args) {
        Scanner s = new Scanner(System.in);
        int computer, user;

        for (int i=1; i<=10; i++) {
            computer = (int)(Math.random()*5 + 1);
            System.out.printf("게임 %d회 : ", i);
            System.out.printf("컴퓨터가 생각한 숫자는? ");
            user = s.nextInt();

            if (computer == user) {
                System.out.println(" 맞혔네요. 축하합니다!! ");
                break;
```

```
            } else {
                System.out.printf(" 아까워요. %d였는데요. 다시 해보세요. ㅠ\n",
                computer);
                continue;
            }
        }

        System.out.println("게임을 마칩니다." );
        s.close();
    }
}
```

실전 예제

거북이 무늬 벽지 만들기

문제

중첩 for문을 활용하여 흰 벽지에 거북이 모양의 무늬를 그려봅시다. 벽지의 크기를 가로 300, 세로 300으로 지정하고, 다양한 색상의 거북이를 50만큼 거리를 두고 배치합니다.

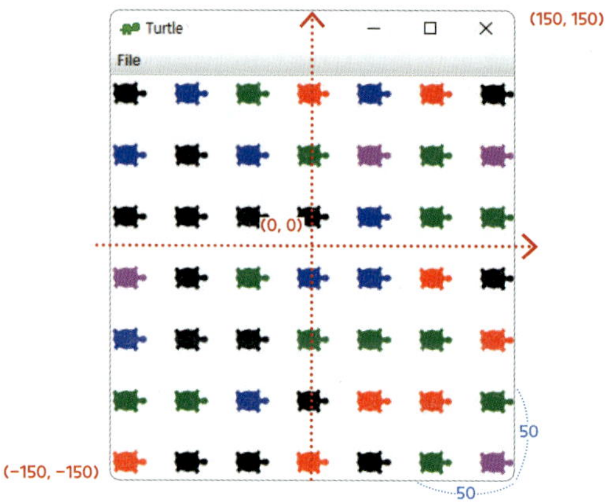

해결

Ex06_01.java

```
public class Ex06_01 {
    public static void main(String[] args) {
        Turtle turtle = new Turtle();
        int x, y;
        String[] colors = {"red", "green", "magenta", "blue", "black"};

        turtle.speed(100);
        turtle.outlineColor("white");
        turtle.setCanvasSize(330, 330);
        turtle.up();

        for (int i=0; i<7; i++) {
            for (int k=0; k<7; k++) {
                x = i*50 - 150;
                y = k*50 - 150;
                turtle.setPosition(x, y);

                int num = (int)(Math.random()*colors.length);
```

```
19                      turtle.fillColor(colors[num]);
20                      turtle.stamp();
21                  }
22              }
23
24          }
25      }
```

04, 05 거북이의 위치를 저장할 변수를 선언하고 다양한 색상을 준비합니다. 19, 20행에서 지정하는 거북이의 색상을 이 색상 중에서 고릅니다.

07, 08 거북이의 속도는 100, 거북이가 그리는 선의 색상은 흰색으로 설정합니다.

09 화면의 크기를 설정합니다. 계획한 크기는 300×300이지만, 끝의 거북이가 잘리지 않도록 좀 더 크게 설정합니다.

10 거북이가 이동할 때 선을 그리지 않게 합니다.

12, 13 작업이 반복되도록 중첩 for문을 사용합니다. 외부 for문과 내부 for문을 각각 일곱 번 수행하므로 7×7=49회 반복됩니다.

14, 15 거북이의 위치를 설정합니다. 외부 for문의 증가 크기를 50으로 하여 x를 지정하고, 내부 for문의 증가 크기를 50으로 하여 y를 지정합니다. 또한 화면의 왼쪽 아래에서부터 스탬프를 찍도록 x와 y에서 각각 150을 뺍니다.

16, 20 거북이를 x, y 위치로 이동하고 현재 거북이의 위치에 스탬프를 찍습니다.

요약

01 반복문은 프로그램의 특정 부분을 원하는 횟수만큼 반복하게 해줍니다.

02 기본적인 for문의 형식과 동작 원리는 다음과 같습니다.

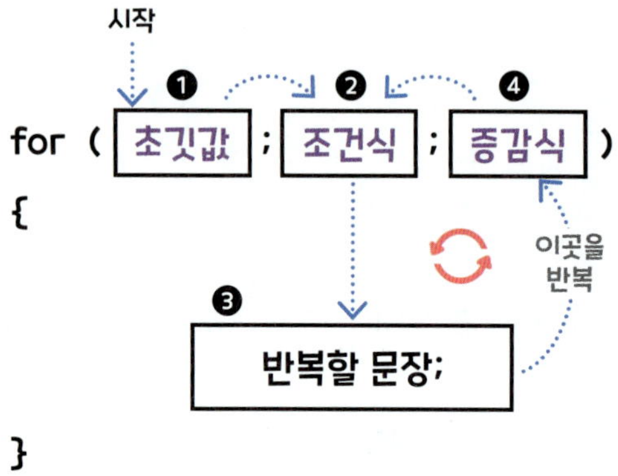

03 for문 안에 또 for문을 사용할 수도 있는데, 이를 중첩 for문 또는 중복 for문이라고 합니다. 중첩 for문의 실행 횟수는 '외부 for문 반복 횟수×내부 for문 반복 횟수'입니다.

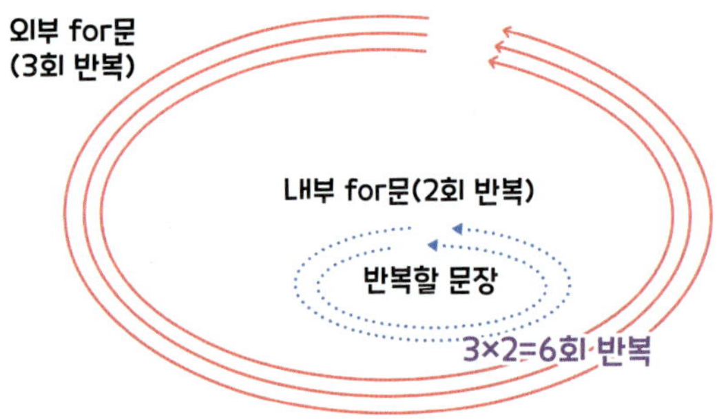

04 while문의 경우 반복 횟수를 미리 결정하기보다는 조건식이 참일 때 반복합니다. while문의 형식과 동작 원리는 다음과 같습니다.

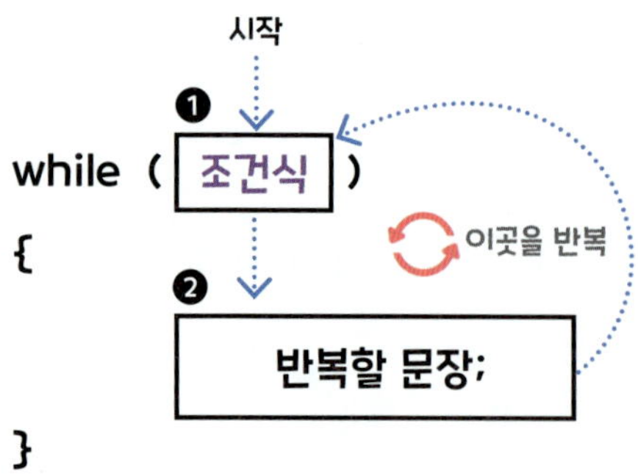

05 while(조건식)의 조건식을 true로 지정하면 무한 루프가 되어 무한히 반복됩니다.

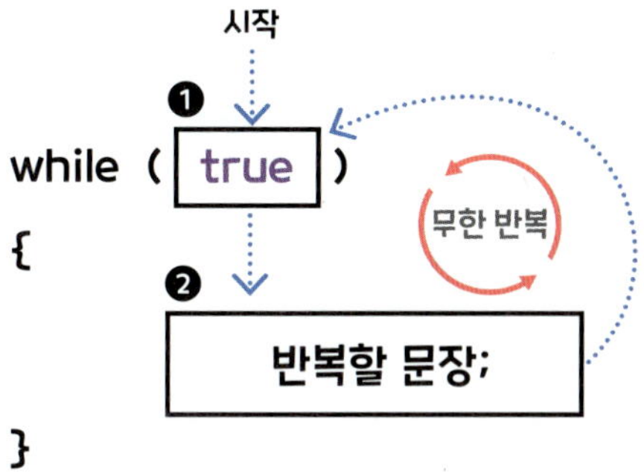

06 break문을 사용하면 반복문을 강제로 빠져나갈 수 있습니다.

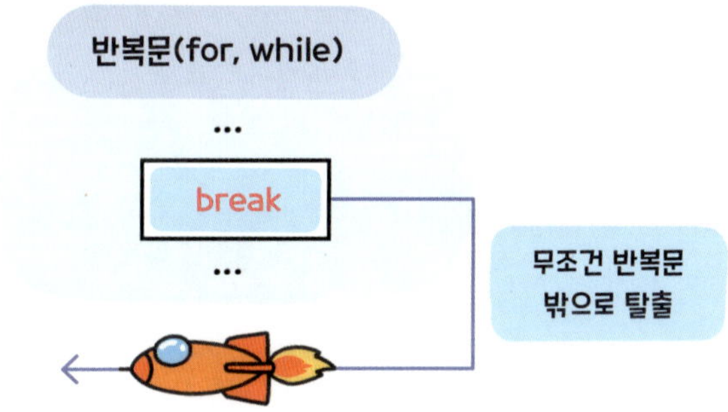

07 continue문은 반복문의 남은 부분을 모두 건너뛰고 반복문의 처음으로 돌아가게 합니다.

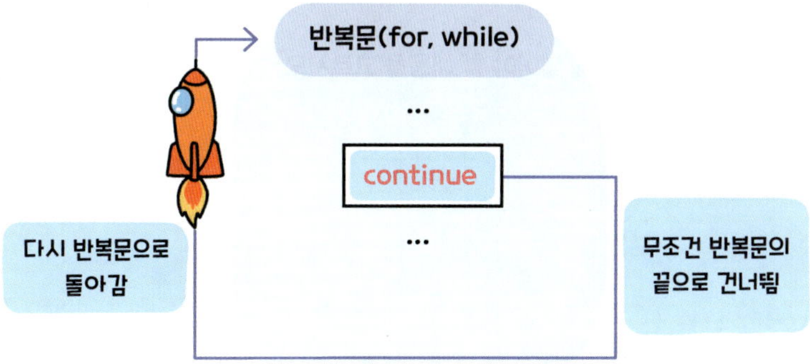

연습문제

01 다음 코드를 실행하면 몇 번 반복되나요?

```
for (int i=0; i<5; i++)
    System.out.println("한빛아카데미");
```

① 3회 ② 4회
③ 5회 ④ 6회

02 다음 코드를 실행하면 몇 번 반복되나요?

```
for (int i=1; i<=4; i++)
    System.out.println("한빛아카데미");
```

① 3회 ② 4회
③ 5회 ④ 6회

03 다음 코드를 실행하면 몇 번 반복되나요?

```
for (int i=0; i>5; i++)
    System.out.println("한빛아카데미");
```

① 0회 ② 4회
③ 5회 ④ 6회

04 다음과 같은 결과를 출력하기 위해 빈칸에 넣어야 할 내용을 고르시오.

[실행 결과]

```
5 6 7 8 9 10
```

```
int hap = 0;
for (int i=5; i<=10; i++) {
    System.out.print(          );
```

① hap + " " ② hap + i
③ i + " " ④ hap = hap + i

05 다음은 1~100의 합계를 구하는 프로그램입니다. 빈칸에 들어갈 내용을 고르시오.

```
int hap;
for [          ] {
    hap = hap + i;
}
System.out.println(hap);
```

① (int i=1; i<=99; i++)
② (int i=1; i<=100; i++)
③ (int i=1; i<100; i++)
④ (int i=1; i>=100; i++)

06 다음은 1000~2000 사이에 있는 짝수의 합을 구하는 프로그램입니다. 빈칸에 들어갈 내용을 고르시오.

```
int hap = 0;
for [          ] {
    hap += i;
}
System.out.println(hap);
```

① (int i=1001; i<2000; i+=2)
② (int i=1000; i<=2000; i+=2)
③ (int i=1001; i<=2000; i+=2)
④ (int i=1000; i<2000; i+=2)

07 다음 코드를 실행하면 몇 번 반복되나요?

```
for (int i=0 ; i<3 ; i++) {
    for (int k=0 ; k<4 ; k++) {
        System.out.println("난생처음");
    }
}
```

① 3회
② 4회
③ 7회
④ 12회

08 동일한 결과를 출력하기 위해 빈칸에 넣어야 할 내용을 고르시오.

```
for (int i=0 ; i<5 ; i++) {
    System.out.println("난생처음");
}
```

```
int i = 0;
while (          ) {
    System.out.println("난생처음");
    i += 1;
}
```

① `i < 5`　　② `i <= 5`

③ `i > 5`　　④ `i >= 5`

09 다음 중 무한 루프에 사용되는 구문을 고르시오.

① `for(true)`　　② `for(false)`

③ `while(true)`　　④ `while(false)`

10 초깃값, 끝값, 증갓값을 입력받아 합을 구하는 프로그램을 작성하시오. 예를 들어 초깃값 1, 끝값 10, 증갓값 3을 입력했다면 1+4+7+10의 결과인 22가 출력되어야 합니다.

[실행 결과]

```
초깃값 ==>1
끝값 ==>100
증갓값 ==>1
1부터 100까지 1씩 증가한 합계는 5050입니다.
```

사용자가 입력

```
초깃값 ==>100
끝값 ==>1000
증갓값 ==>77
100부터 1000까지 77씩 증가한 합계는 6282입니다.
```

사용자가 입력

11 다음 빈칸에 들어갈 내용을 순서대로 나열한 것을 고르시오.

> for문이나 while문에서는 [　　　　] 문을 만나면 반복문을 빠져나가서 반복문 이후부터 수행하고, [　　　　] 문을 만나면 반복문의 처음으로 돌아간다.

① continue, break　② break, continue

③ continue, exit　④ exit, continue

12 심화 다음 조건을 갖춘 터틀 그래픽 프로그램을 작성하시오.

- 거북이가 중앙에서부터 50회 반복해서 선을 그림
- 선의 길이는 0, 10, 20, 30, …으로 증가
- 각 선을 그린 후 왼쪽으로 90도 회전
- 색상을 무작위로 추출

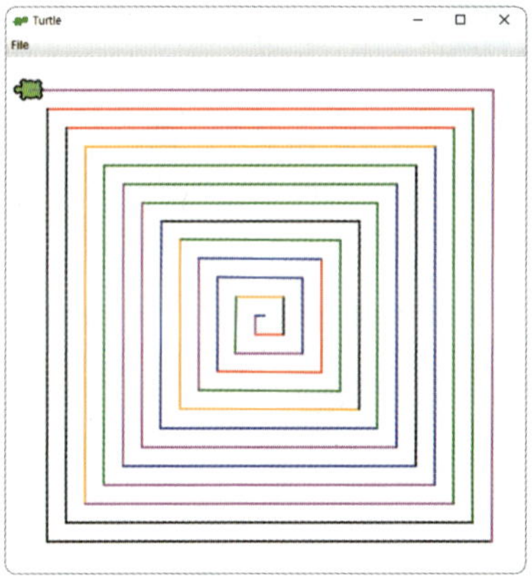

CHAPTER 07

객체지향 프로그래밍 I: 클래스와 객체

학습목표

- 객체지향의 개념을 이해합니다.
- 클래스를 이해하고 자바의 객체 사용법을 익힙니다.
- 새로운 객체를 생성하는 방법을 익힙니다.
- 생성자를 이해하고 활용법을 익힙니다.
- 접근 제한 지시자에 대해 알아봅니다.

Preview

컴퓨터 입장에서 보면 세상의 만물은 객체라고 할 수 있습니다. 쉽게 말하자면 객체지향 프로그래밍은 이러한 시각으로 프로그래밍을 하는 방법입니다. 오늘날 자바를 비롯한 대부분의 프로그래밍 언어는 객체지향 프로그래밍을 지원합니다. 따라서 객체지향 프로그래밍을 이해하면 강력한 폭탄을 가지고 슈팅 게임을 하는 것과 마찬가지로 프로그래밍의 세계에서 큰 힘을 발휘할 수 있습니다.

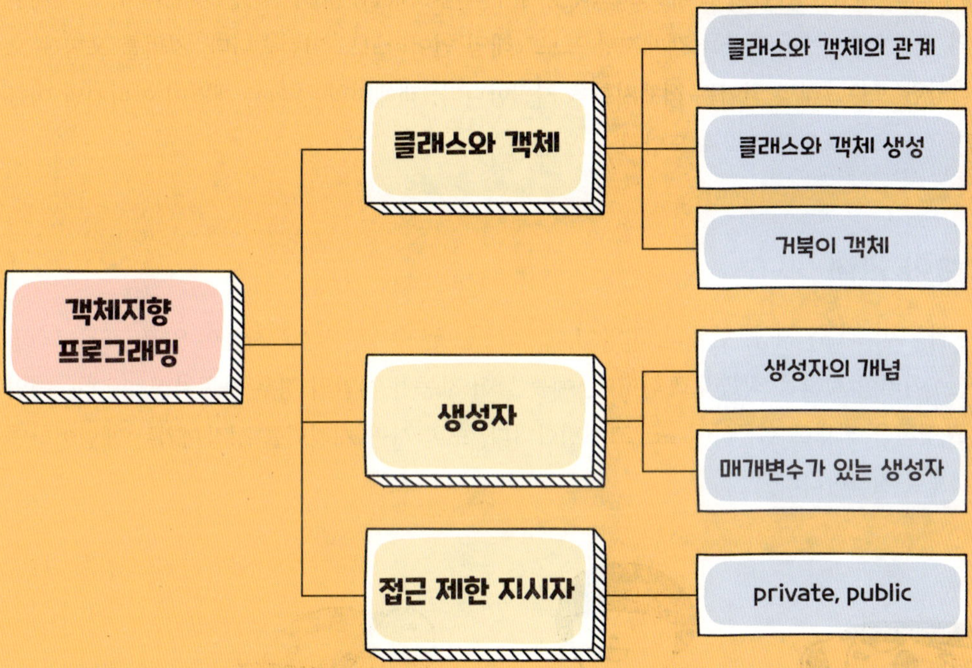

Section 01 객체지향의 개요

객체지향 프로그래밍은 간단히 말해 프로그래밍에서 객체(object)를 사용하는 것입니다. 객체지향은 자바의 핵심으로, 이에 자바를 객체지향 프로그래밍 언어라고도 일컫습니다. 자바를 포함해 오늘날의 다양한 프로그래밍 언어는 객체지향을 지원합니다. 객체지향은 쉬운 개념이 아니지만 이를 이해하면 고급 프로그래밍의 길로 도약할 수 있습니다.

1 객체의 개념

세상에는 자동차, 건물, 책상, 컴퓨터, 고양이, 물고기 등 셀 수 없이 많은 사물이 있고, 프로그래밍 관점에서는 이러한 것들을 객체라고 합니다. 예를 들어 자동차 게임의 경우 자동차를, 포켓몬 게임의 경우 포켓몬을 객체로 취급하여 프로그래밍합니다. 또한 사람 캐릭터를 성장시키는 게임이라면 사람을 객체로 취급합니다.

그림 7-1 객체의 개념

객체를 인스턴스(instance)라고도 하는데, 이 책에서는 객체라는 용어를 사용했습니다.

객체는 다음과 같이 정의 내릴 수 있습니다.

객체란 어떤 속성과 기능을 가지고 있는 데이터를 말합니다.

한 예로 자동차를 살펴봅시다. [그림 7-2]에서 보듯이 자동차에는 제조사, 색상, 가격, 배기량 등의 속성(특성, 성격, 성질)과 전진하기, 멈추기, 후진하기, 음악 켜기 등의 기능(액션, 행동)이 있습니다. 그리고 이러한 속성과 기능을 모두 묶어서 하나의 자동차로 표현할 수 있는데, 이 묶음이 바로 자동차 객체입니다.

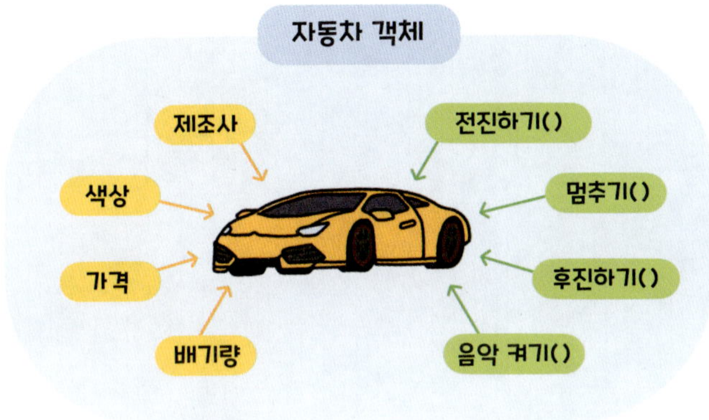

그림 7-2 **자동차의 속성과 기능**

속성(property)을 필드(field)라고도 하는데, 이 책에서는 속성이라는 용어를 사용했습니다.

2 거북이 객체

지금까지 객체라고 언급하지 않았을 뿐 앞에서 우리는 객체를 사용하여 코딩을 해왔습니다. [코드 7-1]은 이미 여러 번 사용해본 터틀 코드입니다.

코드 7-1 Code07_01.java

```
public class Code07_01 {
    public static void main(String[] args) {
        Turtle turtle = new Turtle();
        int curX, curY;

        turtle.shape("arrow");
        turtle.shapeSize(50, 50);
```

```
08          turtle.down();
09          turtle.left(45);
10          turtle.forward(200);
11
12          curX = (int) turtle.getX();
13          curY = (int) turtle.getY();
14          System.out.println("거북이 위치 ==>" + curX + "," + curY);
15      }
16  }
```

```
거북이 위치 ==> 141,141
```

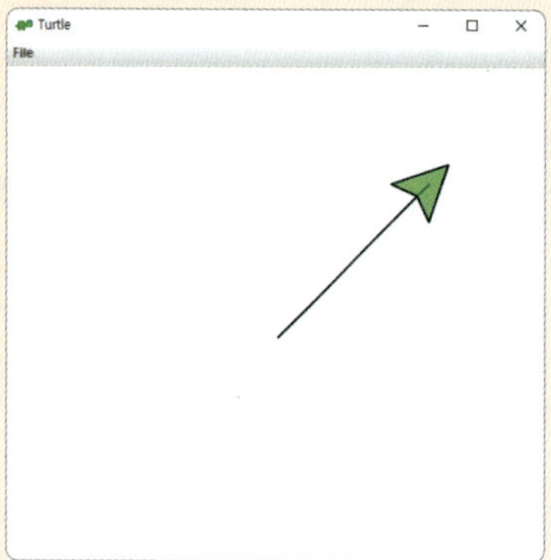

3행에서 변수 turtle에 거북이 객체를 생성하고 6행에서 거북이의 모양을 화살표로, 7행에서 거북이의 크기를 50으로 변경했습니다. 8행에서는 거북이가 펜을 들고 이동하도록 설정했으며, 9행에서 거북이를 회전시켜 10행에서 200만큼 앞으로 움직였습니다. 그리고 12, 13행에서 거북이의 현재 위치를 알아내어 14행에서 출력했습니다. 이처럼 코드 전체에 걸쳐 거북이 객체를 활용했으며, 거북이 객체에는 모양, 크기, X 위치, Y 위치 등과 같은 속성과 회전하기, 이동하기, 펜 들기, 펜 내리기 등의 기능이 있습니다.

그림 7-3 거북이의 속성과 기능

거북이뿐만 아니라 문자열도 객체입니다. [코드 7-2]를 살펴봅시다.

코드 7-2 Code07_02.java

```
01 public class Code07_02 {
02     public static void main(String[] args) {
03         String myStr = "My First Life";
04         String var1;
05
06         var1 = myStr.toUpperCase();
07         System.out.println(var1);
08         System.out.println(var1.length());
09         System.out.println(var1.isEmpty());
10     }
11 }
```

```
MY FIRST LIFE
13
false
```

3행에서 문자열 객체에 값을 대입하고 6, 7행에서 문자열 객체를 대문자로 바꾸어 출력했습니다. 또한 8행에서는 글자의 개수를 세어 출력하고, 9행에서는 문자열이 비어 있는지 확인했습니다. 여기서 사용된 문자열 객체에도 속성과 기능이 있으며, [그림 7-4]는 문자열 객체의 속성과 기능을 보여줍니다.

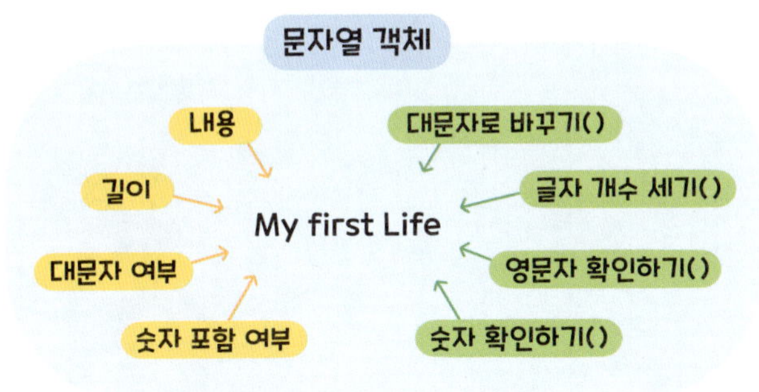

그림 7-4 문자열의 속성과 기능

지금까지 코드를 작성하면서 사용했던 많은 것이 객체이며, 자바는 객체로 이루어졌다고 해도 될 만한 객체지향 프로그래밍 언어입니다.

확인문제

다음 빈칸에 알맞은 말을 넣으시오.

객체란 어떤 [㉠]과 [㉡]을 가지고 있는 데이터를 말한다.

정답

㉠ 속성　㉡ 기능

Section 02

클래스와 객체

1 클래스와 객체의 관계

앞에서 사용했던 거북이나 문자열은 자바에서 제공하는 객체입니다. 그렇다면 자바에서 제공하지 않는 새로운 객체를 사용하고 싶을 때는 어떻게 해야 할까요? 객체를 만들어서 사용하면 됩니다.

그런데 객체를 만들려면 먼저 클래스를 만들어야 합니다. 클래스는 객체를 만들기 위한 설계도 또는 객체를 찍어내는 틀에 비유할 수 있습니다. 가령 자동차가 객체라면 자동차 설계도가 클래스이고, 붕어빵이 객체라면 붕어빵 기계가 클래스인 셈입니다. 따라서 자동차를 만들고 싶다면 먼저 설계도를 그리고, 붕어빵을 만들고 싶다면 먼저 붕어빵 기계를 구해야 합니다.

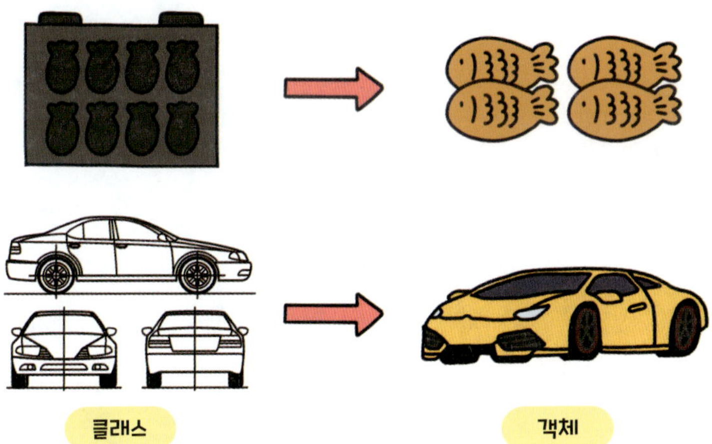

그림 7-5 클래스와 객체의 개념

2 자바에서 제공하는 클래스

앞에서 사용했던 String 클래스는 자바에서 기본적으로 제공하는 것으로, [코드 7-2]의 3행에서는 String 클래스를 통해 객체를 생성했습니다. 또한 우리가 복사하여 사용한 Turtle.java 파일 안에는 Turtle 클래스가 있으며, 이 클래스를 이용하여 터틀 그래픽을 실습했습니다. 비유하자면

Turtle.java에서 붕어빵 기계를 제공한 덕분에 우리는 붕어빵을 만들 수 있었던 것입니다.

하나 더 알기 ✓ **Turtle.java에서 제공하는 클래스**

외부에서 제공하는 자바 파일인 Turtle.java는 공개된 파일이므로 복사하거나 수정하여 사용하는 데 아무 문제가 없습니다. Turtle.java의 34행에는 다음과 같은 코드가 있습니다.

```
public class Turtle implements Runnable, … {
    private static ArrayList<Turtle> turtles;
    ...
}
```

`public class Turtle`은 `Turtle`이라는 클래스를 의미하며, 그 안에는 다양한 속성과 메서드가 정의되어 있습니다. 그래서 `Turtle` 클래스를 통해 거북이 객체를 생성하여 사용할 수 있었던 것입니다. 자바에 포함된 `String`, `Math` 등의 클래스와 마찬가지로 Turtle.java 파일은 따로 손대지 않고 원래 자바에서 제공하는 파일처럼 생각하고 사용해도 됩니다.

거북이 객체 생성

[코드 7-3]은 거북이 클래스를 이용하여 거북이 객체를 생성하는 예제입니다.

코드 7-3 Code07_03.java

```
public class Code07_03 {
    public static void main(String[ ] args) {
        Turtle turtle1 = new Turtle();
    }
}
```

3행에서 거북이 클래스를 이용하여 거북이 객체를 생성했습니다.

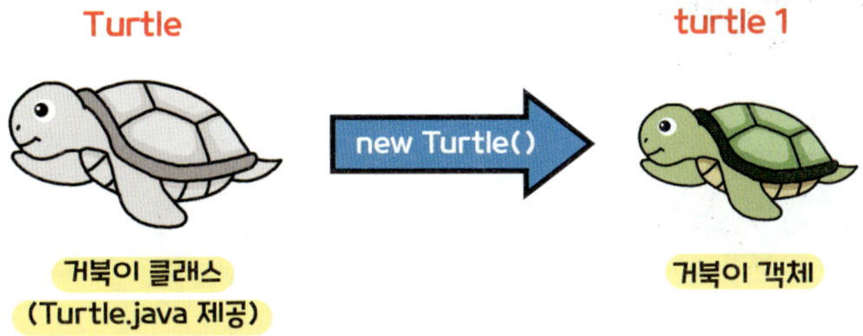

일반적으로 클래스명은 첫 스펠링이 대문자이고, 객체명(변수명)은 모두 소문자로 작성합니다.

그림 7-6 **거북이 클래스를 이용하여 생성한 거북이 객체**

그런데 붕어빵 기계가 있다면 붕어빵을 하나만 만들지는 않을 것입니다. 붕어빵 기계가 있으니 먹고 싶은 만큼 붕어빵을 찍어낼 수 있습니다. 이와 마찬가지로 거북이 클래스가 있다면 거북이 객체를 여러 개 생성할 수 있고, 또한 거북이 객체를 생성할 때 위치를 지정할 수도 있습니다. 그럼 거북이 클래스를 이용하여 거북이 객체 세 개를 생성해봅시다.

코드 7-4 Code07_04.java

```java
public class Code07_04 {
    public static void main(String[] args) {
        Turtle turtle1 = new Turtle();
        Turtle turtle2 = new Turtle();
        Turtle turtle3 = new Turtle();

    }
}
```

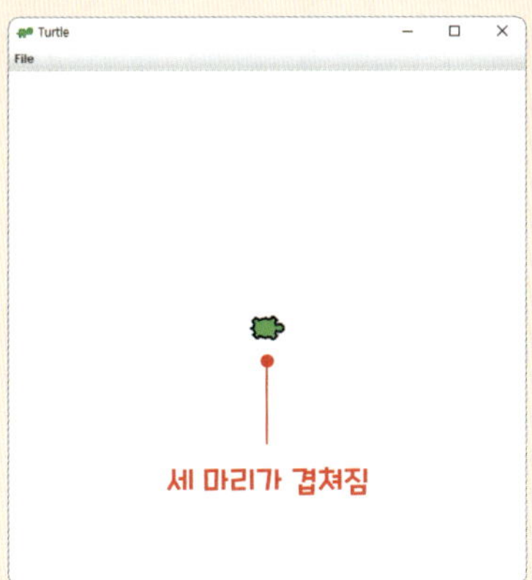

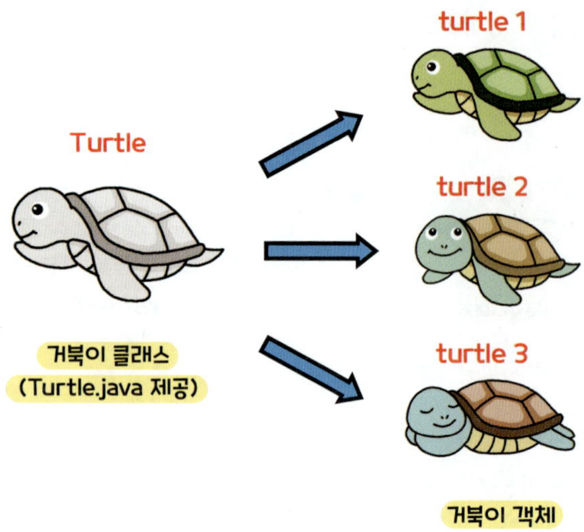

그림 7-7 거북이 클래스를 이용하여 추가로 생성한 거북이 객체

거북이 객체의 속성 변경

앞에서 생성한 세 거북이 객체를 각각 다르게 설정할 수도 있습니다. 세 거북이 객체의 모양을 변경하고 위치를 옮겨봅시다.

코드 7-5 Code07_05.java

```
public class Code07_05 {
    public static void main(String[] args) {
        Turtle turtle1 = new Turtle();
        Turtle turtle2 = new Turtle();
        Turtle turtle3 = new Turtle();

        turtle1.shape("circle");
        turtle1.setPosition(100, 100);
        turtle2.shape("turtle");
        turtle2.setPosition(0, -100);
        turtle3.shape("triangle");
        turtle3.setPosition(-100, 100);
    }
}
```

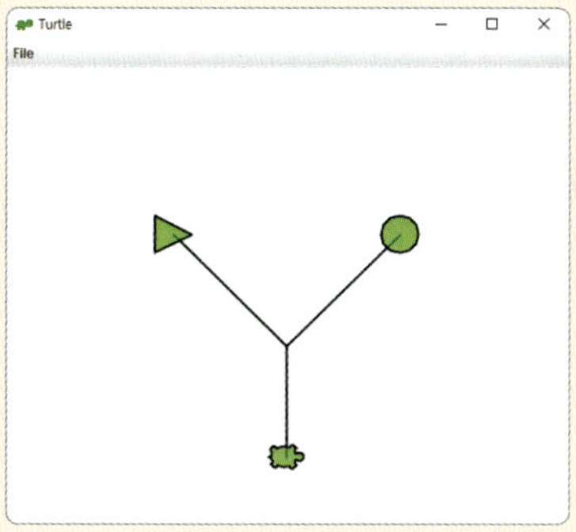

7~12행에서 세 거북이 객체의 속성과 위치를 [그림 7-8]과 같이 변경했습니다. 세 거북이 객체의 속성 중 모양과 X 위치, Y 위치를 각기 다르게 설정하고, 거북이 객체를 이동하기 위해 setPosition() 메서드를 사용했습니다.

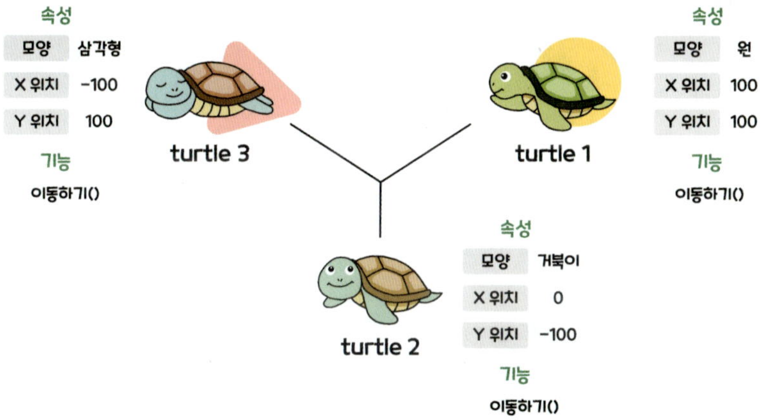

그림 7-8 **거북이의 속성 변경 및 기능 사용**

확인문제

거북이 클래스와 거북이 객체에 대한 설명으로 옳지 않은 것을 고르시오.

① Turtle.java 파일에 거북이 클래스가 있다.
② 거북이 클래스를 사용하여 거북이 객체를 생성할 수 있다.
③ 거북이 객체를 사용하여 거북이 클래스를 생성할 수 있다.
④ 생성된 거북이 객체의 모양과 위치를 변경할 수 있다.

정답

③

3 자바에서 제공하지 않는 클래스

토끼 클래스

토끼 객체를 만들려면 토끼 클래스가 필요한데, 자바에서 토끼 클래스를 제공하지는 않습니다. 그러므로 토끼 객체를 만들려면 먼저 토끼 클래스를 만들어야 합니다.

그림 7-9 자바에서 제공하지 않는 토끼 클래스

클래스를 생성하는 형식은 다음과 같습니다.

```
public class 클래스명 {
   // 이 부분에 클래스 생성 코드 구현
}
```

지금까지 작성한 모든 코드의 첫 행은 위와 같은 형태였습니다. 다시 말해 우리는 클래스를 생성하는 코드를 작성했던 것입니다. 위 코드에서 public을 지우면 다음과 같은 간단한 형태가 됩니다.

```
class 클래스명 {
   // 이 부분에 클래스 생성 코드 구현
}
```

public은 접근 제한 지시자라고 하며, 4절에서 이에 대해 자세히 살펴보겠습니다.

거북이와 기능이 유사한 토끼를 만들어봅시다. 토끼 객체가 거북이 객체처럼 모양, X 위치, Y 위치 등의 속성과 이동하기() 등의 기능을 가지도록 [그림 7-10]과 같은 클래스를 생성하겠습니다.

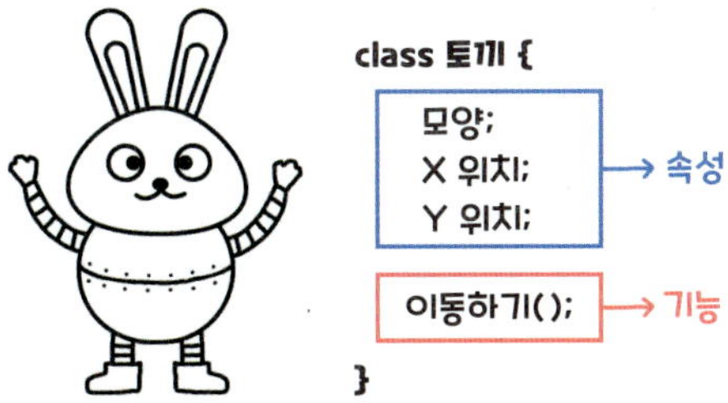

그림 7-10 토끼 클래스 구현

> Turtle.java에서 제공하는 거북이는 그래픽 화면에서 출력됩니다. 하지만 우리는 아직 그래픽 출력을 배우지 않았으니 텍스트 화면에서 토끼의 기능을 출력하겠습니다.

이러한 토끼 클래스를 코딩하기 위해 토끼의 속성을 변수처럼 생성하고 토끼의 기능을 메서드 형태로 구현합니다.

```
class Rabbit {
    // 토끼의 속성
    String 모양="";
    int X위치=0;
    int Y위치=0;

    // 토끼의 기능
    void setPosition(int x, int y) {
        // 토끼를 이동하기 위한 좌표
    }
```

이제 토끼 클래스를 자바 코드로 작성하면 됩니다. 그런데 클래스를 만들었다고 해서 토끼 객체가 생성되는 것은 아님을 잊지 마세요. 지금은 설계도만 그린 것이고 객체는 별도로 생성해야 합니다.

코드 7-6 Code07_06.java

```
class Rabbit {
    String shape;    // 토끼의 모양
    int xPos;        // X 위치
    int yPos;        // Y 위치

    void setPosition(int x, int y) {
        xPos = x;
        yPos = y;
    }
}

public class Code07_06 {
```

```
13      public static void main(String[] args) {
14
15      }
16  }
```

아무것도 출력되지 않음

1~10행에서 새로운 클래스인 Rabbit을 정의했으며, 12~16행은 원래 파일의 클래스입니다. Rabbit 클래스 안의 속성명과 메서드의 매개변수를 영문 변수로 변경했습니다. setPosition() 메서드는 토끼의 위치(x, y)를 옮기기 위한 것으로, 7, 8행의 xPos와 yPos는 3, 4행의 xPos와 yPos를 의미합니다. setPosition() 메서드에는 별도로 xPos와 yPos를 선언한 적이 없기 때문에 클래스에서 선언한 변수인 3, 4행의 xPos, yPos를 의미하는 것입니다.

2~4행의 shape, xPos, yPos를 인스턴스 변수라고도 부릅니다.

현재 Rabbit이라는 클래스를 만들었을 뿐 아직 이 클래스를 사용하지는 않았습니다. 즉 붕어빵 기계를 만들었을 뿐 아직 붕어빵을 찍어내지는 않았습니다.

객체 생성

앞에서 토끼 클래스를 만들었으니 이를 바탕으로 토끼 객체를 생성할 수 있습니다. 쉽게 말해 토끼 인형 설계도를 만든 다음 토끼 인형을 제작하는 것입니다. [그림 7-11]에 나타냈듯이 설계도(클래스)를 완성하고 나면 인형(객체)을 여러 개 만들 수 있습니다.

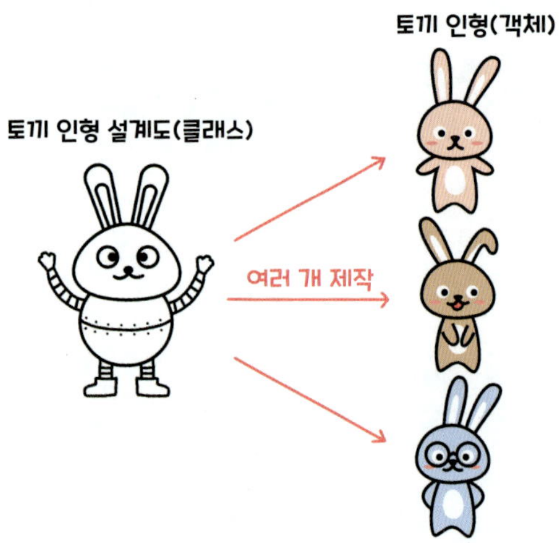

그림 7-11 클래스와 객체의 개념

하나 더 알기 메서드의 형식

메서드는 10장에서 자세히 다룰 것이며, 여기서는 클래스 안에 메서드를 만드는 데 필수적인 사항만 알아봅시다.

■ 직접 만드는 메서드

스스로 직접 메서드를 만드는 형식은 다음과 같습니다.

```
반환데이터형 메서드명(매개변수1, 매개변수2, …) {
   // 메서드의 내용
}
```

■ 매개변수와 반환값이 없는 메서드

메서드를 실행하더라도 반환할 값이 없으면 반환 데이터형으로 void를 사용하며, 메서드에 매개변수가 없다면 void를 생략할 수 있습니다. 다음은 간단한 내용을 출력하는 메서드를 만드는 코드입니다.

```
void printSimpleText() {
   System.out.println("초간단 메서드입니다.");
}
```

이 메서드를 사용하려면 메서드명만 호출하면 됩니다.

```
printSimpleTest();
```

```
초간단 메서드입니다.
```

■ 매개변수와 반환값이 있는 메서드

다음은 정수 두 개를 매개변수로 넘겨받아서 더한 결과를 반환하는 메서드입니다. 첫 행에서 반환 데이터형을 정수형(int)으로 설정하고, 셋째 행에서 return문으로 정수형 변수인 retNumber를 반환했습니다. 매개변수는 정수형 두 개를 넘겨받습니다.

```
int sumMehod(int num1, int num2) {
   int retNumber = num1 + num2;
   return retNumber;
}
```

이 메서드는 다음과 같이 사용할 수 있습니다. 첫 행에서 sumMethod()를 호출할 때 매개변수 두 개를 넘겨주고, 반환값을 별도로 저장했습니다.

```
int sumValue = sumMethod(100, 200);
System.out.println("100과 200의 합: " + sumValue);
```

```
100과 200의 합: 300
```

토끼 클래스를 가지고 토끼 객체를 생성하려면 [그림 7-12]와 같이 코드로 구현해야 합니다.

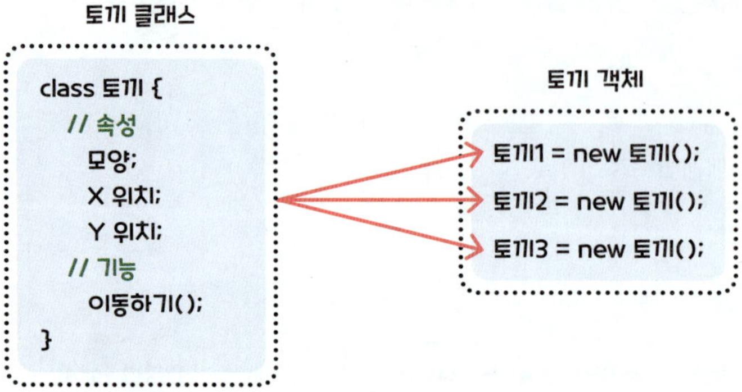

그림 7-12 클래스와 객체의 코드 구현

이제 토끼 객체를 세 개 생성해봅시다.

코드 7-7 Code07_07.java

```
class Rabbit {
    // Code07_06.java의 2~9행과 동일
}

public class Code07_07 {
    public static void main(String[] args) {
        Rabbit rabbit1 = new Rabbit();
        Rabbit rabbit2 = new Rabbit();
        Rabbit rabbit3 = new Rabbit();

    }
}
```

```
아무것도 출력되지 않음
```

Chapter07 프로젝트 안에 이름이 같은 클래스가 있으면 안 되기 때문에 Code07_07.java를 실행하기 전에 Code07_06.java 전체를 주석 처리한 후 진행해야 오류가 발생하지 않습니다. 참고로 이클립스에서 주석 처리 또는 주석 해제 시 해당 부분을 마우스로 드래그하여 선택하고 Ctrl+/를 누르면 한 번에 가능합니다.

앞에서 거북이 객체를 생성했던 것과 비교해보면 형태가 매우 비슷합니다. 거북이 객체는 Turtle.java에서 제공하는 Turtle 클래스를 사용하여 생성했고, 토끼 객체는 [코드 7-7]에서 직접 만든 Rabbit 클래스를 사용하여 생성했다는 것이 다를 뿐입니다.

```
Turtle turtle1 = new Turtle();
Turtle turtle2 = new Turtle();
Turtle turtle3 = new Turtle();
```

그리고 거북이 객체의 경우 터틀 그래픽을 위한 윈도우 창이 있어서 화면에 거북이가 나타나지만, 토끼 객체의 경우 아직 그러한 기능을 만들지 않았기 때문에 화면에 토끼가 나타나지 않습니다.

세 개의 토끼 객체, 즉 토끼1(rabbit1), 토끼2(rabbit2), 토끼3(rabbit3)은 [그림 7-13]과 같이 제각기 모양(shape), X 위치(xPos), Y 위치(yPos)라는 속성(변수)을 가지고 있습니다.

그림 7-13 각각 속성 공간을 가지고 있는 세 토끼 객체

속성에의 값 대입

토끼1, 토끼2, 토끼3은 서로 다른 별개의 토끼 객체로서 컴퓨터 안에서 각각 메모리 공간을 차지하고 있습니다. 그러므로 [그림 7-14]와 같이 각 객체에 속성이 존재하고, 이 속성에 각기 다른 값을 대입할 수 있습니다.

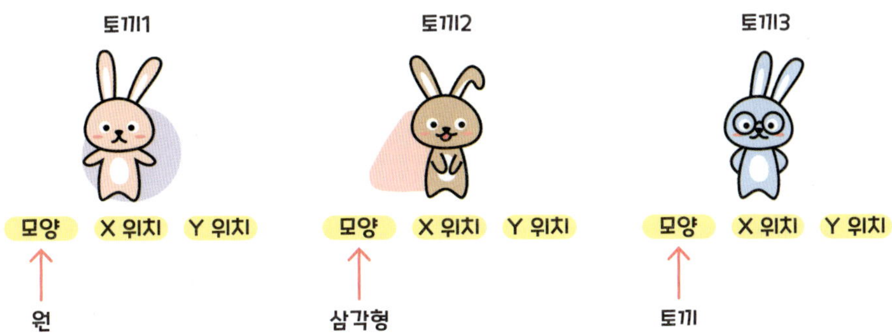

그림 7-14 토끼 객체의 속성에 값 대입

이를 코드로 구현해봅시다. 객체의 속성에 접근하는 형식은 **객체명.속성명**입니다.

코드 7-8 Code07_08.java

```
class Rabbit {
    // Code07_06.java의 2~9행과 동일
}

public class Code07_08 {
    public static void main(String[] args) {
        Rabbit rabbit1 = new Rabbit();
        Rabbit rabbit2 = new Rabbit();
        Rabbit rabbit3 = new Rabbit();

        rabbit1.shape = "원";
        rabbit2.shape = "삼각형";
        rabbit3.shape = "토끼";

    }
}
```

```
아무것도 출력되지 않음
```

확인문제

다음 코드의 빈칸을 채우시오.

- Rabbit 클래스의 객체 생성하기

```
Rabbit rabbit = [   ㉠   ];
```

- rabbit 객체의 shape 속성에 "토끼" 대입하기

```
[   ㉡   ] = "토끼";
```

정답

㉠ new Rabbit() ㉡ rabbit.shape

기능(메서드) 호출

앞서 Rabbit 클래스에 setPosition() 메서드를 만들어놓았으며, 세 개의 토끼 객체는 각각 setPosition() 메서드를 가지고 있습니다. 메서드를 호출할 때는 **객체명.메서드명()** 형식을 사용합니다. [그림 7-15]는 각 토끼 객체의 setPosition() 메서드를 호출하여 각 토끼 객체의 위치를 이동하는 것을 보여줍니다.

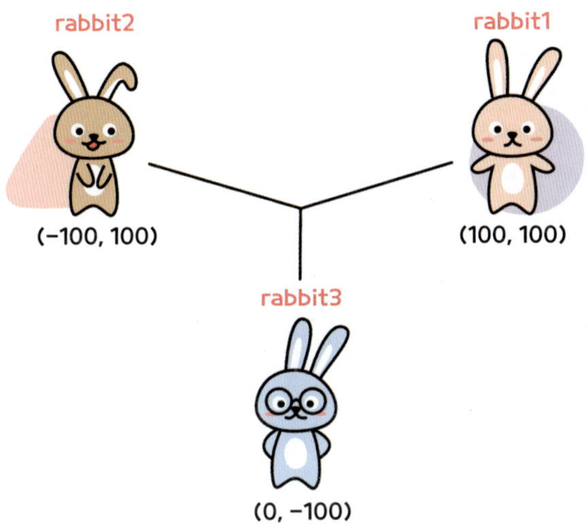

그림 7-15 토끼 객체의 속성 변경 및 기능(메서드) 사용 결과

이를 코드로 구현하면 [코드 7-9]와 같습니다.

코드 7-9 Code07_09.java

```
class Rabbit {
    // Code07_06.java의 2~9행과 동일
}

public class Code07_09 {
    public static void main(String[] args) {
        Rabbit rabbit1 = new Rabbit();
        Rabbit rabbit2 = new Rabbit();
        Rabbit rabbit3 = new Rabbit();

        rabbit1.shape = "원";
        rabbit2.shape = "삼각형";
        rabbit3.shape = "토끼";

```

```
        rabbit1.setPosition(100, 100);
        rabbit2.setPosition(-100, 100);
        rabbit3.setPosition(0, -100);

    }
}
```

```
아무것도 출력되지 않음
```

rabbit1은 (100, 100)으로, rabbit2는 (-100, 100)으로, rabbit3은 (0, -100)으로 옮겼습니다.

확인문제

rabbit 객체의 setPosition() 기능에 100과 200을 대입하기 위한 다음 코드의 빈칸을 채우시오.

```
[          ] (100, 200);
```

정답

```
rabiit.setPosition
```

LAB 뛰뛰기하는 토끼

토끼 객체를 생성하고 사용자가 지정한 위치로 토끼가 이동하는 프로그램을 만들어봅시다. 터틀 그래픽과 달리 윈도우 창이 없기 때문에 토끼가 이동한 직후 그 위치를 텍스트로 출력합니다.

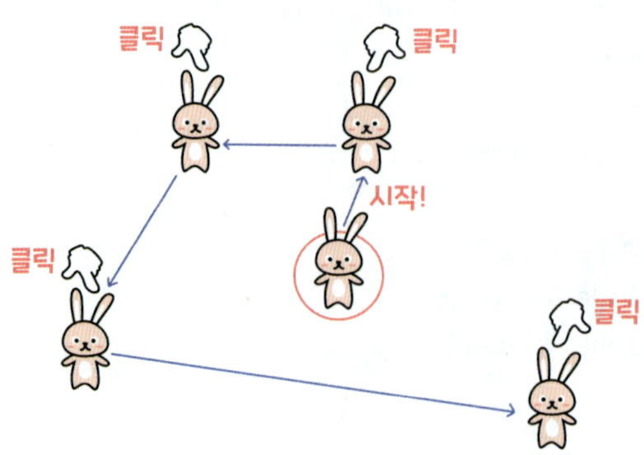

실행 결과

```
토끼가 이동할 X좌표 ==> 100
토끼가 이동할 Y좌표 ==> 100
** 토끼의 현재 위치는 (100, 100)입니다.
토끼가 이동할 X좌표 ==> 200
토끼가 이동할 Y좌표 ==> 300
** 토끼의 현재 위치는 (200, 300)입니다.
토끼가 이동할 X좌표 ==> -100
토끼가 이동할 Y좌표 ==> -50
** 토끼의 현재 위치는 (-100, -50)입니다.
토끼가 이동할 X좌표 ==>
```

(처음 두 입력 쌍마다: 사용자가 입력 / 마지막 줄: 'Terminate' 아이콘을 클릭하여 종료)

1. Lab07_01.java 파일을 만들고, 키보드로 값을 입력받기 위해 Scanner 클래스를 사용할 수 있도록 준비합니다.

```
import java.util.Scanner;
Scanner s = new Scanner(System.in);

s.close();
```

2. [코드 7-6]에서 생성했던 것과 동일한 Rabbit 클래스를 만듭니다. import문 바로 아래에 코딩하면 됩니다.

```
class Rabbit {
    String shape;   // 토끼의 모양
    int xPos;       // X 위치
    int yPos;       // Y 위치

    void setPosition(int x, int y) {
        xPos = x;
        yPos = y;
    }
}
```

3. main() 메서드 안에 토끼 객체 변수와 토끼를 이동하기 위한 X, Y 좌표 변수를 선언합니다.

```
Rabbit rabbit;
int userX, userY;
```

4. 토끼 객체를 생성하고 모양을 토끼로 설정합니다.

```
rabbit = new Rabbit();
rabbit.shape = "토끼";
```

5. 사용자로부터 X, Y 좌표를 입력받고, 토끼 객체의 setPosition() 메서드를 이용하여 토끼를 이동하는 작업을 무한 반복합니다.

```
while(true) {
    System.out.print("토끼가 이동할 X좌표  ==> ");
    userX = s.nextInt();
    System.out.print("토끼가 이동할 Y좌표  ==> ");
    userY = s.nextInt();

    rabbit.setPosition(userX, userY);
    System.out.printf("** 토끼의 현재 위치는 (%d, %d)입니다.\n", userX, userY);
}
```

6. 완성된 코드는 다음과 같습니다. Ctrl+F11을 눌러 실행 결과를 확인해봅니다.

Lab07_01.java

```
import java.util.Scanner;

class Rabbit {
    String shape;   // 토끼의 모양
    int xPos;       // X 위치
    int yPos;       // Y 위치

    void setPosition(int x, int y) {
        xPos = x;
        yPos = y;
    }
}

public class Lab07_01 {
    public static void main(String[] args) {
        Scanner s = new Scanner(System.in);
        Rabbit rabbit;
        int userX, userY;

        rabbit = new Rabbit();
```

```
        rabbit.shape = "토끼";
        while(true) {
            System.out.print("토끼가 이동할 X좌표  ==> ");
            userX = s.nextInt();
            System.out.print("토끼가 이동할 Y좌표  ==> ");
            userY = s.nextInt();
            rabbit.setPosition(userX, userY);
            System.out.printf("** 토끼의 현재 위치는 (%d, %d)입니다.\n", userX, userY);
        }
    }
}
```

Section 03

생성자

객체지향 프로그래밍의 필수 요건 중 하나인 생성자(constructor)를 잘 이해하면 코드의 길이가 더 짧으면서도 명확하게 코딩할 수 있습니다.

1 생성자의 개념

생성자는 객체를 생성하면 무조건 호출되는 메서드를 말합니다. 다음은 토끼 클래스를 사용하여 토끼 객체를 만들고 모양 속성에 값을 대입하는 코드입니다.

```
Rabbit rabbit = new Rabbit();      // rabbit 객체 생성
rabbit.shape = "토끼";             // 모양을 토끼로 초기화
```

```
아무것도 출력되지 않음
```

첫 행에서 rabbit 객체를 생성한 후 둘째 행에서 모양을 토끼로 초기화했습니다. 그런데 객체를 생성하면서 동시에 모양을 토끼로 초기화한다면 어떨까요? 코드가 간결해지고, 객체를 생성하면서 값을 초기화하기 때문에 속성에 초깃값을 대입하는 것을 잊어버리는 일도 없을 것입니다. 이렇게 객체를 생성하면서 변수의 값을 초기화하는 메서드를 생성자라고 합니다.

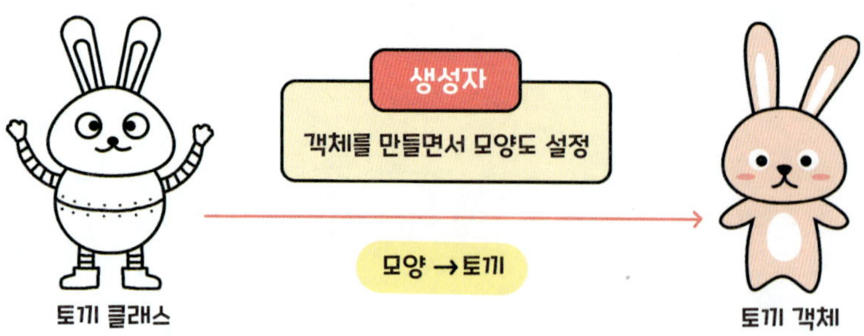

그림 7-16 생성자의 개념

생성자도 메서드이므로 생성자 메서드라고도 부릅니다.

2 생성자 코드

생성자의 기본적인 형태는 다음과 같습니다. 생성자는 클래스명과 동일하며, 생성자 앞에는 아무것도 붙지 않습니다.

```
class 클래스명 {
    클래스명() {  // 생성자
        // 초기화할 코드 입력
    }
}
```

앞에서 사용한 Rabbit 클래스의 경우 다음과 같이 생성자를 만들 수 있습니다.

```
class Rabbit {
    String shape;
    int xPos;
    int yPos;

    Rabbit() {
        shape = "토끼";
    }

    void setPosition(int x, int y) {
        xPos = x;
        yPos = y;
    }
}
```

이제부터는 토끼 객체를 만들기만 하면 자동으로 shape는 "토끼"가 됩니다.

```
Rabbit rabbit = new Rabbit();
```

[코드 7-10]은 토끼 객체를 생성하면서 모양을 토끼로 초기화하는 경우의 전체 코드입니다.

코드 7-10 Code07_10.java

```
01 class Rabbit {
02     String shape;      // 토끼의 모양
03     int xPos;          // X 위치
04     int yPos;          // Y 위치
05
06     Rabbit() {
07         shape = "토끼";
08     }
09
10     void setPosition(int x, int y) {
11         xPos = x;
12         yPos = y;
13     }
14 }
15
16 public class Code07_10 {
17     public static void main(String[] args) {
18         Rabbit rabbit = new Rabbit();
19
20         System.out.printf("토끼 객체의 기본 모양은 [%s]입니다.", rabbit.shape);
21     }
22 }
```

```
토끼 객체의 기본 모양은 [토끼]입니다.
```

1행의 클래스명이 Rabbit이므로 6행의 생성자명도 Rabbit이어야 합니다. 그리고 18행에서 토끼 객체를 만들면 자동으로 6행의 생성자가 실행되어 shape 속성에 "토끼"가 들어갑니다.

3 매개변수가 있는 생성자

메서드와 마찬가지로 생성자도 매개변수(파라미터)를 받을 수 있습니다. 예를 들어 다음은 매개변수가 있는 Rabbit() 생성자를 사용하는 경우입니다.

```
Rabbit(String value) {
   shape = value;
}
```

그리고 다음과 같이 생성자에 매개변수를 넣어 객체를 만듭니다.

```
Rabbit rabbit = new Rabbit("토끼");
```

그렇다면 생성자를 사용하여 다양한 토끼의 모양을 만들어봅시다.

코드 7-11 Code07_11.java

```java
class Rabbit {
    // Code07_10.java의 2~5행과 동일

    Rabbit(String value) {
        shape = value;
    }

    // Code07_10.java의 10~13행과 동일
}

public class Code07_11 {
    public static void main(String[] args) {
        Rabbit rabbit1 = new Rabbit("원");
        Rabbit rabbit2 = new Rabbit("삼각형");
        Rabbit rabbit3 = new Rabbit("토끼");

        System.out.printf("토끼1 객체의 모양은 [%s]입니다.\n", rabbit1.shape);
        System.out.printf("토끼2 객체의 모양은 [%s]입니다.\n", rabbit2.shape);
        System.out.printf("토끼3 객체의 모양은 [%s]입니다.\n", rabbit3.shape);
    }
}
```

```
토끼1 객체의 모양은 [원]입니다.
토끼2 객체의 모양은 [삼각형]입니다.
토끼3 객체의 모양은 [토끼]입니다.
```

4~6행에서 생성자를 통해 value라는 매개변수를 받도록 설정하고, 넘겨받은 매개변숫값을 shape 속성에 대입했습니다. 따라서 모양을 지정하여 토끼 객체를 생성할 수 있게 되었으며, 13~15행에서 각기 다른 매개변수를 전달하여 토끼 객체를 생성했습니다.

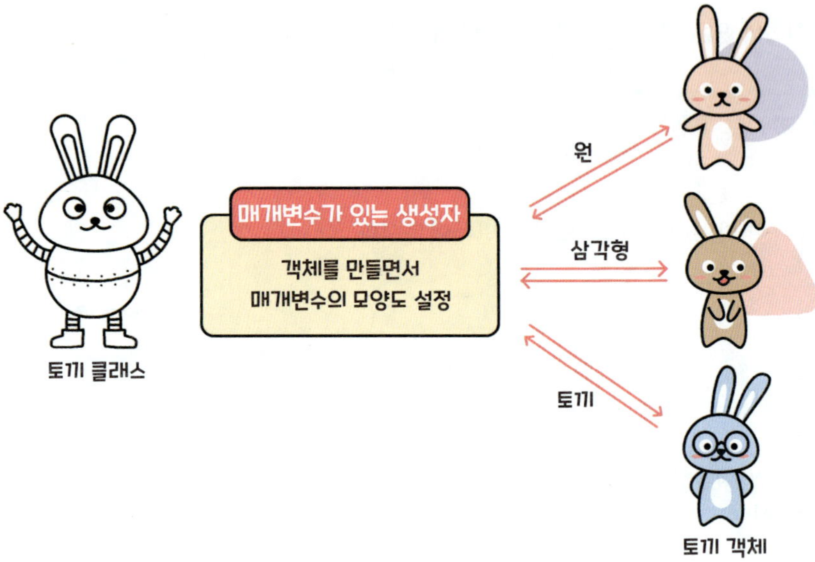

그림 7-17 매개변수가 있는 생성자의 개념

확인문제

1. 다음 빈칸에 알맞은 말을 넣으시오.

- 객체를 생성하면서 동시에 속성의 값을 초기화하는 메서드를 [㉠]라고 한다.
- 클래스명이 Tiger라면 생성자명은 [㉡]()이다.

2. 생성자가 전달받은 파라미터를 shape 속성에 대입하기 위한 다음 코드의 빈칸을 채우시오.

```
Rabbit(String value) {
    shape = [        ];
}
```

정답

1. ㉠ 생성자 ㉡ Tiger 2. value

하나 더 알기 ✓ **매개변수명과 this**

[코드 7-11]에서 사용한 Rabbit 클래스의 속성 중에는 shape가 있는데, 만약 생성자에서 매개변수명을 shape로 하면 어떻게 될까요? 일단 [코드 7-11]의 4~6행을 다음과 같이 수정하고 실행해보겠습니다.

```
Rabbit(String shape) {
    shape = shape;
}
```

```
토끼1 객체의 모양은 [null]입니다.
토끼2 객체의 모양은 [null]입니다.
토끼3 객체의 모양은 [null]입니다.
```

아무것도 없다는 의미의 자바 예약어인 null이 출력됩니다. 이는 매개변수인 shape가 속성인 shape보다 우선하기 때문입니다. 즉 shape = shape에서 shape는 모두 매개변수인 shape를 의미하므로 shape 속성이 변경되지 않은 것입니다. 이럴 때는 현재 클래스를 의미하는 this 예약어를 사용하면 됩니다. 다음과 같이 this.shape로 고치면 shape 속성을 의미하므로 원하는 결과가 출력됩니다.

```
Rabbit(String shape) {
    this.shape = shape;
}
```

```
토끼1 객체의 모양은 [원]입니다.
토끼2 객체의 모양은 [삼각형]입니다.
토끼3 객체의 모양은 [토끼]입니다.
```

다시 말해 매개변수와 속성의 이름이 다르면 this를 붙이지 않아도 되고, 매개변수와 속성의 이름이 같으면 속성에 this를 붙여야 합니다.

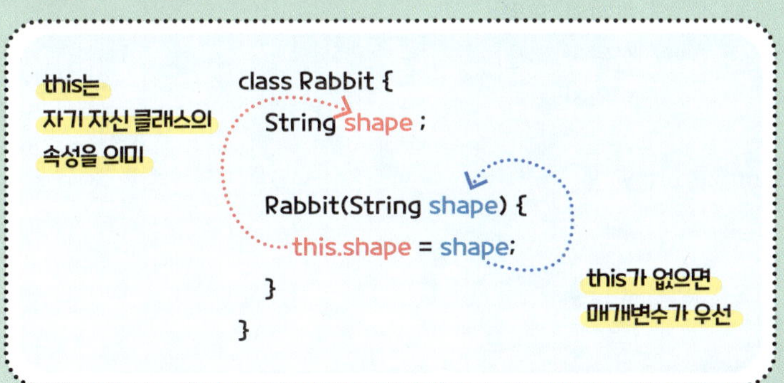

Section 04

접근 제한 지시자

외부에서 속성이나 메서드에 접근하도록 허용할지 여부를 지정할 수 있는데, 이를 접근 제한 지시자(access modifier)라고 합니다. 접근 제한 지시자에는 네 가지 종류가 있으며, 여기서는 가장 많이 사용되는 `private`과 `public`을 중점적으로 살펴보겠습니다.

1 private: 외부에서의 직접 접근 제한

지금까지는 별다른 제한 없이 `main()` 메서드에서 `Rabbit` 클래스의 속성이나 메서드에 접근했습니다. 이번에는 기존 코드와 달리 속성 앞에 `private` 접근 제한 지시자를 붙여 `xPos`, `yPos` 속성의 값을 변경해봅시다. [코드 7-12]를 실행해보면 일단은 잘 돌아갈 것입니다.

코드 7-12 Code07_12.java

```
class Rabbit {
    private String shape;    // 토끼의 모양
    private int xPos;        // X 위치
    private int yPos;        // Y 위치

    void setPosition(int x, int y) {
        xPos = x;
        yPos = y;
    }
}

public class Code07_12 {
    public static void main(String[] args) {
        Rabbit rabbit = new Rabbit();

        rabbit.setPosition(100, 200);
    }
}
```

```
아무것도 출력되지 않음
```

16행에서 `setPosition()` 메서드를 통해 X(`xPos` 속성)와 Y(`yPos` 속성) 값을 변경했습니다. 이제 X와 Y 값을 직접 변경하는 다음 코드를 17행에 추가해보겠습니다.

```
rabbit.xPos = 100;
rabbit.yPos = 200;
```

```
오류 발생
```

`private`가 붙은 속성의 경우 외부에서 직접 접근하지 못하기 때문에 오류가 발생합니다. `private`가 붙은 속성은 같은 클래스 안에서만 접근할 수 있으므로 16행이 호출되면 7, 8행이 실행되어 오류가 없었으나, 값을 직접 변경하는 코드를 17행에 추가하여 외부에서 접근하려 함으로써 오류가 발생한 것입니다.

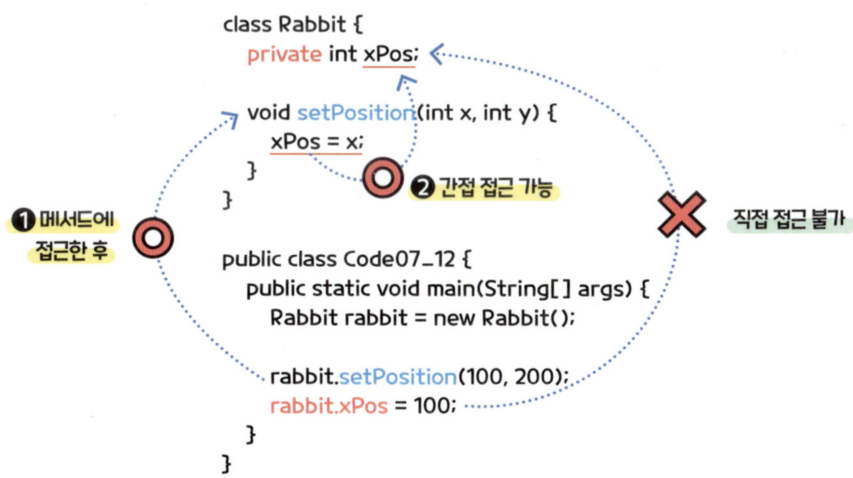

그림 7-18 속성에 private 접근 제한 지시자를 붙이는 경우

따라서 `private`가 붙은 속성의 경우 메서드를 통해서만 접근할 수 있습니다.

속성에 `private`를 붙이는 것이 좀 귀찮게 여겨질 수도 있지만, 이는 프로그램의 오류를 방지하기 위한 코딩 기법입니다.

2 public: 외부에서의 접근 허용

public은 private와 반대되는 개념으로, public을 붙이면 외부에서 클래스 안의 속성이나 메서드에 접근할 수 있습니다. 예를 들어 [코드 7-12]에서 2~4행의 private를 public으로 고치면 17, 18행에서 값을 직접 변경해도 문제없이 잘 접근할 수 있어 결과가 잘 출력됩니다. [코드 7-13]에서는 setPosition() 메서드를 없애고 xPos와 yPos 값을 직접 변경하도록 수정했습니다.

코드 7-13 Code07_13.java

```java
class Rabbit {
    public String shape;     // 토끼의 모양
    public int xPos;         // X 위치
    public int yPos;         // Y 위치
}

public class Code07_13 {
    public static void main(String[] args) {
        Rabbit rabbit = new Rabbit();

        rabbit.xPos = 100;
        rabbit.yPos = 200;
    }
}
```

```
아무것도 출력되지 않음
```

[그림 7-19]는 [코드 7-13]의 작동을 보여줍니다.

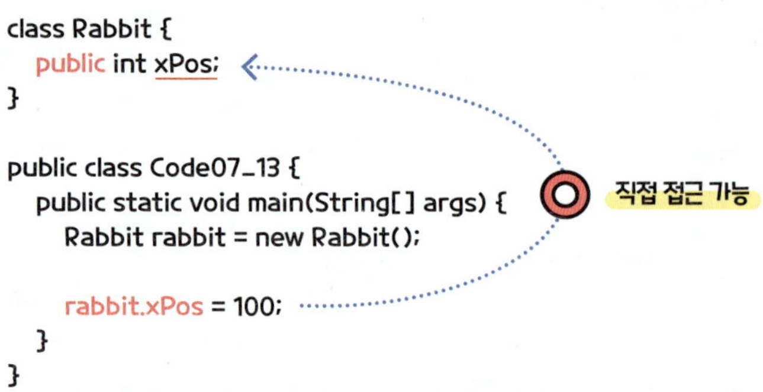

그림 7-19 속성에 public 접근 제한 지시자를 붙이는 경우

3 private, public 사용 원칙

속성이나 메서드 앞에 private나 public을 붙이는 기준이 공식적으로 정해진 것은 아니지만, 일반적인 자바 프로그래밍에서는 다음 원칙을 지키는 것이 좋습니다.

- 속성에는 private를 붙여 외부에서 직접 접근하지 못하도록 합니다.
- 메서드에는 public을 붙여 외부에서 자유롭게 접근하도록 합니다.
- 메서드를 통해서만 속성에 접근하도록 합니다.

코드가 다소 길어지더라도 이러한 원칙에 따라 코딩하는 것이 바람직합니다. [코드 7-14]는 private, public 사용 원칙을 기반으로 Rabbit 클래스를 생성하고 활용하는 예제입니다.

코드 7-14 Code07_14.java

```
class Rabbit {
    private String shape;    // 토끼의 모양
    private int xPos;        // X 위치
    private int yPos;        // Y 위치

    public void setShape(String shape) {
        this.shape = shape;
    }

    public String getShape() {
        return this.shape;
    }

    public void setPosition(int x, int y) {
        this.xPos = x;
        this.yPos = y;
    }

    public int getX() {
        return this.xPos;
    }

    public int getY() {
        return this.yPos;
    }
}

```

```
28    public class Code07_14 {
29        public static void main(String[] args) {
30            Rabbit rabbit = new Rabbit();
31            rabbit.setShape("흰토끼");
32            rabbit.setPosition(100, 100);
33
34            System.out.printf("토끼의 모양은 [%s]입니다.\n", rabbit.getShape());
35            System.out.printf("토끼의 위치는 (%d,%d)입니다.\n", rabbit.getX(), rabbit.
              getY());
36        }
37    }
```

```
토끼의 모양은 [흰토끼]입니다.
토끼의 위치는 (100,100)입니다.
```

Rabbit 클래스를 생성하면서 속성은 private로 지정하고 메서드는 public으로 지정했습니다. 그리고 shape 속성을 변경하거나 확인하기 위해 6행과 10행에서 메서드를 만들고, X와 Y 값을 변경하거나 확인하기 위해 14행, 19행, 23행에서 메서드를 만들었으며, 메서드 안의 모든 속성에 this를 붙여 속성임을 명확히 했습니다. 그리고 28~37행에서 Rabbit 클래스를 이용하여 모양과 좌표를 설정하고 출력했습니다.

default, protected 접근 제한 지시자도 있으나 자주 사용되지는 않습니다. 입문 단계에서는 private와 public만 알아도 프로그래밍을 하는 데 문제가 없습니다. 참고로 접근 제한 지시자를 붙이지 않으면 내부적으로 default가 붙으며, 이 경우 같은 코드 안에서는 public처럼 접근이 허용됩니다. 하지만 외부 코드(클래스)에서는 접근이 허용되지 않습니다.

LAB 같은 숫자가 나올 때까지 주사위 던지기(객체지향 버전)

6장에서는 주사위 세 개를 동시에 던져서 모두 같은 숫자가 나올 때까지 반복하는 게임을 만들었습니다. 이번에는 객체지향을 활용하여 동일한 게임을 만들어봅시다.

실행 결과

```
3개 주사위는 모두 5입니다.
같은 숫자가 나올 때까지 43번 던졌습니다.
```

1. Lab07_02.java 파일을 만들고 주사위 클래스를 코딩합니다. 주사위 숫자가 저장될 속성 number를 선언하고, number의 값을 변경하는 setNumber() 메서드와 number의 값을 알려주는 getNumber() 메서드를 작성합니다.

```
class Dice {
    private int number;

    public void setNumber(int number) {
        this.number = number;
    }
    public int getNumber() {
        return this.number;
    }
}
```

2. 주사위를 던진 횟수를 저장할 변수와 세 주사위 객체를 선언합니다.

```
int count = 0;
Dice dice1 = new Dice();
~~~dice2, dice3 생략~~~
```

3. 몇 번을 던져야 주사위 세 개의 숫자가 같은지 알 수 없으므로 무한 반복되게 합니다. 주사위 세 개 던지기를 반복할 때마다 던진 횟수를 1씩 증가시킵니다.

```
while(true) {
    count ++;

}
```

4. 무한 반복문 안에 다음 코드를 추가합니다. setNumber() 메서드를 통해 세 주사위 객체의 숫자에 임의로 1~6을 설정하고, 주사위 세 개의 숫자가 같으면 무한 반복이 종료되도록 break문을 사용합니다.

```
dice1.setNumber((int)(Math.random()*6 + 1));
~~~dice2, dice3 생략~~~

if ((dice1.getNumber() == dice2.getNumber()) &&
    (dice2.getNumber() == dice3.getNumber()))
break;
```

5. 무한 반복을 빠져나오면 주사위의 숫자와 주사위를 던진 횟수를 출력합니다. 주사위 객체의 `getNumber()` 메서드로 주사위의 숫자에 접근합니다.

```
System.out.printf("3개 주사위는 모두 %d입니다.\n", dice1.getNumber());
System.out.printf("같은 숫자가 나올 때까지 %d번 던졌습니다.\n", count);
```

6. 완성된 코드는 다음과 같습니다. Ctrl+F11을 눌러 실행 결과를 확인해봅니다. 실행할 때마다 다른 결과가 나올 것입니다.

Lab07_02.java

```
class Dice {
    private int number;

    public void setNumber(int number) {
        this.number = number;
    }
    public int getNumber() {
        return this.number;
    }
}

public class Lab07_02 {
    public static void main(String[] args) {
        int count = 0;
        Dice dice1 = new Dice();
        Dice dice2 = new Dice();
        Dice dice3 = new Dice();

        while(true) {
            count ++;
            dice1.setNumber((int)(Math.random()*6 + 1));
            dice2.setNumber((int)(Math.random()*6 + 1));
            dice3.setNumber((int)(Math.random()*6 + 1));

            if ((dice1.getNumber() == dice2.getNumber()) &&
                (dice2.getNumber() == dice3.getNumber()))
                break;
        }
        System.out.printf("3개 주사위는 모두 %d입니다.\n", dice1.getNumber());
        System.out.printf("같은 숫자가 나올 때까지 %d번 던졌습니다.\n", count);
    }
}
```

실전 예제

토끼를 업고 다니는 거북이

문제

그동안 거북이가 혼자서 돌아다녔는데, 전래동화 〈토끼와 간〉에서처럼 거북이가 토끼를 등에 업고 다니는 프로그램을 작성해봅시다. 거북이 객체와 토끼 객체를 하나로 묶어야 하며, 거북이가 이동할 때마다 토끼가 현재 자신의 위치를 출력합니다.

실행 결과

```
** 토끼가 거북이 등에 올라탔습니다. **
거북이 등 위의 토끼 위치는 현재 (-128,-202)입니다.
거북이 등 위의 토끼 위치는 현재 (-165,-238)입니다.
거북이 등 위의 토끼 위치는 현재 (129,-214)입니다.
거북이 등 위의 토끼 위치는 현재 (225,-183)입니다.
~~~생략~~~
```

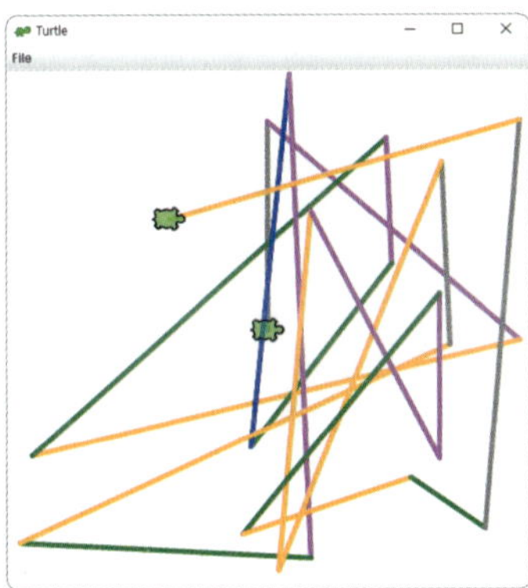

해결

Ex07_01.java

```
class Rabbit {
    private Turtle myTurtle = new Turtle();

    Rabbit(Turtle turtle) {
        this.myTurtle = turtle;
        System.out.println("** 토끼가 거북이 등에 올라탔습니다. **");
    }

```

```
09      public void whereIsRabbit() {
10          System.out.printf("거북이 등 위의 토끼 위치는 현재 (%d,%d)입니다. \n",
            (int)this.myTurtle.getX(), (int)this.myTurtle.getY());
11      }
12  }
13
14  public class Ex07_01 {
15      public static void main(String[] args) {
16          int xPos, yPos;
17          String[] colorStr = {"red", "green", "blue", "black", "magenta", "orange",
            "gray"};
18
19          Turtle turtle = new Turtle();
20          Rabbit rabbit = new Rabbit(turtle);
21
22          turtle.speed(500);
23          turtle.setCanvasSize(500, 500);
24          turtle.width(5);
25
26          for (int i=0; i<20; i++) {
27              xPos = (int) (Math.random()*500 - 250);
28              yPos = (int) (Math.random()*500 - 250);
29
30              int colorNum = (int) (Math.random()*colorStr.length);
31              turtle.penColor(colorStr[colorNum]);
32              turtle.setPosition(xPos,yPos);
33              rabbit.whereIsRabbit();
34          }
35      }
36  }
```

01~13 토끼 클래스를 만듭니다.

02 토끼가 올라탈 거북이(myTurtle) 속성을 준비합니다.

04~07 생성자를 통해 turtle 매개변수를 넘겨받아 이 값을 myTurtle 속성에 대입하고 메시지를 출력합니다.

09~11 whereIsRabbit() 메서드가 현재 토끼의 위치를 출력하는데, 거북이에 올라탄 토끼의 위치가 바로 거북이의 위치이므로 myTurtle.getX()와 myTurtle.getY()로 거북이의 좌표를 출력했습니다.

16 거북이가 임의로 이동할 좌표 변수입니다.

17 이동 경로를 임의의 색상으로 지정하기 위해 색상 배열을 준비합니다.

19, 20 거북이 객체를 생성한 뒤 토끼 객체를 생성하면서 올라탈 거북이를 넘겨줍니다. 21행은 토끼가 거북이 등에 올라탄 순간이라고 할 수 있습니다.

26~34 거북이가 화면 안에서 스무 번 돌아다니게 합니다.

27, 28 거북이의 위치를 −250~250으로 추출합니다.

30, 31 거북이가 그리는 선의 색상을 임의로 추출하여 설정합니다.

32, 33 거북이의 위치를 이동하고 현재 토끼의 위치(즉 거북이의 위치)를 출력합니다.

요약

01 객체란 어떤 속성과 기능을 가지고 있는 데이터를 말합니다. 터틀 그래픽의 거북이도 객체이고 문자열도 객체입니다.

02 클래스는 객체를 만들기 위한 설계도 또는 객체를 찍어내는 틀에 비유할 수 있습니다. 예를 들어 자동차가 객체라면 자동차 설계도가 클래스에 해당합니다.

03 필요할 때마다 클래스를 이용하여 객체를 여러 개 생성할 수 있습니다.

04 자바에서 제공하지 않는 클래스를 생성하는 형식은 다음과 같습니다.

```
public class 클래스명 {
   // 이 부분에 클래스 생성 코드 구현
}
```

05 클래스의 속성은 변수처럼 생성하고 기능은 메서드 형태로 구현합니다. 메서드를 호출할 때는 **객체명.메서드명()** 형식을 사용합니다.

06 각 객체에 속성이 존재하고, 이 속성에 각기 다른 값을 대입할 수 있습니다.

07 생성자는 객체를 생성하면 무조건 호출되는 메서드를 말합니다. 생성자는 클래스명과 동일하며, 생성자 앞에는 아무것도 붙지 않습니다.

08 생성자는 메서드와 마찬가지로 매개변수(파라미터)를 받을 수 있습니다.

09 외부에서 속성이나 메서드에 접근하도록 허용할지 여부를 지정할 수 있는데, 이를 접근 제한 지시자라고 합니다.

10 private가 붙은 속성의 경우 외부에서 직접 접근하지 못하고 메서드를 통해서만 접근할 수 있습니다. public은 private와 반대되는 개념으로, public을 붙이면 외부에서 클래스 안의 속성이나 메서드에 접근할 수 있습니다.

연습문제

01 다음 빈칸에 공통으로 들어갈 말을 고르시오.

> 세상에는 자동차, 건물, 책상, 컴퓨터, 고양이, 물고기 등 셀 수 없이 많은 사물이 있고, 프로그래밍 관점에서는 이러한 것들을 [ ]라고 한다. 예를 들어 자동차 게임의 경우 자동차를, 포켓몬 게임의 경우 포켓몬을 [ ]로 취급하여 프로그래밍한다.

① 코드 ② 소스
③ 객체 ④ 자바

02 다음 빈칸에 들어갈 말이 바르게 짝지어진 것을 고르시오.

> 자동차에는 제조사, 색상, 가격, 배기량 등의 [㉠]과 전진하기, 멈추기, 후진하기, 음악 켜기 등의 [㉡]이 있다. 그리고 이러한 [㉠]과 [㉡]을 모두 묶어서 하나의 자동차로 표현할 수 있는데, 이 묶음이 바로 자동차 객체이다.

① ㉠ 속성, ㉡ 기능 ② ㉠ 소스, ㉡ 코드
③ ㉠ 객체, ㉡ 자바 ④ ㉠ 자바, ㉡ 코드

03 다음 빈칸에 공통으로 들어갈 말을 고르시오.

> 자바에서 제공하지 않는 객체는 필요에 따라 만들어서 사용할 수 있다. 그런데 객체를 만들려면 먼저 [ ]를 만들어야 한다. [ ]는 객체를 만들기 위한 설계도 또는 객체를 찍어내는 틀에 비유할 수 있다.

① 클래스 ② 객체
③ 소스 ④ 코드

04 다음은 Turtle.java에서 제공하는 거북이 객체(`Turtle`)를 생성하는 코드입니다. 빈칸에 들어갈 내용을 고르시오.

```
Turtle turtle = [          ];
```

① `turtle().Turtle` ② `new Turtle()`
③ `make Turtle()` ④ `Turtle`

05 다음은 자바에서 제공하지 않는 토끼(Rabbit) 클래스를 생성하는 코드입니다. 빈칸에 들어갈 내용이 바르게 짝지어진 것을 고르시오.

```
[    ㉠    ] Rabbit {
    String shape;
    int xPos;
    int yPos;

    void setPosition(int x, int y) {
        [    ㉡    ] = x;
        [    ㉢    ] = y;
    }
}
```

① ㉠ object, ㉡ shape, ㉢ Rabbit

② ㉠ class, ㉡ shape, ㉢ Rabbit

③ ㉠ object, ㉡ xPos, ㉢ yPos

④ ㉠ class, ㉡ xPos, ㉢ yPos

06 Rabbit 클래스를 이용하여 객체를 생성하는 코드를 고르시오.

① rabbit() = new Rabbit();

② Rabbit rabbit = new Rabbit();

③ rabbit() = Rabbit();

④ Rabbit rabbit = new rabbit;

07 rabbit 객체를 생성했다고 가정하고, Rabbit 클래스의 data 속성과 run 메서드를 바르게 사용한 코드를 고르시오.

① rabbit.data() = "흰토끼";
rabbit.run();

② rabbit.data = "흰토끼";
rabbit.run;

③ rabbit.data() = "흰토끼";
rabbit.run;

④ rabbit.data = "흰토끼";
rabbit.run();

08 다음은 **Rabbit** 클래스의 생성자를 만드는 코드입니다. 빈칸에 들어갈 내용을 고르시오.

```
class Rabbit {
    String shape;
    [          ] {
        shape = "토끼";
    }
}
```

① Rabbit ② void Rabbit()

③ Rabbit() ④ rabbit()

09 매개변수가 있는 생성자를 가진 **Rabbit** 클래스가 다음과 같을 때, 객체를 생성하는 코드를 고르시오.

```
class Rabbit {
    String shape;
    Rabbit(String value) {
        shape = value;
    }
}
```

① Rabbit rabbit = new Rabbit("토끼");

② Rabbit rabbit = Rabbit("토끼");

③ Rabbit rabbit = new Rabbit();

④ Rabbit rabbit = new ("토끼");

10 다음 빈칸에 들어갈 접근 제한 지시자가 바르게 짝지어진 것을 고르시오.

[㉠]가 붙은 속성의 경우 같은 클래스 안에서만 접근할 수 있다. [㉡]을 붙이면 외부에서도 클래스 안의 속성이나 메서드에 접근할 수 있다.

① ㉠ private, ㉡ public ② ㉠ public, ㉡ private

③ ㉠ personal, ㉡ public ④ ㉠ public, ㉡ personal

11 다음과 같은 속성과 기능을 가진 자동차 클래스를 만들고 자동차 객체를 두 개 생성하는 프로그램을 작성하시오.

[실행 결과]

```
자동차1의 색상은 빨강이며, 현재 속도는 30km입니다.
자동차2의 색상은 파랑이며, 현재 속도는 60km입니다.
```

```
class Car {
   // 자동차의 속성
   색상="";
   현재 속도=0;

   // 자동차의 기능
   upSpeed(증가할_속도량) {
        // 현재 속도에서 증가할 속도량만큼 속도를 올리는 코드
   }
   downSpeed(감소할_속도량) {
        // 현재 속도에서 감소할 속도량만큼 속도를 내리는 코드
   }
}
```

12 심화 다음 조건에 따라 토끼를 등에 업은 거북이 20쌍이 이동하는 프로그램을 작성하시오.

- 토끼 클래스의 생성자는 매개변수로 거북이 객체, 거북이 모양, 거북이 크기, 거북이 각도, 거북이 및 펜 색상, X 위치, Y 위치를 전달받음
- 생성자를 완성하고 해당 위치로 토끼를 이동

[실행 결과]

```
** 토끼, 거북이 1쌍이 만들어졌습니다. **
** 토끼, 거북이 1쌍이 만들어졌습니다. **
** 토끼, 거북이 1쌍이 만들어졌습니다. **
~~~생략~~~
```

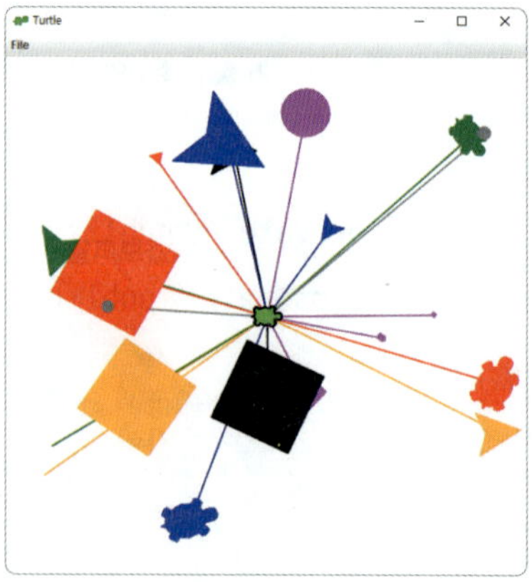

```
class Rabbit {
    Rabbit(Turtle turtle, String shape, int size, int angle, String color, int x,
    int y) {
        //////////////////////////
        // 이 부분을 완성하세요
        //////////////////////////
        System.out.println("** 토끼, 거북이 1쌍이 만들어졌습니다. **");
    }
}

public class Practice07_02 {
    public static void main(String[] args) {
        String[] colorStr = {"red", "green", "blue", "black", "magenta", "orange",
        "gray"};
        String[] shapeStr = {"turtle", "triangle", "circle", "square", "arrow"};

        Turtle turtle = new Turtle() ;
        turtle.speed(500);
        turtle.setCanvasSize(550, 550);

        for(int i=0; i<20; i++) {
            int colorNum = (int) (Math.random() * colorStr.length);
            String color = colorStr[colorNum];
            int shapeNum = (int) (Math.random() * shapeStr.length);
            String shape = shapeStr[shapeNum];
            int size = (int) (Math.random() * 100);
            int angle = (int) (Math.random() * 360);
            int x = (int) (Math.random() * 500 - 250);
            int y = (int) (Math.random() * 500 - 250);
            turtle = new Turtle();
            new Rabbit(turtle, shape, size, angle, color, x, y);
        }
    }
}
```

CHAPTER 08

객체지향 프로그래밍 II : 상속과 인터페이스

학습목표

- 인스턴스 변수와 클래스 변수에 대해 알아봅니다.
- 상속을 이해하고 활용법을 익힙니다.
- 추상 클래스를 이해하고 활용법을 익힙니다.
- 인터페이스를 이해하고 클래스와의 차이를 알아봅니다.

Preview

앞 장에서 객체지향 프로그래밍의 기본 개념을 배웠으니 한 걸음 나아가 고급 개념을 알아봅시다. 이 장에서 다루는 인스턴스 변수와 클래스 변수, 상속, 추상 클래스, 인터페이스 등은 기본 개념보다 난이도가 높지만, 객체지향 프로그래밍을 깊이 있게 하려면 반드시 알고 넘어가야 합니다. 입문자에게는 조금 어렵게 느껴질 수도 있지만 이를 이해해야 고급 프로그래머로 거듭날 수 있습니다.

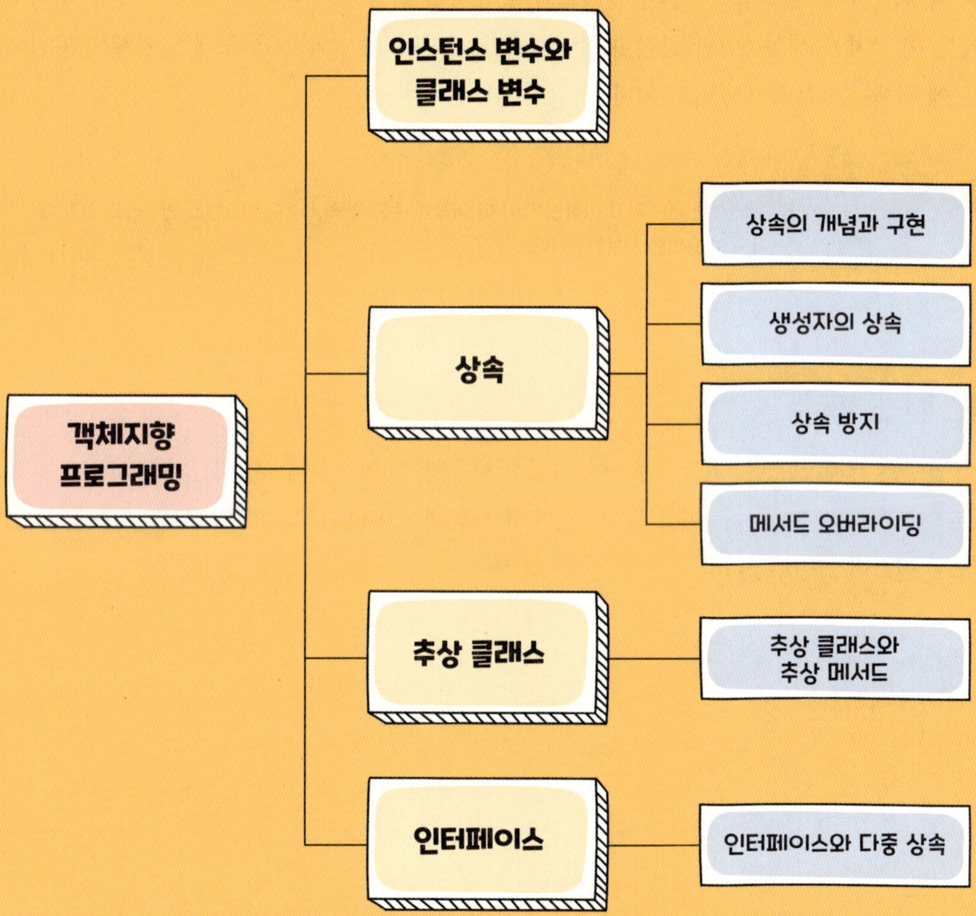

Section 01

인스턴스 변수와 클래스 변수

클래스의 속성은 크게 인스턴스 변수와 클래스 변수로 구분할 수 있습니다. 인스턴스 변수의 경우 클래스를 통해 객체를 생성해야만 공간이 할당되지만, 클래스 변수의 경우 클래스 자체에 공간이 있기 때문에 객체를 생성하지 않아도 됩니다.

인스턴스 변수를 '객체 변수'라고 칭하는 것이 더 어울릴 수도 있으나 주로 인스턴스 변수라고 하기 때문에 이 책에서도 이 용어를 사용했습니다.

1 인스턴스 변수

인스턴스 변수는 객체(인스턴스)를 생성해야 비로소 사용할 수 있는 변수로, 지금까지 사용했던 속성은 모두 인스턴스 변수입니다. 예를 들어 7장에서 사용했던 Rabbit 클래스의 shape, xPos, yPos 속성은 모두 인스턴스 변수입니다.

```
class Rabbit {
    String shape;
    int xPos;
    int yPos;
}
```

코드를 살펴보기 쉽게 접근 제한 지시자를 생략했습니다.

shape, xPos, yPos 속성은 클래스 안에 존재하며 아직 공간이 할당된 상태가 아닙니다. 클래스는 토끼 인형 설계도에 해당하므로 아직 토끼 인형이 존재하지 않는 것과 같은 개념입니다. 그럼 클래스를 이용하여 main() 메서드에서 객체를 만들어보겠습니다.

```
Rabbit rabbit1 = new Rabbit();
Rabbit rabbit2 = new Rabbit();
```

이제 rabbit1은 실제로 존재하는 객체가 되었으며, rabbit1 안에 shape, xPos, yPos의 공간이 만들어졌습니다. 마찬가지로 rabbit2에도 별도로 shape, xPos, yPos의 공간이 생겼습니다.

[그림 8-1]에서 보듯이 클래스에는 인스턴스 변수의 공간이 할당되어 있지 않고, 객체가 만들어져야 인스턴스 변수에 공간이 할당되어 rabbit1.shape 등으로 사용할 수 있습니다.

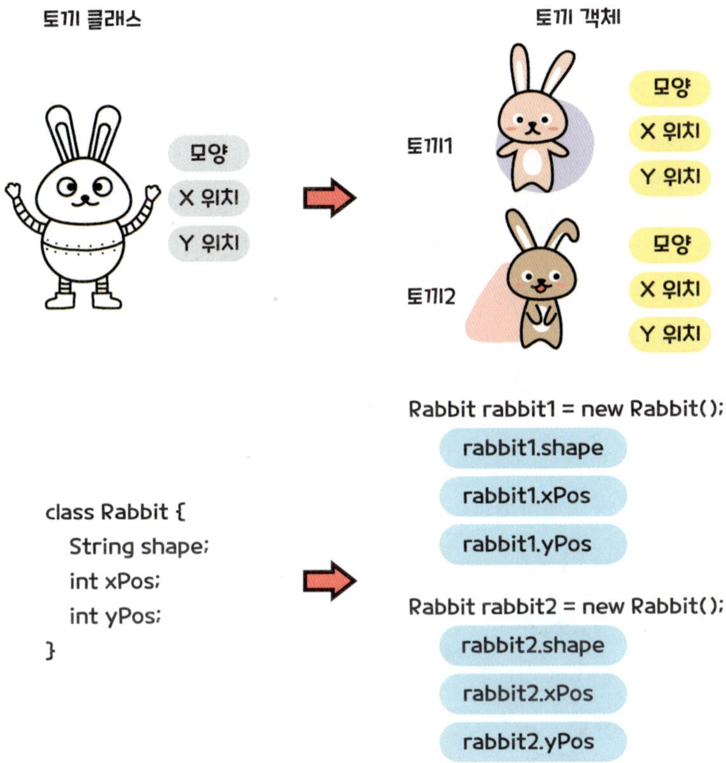

그림 8-1 **인스턴스 변수의 개념**

확인문제

다음 빈칸에 알맞은 말을 넣으시오.

객체를 생성하기 전에는 공간이 없고, 객체를 생성해야 공간이 할당되는 변수를 [ ]라고 한다.

정답

인스턴스 변수

2 클래스 변수

클래스 변수는 클래스 안에 공간이 할당된 변수입니다. 그래서 객체에 별도의 공간이 할당되지 않고 여러 객체가 클래스 변수의 공간을 같이 사용합니다. 속성 앞에 static을 붙이면 클래스 변수로 만들 수 있는데, 예를 들어 Rabbit 클래스에서 토끼의 수를 세기 위한 count 변수를 클래스 변수로 추가하려면 다음과 같이 작성합니다.

```
class Rabbit {
    String shape;
    int xPos;
    int yPos;
    static int count;
}
```

객체를 생성하는 코드는 동일하며, 객체가 생성되면 [그림 8-2]와 같이 클래스 변수의 상태가 변합니다.

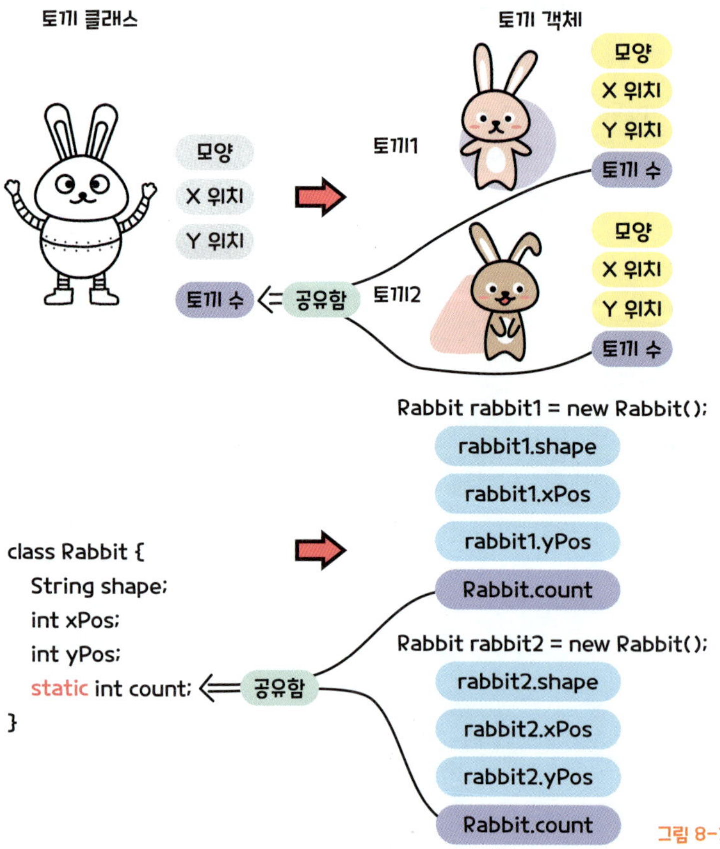

그림 8-2 클래스 변수의 개념

클래스 변수를 만들기 위해 속성 앞에 `static` 키워드를 붙이면 그 속성은 클래스 자체에 공간이 생기며, 객체를 생성해도 추가로 공간을 할당하지 않고 클래스에 이미 생성되어 있는 공간을 공유합니다. 클래스 변수에 접근할 때는 **클래스명.클래스변수** 형식을 사용합니다. 그럼 토끼를 몇 마리 만들었는지 확인하는 데 클래스 변수를 이용해봅시다.

코드 8-1 Code08_01.java

```
01  class Rabbit {
02      String shape;
03      int xPos;
04      int yPos;
05      static int count;  // 생성한 토끼의 수
06
07      Rabbit() {
08          count++;
09      }
10  }
11
12  public class Code08_01 {
13      public static void main(String[] args) {
14          System.out.println("객체 생성 전의 총 토끼 수 ==>" + Rabbit.count);
15
16          Rabbit rabbit1 = new Rabbit();
17          System.out.println("토끼 객체1 생성 후의 총 토끼 수 ==>" + Rabbit.count);
18
19          Rabbit rabbit2 = new Rabbit();
20          System.out.println("토끼 객체2 생성 후의 총 토끼 수 ==>" + Rabbit.count);
21      }
22  }
```

```
객체 생성 전의 총 토끼 수 ==>0
토끼 객체1 생성 후의 총 토끼 수 ==>1
토끼 객체2 생성 후의 총 토끼 수 ==>2
```

5행에서 클래스 변수 `count`를 선언하여 이 변수는 클래스 자체에 공간이 생김으로써, 14행에서 객체를 생성하지 않았는데도 클래스 변수의 값이 출력되었습니다. 또한 16행과 19행에서 객체를 생성했으나 `count`는 객체에 속하지 않고 클래스에 남아 있으므로, 8행의 생성자 안에서 값을 증가시켜도 값이 초기화되지 않고 계속 증가합니다. 클래스 변수에 접근하기 위해 14행, 17행, 20행에서 **클래스명**`.count` 형식을 사용했습니다.

TIP

17행과 20행에서 Rabbit.count 대신 각각 rabbit1.count, rabbit2.count를 사용해도 됩니다. 하지만 클래스 변수의 경우 Rabbit.count로 작성하면 코드가 더 명확해집니다.

확인문제

다음 빈칸에 알맞은 말을 넣으시오.

객체를 생성하기 전에 클래스에 공간이 할당되어 있는 변수를 [ ]라고 한다.

정답

클래스 변수

하나 더 알기 **인스턴스 메서드와 클래스 메서드**

지금까지 사용한 메서드는 모두 인스턴스 메서드입니다. 인스턴스 메서드는 객체가 생성되어야 호출이 가능한데, 만약 객체 생성 전에 메서드를 사용하고 싶다면 클래스 메서드로 만들면 됩니다. 즉 다음과 같이 메서드 앞에 static을 붙이면 클래스 메서드가 됩니다.

```
class Rabbit {
    static void printRabbit() {
        System.out.println("클래스 메서드를 호출했어요~");
    }
}

public class Code08 {
    public static void main(String[] args) {
        Rabbit.printRabbit();
    }
}
```

```
클래스 메서드를 호출했어요~
```

Rabbit 클래스에 static을 붙여 printRabbit() 메서드를 만들었습니다. 이 메서드는 클래스 메서드이므로 main() 메서드에서 객체를 생성하지 않고도 클래스명.메서드명()으로 메서드를 호출할 수 있었습니다.

자바는 클래스 메서드를 많이 제공하며, 클래스 메서드는 객체를 생성하지 않고 메서드를 사용하려는 경우에 유용합니다. 예를 들어 7장에서 사용했던 Math.random()도 클래스 메서드로, Math 클래스를 통해 객체를 생성하지 않고도 random() 메서드를 사용할 수 있었습니다.

Section

02 상속

1 상속의 개념

클래스는 상속(inheritance)이 가능합니다. 이는 자식이 부모에게 유산을 물려받듯이 기존의 클래스가 가지고 있는 속성과 기능을 그대로 물려받은 새로운 클래스를 만드는 것을 의미합니다. 또한 자식이 유산을 물려받은 후 자기 재산을 늘려나가듯이 상속받은 클래스에서 속성이나 기능을 추가로 만들 수 있습니다.

> 상속은 클래스 사이에서 이루어지며, 객체 사이에서는 상속이 이루어지지 않습니다.

상속의 개념을 이해하기 위해 새로운 클래스를 두 개 만들어봅시다. 토끼의 종류인 집토끼 클래스와 산토끼 클래스를 만드는데, 이는 7장에서 토끼 클래스를 만들었던 것과 크게 다르지 않습니다.

먼저 집토끼 클래스와 산토끼 클래스를 살펴보면, [그림 8-3]과 같이 둘은 각각의 클래스를 사용하여 집토끼 객체와 산토끼 객체를 생성합니다. 그런데 집토끼 객체와 산토끼 객체는 공통점이 많습니다. 즉 속성 중 모양, X 위치, Y 위치가 같고, 메서드 중 이동하기()가 같습니다. 차이점은 집토끼의 주인 이름 속성, 산토끼의 산 이름 속성, 그리고 집토끼의 사료 먹기() 메서드, 산토끼의 풀 먹기() 메서드입니다.

집토끼 클래스

```
class 집토끼 {
    속성: 모양, X 위치, Y 위치, 주인 이름
    메서드: 이동하기(), 사료 먹기()
}
```

산토끼 클래스

```
class 산토끼 {
    속성: 모양, X 위치, Y 위치, 산 이름
    메서드: 이동하기(), 풀 먹기()
}
```

그림 8-3 집토끼 클래스와 산토끼 클래스의 개념

그렇다면 집토끼와 산토끼의 공통점을 가진 토끼 클래스를 만들고, 이 토끼 클래스의 특징을 집토끼와 산토끼에게 그대로 물려주면 어떨까요? 그리고 집토끼와 산토끼의 차이점을 각각에 추가하면 더 효율적이지 않을까요?

[그림 8-4]는 이러한 상속의 개념을 보여줍니다. 집토끼와 산토끼의 공통 속성인 모양, X 위치, Y 위치와 공통 메서드인 이동하기()를 토끼 클래스에 정의하고, 이 토끼 클래스를 상속받은 집토끼 클래스와 산토끼 클래스를 만들었습니다. 그런 다음 집토끼 클래스에는 주인 이름 속성과 사료 먹기() 메서드를 추가하고, 산토끼 클래스에는 산 이름 속성과 풀 먹기() 메서드를 추가했습니다. 이때 상위 클래스인 토끼 클래스를 슈퍼 클래스, 하위 클래스인 집토끼 클래스와 산토끼 클래스를 서브 클래스라고 부릅니다.

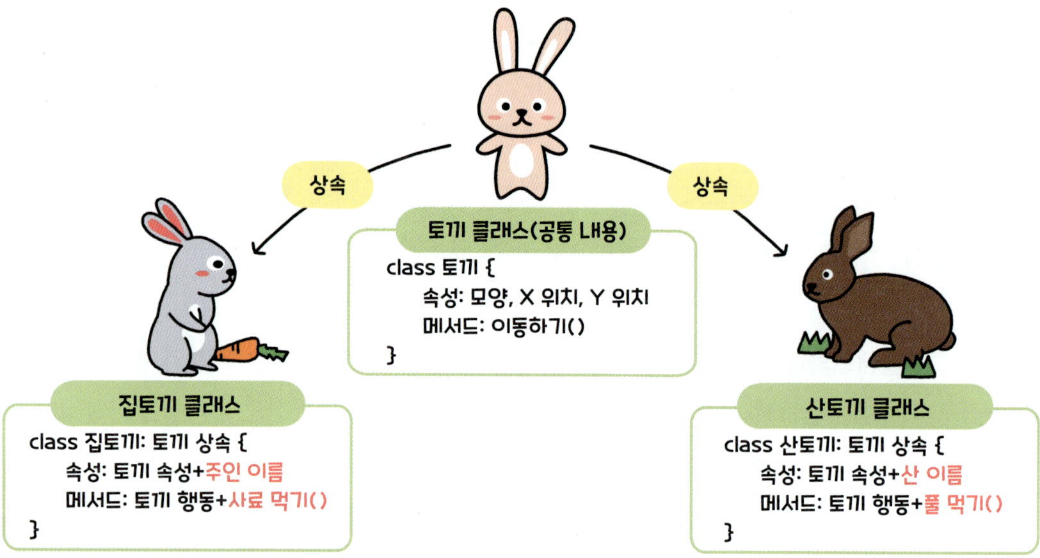

그림 8-4 상속의 개념

슈퍼 클래스는 부모 클래스 또는 기본 클래스라고도 하고, 서브 클래스는 자식 클래스 또는 파생 클래스라고도 합니다.

이와 같은 상속을 활용하면 일관되고 효율적인 프로그래밍을 할 수 있습니다.

2 상속 구현

상속을 구현하기 위해 서브 클래스를 정의하려면 다음과 같이 extends 예약어를 사용하고 슈퍼 클래스명을 넣습니다.

```
class 서브클래스 extends 슈퍼클래스 {
  // 이 부분에 서브 클래스 코드 구현
}
```

이제 토끼를 상속받는 집토끼 클래스와 산토끼 클래스를 구현해봅시다.

코드 8-2 Code08_02.java

```java
class Rabbit {
    String shape;
    int xPos;
    int yPos;

    void move(int x, int y) {
        this.xPos = x;
        this.yPos = y;
    }
}

class HouseRabbit extends Rabbit {
    String owner;
    void eatFeed() {
        System.out.println("집토끼가 사료를 먹습니다.");
    }
}

class MountainRabbit extends Rabbit {
    String mountain;
    void eatWildglass() {
        System.out.println("산토끼가 풀을 먹습니다.");
    }
}

public class Code08_02 {
    public static void main(String[] args) {

    }
}
```

```
아무것도 출력되지 않음
```

1~10행에서 슈퍼 클래스인 토끼(Rabbit) 클래스를 정의하고, 12~17행에서 서브 클래스인 집토끼(HouseRabbit) 클래스를, 19~24행에서 서브 클래스인 산토끼(MountainRabbit) 클래스를 만들었습니다. 그리고 12행과 19행에서 Rabbit 클래스를 상속하여 각각 HouseRabbit 클래스와 MountainRabbit 클래스를 정의했습니다.

이제 서브 클래스의 객체를 생성해보겠습니다. 서브 클래스를 사용하여 객체를 만드는 것은 일반 클래스를 사용하여 객체를 만드는 것과 차이가 없습니다.

```
HouseRabbit hRabbit = new HouseRabbit();          // 집토끼 객체 생성
MountainRabbit mRabbit = new MountainRabbit();    // 산토끼 객체 생성
```

집토끼 객체인 hRabbit과 산토끼 객체인 mRabbit을 만들었는데, 이 두 객체를 사용하는 것도 일반 객체를 사용하는 것과 다르지 않습니다. 상속받은 객체를 사용하는 [코드 8-3]을 살펴봅시다.

코드 8-3 Code08_03.java

```
// Code08_02.java의 1~24행과 동일

public class Code08_03 {
    public static void main(String[] args) {
        HouseRabbit hRabbit = new HouseRabbit();
        MountainRabbit mRabbit = new MountainRabbit();

        hRabbit.shape = "삼각형";
        hRabbit.owner = "난생이";
        hRabbit.move(100, 100);
        hRabbit.eatFeed();

        mRabbit.shape = "네모";
        mRabbit.mountain = "설악산";
        mRabbit.move(200, 200);
        mRabbit.eatWildglass();
    }
}
```

```
집토끼가 사료를 먹습니다.
산토끼가 풀을 먹습니다.
```

8행에서 hRabbit 객체의 shape 속성에 "삼각형"을 저장했습니다. [코드 8-2]의 12~17행에서 생성한 HouseRabbit 클래스에 shape 속성이 없는데도 HouseRabbit 클래스에서 shape 속성을 사용할 수 있는 것은 슈퍼 클래스인 Rabbit 클래스에 shape 속성이 정의되어 있기 때문입니다. 서브 클래스인 HouseRabbit 클래스는 슈퍼 클래스인 Rabbit 클래스의 모든 속성과 기능을 사용할 수 있습니다.

한편 9행의 owner는 HouseRabbit 클래스에만 있는 속성이고, 14행의 mountain은 MountainRabbit 클래스에만 있는 속성입니다. 그리고 10행과 15행에서 사용된 move() 메서드의 경우 서브 클래스인 HouseRabbit 및 MountainRabbit 클래스에는 없지만 슈퍼 클래스인 Rabbit 클래스에 정의되어 있습니다. 또한 11행의 eatFeed() 메서드, 16행의 eatWildglass() 메서드는 각각 HouseRabbit 클래스, MountainRabbit 클래스에서 추가로 정의된 것입니다.

확인문제

1. 다음 빈칸에 알맞은 말을 넣으시오.

산토끼 클래스와 집토끼 클래스의 공통된 속성과 기능을 토끼 클래스에 정의한 뒤 이 토끼 클래스를 [ ]받은 집토끼 클래스와 산토끼 클래스를 만들 수 있다.

2. 산토끼(MountainRabbit) 클래스가 토끼(Rabbit) 클래스의 상속을 받도록 다음 코드의 빈칸을 채우시오.

```
class [   ㉠   ] extends [   ㉡   ] {
   // 이 부분에 서브 클래스의 내용 코딩
}
```

정답

1. 상속 2. ㉠ MountainRabbit ㉡ Rabbit

3 생성자의 상속

슈퍼 클래스에도 별도의 생성자가 있고 서브 클래스에도 별도의 생성자가 있는 경우를 고려해봅시다. 이를 위해 토끼 클래스와 집토끼 클래스에 생성자를 만들고 집토끼 객체를 하나 생성하겠습니다. 코드를 간략하게 작성하기 위해 생성자 외의 속성이나 메서드를 모두 생략했습니다.

코드 8-4 Code08_04.java

```
01  class Rabbit {
02      Rabbit () {
03          System.out.println("1. 슈퍼 클래스(토끼)의 생성자가 호출됩니다.");
04      }
05  }
06
07  class HouseRabbit extends Rabbit {
08      HouseRabbit () {
09          System.out.println("2. 서브 클래스(집토끼)의 생성자가 호출됩니다.");
10      }
11  }
12
13  public class Code08_04 {
14      public static void main(String[] args) {
15          HouseRabbit hRabbit = new HouseRabbit();
16      }
17  }
```

```
1. 슈퍼 클래스(토끼)의 생성자가 호출됩니다.
2. 서브 클래스(집토끼)의 생성자가 호출됩니다.
```

15행에서 서브 클래스인 HouseRabbit의 hRabbit 객체를 생성했더니 슈퍼 클래스인 Rabbit 클래스의 생성자가 실행된 다음 서브 클래스인 HouseRabbit 클래스의 생성자가 실행되었습니다. 이처럼 슈퍼 클래스에도 생성자가 있고 서브 클래스에도 생성자가 있는 경우에는 슈퍼 클래스의 생성자가 먼저 실행됩니다.

4 상속 방지

기본적으로 서브 클래스는 슈퍼 클래스의 속성과 메서드를 상속받는데, 이러한 상속을 막을 수도 있습니다. 슈퍼 클래스의 속성 또는 메서드 앞에 private를 붙이면 상속이 되지 않습니다.

[코드 8-5]는 토끼 클래스의 상속을 방지하는 예제입니다.

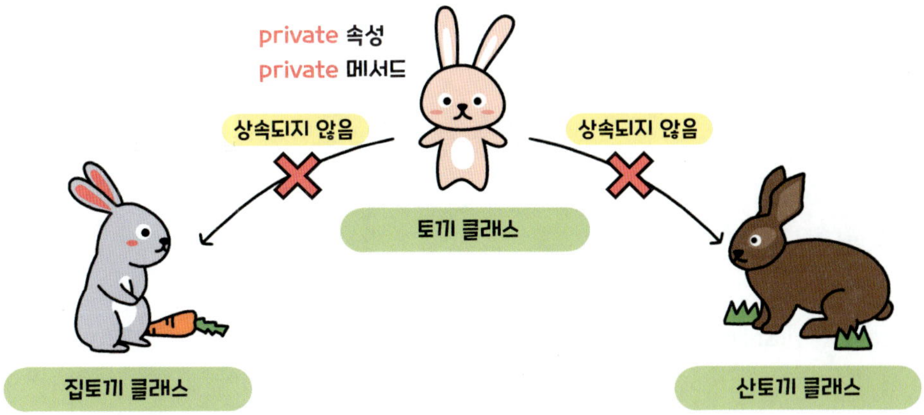

그림 8-5 상속 방지의 개념

코드 8-5 Code08_05.java

```java
class Rabbit {
    private String shape;
    int xPos;
    int yPos;

    private void move(int x, int y) {
        this.xPos = x;
        this.yPos = y;
    }
}

class HouseRabbit extends Rabbit {
    String owner;
    void eatFeed() {
        System.out.println("집토끼가 사료를 먹습니다.");
    }
}

public class Code08_05 {
    public static void main(String[] args) {
        HouseRabbit hRabbit = new HouseRabbit();

        hRabbit.owner = "난생이";
        hRabbit.eatFeed();
//      hRabbit.shape = "삼각형";
//      hRabbit.move(100, 100);
```

오류 발생

```
27            hRabbit.xPos = 100;
28            hRabbit.yPos = 100;
29        }
30    }
```

```
집토끼가 사료를 먹습니다.
```

2행에서 private를 붙인 shape 속성이 상속되지 않아 12~17행의 HouseRabbit 클래스에 shape 속성 자체가 없기 때문에 25행에서 오류가 발생했습니다. 또한 6행에서도 move() 메서드에 private를 붙여 상속을 막은 탓에 HouseRabbit 클래스에 move() 메서드가 없어 26행에서 오류가 발생했습니다. 이에 27, 28행에서 직접 상속받은 xPos와 yPos 속성에 값을 대입했습니다. 한편 23행의 owner 속성과 24행의 eatFeed() 메서드는 HouseRabbit 클래스에서 정의한 것이므로 당연히 사용 가능합니다.

상속 방지를 실습하기 위해 move() 메서드를 private로 지정했지만, 메서드의 경우 public을 붙이거나 생략하는 것이 일반적입니다. 메서드를 private로 지정하면 상속은 물론이고 접근도 불가능하기 때문입니다.

5 메서드 오버라이딩

메서드 오버라이딩(overriding)은 슈퍼 클래스의 메서드를 서브 클래스에서 재정의하는 것을 말합니다. 쉽게 말해 슈퍼 클래스로부터 상속받은 메서드를 무시하고 동일한 이름의 메서드를 다시 만드는 것입니다. 예를 들어 토끼 클래스의 move() 메서드를 상속받은 산토끼는 돌아다니는 영역에 제약이 없으니 move() 메서드를 그대로 사용해도 괜찮을 것입니다. 하지만 집토끼는 울타리를 벗어날 수 없으므로 move() 메서드를 다시 만들어 울타리의 범위를 벗어나지 않도록 해야 합니다.

이러한 오버라이딩을 [그림 8-6]에 정리했습니다. 슈퍼 클래스(토끼)를 상속받은 서브 클래스(집토끼, 산토끼)는 이동하기() 메서드를 상속받기 때문에 이동하기() 메서드를 다시 만들 필요가 없습니다. 그런데 산토끼는 활동 영역에 제한이 없기 때문에 토끼 클래스의 이동하기() 메서드를 그대로 사용해도 되지만, 집토끼는 활동 영역을 제한해야 하므로 집토끼 클래스에서 이동하기()를 다시 만들어 사용해야 합니다. 이처럼 슈퍼 클래스에 존재하는 메서드를 서브 클래스에서 다시 만들어서 사용하는 것이 바로 오버라이딩(재정의)입니다.

하나 더 알기 ✓ **상속을 허용하는 protected**

protected 접근 제한 지시자를 붙이면 상속이 허용됩니다. public과 다른 점은 상속은 되지만 외부 패키지에서 직접 접근할 수 없다는 것입니다. 외부 패키지는 외부 파일이라고 생각해도 무방합니다. 다음 코드를 살펴봅시다.

```
01  class Rabbit {
02      protected int xPos;
03      protected int yPos;
04
05      public void move(int x, int y) {
06          this.xPos = x;
07          this.yPos = y;
08      }
09  }
10
11  class HouseRabbit extends Rabbit {
12
13  }
14
15  public class Example08_01 {
16      public static void main(String[] args) {
17          HouseRabbit hRabbit = new HouseRabbit();
18          hRabbit.move(100, 100);
19  //      hRabbit.xPos = 200;   ← 외부에서 사용하면 오류 발생
20      }
21  }
```

```
객체 생성 전의 총 토끼 수 ==>0
토끼 객체1 생성 후의 총 토끼 수 ==>1
토끼 객체2 생성 후의 총 토끼 수 ==>2
```

2, 3행에서 속성을 protected로 지정했으며, 11행의 HouseRabbit 클래스에는 아무것도 없지만 xPos, yPos, move()를 상속받았기 때문에 18행에서 move() 메서드를 사용할 수 있습니다. 5행에서 move() 메서드를 public으로 선언했으므로 18행은 외부에서도 사용 가능하지만, protected로 상속받은 속성을 외부에서 접근하면 19행과 같이 오류가 발생합니다.

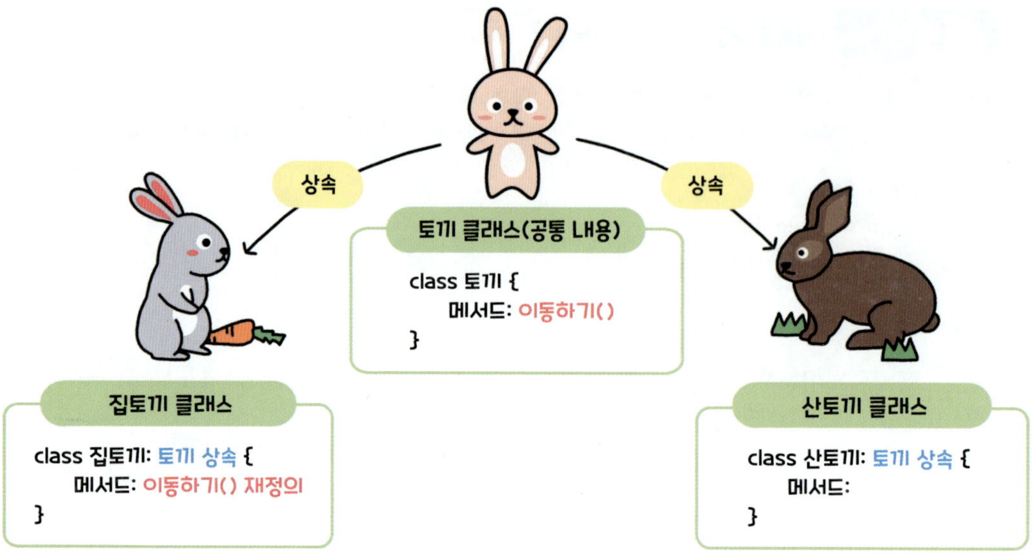

그림 8-6 메서드 오버라이딩의 개념

그럼 [그림 8-6]을 코드로 구현해봅시다.

코드 8-6 Code08_06.java

```
class Rabbit {
    int xPos;
    int yPos;

    void move(int x, int y) {
        this.xPos = x;
        this.yPos = y;
    }
}

class HouseRabbit extends Rabbit {
    void move(int x, int y) {
        this.xPos = x;
        this.yPos = y;

        if (this.xPos > 100)
            this.xPos = 100;
        if (this.yPos > 100)
            this.yPos = 100;
    }
}

```

```
23  class MountainRabbit extends Rabbit {
24
25  }
26
27  public class Code08_06 {
28      public static void main(String[] args) {
29          HouseRabbit hRabbit = new HouseRabbit();
30          MountainRabbit mRabbit = new MountainRabbit();
31
32          hRabbit.move(500, 500);
33          mRabbit.move(500, 500);
34
35          System.out.printf("집토끼 위치 : (%d, %d) \n", hRabbit.xPos, hRabbit.yPos );
36          System.out.printf("산토끼 위치 : (%d, %d) \n", mRabbit.xPos, mRabbit.yPos );
37      }
38  }
```

```
집토끼 위치 : (100, 100)
산토끼 위치 : (500, 500)
```

5행에서 슈퍼 클래스인 Rabbit 클래스의 move() 메서드를 정의했으며, 서브 클래스인 MountainRabbit 클래스는 내용이 들어가야 할 24행이 비어 있으므로 5행의 move() 메서드를 상속받아 그대로 사용합니다. 반면에 또 다른 서브 클래스인 HouseRabbit 클래스는 (100, 100) 범위를 벗어나지 못하도록 12~20행에서 move() 메서드를 재정의했습니다. 그리고 32, 33행에서 집토끼와 산토끼를 (500, 500)으로 이동한 결과, 집토끼는 오버라이딩한 12행의 move() 메서드가 작동하여 범위인 (100, 100)이 출력되었습니다.

확인문제

다음 빈칸에 알맞은 말을 넣으시오.

- 상속을 막기 위한 접근 제한 지시자는 [㉠]이다.
- 서브 클래스에서 슈퍼 클래스의 메서드와 동일한 이름의 메서드를 재정의하는 것을 [㉡]이라고 한다.

정답

㉠ private ㉡ 오버라이딩(메서드 오버라이딩)

하나 더 알기 ✓ 메서드 오버라이딩을 제한하는 final

슈퍼 클래스의 메서드 앞에 final을 붙이면 메서드 오버라이딩을 못하게 되어 서브 클래스에서는 슈퍼 클래스의 메서드를 상속받아 그대로 사용할 수밖에 없습니다. 다음 코드에서 Rabbit을 상속받은 HouserRabbit은 Rabbit의 move() 메서드를 오버라이딩하지 못하고 그대로 사용해야 합니다.

```
class Rabbit {
    int xPos;
    int yPos;

    final void move(int x, int y) {
        this.xPos = x;
        this.yPos = y;
    }
}

class HouseRabbit extends Rabbit {
//      void move(int x, int y) { ~~~생략~~~ }●—— 오류 발생
}
```

LAB 자동차를 상속받은 스포츠카와 스쿨버스

스포츠카와 스쿨버스는 자동차에 포함되니 자동차 클래스를 상속받는 스포츠카 클래스와 스쿨버스 클래스를 만들어봅시다. 앞에서 배운 슈퍼 클래스, 서브 클래스, 상속, 오버라이딩을 활용하여 스포츠카는 속도를 제한하지 않고 스쿨버스는 속도를 시속 60킬로미터로 제한합니다.

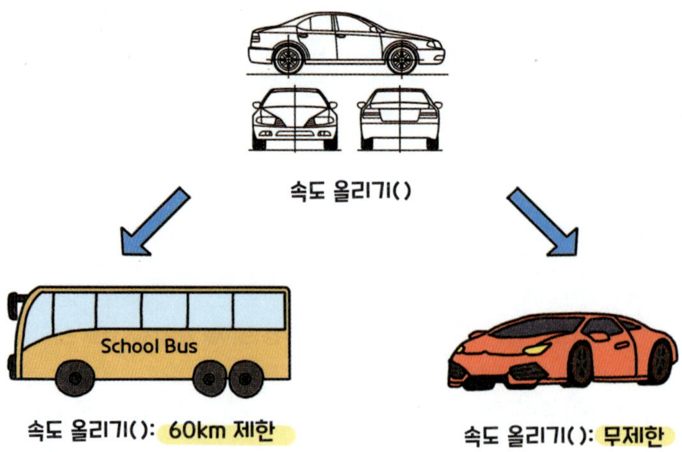

실행 결과

```
가속할 속도 ==> 30 ●———— 사용자가 입력
** 스쿨버스의 현재 속도: 30
** 스포츠카의 현재 속도: 30
가속할 속도 ==> 50 ●———— 사용자가 입력
** 스쿨버스의 현재 속도: 60
** 스포츠카의 현재 속도: 80
가속할 속도 ==> 60 ●———— 사용자가 입력
** 스쿨버스의 현재 속도: 60
** 스포츠카의 현재 속도: 140
가속할 속도 ==> ●———— 'Terminate' 아이콘을 클릭하여 종료
```

1. Lab08_01.java 파일을 만들고, 키보드로 값을 입력받기 위해 Scanner 클래스를 사용할 수 있도록 준비합니다.

```
import java.util.Scanner;
Scanner s = new Scanner(System.in);

s.close();
```

2. 속도 속성, upSpeed() 메서드를 가진 슈퍼 클래스 Car를 만듭니다. upSpeed()는 가속할 속도를 매개변수로 받고 속도에 제한이 없습니다. import문 바로 아래에 코딩하면 됩니다.

```
class Car {
    int speed = 0;

    void upSpeed(int value) {
        this.speed += value;
    }
}
```

3. Car 클래스를 상속받는 서브 클래스 SchoolBus를 생성합니다. upSpeed()를 오버라이딩하여 제한 속도를 60킬로미터로 지정합니다.

```
class SchoolBus extends Car {
    void upSpeed(int value) {
        this.speed += value;
        if (this.speed > 60)
            this.speed = 60;
    }
}
```

4. Car 클래스를 상속받는 서브 클래스 SportsCar를 생성합니다. 속도에 제한이 없어 Car 클래스의 upSpeed()를 상속받아 그대로 사용할 수 있기 때문에 빈 클래스로 만듭니다.

```
class SportsCar extends Car {
}
```

5. main() 메서드에서 입력받은 속도를 저장할 axel 변수를 준비하고, 스쿨버스와 스포츠카 객체를 생성합니다.

```
int axel;
SchoolBus bus = new SchoolBus();
SportsCar car = new SportsCar();
```

6. 사용자로부터 속도를 입력받고, upSpeed() 메서드로 차량을 가속시켜 현재 속도를 출력하는 작업을 무한 반복합니다.

```
while(true) {
    System.out.print("가속할 속도 ==> ");
    axel = s.nextInt();

    bus.upSpeed(axel);
    car.upSpeed(axel);

    System.out.printf("** 스쿨버스의 현재 속도: %d \n", bus.speed);
    System.out.printf("** 스포츠카의 현재 속도: %d \n", car.speed);
}
```

7. 완성된 코드는 다음과 같습니다. Ctrl+F11을 눌러 실행 결과를 확인해봅니다.

Lab08_01.java

```
import java.util.Scanner;

class Car {
    int speed = 0;

    void upSpeed(int value) {
        this.speed += value;
    }
}

```

```
class SchoolBus extends Car {
    void upSpeed(int value) {
        this.speed += value;
        if (this.speed > 60)
            this.speed = 60;
    }
}

class SportsCar extends Car {

}

public class Lab08_01 {
    public static void main(String[] args) {
        Scanner s = new Scanner(System.in);
        int axel;    // 가속할 속도

        SchoolBus bus = new SchoolBus();
        SportsCar car = new SportsCar();

        while(true) {
            System.out.print("가속할 속도 ==> ");
            axel = s.nextInt();

            bus.upSpeed(axel);
            car.upSpeed(axel);

            System.out.printf("** 스쿨버스의 현재 속도: %d \n", bus.speed);
            System.out.printf("** 스포츠카의 현재 속도: %d \n", car.speed);
        }
    }
}
```

Section 03

추상 클래스

추상 클래스(abstract class)는 객체로 만들 수 없는 클래스를 말합니다. 그렇다면 객체로 만들지 않을 클래스를 왜 사용할까요? 이는 조금 어려운 내용인데, 결론부터 말하자면 바로 객체를 만들지 않고 서브 클래스에 상속한 후 객체를 만들기 위해 추상 클래스를 사용합니다. 이러한 추상 클래스의 개념과 사용법을 자세히 알아봅시다.

> 클래스에서 객체를 만드는 작업을 '객체화' 또는 '인스턴스화'라고 합니다.

1 추상 클래스

현실 세계에는 집토끼와 산토끼가 존재하지만 '토끼'라는 추상적인 개념은 실존하는 것이 아닙니다. 추상 클래스는 이러한 추상적인 개념의 토끼에 비유할 수 있습니다. 일반적인 클래스와 달리 추상 클래스는 인스턴스를 생성할 수 없으며, 추상 클래스를 사용하려면 먼저 추상 클래스를 상속받는 서브 클래스를 만든 다음 서브 클래스의 객체를 구현해야 합니다.

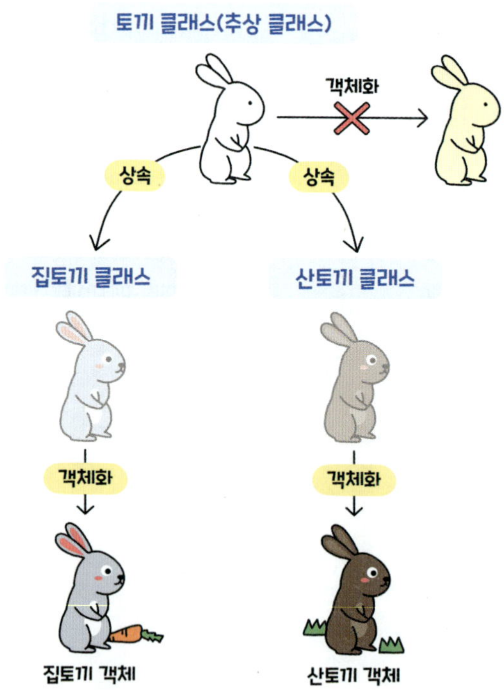

그림 8-7 추상 클래스의 개념

예를 들어 토끼 클래스를 추상 클래스로 지정하면 토끼 클래스로는 객체를 만들 수 없습니다. 또한 토끼 클래스는 슈퍼 클래스의 역할만 담당하게 됩니다. 따라서 토끼 클래스를 상속받아 집토끼 클래스와 산토끼 클래스를 생성하여 객체를 구현해야 합니다.

클래스를 추상 클래스로 지정하는 형식은 다음과 같습니다.

```
abstract class 클래스명 {
   // 속성 및 메서드 정의
}
```

[코드 8-7]은 [그림 8-7]의 추상 클래스를 프로그래밍한 것입니다.

코드 8-7 Code08_07.java

```
abstract class Rabbit {
    String shape;
    int xPos;
    int yPos;

    void move(int x, int y) {
        this.xPos = x;
        this.yPos = y;
    }
}

class HouseRabbit extends Rabbit {
}

class MountainRabbit extends Rabbit {
}

public class Code08_07 {
    public static void main(String[] args) {
//      Rabbit rabbit = new Rabbit();          오류 발생
        HouseRabbit hRabbit = new HouseRabbit();
        System.out.println("집토끼 객체 생성~~~");
        MountainRabbit mRabbit = new MountainRabbit();
        System.out.println("산토끼 객체 생성~~~");
    }
}
```

```
집토끼 객체 생성~~~
산토끼 객체 생성~~~
```

1행에서 클래스에 abstract를 붙였기 때문에 Rabbit 클래스는 추상 클래스가 되었습니다. 따라서 직접 객체를 만들면 20행과 같이 오류가 발생하며, 12행과 15행처럼 Rabbit 클래스를 상속한 뒤 21행과 23행처럼 서브 클래스를 통해 객체를 생성해야 합니다.

2 추상 메서드

추상 메서드(abstract method)는 내용이 없는 껍데기 메서드를 말합니다. 추상 메서드를 만드는 형식은 다음과 같으며, 내용이 없기 때문에 본체를 감싸는 중괄호가 없습니다.

```
abstract 반환형 메서드명(매개변수);
```

예를 들어 토끼 클래스에 sleep()를 추상 메서드로 정의하려면 다음과 같이 작성합니다.

```
abstract void sleep();
```

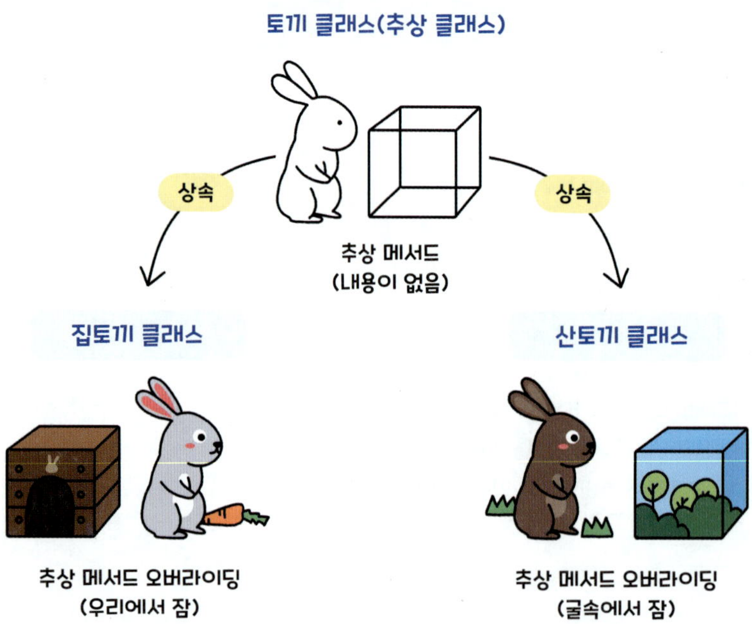

그림 8-8 추상 메서드의 개념

그런데 본체 코드가 없는 추상 메서드는 어떻게 작동하는 것일까요? 추상 메서드의 목적은 상속받은 서브 클래스에서 반드시 오버라이딩하여 사용하도록 하는 데 있습니다. 다시 말해 슈퍼 클래스에서는 추상 메서드로 메서드의 껍데기를 만들어놓고 각각의 서브 클래스에서 실제 내용을 채워넣게 하는 것입니다.

잠자는 동작을 나타내는 메서드는 집토끼와 산토끼 둘 다 sleep()이지만, 집토끼는 우리에서 자고 산토끼는 굴속에서 자기 때문에 작동하는 내용이 다릅니다. 이렇게 제각각인 내용을 슈퍼 클래스인 토끼 클래스에 정의할 수 없기 때문에 토끼 클래스에는 빈껍데기인 추상 메서드를 만들어놓고 각 서브 클래스에서 오버라이딩하여 내용을 채웁니다. 이를 의사 코드로 정리하면 다음과 같습니다.

```
abstract class 토끼 {       // 추상 클래스
    abstract 잠잔다();      // 추상 메서드
}

class 집토끼 extends 토끼 {
    잠잔다() {              // 오버라이딩
        // 집토끼가 우리에서 잠자는 동작 코딩
    }
}

class 산토끼 extends 토끼 {
    잠잔다() {              // 오버라이딩
        // 산토끼가 굴속에서 잠자는 동작 코딩
    }
}
```

추상 메서드가 하나라도 들어 있는 클래스는 무조건 추상 클래스로 지정해야 합니다. 그렇다면 잠잔다() 메서드를 굳이 슈퍼 클래스에 만들지 말고 서브 클래스인 집토끼 클래스와 산토끼 클래스에 만들어도 되지 않을까요? 그래도 상관없지만, 추상 메서드에는 '토끼 클래스를 상속받은 서브 클래스는 반드시 잠잔다() 메서드를 만들어야 한다'는 의미가 내포되어 있습니다. 즉 추상 클래스의 상속을 받은 서브 클래스는 추상 메서드를 오버라이딩하지 않으면 문법적인 오류가 발생하므로 모든 추상 메서드를 반드시 오버라이딩하여 그 내용을 의무적으로 채워야 합니다.

이제 위 의사 코드를 자바 코드로 옮겨봅시다.

코드 8-8 Code08_08.java

```
01  abstract class Rabbit {
02      int xPos;
03      int yPos;
04
05      void move(int x, int y) {
06          this.xPos = x;
07          this.yPos = y;
08      }
09
10      abstract void sleep();
11  }
12
13  class HouseRabbit extends Rabbit {
14      void sleep() {
15          System.out.println("집토끼가 우리에서 잠자고 있습니다.");
16      }
17  }
18
19  class MountainRabbit extends Rabbit {
20      void sleep() {
21          System.out.println("산토끼가 굴속에서 잠자고 있습니다.");
22      }
23  }
24
25  public class Code08_08 {
26      public static void main(String[] args) {
27          HouseRabbit hRabbit = new HouseRabbit();
28          MountainRabbit mRabbit = new MountainRabbit();
29
30          hRabbit.sleep();
31          mRabbit.sleep();
32      }
33  }
```

```
집토끼가 우리에서 잠자고 있습니다.
산토끼가 굴속에서 잠자고 있습니다.
```

10행에서 sleep()를 추상 메서드로 지정했기 때문에 1행에서 토끼 클래스도 추상 클래스로 설정했습니다. 그리고 14행과 20행에서 추상 메서드를 오버라이딩하여 내용을 채워넣었습니다.

[코드 8-8]의 1~11행에서 보듯이 추상 클래스 안에 속성, 일반 메서드, 추상 메서드가 공존할 수 있습니다.

확인문제

다음 빈칸에 공통으로 알맞은 말을 넣으시오.

- 직접 객체화할 수 없는 추상 클래스로 만들려면 클래스명 앞에 예약어 ______를 사용한다.
- 추상 메서드 앞에는 ______를 사용하며, 추상 메서드가 포함된 클래스도 앞에 ______를 붙여서 추상 클래스로 지정해야 한다.

정답

abstract

Section 04 인터페이스

1 인터페이스

인터페이스(interface)를 사용하는 목적 중 하나는 다중 상속을 하기 위함입니다. 인터페이스는 앞에서 배운 추상 클래스와 비슷한 개념이지만 추상 클래스보다 더 제한적입니다. 그렇다면 추상 클래스와 인터페이스의 차이를 먼저 살펴봅시다.

추상 클래스는 속성, 일반 메서드, 생성자, 추상 메서드 등을 모두 가질 수 있지만 인터페이스는 속성과 추상 메서드만 가질 수 있습니다. 또한 인터페이스의 경우 속성 앞에 `static final`을 붙여야 합니다.

> 속성 앞에 `static final`을 붙이면 상수로 취급되어 값을 변경할 수 없고 초깃값을 반드시 지정해야 합니다.

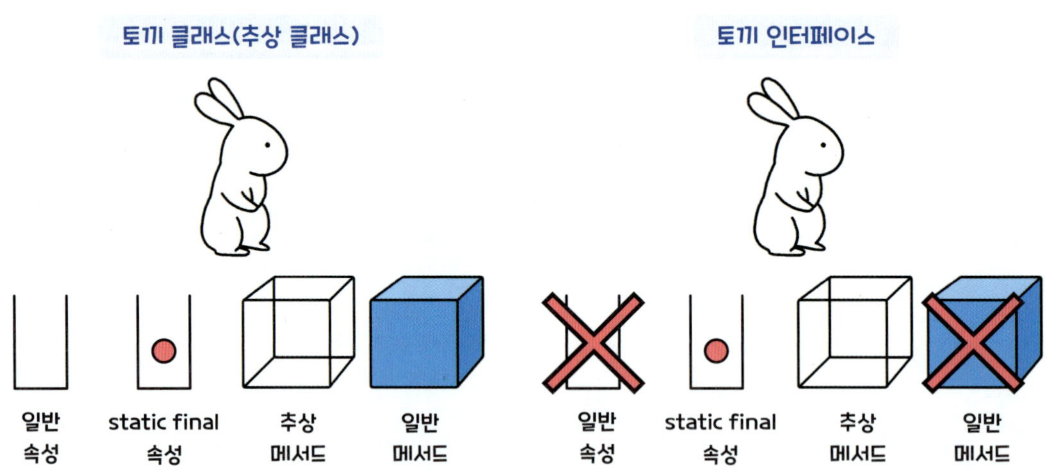

그림 8-9 추상 클래스와 인터페이스의 비교

인터페이스를 만드는 형식은 다음과 같습니다. 인터페이스로 지정하려면 class 키워드 대신 interface 키워드를 사용합니다.

```
interface 인터페이스명 {
   // static final 속성
   // 추상 메서드
}
```

다음은 토끼 인터페이스를 구현한 코드로, 추상 클래스를 상속받는 것과 크게 다르지 않습니다. 슈퍼 클래스를 상속받을 때는 extends 키워드를 사용했지만 인터페이스의 경우 implements 키워드를 사용합니다.

```
interface 토끼 {
    abstract 잠잔다() ;    // 추상 메서드
}

class 집토끼 implements 토끼 {
    잠잔다() {              // 오버라이딩
          // 집토끼가 우리에서 잠자는 동작 코딩
    }
}

class 산토끼 implements 토끼 {
    잠잔다() {              // 오버라이딩
          // 산토끼가 굴속에서 잠자는 동작 코딩
    }
}
```

토끼 인터페이스의 잠잔다() 메서드 앞에 있는 abstract는 생략해도 됩니다. 인터페이스에 들어가는 메서드는 추상 메서드뿐이므로 abstract가 없어도 당연히 추상 메서드로 인식합니다.

implements 키워드를 사용하는 인터페이스는 '상속받는다'고 표현하기보다는 '구현한다'고 표현합니다.

[코드 8-8]의 추상 클래스를 인터페이스로 바꿔 코딩해봅시다.

코드 8-9 Code08_09.java

```java
01 interface Rabbit {
02     abstract void sleep();
03 }
04
05 class HouseRabbit implements Rabbit {
06     public void sleep() {
07         System.out.println("집토끼가 우리에서 잠자고 있습니다.");
08     }
09 }
10
11 class MountainRabbit implements Rabbit {
12     public void sleep() {
13         System.out.println("산토끼가 굴속에서 잠자고 있습니다.");
14     }
15 }
16
17 public class Code08_9 {
18     public static void main(String[] args) {
19         HouseRabbit hRabbit = new HouseRabbit();
20         MountainRabbit mRabbit = new MountainRabbit();
21
22         hRabbit.sleep();
23         mRabbit.sleep();
24     }
25 }
```

```
집토끼가 우리에서 잠자고 있습니다.
산토끼가 굴속에서 잠자고 있습니다.
```

1~3행의 인터페이스에는 추상 메서드만 들어 있고, 인터페이스를 구현하기 위해 5행과 11행에서 `implements` 키워드를 사용했습니다. 6행과 12행에서 인터페이스 추상 메서드를 오버라이딩할 때 `public` 키워드를 붙였다는 것을 주의하세요.

2 다중 상속

여러 개의 슈퍼 클래스를 상속받는 것을 다중 상속이라고 합니다. 예를 들어 탱크는 자동차처럼 움직이기도 하고 대포처럼 포탄을 발사하기도 합니다.

```
탱크 = 자동차 + 대포
```

그렇다면 [그림 8-10]과 같이 두 개의 슈퍼 클래스인 자동차와 대포를 이용하여 서브 클래스인 탱크를 만들면 어떨까요? 즉 여러 개의 슈퍼 클래스를 통해 서브 클래스 하나를 만드는 것입니다.

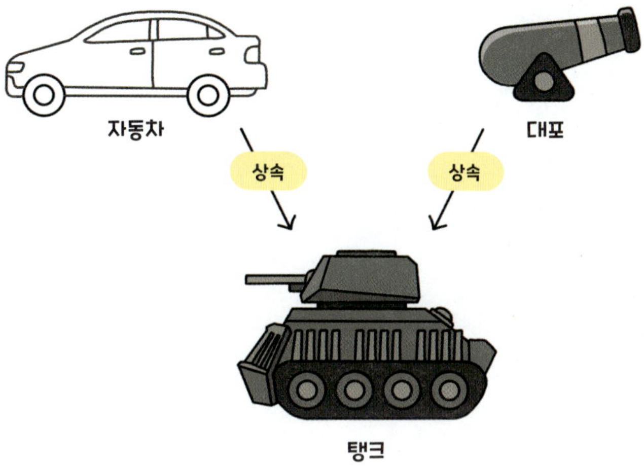

그림 8-10 **다중 상속의 개념**

다음은 [그림 8-10]을 의사 코드로 정리한 것입니다.

```
class 자동차 {
    이동한다();
}

class 대포 {
    발사한다();
}

class 탱크 extends 자동차, 대포 {
    이동한다() {            // 오버라이딩
        // 탱크가 움직이는 코드 구현
    }
    발사한다() {            // 오버라이딩
        // 탱크에서 대포를 발사하는 코드 구현
    }
}
```

이처럼 탱크 클래스가 자동차 클래스와 대포 클래스를 상속받도록 구현하면 되겠지만 문제가 있습니다. 자바에서는 클래스의 다중 상속을 허용하지 않기 때문에 이러한 방식을 사용할 수 없습니다. 그러나 인터페이스의 다중 상속은 허용하므로 탱크 클래스를 인터페이스로 표현하면 됩니다. 다음과 같이 인터페이스를 사용하면 자동차와 대포를 동시에 상속받는 탱크 클래스를 만들 수 있습니다.

```
interface 자동차 {
    이동한다();
}

interface 대포 {
    발사한다();
}

class 탱크 implements 자동차, 대포 {
    이동한다() {           // 오버라이딩
        // 탱크가 움직이는 코드 구현
    }
    발사한다() {           // 오버라이딩
        // 탱크에서 대포를 발사하는 코드 구현
    }
}
```

위와 같이 다중 상속을 받는 탱크를 코드로 작성해봅시다.

코드 8-10 Code08_10.java

```java
interface Car {
    void move();
}

interface Cannon {
    void fire();
}

class Tank implements Car, Cannon {
    public void move() {
        System.out.println("탱크가 앞으로 이동합니다.");
    }
    public void fire() {
        System.out.println("탱크에서 대포를 발사합니다.");
```

```
15        }
16    }
17
18    public class Code08_10 {
19        public static void main(String[] args) {
20            Tank tank1 = new Tank();
21            tank1.move();
22            tank1.fire();
23        }
24    }
```

```
탱크가 앞으로 이동합니다.
탱크에서 대포를 발사합니다.
```

1행에서 Car 인터페이스를, 5행에서 Cannon 인터페이스를 만들고, 9행에서 두 인터페이스를 상속받아 Tank 클래스를 생성했습니다. 그리고 10행과 13행에서 추상 메서드를 오버라이딩했습니다.

인터페이스는 세 개 이상을 상속받아도 되고, 다음과 같이 인터페이스와 클래스를 동시에 상속받을 수도 있습니다.

```
class 서브클래스 extends 슈퍼클래스 implements 인터페이스1, 인터페이스2, … {
    // 이 부분에 추상 메서드를 오버라이딩하여 완성
}
```

LAB 거북이를 상속받은 슈퍼 거북이 만들기

거북이를 상속받아서 거북이보다 두 배 더 크고 더 빠른 슈퍼 거북이를 만들어봅시다. 크기와 속도를 비교하기 위해 거북이와 슈퍼 거북이가 함께 화면을 돌아다니게 합니다.

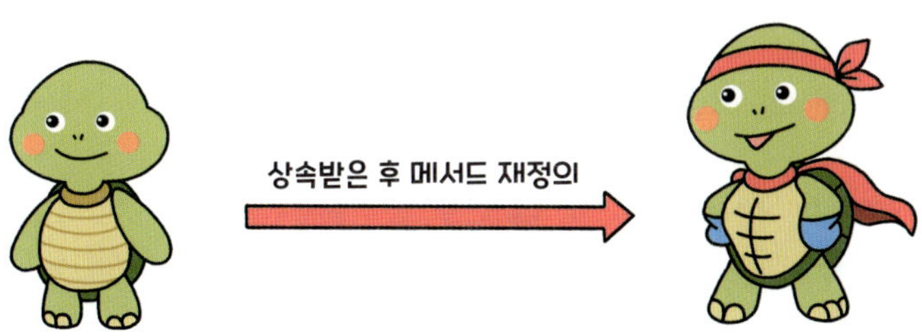

1. Lab08_02.java 파일을 만들고, Turtle 클래스를 상속받는 SuperTurtle 클래스를 생성합니다.

```
class SuperTurtle extends Turtle {

}
```

2. 속도를 지정하는 speed(), 오른쪽으로 회전하는 right(), 앞으로 전진하는 forward(), 거북이의 크기를 지정하는 shapeSize() 메서드를 SuperTurtle 클래스에 오버라이딩합니다.

```
public void speed(int value) {
    super.speed(value/2);                  // 값이 낮을수록 빨리 움직임
}
public void right(int value) {
    super.right(value*2);                  // 오른쪽으로 2배 회전
}
public void forward(int value) {
    super.forward(value*2);                // 앞으로 2배 전진
}
public long shapeSize(int value1, int value2) {
    super.shapeSize(value1*2, value2*2);   // 거북이의 크기를 2배 크게 설정
    return 0;
}
```

speed(), right(), forward() 메서드는 모두 반환 데이터형이 void이고 정수형 매개변수 한 개를 받으며, shapeSize() 메서드만 반환 데이터형이 long이고 정수형 매개변수 두 개를 받습니다. 메서드의 반환 데이터형과 매개변수에 대해서는 10장에서 자세히 다룰 것입니다.

3. main()에서 거북이 객체와 슈퍼 거북이 객체를 생성하고 속도, 크기, 각도, 거리를 무작위로 생성할 변수 네 개를 선언합니다. 그리고 캔버스의 크기는 500×500 정도로 설정하고 거북이는 파란색, 슈퍼 거북이는 빨간색으로 지정합니다.

```
Turtle turtle = new Turtle();
SuperTurtle sTurtle = new SuperTurtle();

int speed, size, angle, distance;

turtle.setCanvasSize(500, 500);
turtle.fillColor("blue");          // 거북이의 내부 색상
```

```
turtle.penColor("blue");            // 거북이의 펜 색상
sTurtle.fillColor("red");
sTurtle.penColor("red");
```

4. 거북이의 속도, 각도, 거리, 크기를 무작위로 생성하여 거북이와 슈퍼 거북이에 같은 값을 대입하는 작업을 무한 반복합니다. 슈퍼 거북이의 경우 메서드를 오버라이딩하여 값의 두 배가 대입되도록 앞에서 이미 작성해놓았습니다.

```
while(true) {
    speed = (int) (Math.random() * 1000);          // 속도는 최대 1000 미만
    angle = (int) (Math.random() * 360);           // 각도는 최대 360 미만
    distance = (int) (Math.random() * 50 + 10);    // 이동 거리는 10~60 미만
    size = (int) (Math.random() * 100);            // 크기는 0~100 미만

    turtle.speed(speed);
    sTurtle.speed(speed);

    turtle.shapeSize(size, size);
    sTurtle.shapeSize(size, size);

    turtle.right(angle);
    sTurtle.right(angle);

    turtle.forward(distance);
    sTurtle.forward(distance);
}
```

5. 완성된 코드는 다음과 같습니다. Ctrl+F11을 눌러 실행 결과를 확인해봅니다.

Lab08_02.java

```
class SuperTurtle extends Turtle {
    public void speed(int value) {
        super.speed(value/2);
    }
    public void right(int value) {
        super.right(value*2);
    }
    public void forward(int value) {
        super.forward(value*2);
    }
```

```
    public long shapeSize(int value1, int value2) {
        super.shapeSize(value1*2, value2*2);
        return 0;
    }
}

public class Lab08_02 {
    public static void main(String[] args) {
        Turtle turtle = new Turtle();
        SuperTurtle sTurtle = new SuperTurtle();

        int speed, size, angle, distance;

        turtle.setCanvasSize(500, 500);
        turtle.fillColor("blue");
        turtle.penColor("blue");
        sTurtle.fillColor("red");
        sTurtle.penColor("red");

        while(true) {
            speed = (int) (Math.random()*1000);
            angle = (int) (Math.random()*360);
            distance = (int) (Math.random() * 50 + 10);
            size = (int) (Math.random() * 100);

            turtle.speed(speed);
            sTurtle.speed(speed);

            turtle.shapeSize(size, size);
            sTurtle.shapeSize(size, size);

            turtle.right(angle);
            sTurtle.right(angle);

            turtle.forward(distance);
            sTurtle.forward(distance);
        }
    }
}
```

실전 예제

그림 그리는 거북이 만들기

문제

추상 클래스와 터틀 그래픽을 활용하여 선과 사각형을 그리는 화가 거북이를 만들어봅시다. 우선 도형(Figure) 슈퍼 클래스를 추상 클래스로 만들고, 이를 상속받는 서브 클래스로 선(Line) 클래스와 사각형(Rectangle) 클래스를 만듭니다. 그런 다음 무작위로 추출된 두 좌표 사이에 거북이가 선 또는 사각형 객체를 생성하고, 각 객체의 DrawLine() 메서드를 호출하여 선 또는 사각형을 그리게 합니다.

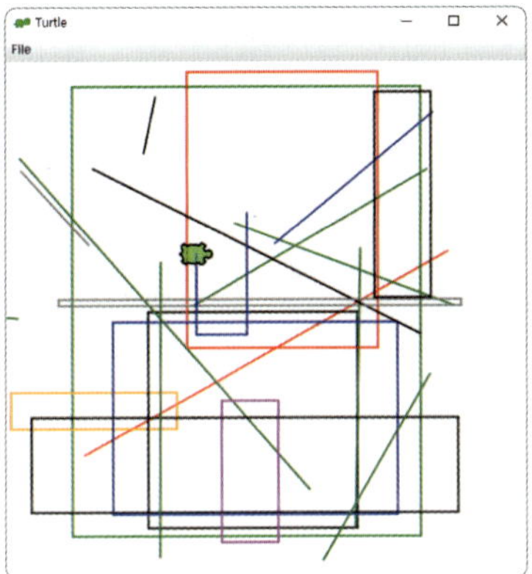

해결

Ex08_01.java

```java
abstract class Figure {
    Turtle turtle;               // 거북이
    String color;
    public int x1, y1, x2, y2;   // 선 또는 사각형의 두 좌표
    abstract public void DrawLine();
}

class Line extends Figure {
    public Line(Turtle turtle, String color, int x1, int y1, int x2, int y2) {
        this.turtle = turtle;
        this.color = color;
        this.x1 = x1;
        this.y1 = y1;
        this.x2 = x2;
        this.y2 = y2;
    }
    public void DrawLine() {
```

```
        turtle.up();
        turtle.setPosition(x1, y1);
        turtle.penColor(color);
        turtle.down();
        turtle.setPosition(x2, y2);
    }
}

class Rectangle extends Figure {
    public Rectangle(Turtle turtle, String color,int x1, int y1, int x2, int y2) {
        this.turtle = turtle;
        this.color = color;
        this.x1 = x1;
        this.y1 = y1;
        this.x2 = x2;
        this.y2 = y2;
    }
    public void DrawLine() {
        turtle.up();
        turtle.setPosition(x1, y1);

        turtle.penColor(color);
        turtle.down();
        turtle.setPosition(x1, y2);
        turtle.setPosition(x2, y2);
        turtle.setPosition(x2, y1);
        turtle.setPosition(x1, y1);
    }
}

public class Ex08_01 {
    public static void main(String[] args) {
        Turtle turtle = new Turtle();
        Line line;
        Rectangle rect;
        String[] colorStr = {"red", "green", "blue", "black", "magenta", "orange",
        "gray"};

        turtle.speed(500);
        int x1, y1, x2, y2;
```

```
57
58          while(true) {
59              int colorNum = (int) (Math.random() * colorStr.length);
60              String color = colorStr[colorNum];
61
62              x1 = (int) (Math.random() * 500 - 250);
63              y1 = (int) (Math.random() * 500 - 250);
64              x2 = (int) (Math.random() * 500 - 250);
65              y2 = (int) (Math.random() * 500 - 250);
66
67              if (Math.random() < 0.5) {
68                  line = new Line(turtle, color, x1, y1, x2, y2);
69                  line.DrawLine();
70              } else {
71                  rect = new Rectangle(turtle, color, x1, y1, x2, y2);
72                  rect.DrawLine();
73              }
74          }
75      }
76  }
```

01~06, 08, 26 Figure 클래스를 추상 클래스로 지정하고, Line 클래스와 Rectangle 클래스가 이를 상속받습니다. 속성으로 거북이, 색상, 두 좌푯값을 준비합니다.

05, 17, 35 DrawLine()을 추상 메서드로 선언하고 Line 클래스와 Rectangle 클래스에서 이를 오버라이딩하여 내용을 채웁니다. Line 클래스의 DrawLine()은 선을 그리고 Rectangle 클래스의 DrawLine()은 사각형을 그리는데, 여기에 필요한 좌표는 생성자인 9~16행, 27~34행에서 매개변수로 전달받아 속성에 대입합니다. 생성자는 거북이와 색상을 함께 넘겨받습니다.

18~22 Line 클래스의 DrawLine()에 의해 거북이가 (x1, y1)과 (x2, y2)를 연결하는 선을 그립니다.

36~44 Rectangle 클래스의 DrawLine()에 의해 거북이가 (x1, y2), (x2, y2), (x2, y1), (x1, y1)을 연결하여 사각형을 그립니다.

50~53 거북이, 선, 사각형 객체를 준비합니다.

58~74 무한 반복합니다.

59, 60 무작위로 색상을 추출합니다.

62~65 무작위로 두 좌표를 추출합니다.

67~73 선 또는 사각형 객체를 생성하고 DrawLine() 메서드를 호출합니다. 67행에서 50% 확률로 선 또는 사각형이 선택됩니다.

요약

01 인스턴스 변수는 객체(인스턴스)를 생성해야 비로소 사용할 수 있는 변수입니다. 클래스에는 인스턴스 변수의 공간이 할당되어 있지 않고, 객체가 만들어져야 인스턴스 변수에 공간이 할당됩니다.

02 클래스 변수는 클래스 안에 공간이 할당된 변수입니다. 그래서 객체에 별도의 공간이 할당되지 않고 여러 객체가 클래스 변수의 공간을 같이 사용합니다.

03 클래스 변수를 만들려면 속성 앞에 `static` 키워드를 붙이며, 클래스 변수에 접근할 때는 **클래스명.클래스변수** 형식을 사용합니다.

04 클래스는 상속이 가능한데, 상속은 기존의 클래스가 가지고 있는 속성과 기능을 그대로 물려받은 새로운 클래스를 만드는 것을 의미합니다. 상속을 하는 상위 클래스를 슈퍼 클래스, 상속을 받는 하위 클래스를 서브 클래스라고 부릅니다.

05 상속을 구현하기 위해 서브 클래스를 정의하려면 다음과 같이 `extends` 예약어를 사용하고 슈퍼 클래스명을 넣습니다.

```
class 서브클래스 extends 슈퍼클래스 {
   // 이 부분에 서브 클래스 코드 구현
}
```

06 슈퍼 클래스에도 생성자가 있고 서브 클래스에도 생성자가 있는 경우에는 슈퍼 클래스의 생성자가 먼저 실행됩니다.

07 슈퍼 클래스의 속성 또는 메서드 앞에 `private`를 붙이면 상속을 막을 수 있습니다.

08 메서드 오버라이딩은 슈퍼 클래스의 메서드를 서브 클래스에서 재정의하는 것을 말합니다. 슈퍼 클래스의 메서드 앞에 `final`을 붙이면 메서드 오버라이딩을 못하게 됩니다.

09 추상 클래스는 객체로 만들 수 없는 클래스를 말합니다. 바로 객체를 만들지 않고 서브 클래스에 상속한 후 객체를 만들기 위해 추상 클래스를 사용합니다.

10 추상 클래스로 지정하려면 클래스명 앞에 abstract 키워드를 붙입니다.

11 추상 메서드는 내용이 없는 껍데기 메서드를 말합니다. 메서드 앞에 abstract를 붙이면 추상 메서드가 되며, 내용이 없기 때문에 본체를 감싸는 중괄호가 없습니다. 추상 메서드의 목적은 상속받은 서브 클래스에서 반드시 오버라이딩하여 사용하도록 하는 데 있습니다.

12 인터페이스는 속성과 추상 메서드만 가질 수 있으며, 속성 앞에 static final을 붙여야 합니다.

13 인터페이스로 지정하려면 class 키워드 대신 interface 키워드를 사용합니다.

```
interface 인터페이스명 {
   // static final 속성
   // 추상 메서드
}
```

14 여러 개의 슈퍼 클래스를 상속받는 것을 다중 상속이라고 합니다. 자바에서는 클래스의 다중 상속을 허용하지 않지만 인터페이스의 다중 상속은 허용합니다.

연습문제

01 다음은 무엇에 대한 설명인가요?

클래스에는 변수의 공간이 할당되어 있지 않고, 객체가 만들어져야 변수에 공간이 할당된다.

① 클래스 변수 ② 인스턴스 변수 ③ 전역변수 ④ 지역변수

02 다음은 무엇에 대한 설명인가요?

객체에 별도의 공간이 할당되지 않고 여러 객체가 클래스 변수의 공간을 같이 사용한다. 속성 앞에 static을 붙이면 이 변수로 만들 수 있다.

① 클래스 변수 ② 인스턴스 변수 ③ 전역변수 ④ 지역변수

03 다음 코드의 빈칸에 들어갈 내용을 고르시오.

```
class Dog {
    static int count;
    Dog() {
        count++;
    }
}

public class Code {
    public static void main(String[] args) {
        Dog dog = new Dog();
        System.out.println("총 강아지 수 -->" + [          ]);
    }
}
```

① dog->count ② dog.Dog ③ Dog.count ④ Dog.count()

04 다음은 무엇에 대한 설명인가요?

집토끼 객체와 산토끼 객체는 공통점이 많다. 그렇다면 집토끼와 산토끼의 공통점을 가진 토끼 클래스를 만들고, 이 토끼 클래스의 특징을 집토끼와 산토끼에게 그대로 물려주면 어떨까?

① 클래스 ② 인스턴스화 ③ 보안 ④ 상속

05 다음 코드의 실행 결과를 고르시오.

```
class Pet {
    Pet() {
        System.out.print("애완동물 ");
    }
}
class Puppy extends Pet {
    Puppy() {
        System.out.println("강아지");
    }
}

public class Code {
    public static void main(String[] args) {
        Puppy puppy = new Puppy();
    }
}
```

① 애완동물 강아지　　② 강아지
③ 강아지 애완동물　　④ 애완동물

06 클래스의 상속을 막으려면 속성이나 메서드 앞에 무엇을 붙여야 하나요?

① public　　② private　　③ protected　　④ inherit

07 슈퍼 클래스로부터 상속받은 메서드를 무시하고 동일한 이름의 메서드를 다시 만드는 것을 무엇이라고 하나요?

① 오버드라이브　　② 오버클래스　　③ 오버라이딩　　④ 뉴디파인

08 다음은 추상 클래스를 만드는 형식입니다. 빈칸에 들어갈 내용을 고르시오.

```
[        ] class 클래스명 {
    // 속성 및 메서드 정의
}
```

① default　　② class　　③ abnormal　　④ abstract

09 다음 중 인터페이스에 대한 설명으로 옳지 않은 것을 고르시오.

① 속성과 추상 메서드만 가질 수 있다.

② 속성 앞에 static final을 붙여야 한다.

③ 상속받으려면 extends 키워드를 사용한다.

④ 다중 상속이 가능하다.

10 다음과 같은 자동차 슈퍼 클래스와 승용차 및 트럭 서브 클래스를 코딩하시오.

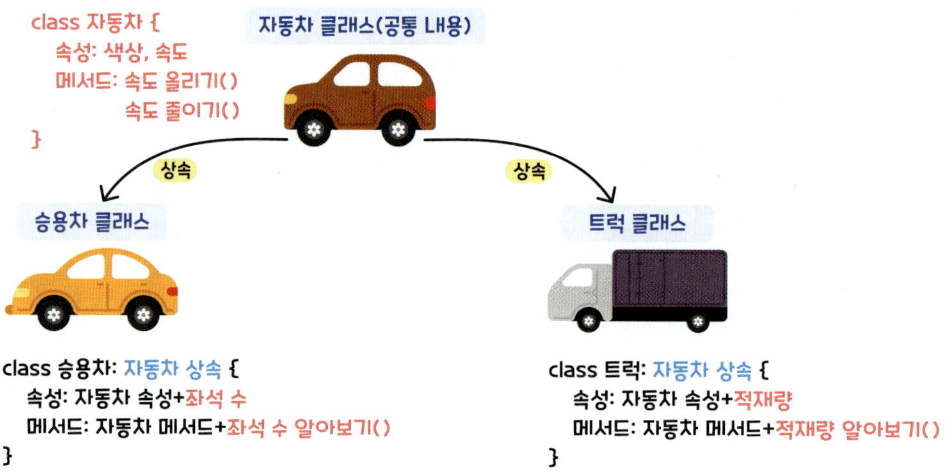

[실행 결과]

```
승용차 속도는 300km, 좌석 수는 5개입니다.
트럭 속도는 100km, 적재량은 50톤입니다.
```

```
class AutoCar {
    /////////////////////////
    // 이 부분을 완성하세요
    /////////////////////////
}

class Sedan extends AutoCar {
    /////////////////////////
    // 이 부분을 완성하세요
    /////////////////////////
}

class Truck extends AutoCar {
```

```
    ////////////////////////
    // 이 부분을 완성하세요
    ////////////////////////
}

public class Practice08_01 {
    public static void main(String[] args) {

        Sedan sedan1 = new Sedan();
        Truck truck1 = new Truck();

        sedan1.upSpeed(300);
        truck1.upSpeed(100);

        sedan1.seatNum = 5;
        truck1.capacity = 50;

        System.out.println("승용차 속도는 " + sedan1.speed + "km, 좌석 수는 " +
        sedan1.getSeatNum() + "개입니다.");
        System.out.println("트럭 속도는 " + truck1.speed + "km, 적재량은 " + truck1.
        getCapacity() + "톤입니다.");
    }
}
```

11 심화 이 장의 [실전 예제]에서 만든 프로그램을 다음 조건에 맞게 수정하여 각 거북이 객체가 선 또는 사각형을 그리는 프로그램을 작성하시오.

- 거북이 객체 하나가 도형 하나를 그림
- 거북이 객체의 선 색상, 거북이의 내부 색상, 거북이의 외곽선 색상을 통일

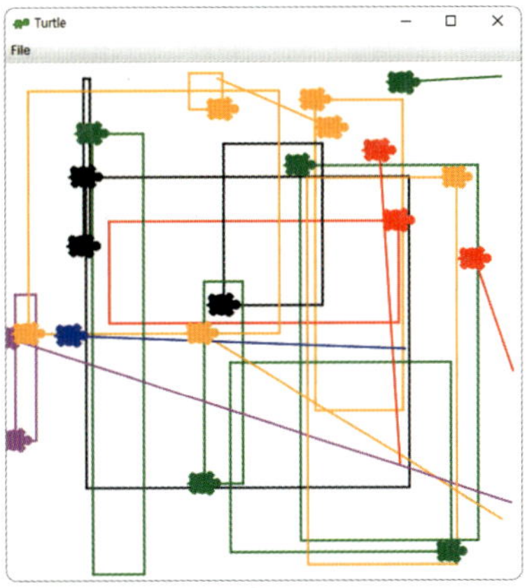

CHAPTER 09

배열

학습목표

- 배열을 이해하고 활용법을 익힙니다.
- 배열의 정렬, 반전, 복사 등 고급 처리 방법을 익힙니다.
- 2차원 배열을 이해하고 활용법을 익힙니다.

Preview

배열은 많은 데이터가 들어 있는 데이터의 집합이라고 볼 수 있습니다. 자바 프로그래밍에서 자주 사용되는 배열은 매우 중요한 자료 구조이며, 자바뿐만 아니라 다른 프로그래밍 언어에서도 중요하게 여겨집니다. 이 장에서는 수준 높은 자바 프로그래밍을 하는 데 필수적인 배열을 파헤쳐봅니다.

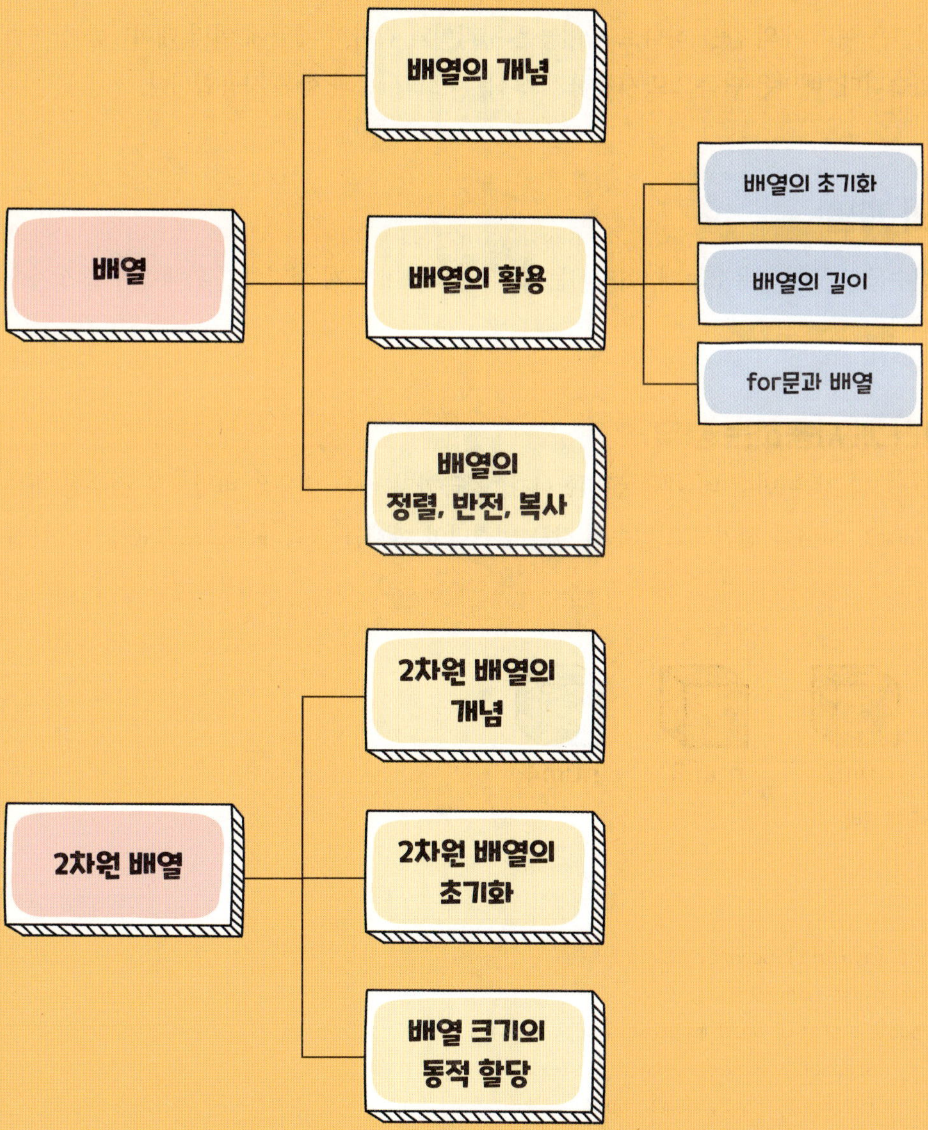

Section 01

배열

쉽게 말해 배열은 여러 개의 값을 하나로 묶어놓은 꾸러미와 같아서 배열에 여러 데이터를 한꺼번에 담을 수 있습니다. 배열은 단독으로 사용하기보다는 주로 for문과 함께 사용합니다.

1 배열의 개념

2장에서는 변수를 그릇에 비유했는데, 여기서는 좀 더 이해하기 쉽게 설명하기 위해 변수를 상자에 비유하겠습니다.

변수를 여러 개 사용하는 경우

우선 [그림 9-1]과 같은 변수 네 개를 준비합니다. 지금까지 배운 내용을 바탕으로 정수형 변수 num1, num2, num3, num4를 선언하고 변수에 값을 입력받아 합계를 출력하는 프로그램을 작성해봅시다.

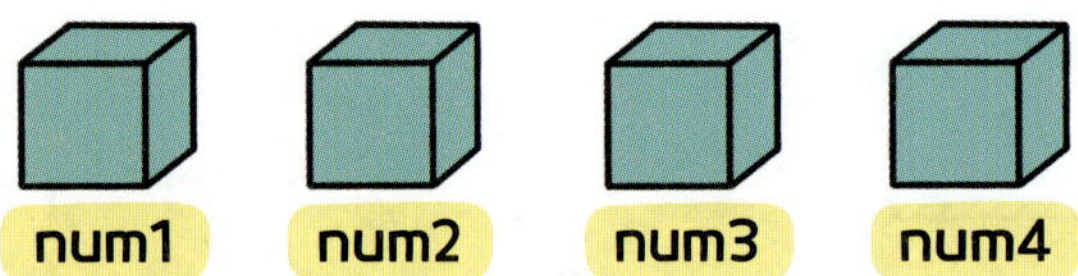

그림 9-1 **변수 네 개 준비**

코드 9-1 Code09_01.java

```
import java.util.Scanner;
public class Code09_01 {
    public static void main(String[] args) {
        Scanner s = new Scanner(System.in);
        int num1, num2, num3, num4;
        int hap = 0;

```

```
        System.out.print("숫자 : ");
        num1 = s.nextInt();
        System.out.print("숫자 : ");
        num2 = s.nextInt();
        System.out.print("숫자 : ");
        num3 = s.nextInt();
        System.out.print("숫자 : ");
        num4 = s.nextInt();

        hap = num1 + num2 + num3 + num4;
        System.out.println("합계 ==> " + hap);

        s.close();
    }
}
```

```
숫자 : 10
숫자 : 20
숫자 : 30
숫자 : 40
합계 ==> 100
```

사용자가 입력

변수 네 개를 선언하고 값을 입력받아 합을 구하는 코드는 간단하며, 이 정도의 프로그래밍은 이제 어렵지 않을 것입니다. 하지만 변수가 1000개라면 어떨까요? 변수 num1~num1000을 입력하는 것은 현실적으로 힘든 일인데, 이럴 때 배열을 이용하면 됩니다.

배열을 사용하는 경우

[그림 9-2]와 같이 배열은 하나씩 사용하던 변수를 한 줄로 붙여놓은 것이라고 할 수 있습니다. 이렇게 한 덩어리가 되면 변수명도 한 개로 충분합니다. 지금까지는 변수명을 num1, num2, num3, num4와 같이 각각 지정하여 사용했지만, 배열로 만드는 경우 변수를 한 줄로 붙인 덩어리 전체의 이름을 numAry와 같이 하나로 지정하여 사용하면 됩니다. 그리고 배열을 이루는 각 요소에 numAry[0], numAry[1], numAry[2], numAry[3]과 같이 번호(첨자)를 붙여 접근합니다.

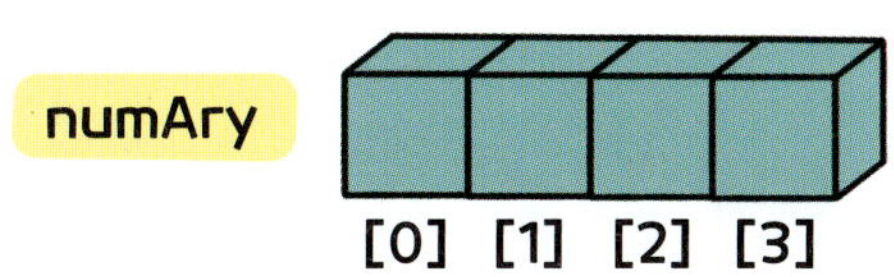

그림 9-2 배열의 개념

배열도 변수이니 마음대로 이름을 지을 수 있습니다. 이 책에서는 숫자 배열이라는 것을 한눈에 알 수 있도록 numAry라는 배열명을 사용했습니다.

배열을 선언하는 형식은 다음과 같습니다.

```
데이터형[] 배열명 = new 데이터형[개수];
또는
데이터형 배열명[] = new 데이터형[개수];
```

배열 선언을 먼저 하고 new 연산자를 나중에 사용하는 방법도 있습니다.

```
데이터형[] 배열명; (또는 데이터형 배열명[];)
배열명 = new [개수];
```

다음은 네 개의 변수를 담은 정수형 배열을 선언하는 예입니다.

```
int[] numAry = new int[4];
또는
int numAry[] = new int[4];
또는
int[] numAry; (또는 int numAry[];)
numAry = new int[4];
```

변수 선언과 배열 선언이 어떻게 다른지 비교하여 살펴봅시다.

- **변수 선언:** 각 변수를 `int num1, num2, num3, num4;`와 같이 선언하여 사용합니다.
- **배열 선언:** `numAry[0]`, `numAry[1]`, `numAry[2]`, `numAry[3]`과 같이 첨자로 표시하여 사용합니다. 이때 첨자는 1이 아니라 0부터 시작됩니다.

변수 선언	배열 선언
int num1, num2, num3, num4; num1 사용 num2 사용 num3 사용 num4 사용	int[] numAry = new int[4]; numAry[0] 사용 numAry[1] 사용 numAry[2] 사용 numAry[3] 사용

그럼 [코드 9-1]에 배열을 적용해보겠습니다.

코드 9-2 Code09_02.java

```
01  import java.util.Scanner;
02  public class Code09_02 {
03      public static void main(String[] args) {
04          Scanner s = new Scanner(System.in);
05          int[] numAry = new int[4];
06          int hap = 0;
07
08          System.out.print("숫자 : ");
09          numAry[0] = s.nextInt();
10          System.out.print("숫자 : ");
11          numAry[1] = s.nextInt();
12          System.out.print("숫자 : ");
13          numAry[2] = s.nextInt();
14          System.out.print("숫자 : ");
15          numAry[3] = s.nextInt();
16
17          hap = numAry[0] + numAry[1] + numAry[2] + numAry[3];
18          System.out.println("합계 ==> " + hap);
19
20          s.close();
21      }
22  }
```

```
숫자 : 10
숫자 : 20
숫자 : 30
숫자 : 40
합계 ==> 100
```

사용자가 입력

[코드 9-1]의 5행에서는 변수 네 개(num1, num2, num3, num4)를 설정했으나 여기서는 네 요소가 있는 numAry 배열을 생성했습니다. 그리고 9행, 11행, 13행, 15행에서 변수 대신 각각 numAry[0], numAry[1], numAry[2], numAry[3]을 사용하고, 17행에서도 변수 네 개가 아니라 배열을 사용하여 합을 구했습니다. 변수를 사용하건 배열을 사용하건 실행 결과는 동일합니다.

확인문제

세 숫자를 저장할 배열을 선언하기 위한 다음 코드의 빈칸을 채우시오.

```
int[] numAry = [          ];
```

정답

```
new int[3]
```

2 배열의 활용

배열을 사용한다 하더라도 100개의 숫자를 더하는 경우 배열을 선언하고 값을 입력하는 과정을 100번 반복하고 numAry[0]+numAry[1]+numAry[2]+…+numAry[99]와 같이 코딩한다면 효율적이라고 할 수 없습니다. 그러나 배열의 특성을 잘 이해하면 이러한 수고는 할 필요가 없습니다.

[코드 9-2]에서는 첨자의 특성을 제대로 활용하지 못했지만 첨자를 반복문(for, while, do~while)과 결합하면 반복 작업을 하는 수고를 덜 수 있습니다. 배열을 유용하게 활용하기 위해 첨자와 반복문의 관계를 파악하고 배열에 값을 입력하는 방법, 생성된 배열의 크기를 알아내는 방법을 알아봅시다.

[코드 9-2]는 처음으로 배열을 사용하여 작성한 프로그램으로서 결과가 잘 출력되었으나 배열의 효율성을 제대로 느낄 수 없었습니다. 배열을 사용하기는 했지만 배열의 첨자를 활용하지는 않았기 때문입니다. for문과 while문을 배우기 전에 반복 작업을 했던 것과 비슷한 상황입니다. 그러나 배열은 첨자가 순서대로 바뀌도록 반복문과 함께 활용해야만 가치가 있습니다. [코드 9-2]의 값 대입 부분에 for문을 활용하면 [그림 9-3]과 같이 값을 대입하기 위해 for문을 네 번 돌면서 numAry[i]의 첨자가 numAry[0]~numAry[3]으로 변하고 각각의 요소에 자동으로 값이 들어갑니다.

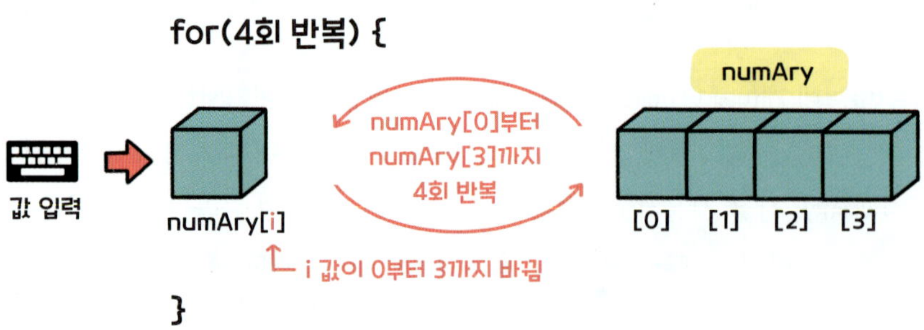

그림 9-3 for문을 활용하여 배열에 값을 대입하는 경우의 동작 원리

[코드 9-3]은 [코드 9-2]의 8~15행(배열에 값을 대입하는 부분)을 반복문으로 수정한 것입니다.

코드 9-3 Code09_03.java

```java
01  import java.util.Scanner;
02  public class Code09_03 {
03      public static void main(String[] args) {
04          Scanner s = new Scanner(System.in);
05          int[] numAry = new int[4];
06          int hap = 0;
07
08          for (int i=0; i<=3; i++) {
09              System.out.print("숫자 : ");
10              numAry[i] = s.nextInt();
11          }
12
13          hap = numAry[0] + numAry[1] + numAry[2] + numAry[3];
14          System.out.println("합계 ==> " + hap);
15
16          s.close();
17      }
18  }
```

```
숫자 : 10
숫자 : 20
숫자 : 30
숫자 : 40
합계 ==> 100
```

사용자가 입력

8행에서 i가 0부터 3까지 바뀌면서 네 번 반복되고, 10행에서도 첨자 i가 0부터 3까지 바뀌면서 numAry[0]~numAry[3]에 값이 차례대로 대입됩니다. 13행에서는 네 요소를 더했는데, 만약 배열의 요소가 100개라면 hap = numAry[0] + numAry[1] + … + numAry[99]로 작성해야 합니다. 따라서 for문을 활용하여 다음과 같이 수정하고 실행해도 동일한 결과를 얻을 수 있습니다.

```java
for (int i=0; i<=3; i++) {
    hap = hap + numAry[i];
}
```

for문의 조건식을 for (int i=0; i<4 ; i++) {~~~생략~~~}로 작성해도 됩니다.

배열의 초기화

배열을 선언하는 동시에 값을 대입하는 것을 배열의 초기화라고 합니다. 2장에서 정수형 변수를 초기화했던 것을 떠올려봅시다.

```
int num1 = 100, num2 = 200, num3 = 300, num4 = 400;
```

네 개의 값을 담은 배열 numAry를 초기화하는 것도 이와 비슷한 방식입니다. 단, 배열을 선언하는 대괄호 안에 개수를 적지 않습니다.

```
int numAry[] = {100, 200, 300, 400};
```

이렇게 선언하면 [그림 9-4]와 같이 선언한 초깃값 개수에 따라서 배열의 요소가 차례대로 초기화됩니다.

또한 배열을 먼저 선언하고 초깃값을 대입하는 방식으로 초기화를 할 수도 있습니다.

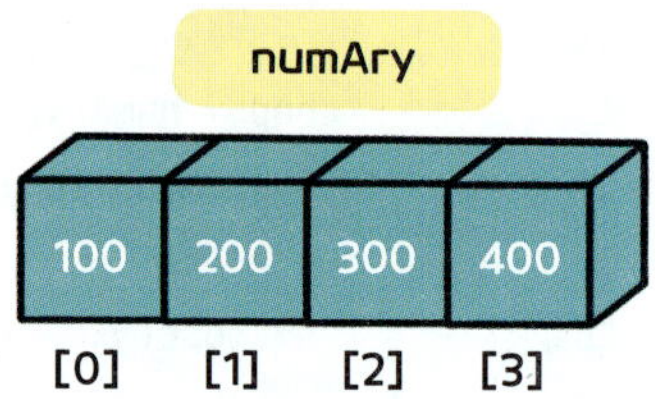

그림 9-4 배열의 초기화 1

```
int numAry[];
numAry = new int[] {100, 200, 300, 400};
```

그런데 다음과 같이 배열을 선언하기만 하고 초기화를 하지 않으면 어떻게 될까요?

```
int[] numAry = new int[4];
```

정수형 배열에 아무것도 넣지 않으면 [그림 9-5]와 같이 모든 요소에 0이 들어갑니다.

[코드 9-4]를 통해 배열의 초기화를 완전히 이해하고 넘어갑시다.

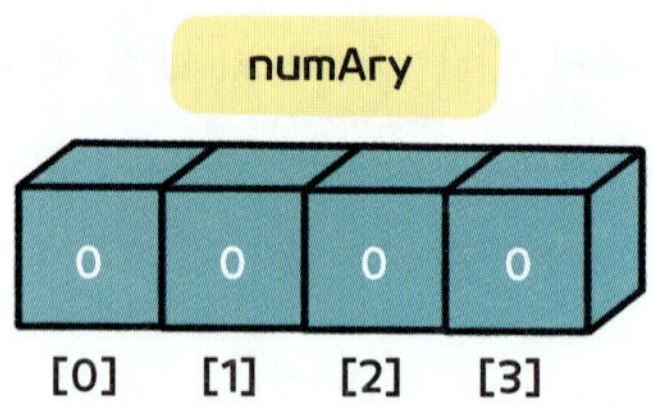

그림 9-5 배열의 초기화 2

코드 9-4 Code09_04.java

```
01 public class Code09_04 {
02     public static void main(String[] args) {
03         int ary1[] = {100, 200, 300, 400};
04         int ary2[] = new int[] {100, 200, 300};
05         int ary3[];
06         ary3 = new int[] {100, 200};
07         int[] ary4 = new int[1];
08         ary4[0] = 100;
09
10         for (int i = 0; i < 4; i++)
11             System.out.printf("ary1[%d]==>%d\t", i, ary1[i]);
12         System.out.println();
13
14         for (int i = 0; i < 3; i++)
15             System.out.printf("ary2[%d]==>%d\t", i, ary2[i]);
16         System.out.println();
17
18         for (int i = 0; i < 2; i++)
19             System.out.printf("ary3[%d]==>%d\t", i, ary3[i]);
20         System.out.println();
21
22         for (int i = 0; i < 1; i++)
23             System.out.printf("ary4[%d]==>%d\t", i, ary4[i]);
24         System.out.println();
25     }
26 }
```

\t는 Tab을 의미합니다.

```
ary1[0]==>100   ary1[1]==>200   ary1[2]==>300   ary1[3]==>400
ary2[0]==>100   ary2[1]==>200   ary2[2]==>300
ary3[0]==>100   ary3[1]==>200
ary4[0]==>100
```

3행에서는 배열을 선언하는 동시에 직접 초깃값을 대입하고, 4행에서는 배열을 선언하는 동시에 new 연산자와 함께 초깃값을 대입했습니다. 또한 5, 6행에서는 배열을 선언한 후 초깃값을 대입했습니다. 7, 8행에서는 배열을 선언하는 동시에 크기를 1로 지정한 후 값을 대입했는데, 이처럼 크기가 1인 배열도 가능합니다. 그리고 10~24행에서 각 배열의 크기만큼 반복문을 돌면서 출력했는데, 각 반복문에서 실행할 문장이 하나뿐이라 중괄호를 모두 생략했습니다.

배열의 요소 개수

프로그래밍을 하다 보면 배열의 요소가 몇 개인지 알아야 할 때가 종종 있는데, 배열의 길이(요소 개수)를 알아내는 형식은 다음과 같습니다.

```
배열요소개수 = 배열명.length;
```

예를 들어 int ary[] = new int[4];로 배열을 선언했다면 다음과 같이 배열의 요소 개수를 알아낼 수 있습니다. 굳이 코딩을 하지 않아도 네 개라는 것을 알겠지만 계산하는 방식을 이해하기 위한 예입니다.

```
int count = ary.length;
```

코드 9-5 Code09_05.java

```
01  public class Code09_05 {
02      public static void main(String[] args) {
03          int ary[] = {10, 20, 30, 40, 50};
04          int count, size;
05
06          count = ary.length;
07          size = count * Integer.BYTES;
08
09          System.out.println("배열 ary[]의 요소 개수 : " + count);
10          System.out.println("배열 ary[]의 요소 전체 크기 : " + size);
11      }
12  }
```

```
배열 ary[]의 요소 개수 : 5
배열 ary[]의 요소 전체 크기 : 20
```

6행에서 ary 배열의 길이를 count에 저장했습니다. 이렇게 알아낸 count 값을 for문에 사용하면 전체 배열에 대한 작업이 가능해집니다. 7행의 Integer.BYTES 속성은 정수형 변수의 크기를 알려주며, 요소 개수인 다섯 개와 정수형의 크기인 4바이트를 곱하여 전체 크기 20이 출력되었습니다.

배열의 길이 변경

배열을 사용하다 보면 [그림 9-6]과 같이 배열의 길이를 늘려야 하는 경우가 있습니다. 물론 이때 기존 데이터를 그대로 유지하면서 배열의 길이를 변경해야 합니다.

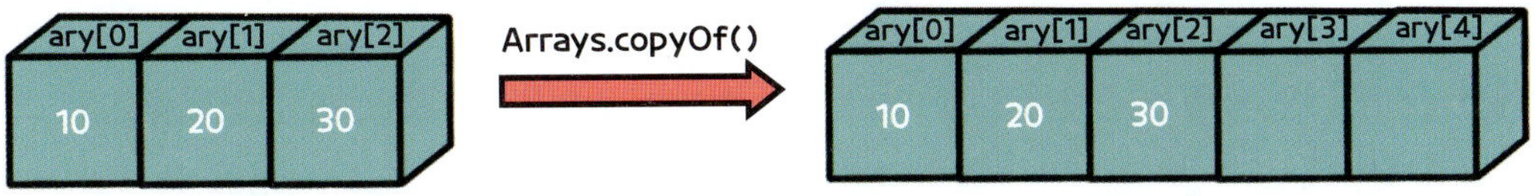

그림 9-6 **배열의 길이 변경**

자바에서 배열의 길이를 변경하는 형식은 다음과 같습니다.

```
import java.util.Arrays;
배열명 = Arrays.copyOf(배열명, 새로운_길이);
```

[그림 9-6]과 같이 ary 배열의 길이를 3에서 5로 변경해봅시다.

코드 9-6 Code09_06.java

```
import java.util.Arrays;
public class Code09_06 {
    public static void main(String[] args) {
        int ary[] = {10, 20, 30};

        System.out.println("현재 배열 길이 : " + ary.length);
        System.out.print("현재 배열의 내용 : ");
        for (int i=0; i < ary.length; i++)
            System.out.print(ary[i] + " ");
        System.out.println();

        ary = Arrays.copyOf(ary, ary.length + 2);

        System.out.println("새 배열 길이 : " + ary.length);
        System.out.print("새 배열의 내용 : ");
        for (int i=0; i < ary.length; i++)
            System.out.print(ary[i] + " ");
        System.out.println();
    }
}
```

```
현재 배열 길이 : 3
현재 배열의 내용 : 10 20 30
새 배열 길이 : 5
새 배열의 내용 : 10 20 30 0 0
```

4행에서 길이가 3인 배열을 준비하고, 6~10행에서 현재 배열의 길이와 내용을 출력했습니다. 그리고 12행에서 배열의 길이를 2만큼 늘리고, 14~18행에서 새 배열의 길이와 내용을 출력했습니다. 추가된 배열의 빈칸은 0으로 채워졌습니다. 만약 12행에서 길이를 2만큼 늘리는 대신 2만큼 줄였다면 기존의 내용이 삭제되어 배열에 10만 남았을 것입니다.

하나 더 알기 **인덱스 오류**

배열을 사용할 때 흔히 저지르는 실수는 첨자의 범위를 벗어나 접근하는 것이며, 이로 인해 발생하는 오류를 인덱스 오류(index error)라고 합니다. 다음 코드의 오류를 살펴봅시다.

```
int numAry[] = {10, 20, 30};
System.out.println(numAry[3]);
```

```
Exception in thread "main" java.lang.ArrayIndexOutOfBoundsException:
        Index 3 out of bounds for length 3
```

오류 메시지의 'Index 3 out of bounds'는 범위를 벗어났다는 의미입니다. 현재 numAry에는 세 개의 값이 들어 있습니다. 즉 numAry[0]이 10, numAry[1]이 20, numAry[2]가 30인데, 여기에 속하지 않는 numAry[3]을 출력하려고 시도했기 때문에 이러한 오류가 발생한 것입니다. 이처럼 인덱스 번호와 요소 개수가 동일하다고 착각하기 쉬운데, 인덱스는 0부터 시작된다는 것을 잊지 마세요.

for문의 다른 용법

이제는 for문이 익숙해졌을 것입니다. 배열의 요소에 하나씩 접근하여 출력하는 for문을 다음과 같이 작성할 수 있습니다. 배열의 요소를 추출하기 위해 첨자 i를 사용했습니다.

```
int[] ary = {10, 20, 30};
for (int i=0; i<ary.length; i++) {
    int data = ary[i];
    System.out.println(data);
}
```

자바는 좀 더 편리하게 배열에 접근할 수 있도록 `for(변수 : 배열)` 형식의 구문을 제공합니다. 이 형식을 사용하여 앞의 예와 동일한 결과를 출력하는 코드를 작성해봅시다.

코드 9-7 Code09_07.java

```java
public class Code09_07 {
    public static void main(String[] args) {
        int[] ary = {10, 20, 30};
        for (int data : ary) {
            System.out.println(data);
        }
    }
}
```

```
10
20
30
```

`for(변수 : 배열)` 형식을 사용하면 배열의 값이 차례대로 변수에 대입되어 반복문이 수행됩니다. 즉 첨자 없이도 모든 배열의 요소에 접근할 수 있습니다.

확인문제

1. 다음 빈칸에 알맞은 말을 넣으시오.

1000개의 배열에 값을 대입하거나 계산하기 위해 [   ]문을 한다. 이렇게 하지 않으면 현실적으로 코드를 작성하기가 어렵다.

2. 아래 코드를 보고 다음 빈칸에 알맞은 말을 넣으시오.

다음과 같이 배열을 초기화하면 배열의 요소 개수는 [㉠   ]개이고, 마지막 요소의 첨자는 [㉡   ]이다.

```java
int[] ary = new int[3];
ary[0] = 5;
```

3. array 배열의 길이를 5만큼 늘리기 위한 다음 코드의 빈칸을 채우시오.

```java
array = Arrays.copyOf(array, [          ] + 5);
```

정답

1. 반복(또는 for)　2. ㉠ 3　㉡ 2　3. array.length

3 배열의 정렬, 반전, 복사

배열의 정렬

어떤 값을 순서대로 나열하는 것을 정렬이라고 합니다. 정렬에는 작은 것부터 큰 것 순으로 나열하는 오름차순 정렬, 큰 것부터 작은 것 순으로 나열하는 내림차순 정렬이 있습니다.

그림 9-7 오름차순 정렬과 내림차순 정렬

배열의 값을 정렬할 때는 Arrays.sort() 메서드를 사용합니다. 배열의 내용이 정수든 실수든 문자열이든 정렬이 가능합니다.

코드 9-8　Code09_08.java

```
import java.util.Arrays;
import java.util.Collections;
public class Code09_08 {
    public static void main(String[] args) {
        int[] numAry = {33, 99, 11, 77, 22, 88 , 66, 44};
        Arrays.sort(numAry);
        for (int data : numAry) {
            System.out.print(data + " ");
        }
        System.out.println();

```

```
12        String[] strAry = {"한빛", "아카데미", "난생", "자바", "열공"};
13        Arrays.sort(strAry, Collections.reverseOrder());
14        for (String data : strAry) {
15            System.out.print(data + " ");
16        }
17    }
18 }
```

```
11 22 33 44 66 77 88 99
한빛 자바 열공 아카데미 난생
```

5행의 정수형 배열을 6행에서 정렬하여 7~9행에서 출력했더니 오름차순으로 정렬된 결과가 출력되었습니다. 12행의 한글 문자열 배열도 문제없이 정렬되는데, 13행에서 정렬할 때 두 번째 파라미터로 Collections.reverseOrder()를 사용했기 때문에 내림차순, 즉 가나다순의 역순으로 정렬되었습니다.

배열의 반전

배열의 반전은 배열의 순서를 반대로 하는 것을 말합니다. 배열을 반전하려면 Arrays.asList(배열명)으로 배열을 리스트(list)라는 자료형으로 변환한 후 Collections.reverse(리스트) 메서드를 사용해야 합니다. [코드 9-9]는 조금 생소할 수도 있지만 이러한 형태의 코드를 자주 사용하게 될 테니 잘 익혀두기 바랍니다.

코드 9-9 Code09_09.java

```java
import java.util.Arrays;
import java.util.Collections;
public class Code09_09 {
    public static void main(String[] args) {
        String[] strAry = {"해린", "혜인", "하니", "민지", "다니엘"};
        System.out.println("원본 : " + Arrays.toString(strAry));

        Collections.reverse(Arrays.asList(strAry));

        System.out.println("역순 : " + Arrays.toString(strAry));
    }
}
```

```
원본 : [해린, 혜인, 하니, 민지, 다니엘]
역순 : [다니엘, 민지, 하니, 혜인, 해린]
```

5행에서 배열을 만들어 6행에서 이를 출력했습니다. Arrays.toString(배열명)은 배열 전체 값을 하나의 문자열로 만들어주므로 배열의 값이 "[해린, 혜인, 하니, 민지, 다니엘]"이라는 문자열로 바뀌어 출력되었습니다. 그리고 8행에서 배열을 반전하여 10행에서 이를 출력했습니다.

배열의 복사

배열을 복사할 때는 주의할 점이 있습니다. 이를 알아보기 위해 배열 oldAry를 newAry로 복사한 후 newAry를 수정하여 출력하는 [코드 9-10]을 작성하고 실행해봅시다. 실행 결과가 예상과 다를 것입니다.

코드 9-10 Code09_10.java

```java
01 import java.util.Arrays;
02 public class Code09_10 {
03     public static void main(String[] args) {
04         String[] oldAry = {"짜장", "탕수육", "군만두"};
05         String[] newAry;
06 
07         newAry = oldAry;
08 
09         oldAry[0] = "쟁반짜장";
10         newAry[1] = "짬뽕";
11 
12         System.out.println("원본 배열 : " + Arrays.toString(oldAry));
13         System.out.println("복사 배열 : " + Arrays.toString(newAry));
14     }
15 }
```

```
원본 배열 : [쟁반짜장, 짬뽕, 군만두]
복사 배열 : [쟁반짜장, 짬뽕, 군만두]
```

4행에서 oldAry 배열에 값을 대입하여 생성하고 5행에서 빈 newAry 배열을 생성했으며, 7행에서 oldAry를 newAry에 대입했습니다. 그리고 9행에서 oldAry의 일부 값을 변경하고 10행에서

newAry의 일부 값을 변경한 뒤 12, 13행에서 출력했더니 두 배열이 똑같이 바뀌었습니다. 7행의 newAry = oldAry로 인해 [그림 9-8]과 같이 동일한 메모리 공간을 공유하기 때문입니다. 이처럼 동일한 메모리를 공유하는 복사를 얕은 복사(shallow copy)라고 합니다.

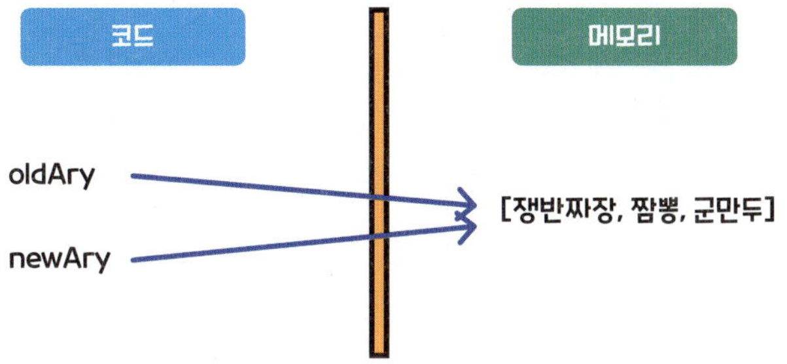

그림 9-8 얕은 복사(같은 메모리 공간을 공유하는 방식의 복사)

oldAry와 newAry가 동일한 메모리를 사용하지 않게 하려면 [코드 9-10]의 7행을 다음과 같이 수정해야 합니다.

```
newAry = oldAry.clone();
```

```
원본 배열 : [쟁반짜장, 탕수육, 군만두]
복사 배열 : [짜장, 짬뽕, 군만두]
```

배열명.clone()은 [그림 9-9]와 같이 메모리 공간을 복사하여 배열을 새로 만드는데, 이러한 복사를 깊은 복사(deep copy)라고 합니다.

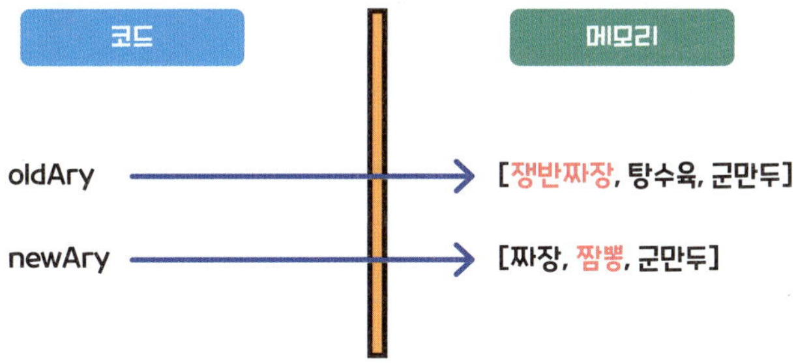

그림 9-9 깊은 복사(메모리 공간을 복사하여 새로 만드는 복사)

프로그래밍 기법상 얕은 복사를 사용하는 경우가 드물기 때문에 배열을 복사할 때는 어떤 복사가 실행되는지 주의해야 합니다.

확인문제

다음 빈칸에 알맞은 말을 넣으시오.

- 배열을 정렬하는 메서드는 Arrays.[㉠]()이고, 내림차순으로 정렬하려면 매개변수로 Collections.[㉡]()를 사용한다.
- 배열을 복사할 때 '배열명1=배열명2'의 경우 동일한 메모리 공간을 공유하는 [㉢] 복사라고 하며, '배열명1=배열명2.clone()'의 경우 새로운 메모리 공간을 할당하는 [㉣] 복사라고 한다.

정답

㉠ sort ㉡ reverseOrder ㉢ 얕은 ㉣ 깊은

LAB 오늘의 명언 출력하기

다양한 명언을 배열에 저장해놓고 이를 무작위로 출력하는 프로그램을 만들어봅시다.

실행 결과

```
오늘의 명언 ==> 종종 작은 기회로부터 위대한 업적이 시작
된다.
```

1. Lab09_01.java 파일을 만들고 빈 문자열 배열을 준비합니다.

```
String[] wiseSay = {};
```

2. 문자열 배열 안에 명언을 쉼표로 구분하여 입력하되 마지막 명언에는 쉼표를 넣지 않습니다.

```
"삶이 있는 한 희망은 있다.",
"언제나 현재에 집중할 수 있다면 행복할 것이다.",
"신은 용기 있는 자를 결코 버리지 않는다.",
"피할 수 없으면 즐겨라.",
"행복한 삶을 살기 위해 필요한 것은 거의 없다.",
"내일은 내일의 태양이 뜬다.",
"계단을 밟아야 계단 위에 올라설 수 있다.",
"행복은 습관이다. 그것을 몸에 지녀라.",
"1퍼센트의 가능성, 그것이 나의 길이다.",
"종종 작은 기회로부터 위대한 업적이 시작된다."
```

3. 오늘의 명언을 무작위로 추출하기 위해 배열의 첨자 중 하나를 무작위로 뽑고 해당 첨자의 명언을 출력합니다.

```
int today = (int)(Math.random()*wiseSay.length);
System.out.println("오늘의 명언 ==> " + wiseSay[today]);
```

4. 완성된 코드는 다음과 같습니다. Ctrl + F11을 눌러 실행 결과를 확인해봅니다.

Lab09_01.java

```
public class Lab09_01 {
    public static void main(String[] args) {
        String[] wiseSay = {
            "삶이 있는 한 희망은 있다.",
            "언제나 현재에 집중할 수 있다면 행복할 것이다.",
            "신은 용기 있는 자를 결코 버리지 않는다.",
            "피할 수 없으면 즐겨라.",
            "행복한 삶을 살기 위해 필요한 것은 거의 없다.",
            "내일은 내일의 태양이 뜬다.",
            "계단을 밟아야 계단 위에 올라설 수 있다.",
            "행복은 습관이다. 그것을 몸에 지녀라.",
            "1퍼센트의 가능성, 그것이 나의 길이다.",
            "종종 작은 기회로부터 위대한 업적이 시작된다."
        };

        int today = (int)(Math.random()*wiseSay.length);
        System.out.println("오늘의 명언 ==> " + wiseSay[today]);
    }
}
```

LAB 심사위원 점수 결과 구하기

피겨스케이팅 대회에서 김연아 선수가 연기를 펼치면 심사위원 다섯 명이 각각 점수를 매기고, 이 점수를 배열에 저장하여 평균 점수를 구하는 프로그램을 구현해봅시다. 이때 각 심사위원이 매기는 점수는 10점이 만점입니다.

실행 결과

```
김연아 선수 경기 끝났습니다~~ 짝짝짝
평가 점수==>10
평가 점수==>9
평가 점수==>8
평가 점수==>9
평가 점수==>10
심사위원 평균 점수 : 9.20
```

사용자가 입력

1. Lab09_02.java 파일을 만들고, 키보드로 값을 입력받기 위해 Scanner 클래스를 사용할 수 있도록 준비합니다.

```
import java.util.Scanner;
Scanner s = new Scanner(System.in);

s.close();
```

2. 심사위원의 점수를 입력받을 배열과 합계 및 평균을 저장할 변수를 선언합니다.

```
int[] score = new int[5];
int hap = 0;
double avg;
```

3. 경기가 끝난 것을 표시하고, 심사위원 다섯 명에게 입력받은 점수를 배열에 저장합니다.

```
System.out.println("김연아 선수 경기 끝났습니다~~ 짝짝짝");

for (int i=0; i<5; i++) {
    System.out.print("평가 점수==>" );
    score[i]  = s.nextInt();
}
```

4. 배열의 점수를 합한 뒤 평균을 구하여 출력합니다.

```
for (int i=0; i<5; i++)
    hap += score[i];
avg = (double) hap / 5;

System.out.printf("심사위원 평균 점수 : %5.2f", avg);
```

5. 완성된 코드는 다음과 같습니다. Ctrl+F11을 눌러 실행 결과를 확인해봅니다.

Lab09_02.java

```
import java.util.Scanner;
public class Lab09_02 {
    public static void main(String[] args) {
        Scanner s = new Scanner(System.in);
        int[] score = new int[5];
        int hap=0;
        double avg;

        System.out.println("김연아 선수 경기 끝났습니다~~ 짝짝짝");

        for (int i=0; i<5; i++) {
            System.out.print("평가 점수==>" );
            score[i]  = s.nextInt();
        }

        for (int i=0; i<5; i++)
            hap += score[i];
        avg = (double) hap / 5;

        System.out.printf("심사위원 평균 점수 : %5.2f", avg);
        s.close();
    }
}
```

Section
02 2차원 배열

앞서 다룬 배열은 1차원 배열이며, 이제 좀 더 복잡한 2차원 배열을 살펴봅시다.

1 2차원 배열의 개념

2차원 배열은 1차원 배열을 여러 개 연결한 것으로, 두 개의 첨자를 사용하는 배열입니다. 앞에서는 1차원 배열을 상자를 한 줄로 붙여놓은 것에 비유했으며, 다음과 같이 ary 배열을 만들면 ary[0], ary[1], ary[2]라는 세 요소가 생성됩니다.

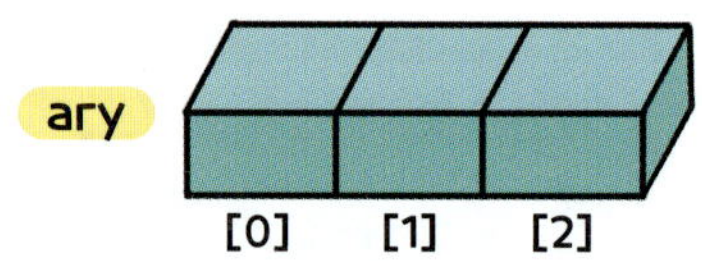

그림 9-10 1차원 배열의 개념

```
int[] ary = new int[3];
```

이러한 1차원 배열을 확장하면 다음과 같이 2차원 배열 ary[3][4]를 만들 수 있습니다. ary[3][4]는 3행 4열의 배열로서 앞의 3은 가로줄 수를, 뒤의 4는 세로줄 수를 의미합니다. 이 배열의 요소는 총 3×4=12개입니다.

```
int[][] ary = new int[3][4];
```

2차원 배열의 각 요소에 접근하려면 첨자를 두 개 사용해야 합니다. 이때 주의할 점은 1차원 배열과 마찬가지로 첨자가 0부터 시작된다는 것입니다. ary[3][4]의 경우 ary[행][열]이므로 행은 0부터 2까지 바뀌고 열은 0부터 3까지 바뀝니다.

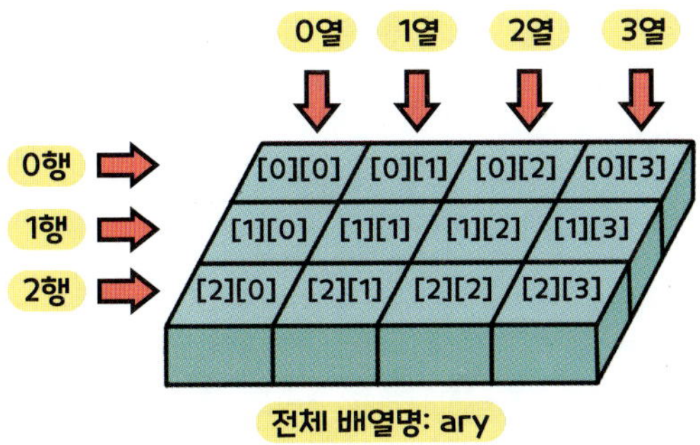

그림 9-11 **2차원 배열의 개념**

그럼 3행 4열의 2차원 배열을 만들고 총 열두 개의 요소에 1~12를 대입하는 코드를 작성해봅시다.

코드 9-11 Code09_11.java

```
01  public class Code09_11 {
02      public static void main(String[] args) {
03          int[][] ary = new int[3][4];
04
05          ary[0][0] = 1; ary[0][1] = 2;  ary[0][2] = 3;  ary[0][3] = 4;
06          ary[1][0] = 5; ary[1][1] = 6;  ary[1][2] = 7;  ary[1][3] = 8;
07          ary[2][0] = 9; ary[2][1] = 10; ary[2][2] = 11; ary[2][3] = 12;
08
09          System.out.printf("ary[0][0]부터 ary[2][3]까지 출력 \n");
10
11          System.out.printf("%3d%3d%3d%3d\n", ary[0][0], ary[0][1], ary[0][2], ary[0][3]);
12          System.out.printf("%3d%3d%3d%3d\n", ary[1][0], ary[1][1], ary[1][2], ary[1][3]);
13          System.out.printf("%3d%3d%3d%3d\n", ary[2][0], ary[2][1], ary[2][2], ary[2][3]);
14      }
15  }
```

```
ary[0][0]부터 ary[2][3]까지 출력
  1  2  3  4
  5  6  7  8
  9 10 11 12
```

3행에서 3행 4열의 배열을 선언하고, 5~7행에서 배열의 각 요소에 1~12를 대입했습니다. 그리고 11~13행에서 2차원 배열의 각 행을 출력했습니다. 각 요소에 1~12를 대입할 때 세미콜론으로 구분한 것은 행갈이를 한 것과 동일합니다.

배열은 반복문과 함께 사용해야 빛을 발하며, 이는 1차원 배열이나 2차원 배열이나 마찬가지입니다. 그런데 2차원 배열의 경우 첨자가 두 개이므로 데이터의 입력 및 출력에 중첩 for문을 사용해야 합니다. [코드 9-12]는 [코드 9-11]에 중첩 for문을 적용한 것으로, 실행 결과는 동일합니다.

코드 9-12 Code09_12.java

```
01  public class Code09_12 {
02      public static void main(String[] args) {
03          int[][] ary = new int[3][4];
04          int value = 1;
05
06          for (int i = 0; i < 3; i++) {
07              for (int k = 0; k < 4; k++) {
08                  ary[i][k] = value;
09                  value++;
10              }
11          }
12
13          System.out.printf("ary[0][0]부터 ary[2][3]까지 출력 \n");
14          for (int i = 0; i < 3; i++) {
15              for (int k = 0; k < 4; k++) {
16                  System.out.printf("%3d ", ary[i][k]);
17              }
18              System.out.printf("\n");
19          }
20      }
21  }
```

```
ary[0][0]부터 ary[2][3]까지 출력
  1   2   3   4
  5   6   7   8
  9  10  11  12
```

4행에서 배열에 대입할 값을 1부터 시작되게 설정했습니다. 6~11행의 외부 for문은 배열의 앞 첨자인 i가 바뀌면서 세 번 실행되고, 내부 for문은 뒤 첨자인 k가 바뀌면서 네 번 실행되는데, 배열에 value 값을 대입하여 1씩 증가시켰습니다. 그리고 이와 동일한 방식으로 14~19행에서 배열의 내용을 출력했습니다.

2 2차원 배열의 초기화

2차원 배열도 배열을 선언하는 동시에 값을 초기화할 수 있습니다. [코드 9-13]은 [코드 9-12]에 배열의 초기화를 적용한 것으로, 실행 결과는 동일합니다.

코드 9-13 Code09_13.java

```
01  public class Code09_13 {
02      public static void main(String[] args) {
03          int[][] ary = { {1, 2, 3, 4},
04                          {5, 6, 7, 8},
05                          {9, 10, 11, 12} };
06
07          System.out.printf("ary[0][0]부터 ary[2][3]까지 출력 \n");
08          for (int i = 0; i < 3; i++) {
09              for (int k = 0; k < 4; k++) {
10                  System.out.printf("%3d", ary[i][k]);
11              }
12              System.out.printf("\n");
13          }
14      }
15  }
```

```
ary[0][0]부터 ary[2][3]까지 출력
  1  2  3  4
  5  6  7  8
  9 10 11 12
```

3~5행에서 가장 기본적인 배열의 초기화 방법을 사용했으며, [그림 9-12]는 이를 자세히 보여줍니다. 네모 칸을 2차원 배열의 공간이라고 생각하면 됩니다.

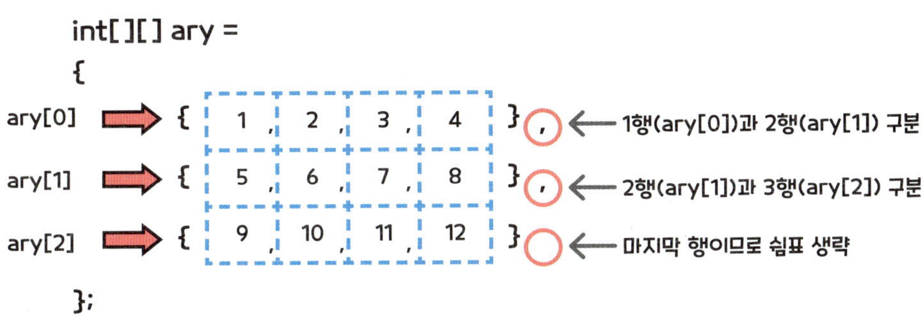

그림 9-12 2차원 배열의 초기화

3 배열 크기의 동적 할당

배열을 생성할 때 크기를 지정하지 않고 사용자의 입력에 따라 배열의 크기를 지정할 수 있는데, 이를 동적 할당이라고 합니다. 이렇게 하면 필요에 따라 배열의 크기를 바꿀 수 있어 유용합니다. 동적 할당은 고급 프로그래밍에서 자주 사용되니 잘 알아두세요.

[코드 9-14]는 동적 할당을 활용하는 간단한 예제입니다.

코드 9-14 Code09_14.java

```
import java.util.Scanner;
public class Code09_14 {
    public static void main(String[] args) {
        Scanner s = new Scanner(System.in);
        int row, col;

        System.out.print("행 개수 입력 : ");
        row = s.nextInt();
        System.out.print("열 개수 입력 : ");
        col = s.nextInt();

        int[][] ary = new int[row][col];
        int value = 1;

        for (int i = 0; i < row; i++) {
            for (int k = 0; k < col; k++) {
                ary[i][k] = value;
                value++;
            }
        }

        System.out.printf("ary[0][0]부터 ary[%d][%d]까지 출력 \n",row,col);
        for (int i = 0; i < row; i++) {
            for (int k = 0; k < col; k++) {
                System.out.printf("%3d", ary[i][k]);
            }
            System.out.println();
        }
    }
}
```

```
행 개수 입력 : 3
열 개수 입력 : 5
ary[0][0]부터 ary[3][5]까지 출력
  1  2  3  4  5
  6  7  8  9 10
 11 12 13 14 15
```

사용자가 입력

12행에서 배열의 개수를 변수로 선언하여 배열의 크기를 동적으로 결정할 수 있게 했습니다. 다시 말해 프로그램이 실행되고 나서 배열의 크기를 결정할 수 있습니다.

하나 더 알기 3차원 이상의 배열

자바에서는 3차원, 4차원, 그 이상의 배열도 사용할 수 있습니다. 사실 3차원 이상의 배열을 사용하는 경우가 드물지만 개념은 알아두는 것이 좋습니다. 3차원 배열은 다음 그림과 같이 2차원 배열 위에 2차원 배열을 쌓아놓은 것으로, 2차원 배열 하나를 한 면으로 취급하여 첨자를 추가합니다.

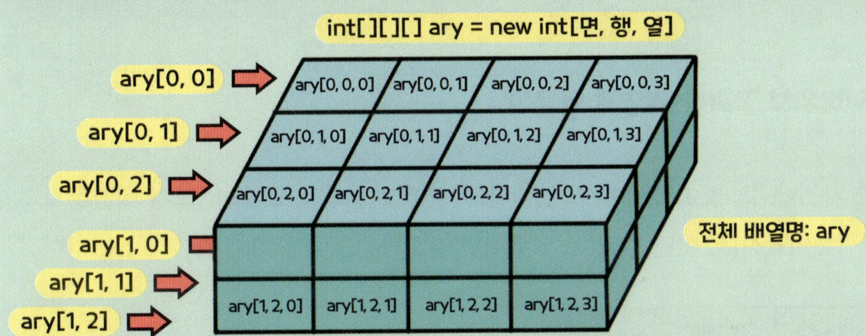

이러한 2면 3행 4열의 3차원 배열은 오른쪽과 같이 초기화할 수 있습니다. 2차원 배열의 초기화를 한 번 더 한다고 생각하고 각 2차원을 쉼표로 분리했다가 전체를 다시 중괄호로 묶습니다.

```
int[][][] ary =
{
  {
    { 1, 2, 3, 4 },
    { 5, 6, 7, 8 },
    { 9, 10, 11, 12 }
  }
,
  {
    { 13, 14, 15, 16 },
    { 17, 18, 19, 20 },
    { 21, 22, 23, 24 }
  }
};
```

윗면의 2차원 배열

면 사이 분리

아랫면의 2차원 배열

확인문제

1. 다음과 같은 배열의 요소는 총 몇 개인가요?

```
int[][] ary = new int[5][4];
```

2. 2차원 문자열 배열을 동적 할당하기 위한 다음 코드의 빈칸을 채우시오.

```
r = s.nextInt();
c = s.nextInt();

String[][] strAry = new String[   ㉠   ][   ㉡   ];
```

정답

1. 20개 2. ㉠ r ㉡ c

LAB 가위바위보 결과를 배열로 만들기

두 대의 컴퓨터가 가위바위보를 10000번 한 결과를 배열에 저장하고 누가 더 많이 이겼는지 확인하는 프로그램을 만들어봅시다. 이미 잘 알고 있겠지만 가위바위보의 규칙은 다음과 같습니다.

컴퓨터A	컴퓨터B	이긴 컴퓨터
가위	가위	없음
	바위	B
	보	A
바위	가위	A
	바위	없음
	보	B
보	가위	B
	바위	A
	보	없음

실행 결과

```
10000번 중 컴퓨터A의 승리 : 3349
10000번 중 컴퓨터B의 승리 : 3409
10000번 중 비긴 경기 : 3242
```

1. Lab09_03.java 파일을 만들고 Arrays, Collections를 임포트합니다. 그리고 가위바위보 결과를 저장할 배열(toss), 컴퓨터A와 컴퓨터B가 내는 가위바위보를 저장할 변수(comA, comB), 컴퓨터A와 컴퓨터B의 승리 횟수 및 비긴 횟수를 저장할 변수(aWin, bWin, noWin)를 준비합니다. 또한 '가위, 바위, 보'는 문자열 배열 strAry에 저장합니다.

```
import java.util.Arrays;          // 코드 시작 부분에 입력
import java.util.Collections;     // 코드 시작 부분에 입력

String[] toss = new String[10000];
String comA, comB;
int aWin, bWin, noWin;

String[] strAry = {"가위", "바위", "보"};
```

2. 두 컴퓨터가 내는 가위바위보를 무작위로 10000번 추출합니다.

```
for (int i=0; i<10000; i++) {
    comA = strAry[(int)(Math.random()*strAry.length)];
    comB = strAry[(int)(Math.random()*strAry.length)];
    ~~~생략~~~
}
```

3. 두 컴퓨터가 가위바위보를 한 결과를 배열에 저장합니다. 이는 **2**번의 for문 안에 작성합니다.

```
if (comA == "가위") {
    if (comB == "가위") {
        toss[i] = "없음";
    } else if (comB == "바위") {
        toss[i] = "B";
    } else if (comB == "보") {
        toss[i] = "A";
    }
} else if  (comA == "바위") {
    ~~~생략~~~
} else if (comA == "보") {
    ~~~생략~~~
}
```

4. 가위바위보를 10000번 한 뒤 배열에서 두 컴퓨터의 승리 횟수와 비긴 횟수를 세어 출력합니다.

Colloction.frequency(리스트, 값) 메서드는 리스트에서 해당 값의 개수를 계산하며, 배열을 리스트로 변환하는 데에는 Arrays.asList(배열) 메서드를 사용합니다.

```
aWin = Collections.frequency(Arrays.asList(toss), "A");
bWin = Collections.frequency(Arrays.asList(toss), "B");
noWin = Collections.frequency(Arrays.asList(toss), "없음");

System.out.println("10000번 중 컴퓨터A의 승리 : " + aWin);
System.out.println("10000번 중 컴퓨터B의 승리 : " + bWin);
System.out.println("10000번 중 비긴 경기 : " + noWin);
```

5. 완성된 코드는 다음과 같습니다. Ctrl+F11을 눌러 실행 결과를 확인해봅니다.

Lab09_03.java

```
import java.util.Arrays;
import java.util.Collections;

public class Lab09_03 {
    public static void main(String[] args) {
        String[] toss = new String[10000];
        String comA, comB;
        int aWin, bWin, noWin;
        String[] strAry = {"가위", "바위", "보"};

        for (int i=0; i<10000; i++) {
            comA = strAry[(int)(Math.random()*strAry.length)];
            comB = strAry[(int)(Math.random()*strAry.length)];

            if (comA == "가위") {
                if (comB == "가위") {
                    toss[i] = "없음";
                } else if (comB == "바위") {
                    toss[i] = "B";
                } else if (comB == "보") {
                    toss[i] = "A";
                }
            } else if  (comA == "바위") {
                if (comB == "가위") {
                    toss[i] = "A";
                } else if (comB == "바위") {
                    toss[i] = "없음";
                } else if (comB == "보") {
```

```
                    toss[i] = "B";
                }
            } else if (comA == "보") {
                if (comB == "가위") {
                    toss[i] = "B";
                } else if (comB == "바위") {
                    toss[i] = "A";
                } else if (comB == "보") {
                    toss[i] = "없음";
                }
            }
        }

        aWin = Collections.frequency(Arrays.asList(toss), "A");
        bWin = Collections.frequency(Arrays.asList(toss), "B");
        noWin = Collections.frequency(Arrays.asList(toss), "없음");

        System.out.println("10000번 중 컴퓨터A의 승리 : " + aWin);
        System.out.println("10000번 중 컴퓨터B의 승리 : " + bWin);
        System.out.println("10000번 중 비긴 경기 : " + noWin);
    }
}
```

실전 예제 거북이들이 펼치는 쇼

문제

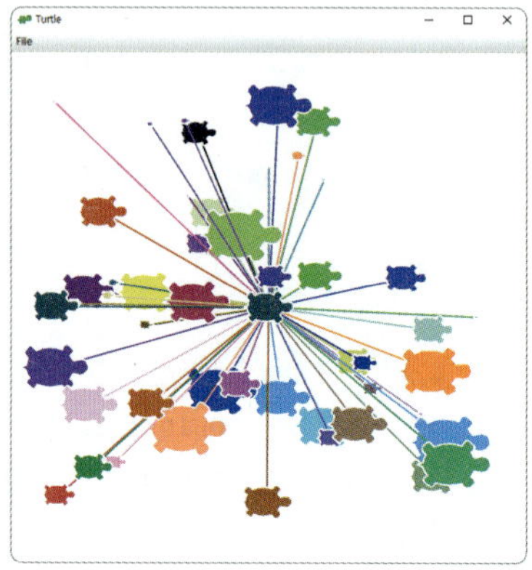

거북이 50마리가 펼치는 쇼 프로그램을 만들어봅시다. 거북이 50마리를 2차원 배열로 생성하고, 이 거북이들이 화면 중앙에서 무작위 위치로 이동하게 합니다. 거북이 한 마리는 'X 위치, Y 위치, 크기, Red 색상, Green 색상, Blue 색상'의 1차원 배열로 구성하며, 50마리는 다음과 같은 2차원 배열이 됩니다.

	X 위치	Y 위치	크기	Red	Green	Blue
0	77	99	80	35	55	99
1	-232	184	3	120	57	3
2	333	255	10	135	78	203
3	7	176	3	120	57	3
4	84	1	22	23	166	199
⋮	⋮	⋮	⋮	⋮	⋮	⋮

해결

Ex09_01.java

```
import java.awt.Color;
public class Ex09_01 {
    public static void main(String[] args) {
        int TURTLE_NUMBER = 50;
        int WIDTH = 500, HEIGHT = 500;

        Turtle turtle = new Turtle();
        turtle.speed(100);
        turtle.outlineColor("white");
        turtle.setCanvasSize(WIDTH+100, HEIGHT+100);

        // X 위치, Y 위치, 크기, Red, Green, Blue
        int[][] turtleAry = new int[TURTLE_NUMBER][6];

        for (int i=0; i<TURTLE_NUMBER; i++) {
            turtleAry[i][0] = (int)(Math.random() * WIDTH - WIDTH/2);     // X 위치
            turtleAry[i][1] = (int)(Math.random() * HEIGHT - HEIGHT/2);   // Y 위치
            turtleAry[i][2] = (int)(Math.random() * 100);  // 크기
            turtleAry[i][3] = (int)(Math.random() * 256);  // Red
            turtleAry[i][4] = (int)(Math.random() * 256);  // Green
```

```
21            turtleAry[i][5] = (int)(Math.random() * 256);  // Blue
22        }
23
24        int x, y, size, r, g, b;
25        for (int i=0; i<TURTLE_NUMBER; i++) {
26            x =  turtleAry[i][0];
27            y = turtleAry[i][1];
28            size = turtleAry[i][2];
29            r = turtleAry[i][3];
30            g = turtleAry[i][4];
31            b = turtleAry[i][5];
32
33            turtle.fillColor(new Color(r, g, b));
34            turtle.penColor(new Color(r, g, b));
35
36            turtle.shapeSize(size,size);
37            turtle.down();
38            turtle.setPosition(x, y);
39            turtle.stamp();
40
41            turtle.up();
42            turtle.setPosition(0,0);
43        }
44    }
45 }
```

01 색상을 사용하기 위해 Color를 임포트합니다.

04, 05 거북이의 총수와 화면의 크기를 설정합니다.

10 캔버스의 크기를 약간 더 크게 설정합니다.

13 거북이의 정보를 저장하기 위한 2차원 배열을 선언합니다.

15~22 무작위로 X 위치, Y 위치, 크기, R, G, B 값을 추출하여 배열에 저장합니다. 총 50마리의 정보가 저장되고, 색상은 0~255로 표현됩니다.

25~43 각 거북이가 화면 중앙에서 각자의 위치로 이동합니다.

26~31 각 거북이의 정보를 변수에 저장합니다.

33, 34 (new Color(r, g, b))로 거북이의 몸통과 선 색상을 다양하게 설정합니다.

36~39 거북이의 크기를 설정하고, 선을 그리는 거북이를 X, Y 위치로 이동하여 스탬프를 찍습니다.

41, 42 거북이를 화면 중앙으로 이동합니다.

요약

01 배열은 하나씩 사용하던 변수를 한 줄로 붙여놓은 것이라고 할 수 있습니다. 이렇게 한 덩어리가 되면 변수명도 한 개로 충분합니다.

02 배열을 선언하는 형식은 다음과 같습니다.

```
데이터형[] 배열명 = new 데이터형[개수];
```

```
데이터형 배열명[] = new 데이터형[개수];
```

```
데이터형[] 배열명; (또는 데이터형 배열명[];)
배열명 = new [개수];
```

03 배열은 첨자가 순서대로 바뀌도록 반복문과 함께 활용합니다.

04 배열의 요소 개수를 알아내려면 `배열명.length` 속성을 사용합니다.

05 배열의 길이를 변경하는 형식은 다음과 같습니다.

```
import java.util.Arrays;
배열명 = Arrays.copyOf(배열명, 새로운_길이);
```

06 3행 4열의 2차원 배열을 만드는 형식은 다음과 같습니다.

```
int[][] ary = new int[3][4];
```

07 2차원 배열의 경우 첨자가 두 개이므로 데이터의 입력 및 출력에 중첩 for문을 사용해야 합니다.

08 배열의 개수를 변수로 선언하여 배열의 크기를 동적으로 결정할 수 있습니다.

연습문제

01 다섯 개의 값을 저장하기 위한 배열을 정의하는 구문은 무엇인가요?

① int[5] numAry = new int[5];　　② int[5] numAry = new int[];

③ int[ ] numAry = new int[5];　　④ int[ ] numAry = new int[ ] * 5;

02 배열 **myAry**에 저장된 첫 번째 데이터에 접근하는 구문은 무엇인가요?

① myAry[0]　　② myAry["0"]

③ myAry[1]　　④ myAry["1"]

03 다음은 0이 100개 저장된 **myAry**를 생성하는 구문입니다. 빈칸에 들어갈 코드를 고르시오.

```
int myAry[] = new int[100];
for (int i=0; i<100; i++) {
    [          ];
}
```

① myAry[i]= 0　　② myAry = myAry[0]

③ myAry[0]　　④ myAry.append(0)

04 다음은 **myAry**에 저장된 데이터의 합계를 출력하는 프로그램입니다. 빈칸에 들어갈 코드를 고르시오.

```
int myAry[] = {100, 200, 300, 400};
int hap = 0;
for (int i=0; i<4; i++) {
    [          ];
}
```

① hap = myAry[i]　　② hap += myAry[i]

③ hap += myAry.apped(i)　　④ hap[i] += myAry

05 배열 **myAry**의 요소가 몇 개인지 알아내는 구문은 무엇인가요?

① myAry.size　　② myAry.size()

③ myAry.length　　④ myAry.length()

06 다음 코드의 실행 결과를 고르시오.

```
int myAry[] = {100, 200, 300, 400};
myAry = Arrays.copyOf(myAry, 5);

System.out.println(myAry[5])
```

① 100 ② 400 ③ 500 ④ 오류 발생

07 다음 코드의 실행 결과를 고르시오.

```
int[] myAry = {200, 100, 500, 300, 400};
Arrays.sort(myAry, Collections.reverseOrder());
System.out.println(Arrays.toString(myAry));
```

① [100, 200, 300, 400, 500] ② [500, 400, 300, 200, 100]
③ [200, 100, 500, 300, 400] ④ [400, 300, 500, 100, 200]

08 다음 코드의 실행 결과를 고르시오.

```
String[] myAry = {"하나", "둘", "셋"};
String[] yourAry;
yourAry = myAry;
myAry[0] = "일";
myAry[1] = "이";
myAry[2] = "삼";

System.out.print(Arrays.toString(myAry));
System.out.print(Arrays.toString(yourAry));
```

① [하나, 둘, 셋] [일, 이, 삼] ② [하나, 둘, 셋] [하나, 둘, 셋]
③ [일, 이, 삼] [일, 이, 삼] ④ [일, 이, 삼] [하나, 둘, 셋]

09 다음 배열은 요소가 몇 개인가요?

```
int[][] myAry = new int[8][5];
```

① 8개 ② 5개 ③ 85개 ④ 40개

10 다음 중 배열에 대한 설명으로 옳지 않은 것을 고르시오.

① 2차원 배열을 생성할 수 있다.

② 3차원 이상의 배열도 생성할 수 있다.

③ 배열에 초깃값을 대입할 때 중괄호를 사용한다.

④ 배열을 생성할 때 배열의 크기를 변수로 지정할 수 없다.

11 주사위를 100번 던져서 나온 숫자를 배열에 저장하고 평균값을 구하여 다음과 같이 출력하는 프로그램을 작성하시오.

[실행 결과]

```
100번 던진 주사위 값의 평균은 3.36입니다.
```

```
100번 던진 주사위 값의 평균은 3.68입니다.
```

12 심화 다음 조건을 갖춘 터틀 그래픽 프로그램을 작성하시오.

- 화면의 크기는 (600, 600)
- {X위치, Y위치, Red, Green, Blue}를 무작위로 50개 생성하여 2차원 배열에 저장
- 배열에 저장된 순서대로 거북이가 선을 그리고 스탬프를 찍음

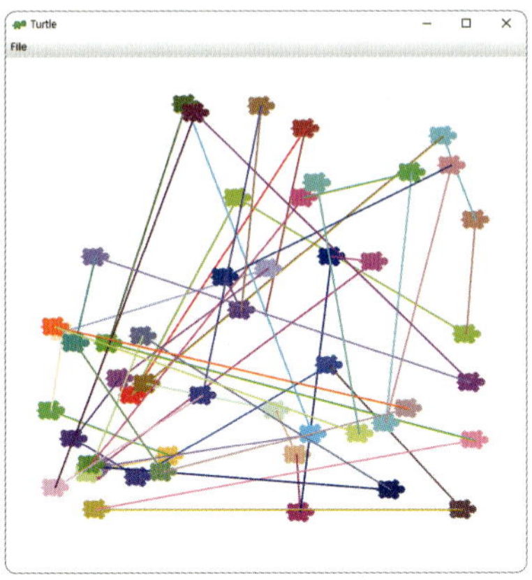

CHAPTER 10

메서드를 이용한 고급 프로그래밍

학습목표

- 메서드를 이해하고 작성법을 익힙니다.
- 메서드에서 전달되는 매개변수의 작동 원리를 이해합니다.
- 메서드에서 반환하는 반환값에 대해 알아봅니다.
- 지역변수와 전역변수를 이해하고 활용법을 익힙니다.

Preview

메서드는 긴 코드를 작성하거나 고급 프로그래밍을 하는 데 필수적입니다. 메서드는 동전을 넣고 버튼을 눌러 음료수를 뽑아 마시는 자판기에 비유할 수 있습니다. 우리는 별 생각 없이 동전을 넣고 버튼을 누르지만 자판기 안에서는 꽤 복잡한 과정을 거쳐서 음료수가 나옵니다. 이처럼 메서드를 사용할 때는 어떤 결과가 나온다는 정도만 알면 될 뿐 그 안의 작동을 몰라도 상관없습니다. 그러나 이 장에서는 자판기가 없다는 전제하에 자판기를 만드는 과정을 알아보겠습니다.

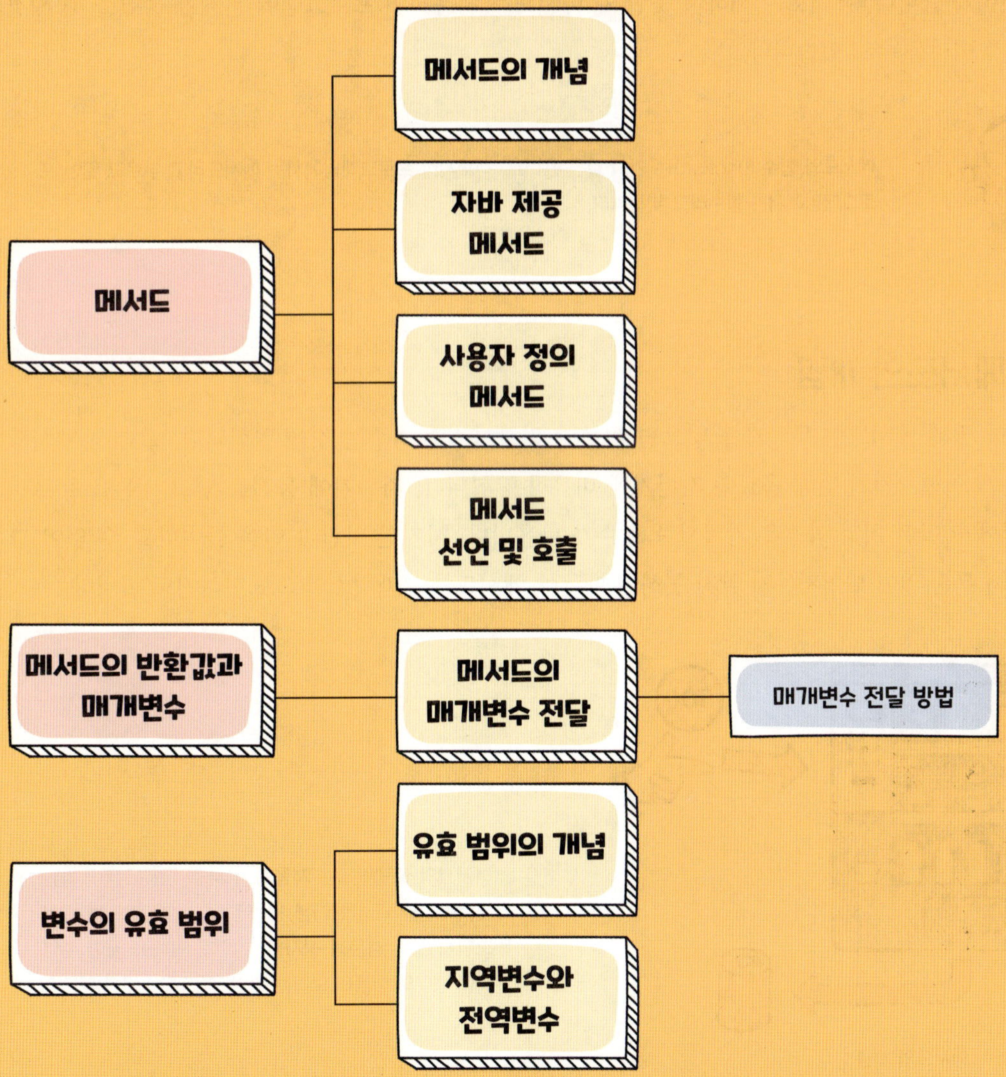

Section 01

메서드의 개요

메서드의 기본적인 사용법은 어렵지 않지만, 거기에 포함된 까다로운 개념을 정확히 알고 사용하는 것이 좋습니다. 제대로 이해하지 못한 채 메서드를 사용하면 프로그램에 문제가 생겼을 때 해결하기가 어려울 수도 있습니다.

메서드와 함수(function)는 거의 같은 용어로, 객체지향 프로그래밍에서는 메서드라고 부르고 일반 프로그래밍에서는 함수라고 부릅니다.

1 메서드의 개념

간단히 말해 메서드는 무언가를 넣으면 이를 처리하여 되돌려주는 것을 말합니다. 그래서 메서드를 쉽게 이해시키기 위해 음료수 자판기에 비유하곤 합니다. 자판기에 동전을 넣고 버튼을 누르면 그 안에서 어떤 처리 과정을 거쳐서 음료수가 나옵니다. 하지만 자판기 안을 들여다볼 수 없어 그 안에서 무슨 일이 벌어지는지 알지 못하기 때문에 메서드를 블랙박스라고 표현하기도 합니다.

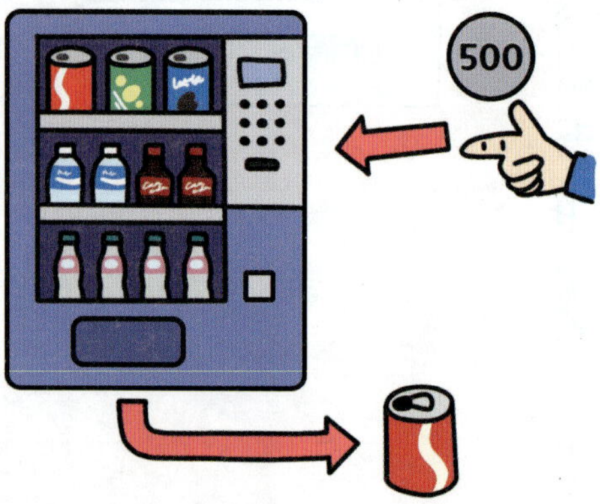

그림 10-1 메서드의 개념

여기서의 블랙박스는 자동차의 사고 감시용 카메라인 블랙박스와 의미가 다른 용어입니다. 블랙박스는 안이 보이지 않는 검은색 상자를 말하며, 반대로 겉이 투명하여 내부의 작동이 보이는 화이트박스도 있습니다.

2 자바에서 제공하는 메서드

메서드는 자바에서 제공하기도 하지만 프로그래머가 직접 만들 수도 있습니다. 자바에서 제공하는 메서드를 먼저 살펴봅시다. 다음은 자바에서 제공하는 메서드를 사용하는 형식으로, 메서드에는 무조건 괄호가 붙습니다.

```
클래스명.메서드명()
```

반환값이 없는 메서드의 경우에는 위와 같이 작성하지만, 반환값이 있다면 다음과 같이 변수로 반환값을 받아야 합니다.

```
변수명 = 클래스명.메서드명();
```

반환값이 없는 메서드

지금까지 가장 많이 사용한 메서드인 System.out.println()은 반환값이 없는 메서드입니다. System.out.println() 메서드는 괄호 안의 내용을 화면에 출력합니다. 단순히 메서드에 '무언가(글자)'를 넣었더니 우리가 알지 못하는 어떤 과정을 거쳐 '어떤 일(화면상 출력)'이 일어났습니다.

```
System.out.println("난생처음 자바");
```

```
난생처음 자바
```

위와 같이 출력될 때 우리는 System.out.println() 메서드의 내부에서 무슨 일이 일어났는지 알지 못하고, 알려고 할 필요도 없습니다. 무언가를 입력하면 그것을 화면에 출력하는 기능을 하는 메서드라는 것만 알면 됩니다.

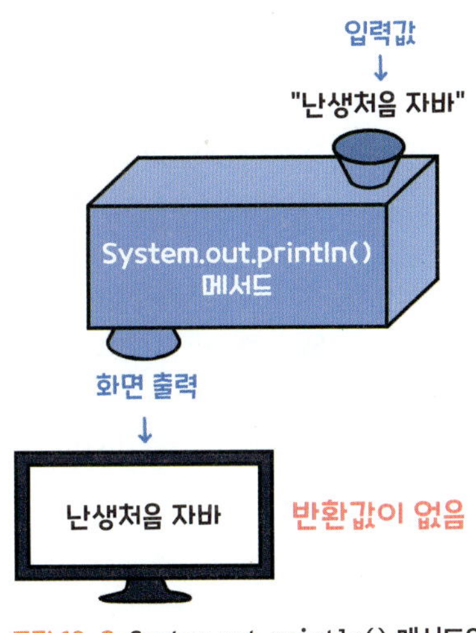

그림 10-2 System.out.println() 메서드의 작동

반환값이 있는 메서드

System.out.println() 메서드는 입력받은 글자만 화면에 출력하고 별도로 돌려주는 값이 없습니다. 이와 달리 Math.abs(숫자) 메서드는 입력받은 숫자를 절댓값으로 만들어 반환하기 때문에 반환값을 받는 변수가 필요합니다.

```
int num = Math.abs(-100);
System.out.println(num);
```

```
100
```

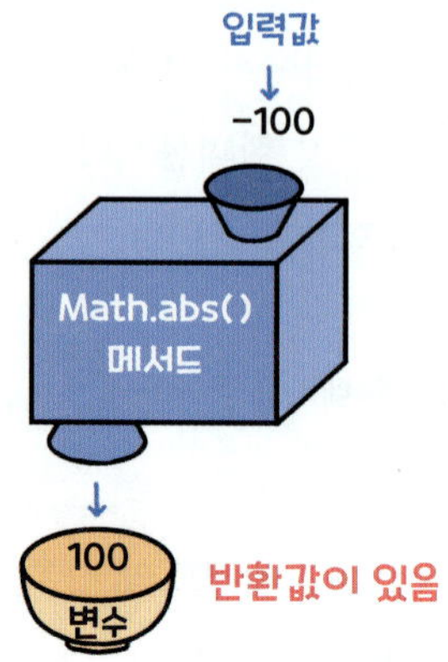

그림 10-3 Math.abs() 메서드의 작동

3 사용자 정의 메서드

필요하다면 메서드를 직접 만들어서 사용할 수도 있습니다. 그런데 왜 메서드를 만드는 것일까요? 그 이유를 알아보기 위해 [코드 10-1]을 살펴봅시다. [코드 10-1]은 사용자 A, B, C가 주사위를 던져서 나온 숫자를 출력하는 프로그램입니다.

코드 10-1 Code10_01.java

```java
public class Code10_01 {
    public static void main(String[] args) {
        int diceNum;

        System.out.println("A님, 주사위를 던집니다~");
        diceNum = (int) (Math.random() * 6);
        System.out.println("결과 : " + diceNum);

        System.out.println("B님, 주사위를 던집니다~");
        diceNum = (int) (Math.random() * 6);
        System.out.println("결과 : " + diceNum);

        System.out.println("C님, 주사위를 던집니다~");
        diceNum = (int) (Math.random() * 6);
        System.out.println("결과 : " + diceNum);
    }
}
```

```
A님, 주사위를 던집니다~
결과 : 5
B님, 주사위를 던집니다~
결과 : 4
C님, 주사위를 던집니다~
결과 : 1
```

5~7행에서 사용자 A가 주사위를 던져서 나온 숫자를 출력했습니다. 그리고 9~11행, 13~15행에서 이를 반복하여 사용자 B와 C가 주사위를 던진 결과를 각각 출력했습니다. 이는 문제가 없는 코드이지만 예상치 못한 버그가 있습니다. 즉 코드를 몇 번 실행해보면 주사위에는 없는 0이 출력됩니다. 왜 그럴까요?

`(int) (Math.random() * 6)`은 0~0.9999 중에서 무작위로 추출된 값에 6을 곱하기 때문에 0~5.9999가 됩니다. 그리고 이 값을 정수로 바꾸면 0~5이므로 결과가 0이 될 수도 있습니다. 이러한 오류가 발생하지 않게 하려면 1을 더해야 합니다. 즉 `(int) (Math.random() * 6 + 1)`로 바꿔야 합니다. 따라서 6행, 10행, 14행을 일일이 수정해야 하는데, 이러한 번거로움을 해결하는 획기적인 방법이 있습니다. 바로 메서드를 만드는 것입니다. 메서드를 만드는 방법은 잠시 후 살펴보고 우선 [코드 10-2]와 같이 수정해봅시다. [코드 10-1]과 [코드 10-2]의 실행 결과는 동일합니다.

코드 10-2 Code10_02.java

```
public class Code10_02 {
    static void drawDice() {
        int diceNum;
        diceNum = (int) (Math.random() * 6);          ← 메서드 정의
        System.out.println("결과 : " + diceNum);
    }

    public static void main(String[] args) {
        System.out.println("A님, 주사위를 던집니다~");
        drawDice();   ← 메서드 호출

        System.out.println("B님, 주사위를 던집니다~");
        drawDice();   ← 메서드 호출

        System.out.println("C님, 주사위를 던집니다~");
        drawDice();   ← 메서드 호출
    }
}
```

2~6행은 [코드 10-1]에서 3행 및 6~7행, 10~11행, 14~15행의 공통되는 부분을 모은 것으로, 이 부분이 바로 메서드입니다. 이렇게 메서드를 만들어 10행, 13행, 16행에서 호출했습니다.

이제 (int) (Math.random() * 6)을 (int) (Math.random() * 6 + 1)로 수정해봅시다. [코드 10-1]에서는 6행, 10행, 14행을 수정해야 하지만 [코드 10-2]에서는 4행만 수정하면 됩니다.

```
static void drawDice() {
    int diceNum;
    diceNum = (int) (Math.random() * 6 + 1);
    System.out.println("결과 : " + diceNum);
}
```

이렇게 메서드를 만들어서 사용하면 일반적으로 코드의 길이가 짧아질 뿐만 아니라 코드 변경 및 유지·보수가 수월해집니다.

확인문제

1. 다음 빈칸에 알맞은 말을 넣으시오.

[　　　　]는 무언가를 넣으면 이를 처리하여 되돌려주는 것으로, 내부가 보이지 않아 그 안에서 일어나는 일을 알지 못하기 때문에 블랙박스라고 표현하기도 한다.

2. 다음 중 옳지 <u>않은</u> 것을 고르시오.

① 메서드를 만들면 일반적으로 코드의 길이가 짧아진다.
② 메서드를 사용하면 유지·보수가 편리하다.
③ 메서드를 만들면 변경 사항이 생겼을 때 수정할 부분이 더 많아진다.
④ 메서드에는 자바에서 제공하는 메서드와 사용자가 직접 정의하는 메서드가 있다.

정답

1. 메서드　　2. ③

4 메서드 선언 및 호출

반복적으로 작성해야 할 코드가 있을 때 이를 메서드로 만들어놓으면 필요할 때마다 가져다 사용할 수 있습니다. [그림 10-4]는 이러한 메서드의 작동 과정을 보여줍니다. [그림 10-4]에서 보듯이 메서드는 입력받은 매개변수(파라미터)를 가공 및 처리하여 반환값을 돌려줍니다.

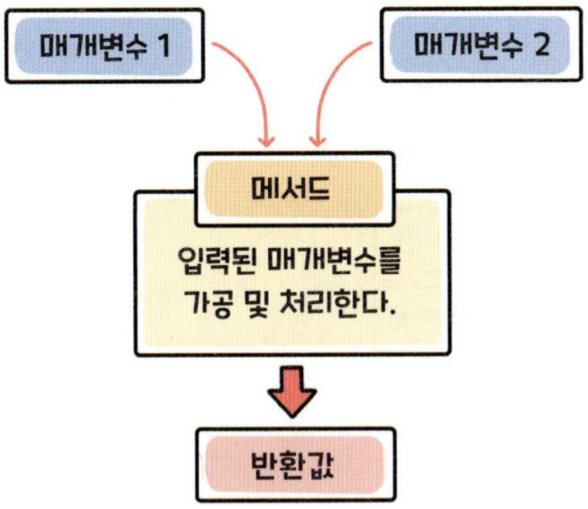

그림 10-4 **메서드의 작동**

> 메서드에 전달되는 값을 매개변수 또는 파라미터(parameter)라고 하는데, 이 책에서는 매개변수라는 용어를 사용하겠습니다. 메서드를 자판기에 비유한다면 자판기에 집어넣는 동전이 바로 매개변수입니다.

그럼 두 정수를 입력받아 합계를 반환하는 `plus()` 메서드를 만들어봅시다.

코드 10-3 Code10_03.java

```
01  public class Code10_03 {
02      static int plus(int v1, int v2) {
03          int result;
04          result = v1 + v2;
05          return result;
06      }
07
08      public static void main(String[] args) {
09          int hap;
10          hap = plus(100, 200);
11          System.out.println("100과 200의 plus() 메서드 결과 : " + hap);
12      }
13  }
```

```
100과 200의 plus() 메서드 결과 : 300
```

2~6행에서 `plus()` 메서드를 정의했지만 메서드 정의 부분이 바로 실행되지는 않습니다. 즉 `plus()` 메서드를 만들어서 준비만 해놓은 상태입니다. 가장 먼저 실행되는 것은 `main()` 메서드인 8행부터이며, 10행에서 `plus()` 메서드를 호출하면 그제야 2~6행이 실행됩니다. '메서드를 정의했다 = 음식을 만들었다', '메서드를 실행했다 = 음식을 먹었다'라고 생각하면 쉽게 이해할 수 있습니다. 다시 말해 2~6행에서 음식을 만들고, 10행에서 음식을 먹은 셈입니다.

그리고 4, 5행에서 매개변수로 받은 두 값의 합계를 반환했습니다. 또한 10행에서는 100과 200이라는 값을 전달하면서 plus() 메서드를 호출하여 그 결과를 hap에 대입하고, 11행에서는 plus() 메서드에서 반환된 값을 출력했습니다. 이렇게 plus() 메서드를 정의하고 호출하는 과정을 [그림 10-5]에 정리했습니다.

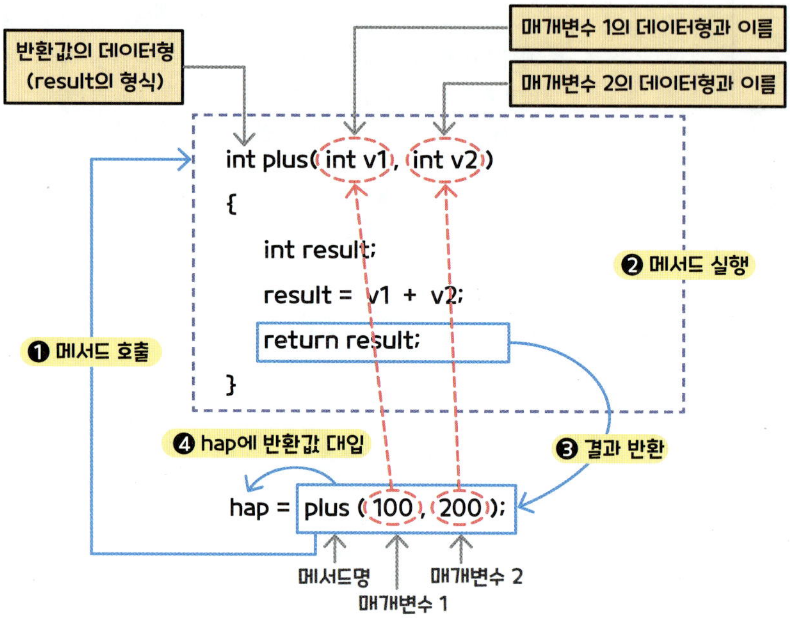

그림 10-5 plus() 메서드의 처리 과정

plus() 메서드는 두 개의 매개변수를 받기 때문에 plus(숫자1, 숫자2)로 호출해야 하며, plus() 메서드의 반환값은 int형입니다.

❶ 메서드 호출

plus(100, 200)으로 호출하면 100과 200이라는 숫자를 가지고 plus() 메서드를 호출합니다. 이때 plus() 메서드의 매개변수인 v1에는 100이, v2에는 200이 대입됩니다.

❷ 메서드 실행

v1과 v2를 더하여 result에 대입한 뒤 return result; 구문에 의해 plus() 메서드를 호출했던 곳으로 돌아갑니다.

❸ 결과 반환

메서드를 실행하여 얻은 결과인 result 값(300)을 plus() 메서드를 호출했던 곳으로 돌려줍니다.

❹ 반환값 대입

result 값 300을 변수 hap에 대입합니다. 이때 plus(100, 200)의 결과를 hap에 넣기 때문에 hap의 데이터형과 plus() 메서드 반환값의 데이터형이 같아야 합니다.

[그림 10-5]는 다소 복잡해 보이는데, 이를 [그림 10-6]과 같이 간단하게 표현할 수 있습니다.

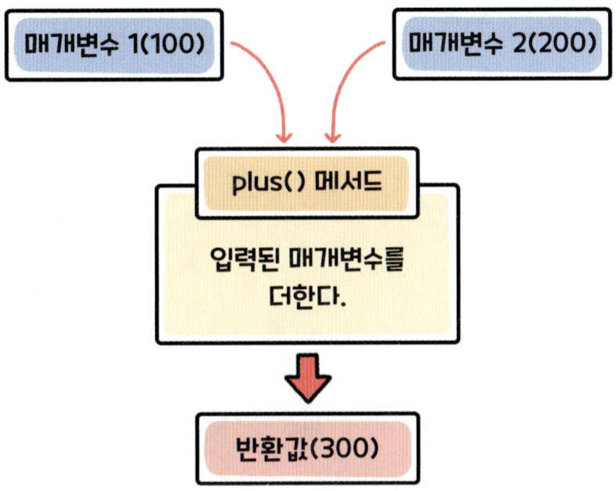

그림 10-6 plus() 메서드의 작동

하나 더 알기 ✓ 메서드 앞에 static을 붙이는 이유

8장에서 객체지향을 다루면서 인스턴스 메서드와 클래스 메서드를 언급했습니다. 인스턴스 메서드는 객체를 생성한 후 객체명.메서드명()으로 사용할 수 있는 메서드이고, 클래스 메서드는 객체를 생성하기 전에 클래스명.메서드명()으로 사용할 수 있는 메서드입니다. [코드 10-3]의 1행에서 전체 코드가 Code10_03이라는 클래스임을 확인할 수 있는데, Code10_03 클래스를 통해 객체를 만들지 않았음에도 10행에서 plus() 메서드를 사용했습니다. 즉 객체를 생성하지 않은 클래스의 메서드를 사용한 것입니다. 이 때문에 2행의 plus() 메서드는 클래스 메서드가 되어야 하므로 앞에 static을 붙였습니다.

참고로 10행은 다음과 같이 클래스명.메서드명()으로 작성해도 됩니다. 하지만 모든 코드가 Code10_03 클래스 안에 있기 때문에 클래스명을 생략한 것입니다.

```
hap = Code10_03.plus(100, 200);
```

LAB 메서드로 계산기 구현하기

메서드를 이용하여 계산기 프로그램을 만들어봅시다. 연산자 +, −, *, / 중에서 하나를 입력한 후 정수 두 개를 입력하면 계산을 해주는 계산기입니다.

실행 결과

```
계산 입력(+,-,*,/) : -
첫 번째 숫자 입력 : 33
두 번째 숫자 입력 : 55
계산 결과 : -22
```

사용자가 입력

1. Lab10_01.java 파일을 만들고, 키보드로 값을 입력받기 위해 Scanner 클래스를 사용할 수 있도록 준비합니다.

```
import java.util.Scanner;
Scanner s = new Scanner(System.in);

s.close();
```

2. main() 메서드와 동등한 위치인 public class Lab10_01{…} 내부에 계산 기능을 가진 calc() 메서드를 선언합니다. calc() 메서드는 반환값이 정수형이고, 매개변수로 정수 두 개와 연산자 문자 한 개를 받습니다. 또한 계산된 결과를 저장할 정수형 변수 result를 선언하고 반환되게 합니다.

```
static int calc(int v1, int v2, char op) {
    int result;
    // 이 부분에 연산 기능 작성
    return result;
}
```

3. calc() 메서드를 완성합니다. +, −, *, /에 따라 각각 덧셈, 뺄셈, 곱셈, 나눗셈을 수행하고 그 밖의 연산자는 0을 반환하는 switch~case문을 작성합니다.

```
switch (op) {
    case '+':    result = v1 + v2;    break;
    case '-':    result = v1 - v2;    break;
    case '*':    result = v1 * v2;    break;
    case '/':    result = v1 / v2;    break;
    default:     result = 0;
}
```

4. main() 메서드에 계산 결과를 대입할 정수형 변수 res, 연산자를 입력받을 문자형 변수 oper, 두 수를 입력받을 정수형 변수 num1, num2를 선언합니다.

```
int res;
char oper;
int num1, num2;
```

5. 연산자를 입력받습니다. 문자 하나를 입력받는 데에는 s.next().charAt(0) 메서드를 사용합니다.

```
System.out.printf("계산 입력(+,-,*,/) : ");
oper = s.next().charAt(0);
```

6. 계산할 두 정수를 입력받습니다.

```
System.out.printf("첫 번째 숫자 입력 : ");
num1 = s.nextInt();
System.out.printf("두 번째 숫자 입력 : ");
num2 = s.nextInt();
```

7. calc() 메서드를 호출하여 계산하고 그 결과를 출력합니다.

```
res = calc(num1, num2, oper);
System.out.println("계산 결과 : " + res);
```

8. 완성된 코드는 다음과 같습니다. Ctrl + F11을 눌러 실행 결과를 확인해봅니다.

Lab10_01.java

```
import java.util.Scanner;
public class Lab10_01 {
    static int calc(int v1, int v2, char op) {
        int result;
        switch (op) {
            case '+':    result = v1 + v2;    break;
            case '-':    result = v1 - v2;    break;
            case '*':    result = v1 * v2;    break;
            case '/':    result = v1 / v2;    break;
            default:     result = 0;
        }
```

```
        return result;
    }

    public static void main(String[] args) {
        Scanner s = new Scanner(System.in);
        int res;
        char oper;
        int num1, num2;

        System.out.printf("계산 입력(+,-,*,/) : ");
        oper = s.next().charAt(0);

        System.out.printf("첫 번째 숫자 입력 : ");
        num1 = s.nextInt();
        System.out.printf("두 번째 숫자 입력 : ");
        num2 = s.nextInt();

        res = calc(num1, num2, oper);
        System.out.println("계산 결과 : " + res);

        s.close();
    }
}
```

Section 02

메서드의 반환값과 매개변수

메서드의 기본적인 사용법을 배웠으니 이제 메서드에서 값을 반환하는 방법과 매개변수를 전달하는 방법을 자세히 알아봅시다.

1 메서드의 매개변수 전달

[코드 10-3]에서 확인했듯이 메서드에 매개변수의 개수를 정해놓으면 메서드를 호출할 때 매개변수의 개수를 정확히 맞춰 호출해야 합니다. 두 개의 매개변수를 받는 간단한 메서드를 다시 살펴봅시다. [코드 10-4]에서는 입력받은 두 값을 합한 결과를 반환하는 메서드를 사용합니다.

코드 10-4 Code10_04.java

```
01  public class Code10_04 {
02      static int para2_method(int v1, int v2) {
03          int result;
04          result = v1 + v2;
05          return result;
06      }
07
08      public static void main(String[] args) {
09          int hap;
10          hap = para2_method(10, 20);
11          System.out.println("매개변수 2개 메서드 호출 결과 ==> " + hap);
12      }
13  }
```

```
매개변수 2개 메서드 호출 결과 ==> 30
```

2행에서 두 개의 매개변수를 받는 para2_method() 메서드를 선언했는데, 이는 가장 표준적인 형태의 메서드라고 할 수 있습니다. 이 메서드에서 매개변수의 합을 구하여 그 결과를 반환했습니다.

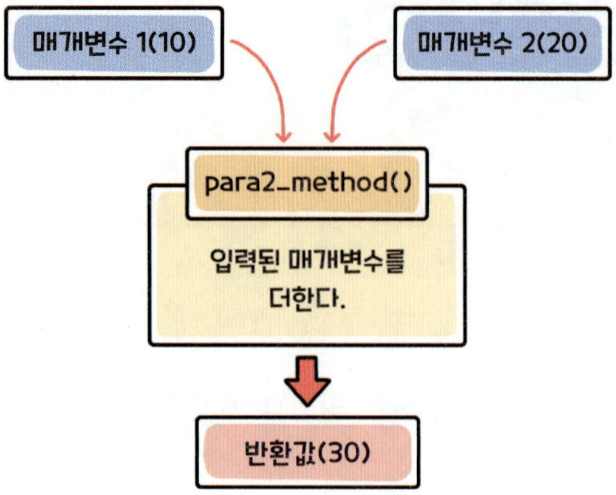

그림 10-7 para2_method() 메서드의 작동

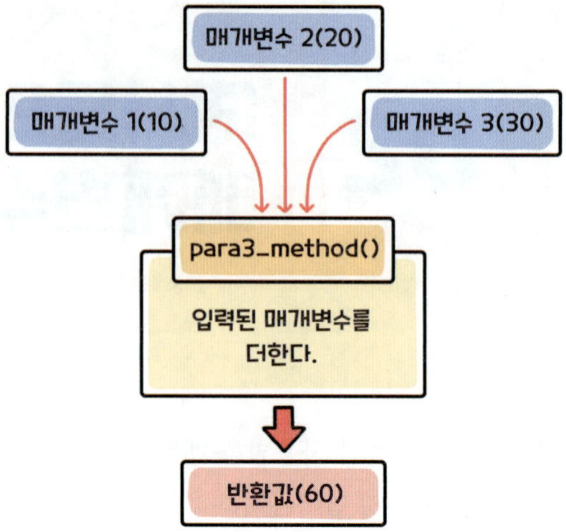

그림 10-8 para3_method() 메서드의 작동

이번에는 세 개의 매개변수를 더하는 메서드를 생성해보겠습니다. 두 개의 매개변수를 더하는 메서드와 크게 다르지 않습니다.

코드 10-5 Code10_05.java

```
01  public class Code10_05 {
02      static int para3_method(int v1, int v2, int v3) {
03          int result;
04          result = v1 + v2 + v3;
05          return result;
06      }
07
08      public static void main(String[] args) {
09          int hap;
10          hap = para3_method(10, 20, 30);
11          System.out.println("매개변수 3개 메서드 호출 결과 ==> " + hap);
12      }
13  }
```

```
매개변수 3개 메서드 호출 결과 ==> 60
```

[코드 10-4]와 같이 2행에서 세 개의 매개변수를 받는 para3_method() 메서드를 선언했습니다. 매개변수가 세 개이므로 10행에서 메서드를 호출할 때도 세 개의 매개변수를 넘겨주었습니다.

2 메서드에 매개변수를 전달하는 방법

메서드에 매개변수를 전달하는 방법에는 매개변수의 개수를 지정하여 별도의 메서드를 만들어서 전달하는 방법이 있습니다. 만약 매개변수의 개수가 다르다면 메서드의 이름이 같아도 괜찮습니다. 예를 들어 두 수 또는 세 수의 합을 구하는 프로그램을 하나의 코드에 작성하려면 hap_para2(), hap_para3()과 같은 이름으로 다른 메서드를 두 개 선언하면 됩니다.

코드 10-6 Code10_06.java

```
01  public class Code10_06 {
02      static int hap_para2(int v1, int v2) {
03          int result;
04          result = v1 + v2;
05          return result;
06      }
07      static int hap_para3(int v1, int v2, int v3) {
08          int result;
09          result = v1 + v2 + v3;
10          return result;
11      }
12
13      public static void main(String[] args) {
14          int hap;
15          hap = hap_para2(10, 20);
16          System.out.println("매개변수 2개 메서드 호출 결과 ==> " + hap);
17
18          hap = hap_para3(10, 20, 30);
19          System.out.println("매개변수 3개 메서드 호출 결과 ==> " + hap);
20      }
21  }
```

```
매개변수 2개 메서드 호출 결과 ==> 30
매개변수 3개 메서드 호출 결과 ==> 60
```

2~6행에서는 두 개의 매개변수를 받아서 합계를 반환하는 hap_para2() 메서드를 정의하고, 7~11행에서는 세 개의 매개변수를 받아서 합계를 반환하는 hap_para3() 메서드를 정의했습니다. 그리고 15~19행에서 각 메서드를 호출하여 결과를 출력했습니다.

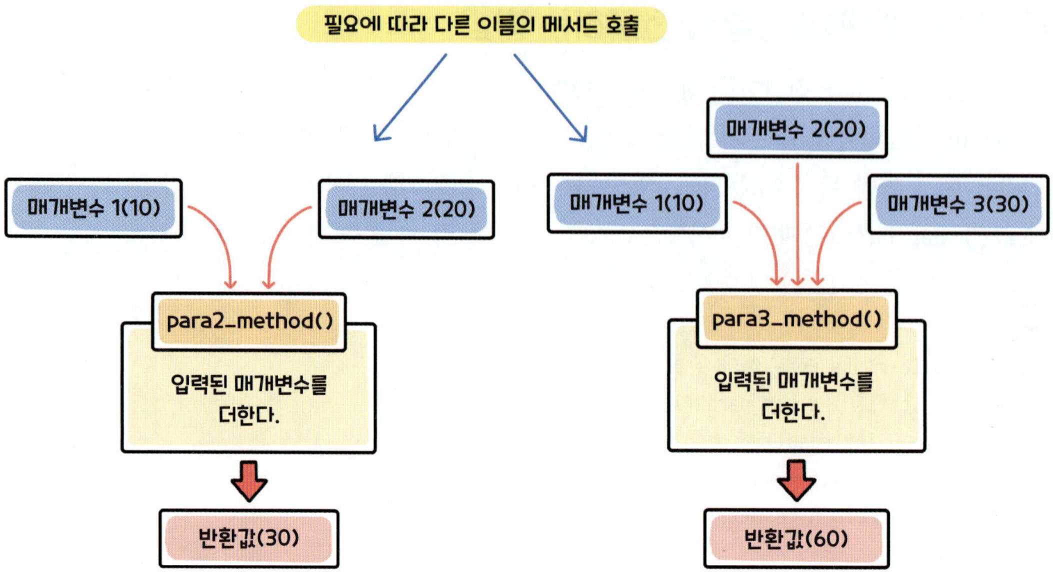

그림 10-9 para2_method(), para3_method() 메서드의 작동

이처럼 매개변수의 개수가 다르면 이름이 다른 메서드를 만들어서 사용해야 합니다. 만약 매개변수가 두 개부터 스무 개까지라면 다음과 같이 다른 이름의 메서드를 여러 개 만들어야 할 것입니다.

```
hap_para2()
hap_para3()
~~~생략~~~
hap_para20()
```

이렇게 매개변수의 개수에 따라 별도의 메서드명을 만들자니 조금 불편한데, 이름이 다른 메서드를 여러 개 만들지 말고 한 이름의 메서드를 만드는 방법이 있습니다. 다음 절에서 이에 대해 설명하겠습니다.

메서드 오버로딩

자바는 객체지향 프로그래밍 언어로, 객체지향 프로그래밍에서는 메서드명이 같아도 매개변수가 다르다면 문제가 없습니다. 다시 말해 매개변수가 다르면 동일한 이름의 메서드가 여러 개 있어도 자바가 알아서 호출된 매개변수에 맞는 메서드를 찾는데, 이를 메서드 오버로딩(method overloading)이라고 합니다. 가령 hap_para()라는 메서드명 하나를 사용하고 매개변수를 다르게 설정해봅시다.

코드 10-7 Code10_07.java

```
01  public class Code10_07 {
02      static int hap_para(int v1, int v2) {
03          int result;
04          result = v1 + v2;
05          return result;
06      }
07      static int hap_para(int v1, int v2, int v3) {
08          int result;
09          result = v1 + v2 + v3;
10          return result;
11      }
12
13      public static void main(String[] args) {
14          int hap;
15          hap = hap_para(10, 20);
16          System.out.println("매개변수 2개 메서드 호출 결과 ==> " + hap);
17
18          hap = hap_para(10, 20, 30);
19          System.out.println("매개변수 3개 메서드 호출 결과 ==> " + hap);
20      }
21  }
```

```
매개변수 2개 메서드 호출 결과 ==> 30
매개변수 3개 메서드 호출 결과 ==> 60
```

2행과 7행에서 선언한 메서드는 이름이 동일하지만 매개변수의 개수가 다릅니다. 그런데 15행에서는 hap_para()의 매개변수를 두 개 사용했기 때문에 2행의 hap_para()가 호출되고, 18행에서는 hap_para()의 매개변수를 세 개 사용했기 때문에 7행의 hap_para()가 호출되었습니다.

확인문제

1. 다음 중 옳은 것을 고르시오.

① 동일한 이름의 메서드가 있으면 무조건 오류가 발생한다.
② 메서드명이 동일하더라도 매개변수가 다르면 상관없다.
③ 매개변수가 다르면 메서드명이 반드시 같아야 한다.
④ 메서드에는 반드시 매개변수가 한 개 이상 있어야 한다.

2. 다음 빈칸에 알맞은 말을 넣으시오.

메서드의 매개변수가 두 개이면 호출할 때 넘겨야 할 매개변수의 개수가 [㉠]이고, 메서드의 매개변수가 세 개이면 호출할 때 넘겨야 할 매개변수의 개수가 [㉡]이다.

정답

1. ② 2. ㉠ 두 개 ㉡ 세 개

3 값 반환

메서드는 필요에 따라 처리된 결과를 돌려주는 경우도 있고 아무것도 돌려주지 않는 경우도 있습니다. 또한 처리된 결과를 돌려주는 경우는 하나의 값을 돌려주는 경우와 여러 값을 돌려주는 경우로 구분할 수 있습니다.

반환값이 없는 메서드

메서드를 실행한 후 반환할 것이 없으면 return문을 생략하거나 반환값 없이 return만 작성해도 되는데, 번거로움을 줄이기 위해 return을 작성하지 않고 메서드를 끝내는 경우가 많습니다. 반환값이 없는 메서드의 데이터형은 void이며, 이때 void는 '아무것도 없다' 정도로 해석하면 됩니다. 반환값이 없는 메서드의 경우 [그림 10-10]과 같이 실행 후 아무것도 반환하지 않고 메서드가 종료됩니다.

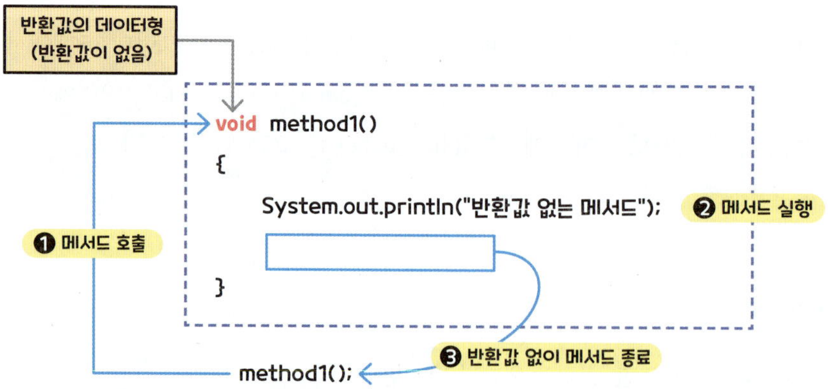

그림 10-10 반환값이 없는 메서드의 처리 과정

[코드 10-8]은 반환값이 없는 메서드를 사용하는 예제입니다.

코드 10-8

Code10_08.java

```
public class Code10_08 {
    static void method1() {
        System.out.println("반환값이 없는 메서드 실행");
    }

    public static void main(String[] args) {
        method1();
    }
}
```

```
반환값이 없는 메서드 실행
```

반환값이 하나인 메서드

메서드에서 어떤 일을 수행한 후 반환할 값이 있으면 **return 반환값** 형식으로 나타냅니다. 반환값이 하나인 경우에는 [그림 10-11]과 같은 과정을 거치게 됩니다. 즉 ❶ 메서드를 호출하면 ❷ 메서드가 실행되고, 메서드의 마지막에 ❸ 값(100)을 반환하면 호출했던 곳으로 돌아가 ❹ 반환값을 대입합니다.

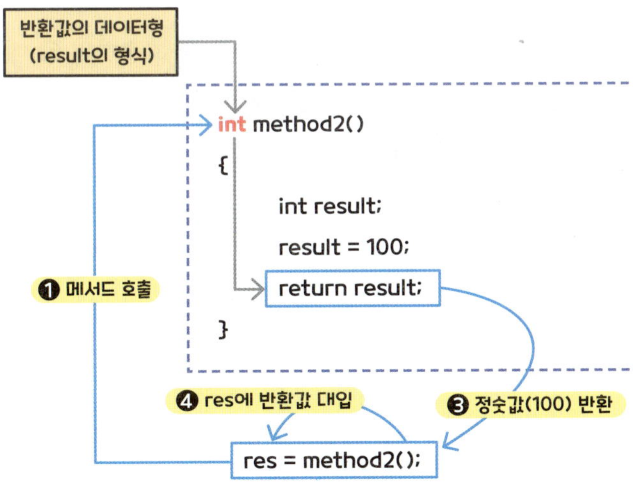

그림 10-11 **반환값이 하나인 메서드의 처리 과정**

[코드 10-9]는 반환값이 하나인 메서드를 사용하는 예제입니다.

코드 10-9 Code10_09.java

```java
public class Code10_09 {
    static int method2() {
        int result;
        result = 100;
        return result;
    }

    public static void main(String[] args) {
        int res;
        res = method2();
        System.out.println("method2()에서 돌려준 값 ==> " + res);
    }
}
```

```
method2()에서 돌려준 값 ==> 100
```

반환값이 두 개인 메서드

원칙적으로 메서드는 반환값을 한 개만 돌려줄 수 있으나, 만약 반환값이 두 개라면 배열로 만들어서 돌려줄 수 있습니다. 배열은 여러 값으로 이루어지지만 그 자체는 하나로 취급되기 때문입니다.

[그림 10-12]는 반환값이 하나인 메서드의 처리 과정을 보여줍니다. ❶ 메서드를 호출하면 ❷ 메서드가 실행되고, 메서드의 마지막에 ❸ 두 개의 값(100, 200)를 배열로 만들어서 반환하면 호출했던 곳으로 돌아가 ❹ 반환값을 배열 변수에 대입합니다. 값1과 값2를 배열로 만드는 형식은 `new int[] {값1, 값2}`입니다.

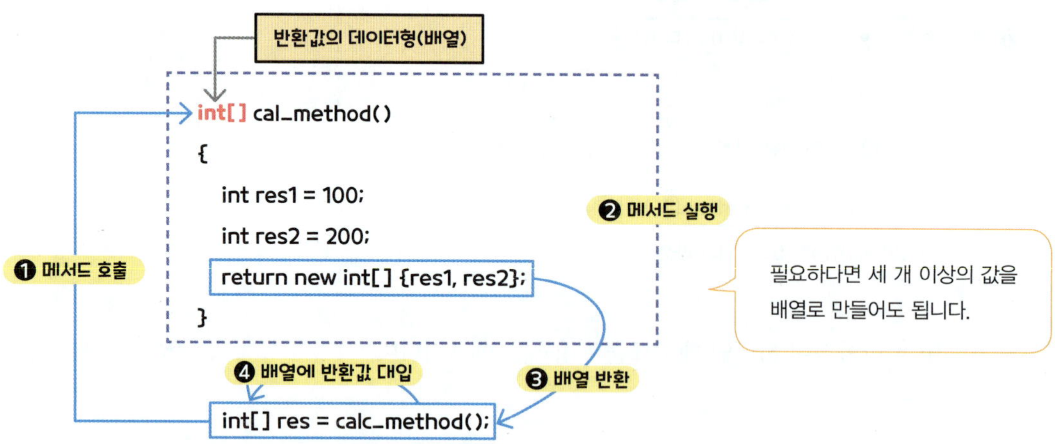

그림 10-12 **반환값이 두 개인 메서드의 처리 과정**

예를 들어 덧셈과 뺄셈을 수행한 후 두 결과를 한 번에 돌려주는 메서드를 살펴봅시다.

코드 10-10 Code10_10.java

```
01  public class Code10_10 {
02      static int[] method3(int v1, int v2) {
03          int res1, res2;
04          res1 = v1 + v2;
05          res2 = v1 - v2;
06          return new int[] {res1, res2};
07      }
08
09      public static void main(String[] args) {
10          int num1=100, num2=200;
11          int[] resAry;
12
13          resAry = method3(num1, num2);
14
15          System.out.println("100+200 결과 : " + resAry[0]);
16          System.out.println("100-200 결과 : " + resAry[1]);
17      }
18  }
```

```
100+200 결과 : 300
100-200 결과 : -100
```

2행에서 메서드를 선언할 때 반환값의 데이터형을 배열로 지정하고, 6행에서 계산 결과를 배열로 만들어서 반환했습니다. 그리고 13행에서 배열에 반환값을 받아 15, 16행에서 배열의 값을 출력했습니다.

확인문제

1. 다음 빈칸에 공통으로 알맞은 말을 넣으시오.

- 반환값이 없는 메서드의 경우 메서드의 끝에 아무것도 작성하지 않거나 ______만 작성해도 된다.
- 반환값이 하나인 메서드는 메서드의 끝에 ______문을 작성해야 한다.

2. 두 개의 값을 반환하는 myMethod() 메서드를 호출하기 위한 다음 코드의 빈칸을 채우시오.

```
int[] resAry;

[          ] = myMethod();
```

정답

1. return 2. resAry

LAB 로또 추첨하기

1~45 중에서 여섯 개의 숫자를 추첨하는 로또 프로그램을 만들어봅시다. 숫자를 추첨하는 메서드를 생성하고 메서드를 호출할 때마다 숫자를 하나씩 뽑아서 반환하게 하는데, 이때 뽑힌 숫자를 제외하고 숫자를 뽑아나가야 합니다. 즉 이미 뽑힌 숫자를 뽑으면 무시하고 새로 뽑아야 합니다.

실행 결과

```
** 로또 추첨을 시작합니다. **
오늘의 로또 번호 ==> [6, 7, 33, 34, 36, 44]
```

1. Lab10_02.java 파일을 만들고, 배열과 관련된 기능을 제공하는 java.util.Arrays를 임포트합니다.

```
import java.util.Arrays;
```

2. 1~45 중에서 숫자를 무작위로 추출하는 메서드를 만듭니다.

```
static int lotto_method() {
    int lottoNum = (int)(Math.random()*45 + 1);
    return lottoNum;
}
```

3. main() 메서드에 뽑은 숫자를 저장할 빈 배열을 생성하고 뽑은 숫자를 저장할 변수를 준비합니다. 그리고 추첨 시작을 알리는 메시지를 출력합니다.

```
int[] lottoAry = {};
int num = 0;
System.out.println("** 로또 추첨을 시작합니다. ** ");
```

4. 여섯 개의 숫자를 뽑되 숫자가 중복되면 안 됩니다. 어떤 숫자가 뽑힐지 알 수 없으므로 일단은 while(true)로 무한 반복되게 하고 무한 반복 위에 my_loop :를 넣습니다. my_loop :는 잠시 후 이 부분으로 건너뛸 때 사용됩니다.

```
my_loop :
while(true) {
    // 이 부분에서 중복되지 않는 6개의 숫자 추첨
}
```

5. 반복문 내부를 채웁니다. 숫자를 추출하고, 이 숫자가 로또 배열에 있으면 my_loop :로 가서 while(true)를 수행하게 합니다.

```
num = lotto_method();

for (int v : lottoAry) {
    if (num ==  v)          // 뽑은 숫자와 로또 배열 안의 숫자가 같으면
        continue my_loop;  // while()문으로 돌아감
}
```

6. 추출한 숫자가 처음 나온 숫자이면 for()문을 빠져나와 로또 배열의 크기를 하나 늘리고, 로또 배열의 마지막 위치에 이 숫자를 넣습니다. 로또 배열의 숫자가 여섯 개가 되면 while(true)문을 빠져나갑니다.

```
lottoAry = Arrays.copyOf(lottoAry, lottoAry.length + 1);
lottoAry[lottoAry.length-1] = num;
if (lottoAry.length == 6)
    break;
```

7. while(true)문을 빠져나가면 로또 배열을 오름차순으로 정렬하고 출력합니다.

```
Arrays.sort(lottoAry);
System.out.print("오늘의 로또 번호 ==> ");
System.out.println(Arrays.toString(lottoAry));
```

8. 완성된 코드는 다음과 같습니다. Ctrl+F11을 눌러 실행 결과를 확인해봅니다.

Lab10_02.java

```
import java.util.Arrays;
public class Lab10_02 {
    static int lotto_method() {
        int lottoNum = (int)(Math.random()*45 + 1);
        return lottoNum;
    }

    public static void main(String[] args) {
        int[] lottoAry = {};
        int num = 0;
        System.out.println("** 로또 추첨을 시작합니다. ** ");

        my_loop :
        while(true) {
            num = lotto_method();

            for (int v : lottoAry) {
                if (num ==  v)
                    continue my_loop;
            }
            lottoAry = Arrays.copyOf(lottoAry, lottoAry.length + 1);
            lottoAry[lottoAry.length-1] = num;
            if (lottoAry.length == 6)
                break;
        }

        Arrays.sort(lottoAry);
        System.out.print("오늘의 로또 번호 ==> ");
        System.out.println(Arrays.toString(lottoAry));
    }
}
```

Section 03

변수의 유효 범위

변수는 범위에 따라 크게 지역변수(local variable)와 전역변수(global variable)로 구분됩니다. 쉽게 말해 지역변수는 집(메서드) 안에서만 사용할 수 있는 변수이고, 전역변수는 집(메서드) 밖에서도 사용할 수 있는 변수입니다. 프로그래밍을 하다 보면 간혹 의도한 대로 변수의 범위가 지정되지 않아 프로그램의 흐름에 문제가 생길 수도 있으므로 지역변수와 전역변수를 이해하고 정확한 사용법을 배워 올바로 사용해야 합니다.

1 유효 범위의 개념

동물은 대개 자신의 영역 안에서 살아갑니다. 집에서 키우는 닭은 마당이 그러한 영역이고, 돼지는 우리가 그러한 영역이며, 독수리는 온 산과 들이 그러한 영역입니다. 이처럼 유효 범위는 자신이 활동할 수 있는 범위를 말합니다.

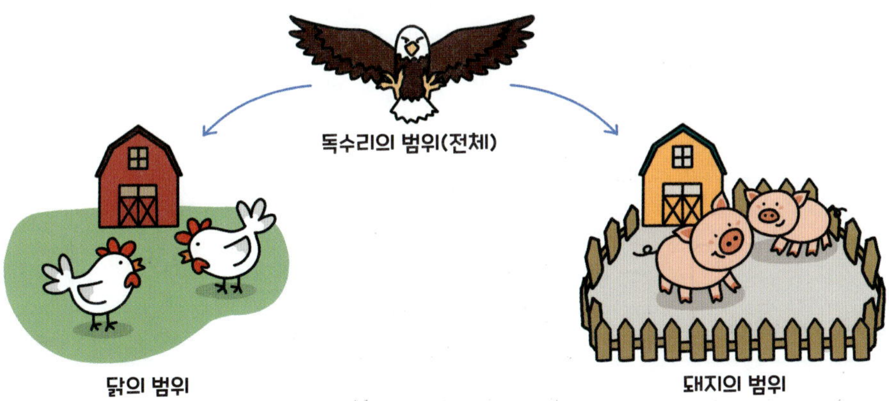

그림 10-13 동물의 유효 범위

지역변수는 특정 범위(주로 메서드) 안에서만 인식되는 변수이고, 전역변수는 메서드와 상관없이 전체 프로그램 안에서 인식되는 변수입니다. [그림 10-13]의 경우 닭과 돼지를 지역변수에, 독수리를 전역변수에 비유할 수 있습니다.

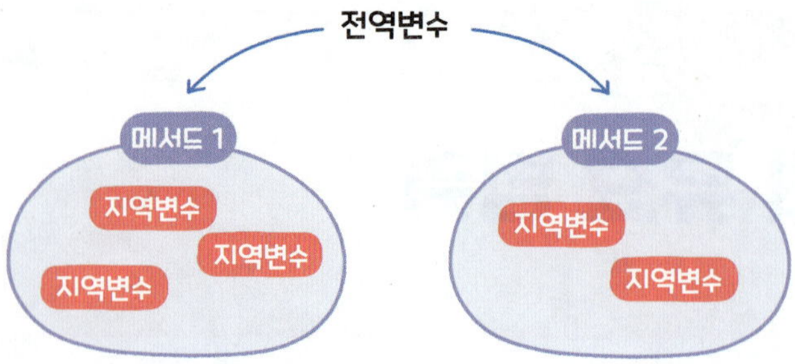

그림 10-14 **변수의 유효 범위**

2 지역변수와 전역변수

말 그대로 지역변수는 한정된 지역에서만 사용되는 변수이고, 전역변수는 프로그램 전체에서 사용되는 변수입니다. 한정된 지역이란 주로 메서드를 가리키지만 경우에 따라서는 블록({ })도 한정된 지역으로 봅니다.

> 자바에서는 전역변수에 해당하는 변수를 인스턴스 변수 또는 클래스 변수라고 부르지만, 이 장에서는 자바의 클래스 변수를 다른 프로그래밍 언어에서처럼 전역변수라고 하겠습니다. 그리고 클래스 변수 앞에는 항상 `static` 키워드가 붙으니 자바의 전역변수 앞에는 `static`이 붙는다고 기억해두세요.

[그림 10-15]는 지역변수와 전역변수의 유효 범위를 보여줍니다. ❶에서 a는 메서드 1 안에 선언되었기 때문에 메서드 1 안에서만 사용할 수 있고, 메서드 2에서는 a의 존재 자체를 알지 못합니다. 반면에 ❷에서 b는 메서드 1과 메서드 2의 밖에 선언되었기 때문에 두 메서드에서 b의 존재를 알 수 있습니다. 여기서 b의 선언 위치는 맨 위든 맨 아래든 관계없이 메서드 밖이면 됩니다.

그림 10-15 **지역변수와 전역변수의 유효 범위**

간혹 지역변수와 전역변수의 이름이 같을 수도 있는데, 이럴 때는 지역변수가 우선됩니다. 예컨대 동명이인인 두 홍길동이 각각 1반 교실과 복도에 있다고 가정해봅시다. 1반 교실에서 홍길동을 부르면 복도에 있는 홍길동보다 1반 교실에 있는 홍길동이 먼저 대답할 것입니다. 하지만 2반 교실에서 홍길동을 부르면 복도에 있는 홍길동이 먼저 대답할 것입니다.

그림 10-16 **이름이 같은 경우**

지역변수와 전역변수의 이름이 같을 때는 메서드 내에 변수가 정의되어 있는지를 확인하여 쉽게 구분할 수 있습니다. [그림 10-17]을 보면, 같은 a라고 해도 메서드 1의 a는 메서드 안에서 따로 정의했으므로 지역변수이고, 메서드 2의 a는 메서드 안에 정의된 것이 없으므로 전역변수입니다.

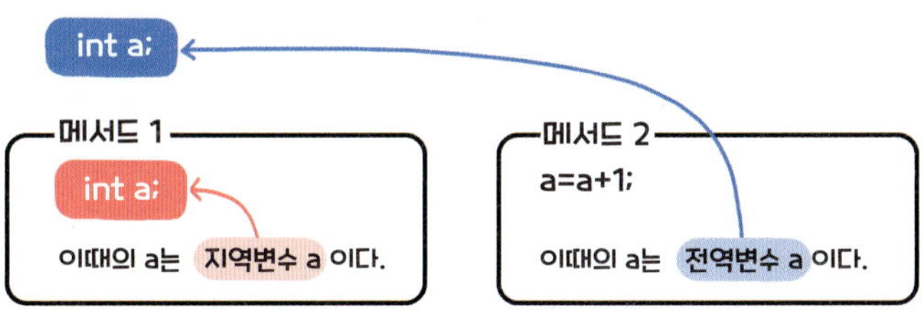

그림 10-17 **지역변수와 전역변수의 공존**

코드 10-11 Code10_11.java

```
public class Code10_11 {
    static int a = 100;      // 전역변수

    static void method1() {
        int a = 200;         // 지역변수
        System.out.println("method1()에서 a의 값==> " + a);
    }
```

```
08
09      static void method2() {
10          a = a+1;
11          System.out.println("method2()에서 a의 값==> " + a);
12      }
13
14      public static void main(String[] args) {
15          method1();
16          method2();
17      }
18  }
```

```
method1()에서 a의 값==> 200
method2()에서 a의 값==> 101
```

2행에서의 a는 메서드 밖에 선언되었으므로 전역변수이고, 4~7행에서의 a는 method1()의 안에 선언되었으므로 지역변수입니다. 6행에서 변수 a를 출력했더니 지역변수 a의 값인 200이 출력되었습니다. 그리고 10, 11행에서 변수 a에 1을 더하여 출력했는데, method2()에는 a가 없기 때문에 2행에서 선언한 전역변수 a의 값인 100에 1을 더한 101이 출력되었습니다.

확인문제

다음 빈칸에 알맞은 말을 넣으시오.

- 전체 프로그램에서 인식되는 변수는 [㉠] 변수이고, 메서드 안에서만 인식되는 변수는 [㉡] 변수이다.
- 메서드 안에서 선언한 변수는 [㉢] 변수이고, 메서드 밖에서 선언한 변수는 [㉣] 변수이다.

정답

㉠ 전역 ㉡ 지역 ㉢ 지역 ㉣ 전역

LAB 비밀번호 생성하기

입력된 비밀번호가 규칙에 맞으면 비밀번호를 생성하고, 규칙에 맞지 않으면 다시 생성하도록 메시지를 출력하는 프로그램을 만들어봅시다.

[비밀번호의 규칙]

- 여덟 글자 이상이어야 함
- 영문과 한글만 사용 가능, 숫자와 기호는 사용 불가능

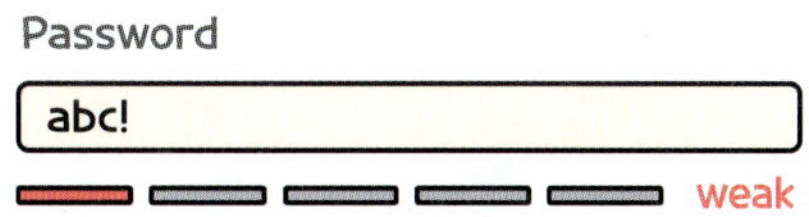

실행 결과

```
새로운 비밀번호를 입력하세요 :abcd                사용자가 입력
오류! 비밀번호가 규칙에 맞지 않습니다.

새로운 비밀번호를 입력하세요 :abcd1234$$          사용자가 입력
오류! 비밀번호가 규칙에 맞지 않습니다.

새로운 비밀번호를 입력하세요 :abcd가나다라        사용자가 입력
Good~ 비밀번호가 올바르게 생성되었어요.
```

1. Lab10_03.java 파일을 만들고, 키보드로 값을 입력받기 위해 Scanner 클래스를 사용할 수 있도록 준비합니다.

```
import java.util.Scanner;
Scanner s = new Scanner(System.in);

s.close();
```

2. 비밀번호를 문자열 매개변수로 받아서 규칙에 맞는지 확인하는 메서드를 작성합니다. 비밀번호가 여덟 글자 미만이면 false를 반환하고, 글자를 하나씩 확인하여 영문이나 한글이 아니면 false를 반환합니다. 그리고 이 두 가지에 모두 해당하지 않으면 true를 반환합니다.

```
static boolean checkPassword(String pwd) {
    if (pwd.length() < 8)
       return false;
    for (int i=0; i<pwd.length(); i++) {
        char ch = pwd.charAt(i);
        if (!Character.isAlphabetic(ch))
            return false;
    }
    return true;
}
```

3. main() 메서드에 비밀번호 문자열 변수를 준비하고 비밀번호를 입력받아 checkPassword() 메

서드에서 확인합니다.

```
if (checkPassword(password))
    System.out.println("Good~ 비밀번호가 올바르게 생성되었어요.");
else
    System.out.println("오류! 비밀번호가 규칙에 맞지 않습니다.");
```

4. 완성된 코드는 다음과 같습니다. Ctrl+F11을 눌러 실행 결과를 확인해봅니다.

Lab10_03.java

```
import java.util.Scanner;
public class Lab10_03 {
    static boolean checkPassword(String pwd) {
        if (pwd.length() < 8)
            return false;
        for (int i=0; i<pwd.length(); i++) {
            char ch = pwd.charAt(i);
            if (!Character.isAlphabetic(ch))
                return false;
        }
        return true;
    }

    public static void main(String[] args) {
        Scanner s = new Scanner(System.in);
        String password;

        System.out.print("새로운 비밀번호를 입력하세요:");
        password = s.next();

        if (checkPassword(password))
            System.out.println("Good~ 비밀번호가 올바르게 생성되었어요.");
        else
            System.out.println("오류! 비밀번호가 규칙에 맞지 않습니다.");

        s.close();
    }
}
```

실전 예제 로또 번호를 추첨하는 거북이

문제

앞에서 작성한 로또 프로그램을 활용하여 거북이가 추첨된 숫자에 해당하는 선을 화면에 그리는 프로그램을 만들어 봅시다. 12시를 기준으로 시계 방향으로 8도씩 간격을 두어 선을 그리고, 추첨된 숫자에 해당하는 선을 빨간색으로 덧칠합니다.

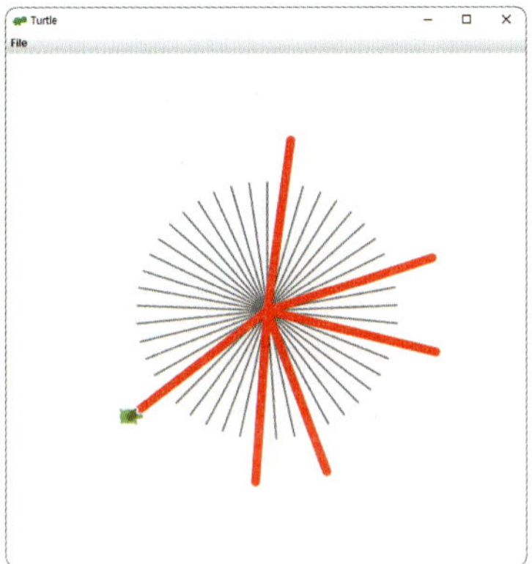

실행 결과

```
로또 번호==>[1, 9, 13, 20, 23, 29]
```

해결

Ex10_01.java

```
import java.util.Arrays;
public class Ex10_01 {
    static int[] getLotto() {
        int[] lottoAry = {};
        int num = 0;

        my_loop :
        while(true) {
            num = (int)(Math.random()*45 + 1);

            for (int v : lottoAry) {
                if (num == v)
                    continue my_loop;
            }
            lottoAry = Arrays.copyOf(lottoAry, lottoAry.length + 1);
            lottoAry[lottoAry.length-1] = num;
            if (lottoAry.length == 6)
                break;
```

```java
        }
        Arrays.sort(lottoAry);
        return lottoAry;
    }

    public static void main(String[] args) {
        int WIDTH = 500, HEIGHT = 500;

        Turtle turtle = new Turtle();
        turtle.speed(50);
        turtle.outlineColor("white");
        turtle.setCanvasSize(WIDTH+100, HEIGHT+100);

        turtle.left(90);              // 처음에 거북이가 북쪽을 보게 함
        turtle.penColor("gray");
        for (int i=0; i<45; i++) {    // 45개의 선을 그림
            turtle.up();
            turtle.setPosition(0, 0);
            turtle.down();
            turtle.right(8);
            turtle.forward(150);
        }

        int[] lotto = getLotto();
        System.out.println("로또 번호==>" + Arrays.toString(lotto));
        turtle.width(10);
        turtle.penColor("red");
        for (int num : lotto) {
            turtle.up();
            turtle.home();
            turtle.left(90);
            turtle.down();
            turtle.right(8*num);
            turtle.forward(200);
        }
    }
}
```

03~22 여섯 개의 숫자를 뽑아 반환하는 코드입니다.

32 처음에 거북이가 12시 방향을 쳐다보게 합니다.

33 선의 색상을 회색으로 설정합니다.

34~40 8도씩 회전하면서 마흔다섯 개의 선을 그립니다.

42, 43 여섯 개의 숫자를 뽑아 출력합니다.

44, 45 거북이가 그리는 선의 두께와 색상을 설정합니다.

46~53 뽑힌 숫자에 해당하는 선을 그립니다.

48, 49 거북이를 중앙으로 이동하고 12시 방향을 보게 합니다.

51, 52 뽑힌 숫자만큼 각도를 회전하여 선을 그립니다.

요약

01 메서드는 무언가를 넣으면 이를 처리하여 되돌려주는 것을 말합니다. 반복적으로 작성해야 할 코드가 있을 때 이를 메서드로 만들어놓으면 필요할 때마다 가져다 사용할 수 있습니다.

02 자바에서 제공하는 메서드 중에서 반환값이 없는 메서드를 사용하는 형식은 다음과 같습니다.

```
클래스명.메서드명()
```

03 자바에서 제공하는 메서드 중에서 별도의 반환값이 있는 메서드는 다음과 같이 변수로 반환값을 받아야 합니다.

```
변수명 = 클래스명.메서드명();
```

04 메서드에 매개변수의 개수를 정해놓으면 메서드를 호출할 때 매개변수의 개수를 정확히 맞춰 호출해야 합니다.

05 객체지향 프로그래밍에서는 메서드명이 같아도 매개변수가 다르다면 문제가 없습니다.

06 메서드를 실행한 후 반환할 것이 없으면 return문을 생략하거나 반환값 없이 `return`만 작성해도 됩니다.

07 반환값이 두 개라면 배열로 만들어서 돌려줄 수 있습니다. 배열은 여러 값으로 이루어지지만 그 자체는 하나로 취급되기 때문입니다.

08 변수는 범위에 따라 크게 지역변수와 전역변수로 구분됩니다. 지역변수는 특정 범위(주로 메서드) 안에서만 사용할 수 있는 변수이고, 전역변수는 특정 범위 밖에서도 사용할 수 있는 변수입니다.

09 지역변수와 전역변수의 이름이 같을 수도 있는데, 이럴 때는 지역변수가 우선됩니다.

연습문제

01 다음 중 메서드에 대한 설명으로 옳지 않은 것을 고르시오.

① 음료수 자판기에 비유할 수 있다.

② 화이트박스라고도 부른다.

③ 무조건 뒤에 괄호가 붙는다.

④ System.out.println()은 자바에서 제공하는 메서드 중 하나이다.

02 myFunc 메서드의 결과를 myVar 변수에 저장하기 위한 구문은 무엇인가요?

① myFunc() = myVar;

② myVar = myFunc();

③ myFunc = myVar();

④ myVar() = myFunc;

03 다음은 입력받은 수에 100을 더한 결과를 반환하는 메서드입니다. 빈칸에 들어갈 내용을 순서대로 나열한 것을 고르시오.

```
[          ] sumFunc() {
    int number = s.nextInt();
    [          ] number + 100;
}
```

① static, return

② method, return

③ static int, exit

④ static int, return

04 다음은 두 개의 매개변수를 받아서 곱셈을 하는 메서드입니다. 빈칸에 들어갈 내용을 고르시오.

```
static int mutiply([          ]) {
    int result = var1 * var2;
    return result;
}
```

① int var1, int var2

② int var1, var2

③ var1, var2

④ int var1 & int var2

05 다음은 반환값이 없는 메서드를 정의하고 호출하는 코드입니다. 빈칸에 들어갈 내용을 순서대로 나열한 것을 고르시오.

```
static void method1() {
    System.out.println("난생처음");
        [          ];
}

public static void main(String[] args) {
        [          ];
}
```

① return 0, method1( )　　② return None, int res = method1( )

③ return "", int res = method1( )　　④ return, method1( )

06 다음은 두 개 및 세 개의 매개변수를 받아서 곱셈을 하는 메서드입니다. 빈칸에 들어갈 내용을 순서대로 나열한 것을 고르시오.

```
static int [          ](int var1, int var2) {
    int result = var1 * var2;
    return result;
}
static int [          ](int var1, int var2, int var3) {
    int result = var1 * var2 * var3;
    return result;
}
public static void main(String[] args) {
    int res1 = multiply(10, 20);
    int res2 = multiply(10, 20, 30);
}
```

① multiply1, multiply2　　② res1, res2

③ result1, result2　　④ multiply, multiply

07 다음은 두 개 또는 세 개의 매개변수를 받아서 곱셈을 하는 메서드입니다. 빈칸에 들어갈 내용을 순서대로 나열한 것을 고르시오.

```
static int [          ](int var1, int var2) {
    int result = var1 * var2;
    return result;
}
static int [          ](int var1, int var2, int var3) {
    int result = var1 * var2 * var3;
    return result;
}
public static void main(String[] args) {
    int res1 = multiply2(10, 20);
    int res2 = multiply3(10, 20, 30);
}
```

① multiply2, multiply3　② res1, res2
③ result1, result2　④ multiply, multiply

08 다음은 반환값이 한 개인 메서드를 정의하고 호출하는 코드입니다. 빈칸에 들어갈 내용을 순서대로 나열한 것을 고르시오.

```
static int method2() {
    int result = 100;
    [          ];
}

public static void main(String[] args) {
    int res;
    [          ];
    System.out.println(res);
}
```

① return result, res = method2();　② return, res = method2();
③ return result, method2();　④ return, method2();

09 다음은 반환값이 두 개인 메서드를 정의하고 호출하는 코드입니다. 빈칸에 들어갈 내용을 고르시오.

```
static int[] method3(int v1, int v2) {
    int res1 = v1 + v2;
    int res2 = v1 - v2;
    return [          ];
}

public static void main(String[] args) {
    int num1=100, num2=200;
    int[] resAry;

    resAry = method3(num1, num2);
}
```

① new int {res1, res2}; ② new int[ ] {res1, res2};
③ new int[res1, res2]; ④ int[ ] [res1, res2];

10 다음 빈칸에 들어갈 말을 순서대로 나열한 것을 고르시오.

> 변수는 유효 범위에 따라 크게 지역변수와 전역변수로 구분된다. [   ]는 메서드 내부와 같이 한정된 범위에서만 사용할 수 있는 변수이고, [   ]는 프로그램 전체에서 접근할 수 있는 변수이다.

① 지역변수, 지역변수 ② 전역변수, 전역변수
③ 지역변수, 전역변수 ④ 전역변수, 지역변수

11 두 개의 실수를 입력받아 다음과 같이 네 가지 사칙연산 결과를 한꺼번에 반환하는 메서드가 포함된 프로그램을 작성하시오.

[실행 결과]

```
숫자 1 ==>3
숫자 2 ==>7      ← 사용자가 입력
3.0 + 7.0 = 10.0
3.0 - 7.0 = -4.0
3.0 * 7.0 = 21.0
3.0 / 7.0 = 0.42857142857142855
```

[실행 결과]

```
숫자 1 ==>5.8
숫자 2 ==>3.14   ← 사용자가 입력
5.8 + 3.14 = 8.94
5.8 - 3.14 = 2.6599999999999997
5.8 * 3.14 = 18.212
5.8 / 3.14 = 1.8471337579617833
```

12 심화 다음 조건에 따라 현재 시간을 구하여 시계를 그리는 터틀 그래픽 프로그램을 작성하시오.

- 시, 분, 초를 반환하는 getTime() 메서드를 생성하고 현재 시, 분, 초는 다음과 같이 구함

```
LocalTime now = LocalTime.now();
시 = now.getHour();
분 = now.getMinute();
초 = now.getSecond();
```

- 시침, 분침, 초침의 길이와 두께를 다르게 설정
- 시침은 정각만 가리킴(예 5시 30분인 경우 시침이 5시를 가리킴)

[실행 결과]

```
현재 시간 => 17시 6분 32초
```

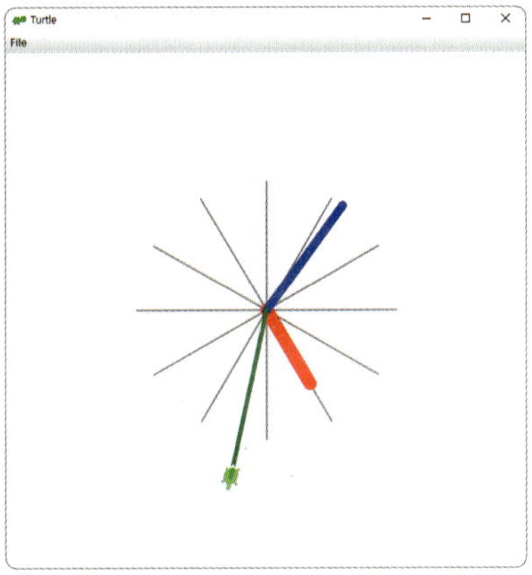

CHAPTER 11

파일 읽기·쓰기와 예외 처리

학습목표

- 파일을 읽는 방법을 알아봅니다.
- 읽은 파일의 내용을 처리하는 방법을 익힙니다.
- 파일을 쓰는 방법을 알아봅니다.
- 파일을 읽어서 동일한 파일로 쓰는 방법을 익힙니다.
- 예외 처리를 이해하고 사용법을 익힙니다.

Preview

우리는 무언가는 입력하여 처리 결과를 얻기 위해 컴퓨터 프로그램을 사용합니다. 예를 들어 엑셀의 경우 숫자를 입력하여 함수 처리 결과를 얻습니다. 그런데 한 달 치 매출액을 밤새도록 입력하여 결과를 얻고 다음 날 다시 입력해야 한다면 어떨까요? 상상만 해도 한숨이 절로 나옵니다. 그래서 우리는 한 번 입력한 것을 파일로 저장해놓고 나중에 그 파일을 열어서 사용하는데, 이를 파일 처리라고 합니다. 이 장에서는 입력한 내용을 저장하거나 저장된 내용을 불러오는 파일 처리에 대해 알아봅니다.

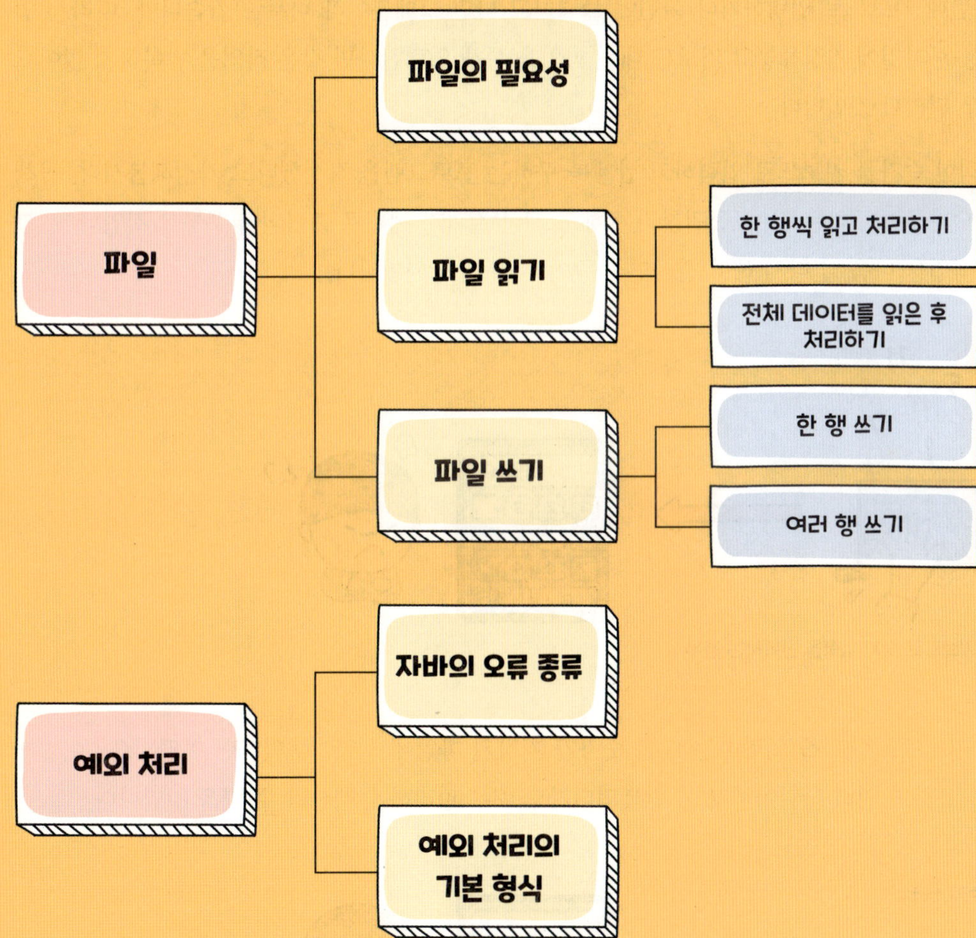

Section 01 파일의 필요성

지금까지는 값을 입력받기 위해 키보드를 사용하고, 처리 결과를 확인하기 위해 화면에 출력했습니다. 그런데 키보드로 입력하거나 화면에 출력하고 나면 그때뿐이라 너무 아깝습니다. 따라서 입력할 내용을 파일에 저장해놓고 키보드 대신 파일을 통해 입력한다면 같은 작업을 반복하지 않아도 되니 매우 편리할 것입니다.

공책에 적힌 숫자를 키보드로 입력하고 합계를 구하는 프로그램을 작성했다고 가정해봅시다. 공책을 보고 숫자를 입력하는 것이 좀 귀찮기는 해도 계산 결과가 제대로 출력되어 뿌듯할 것입니다. 그런데 이 작업을 다음 날 다시 해야 한다면 짜증이 나는 게 당연합니다.

그림 11-1 키보드로 숫자 입력을 반복하는 경우

이럴 때 키보드로 숫자를 입력하는 대신 숫자가 저장된 파일에서 읽어들인다면 어떨까요? 이렇게 파일을 이용하면 입력 작업이 수없이 반복되더라도 매우 편리하게 계산할 수 있을 것입니다.

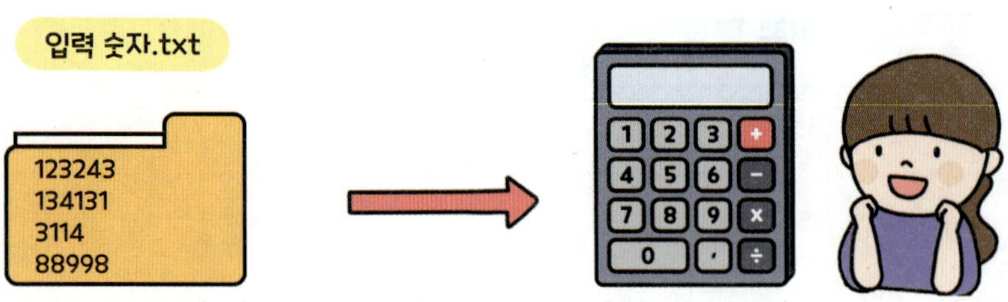

그림 11-2 파일의 숫자를 읽어 화면에 출력하는 경우

파일에 쓰는 경우도 마찬가지입니다. 지금까지는 System.out.println()으로 화면에 출력한 후 나중에 다시 결과를 확인하려면 프로그램을 재실행해야 했습니다. 또한 현재 처리된 결과를 나중에 다른 사람에게 보여주어야 한다면 결과가 출력된 화면을 캡처하거나 아예 컴퓨터를 건드리지 않고 그대로 두어야 할 것입니다.

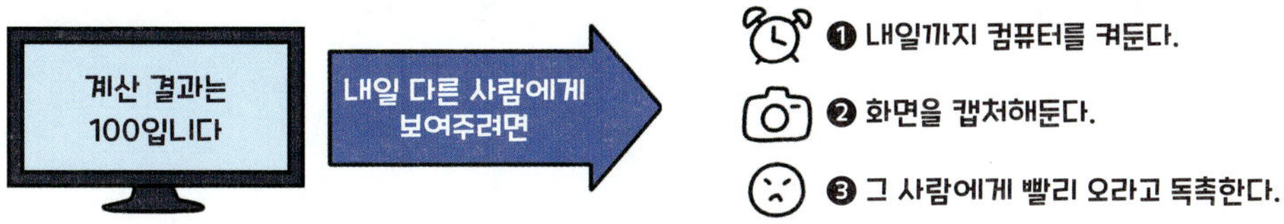

그림 11-3 화면의 출력 결과를 다른 사람에게 보여주는 경우

하지만 실행 결과를 파일로 저장해두면 아무 때나 파일을 열어서 보여줄 수도 있고 이메일로 보내줄 수도 있습니다.

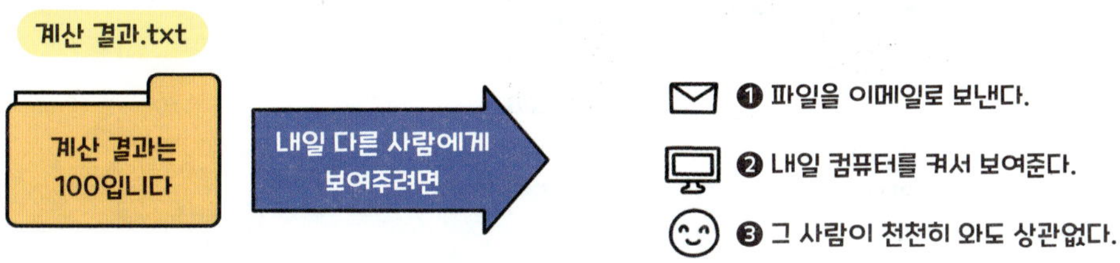

그림 11-4 파일에 저장된 출력 결과를 다른 사람에게 보여주는 경우

간단한 코드라면 굳이 파일을 사용하지 않아도 되겠지만 대부분의 경우 입력 또는 출력을 파일로 처리하면 여러모로 편리합니다.

확인문제

다음 빈칸에 알맞은 말을 넣으시오.

[㉠]에 출력하면 한 번만 보고 없어지지만 [㉡]에 저장해서 출력하면 반복적으로 확인할 수 있다.

정답

㉠ 화면 ㉡ 파일

Section 02 파일 읽기

1 파일 읽기 3단계

파일에서 데이터를 읽는 3단계 과정은 파일 열기, 파일 읽기, 파일 닫기로 이루어집니다.

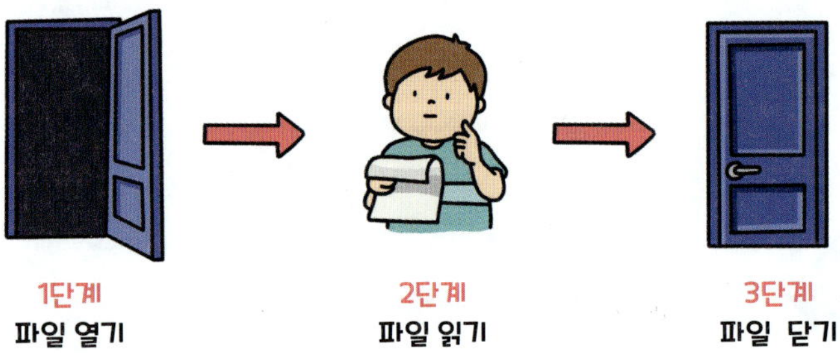

그림 11-5 파일 읽기 3단계

■ 1단계: 파일 열기

파일을 읽기용으로 열려면 BufferedReader, FileReader 클래스를 사용합니다.

```
BufferedReader 변수명 = new BufferedReader(new FileReader("파일경로"));
```

BufferedReader뿐만 아니라 FileInputStream, Scanner 등도 사용할 수 있지만 여기서는 파일을 한 행씩 읽는 BufferedReader를 사용하겠습니다.

■ 2단계: 파일 읽기

이제 파일에서 데이터를 읽어올 수 있는 상태가 되었습니다. 파일에서 데이터를 읽는 자세한 방법은 잠시 후 예제에서 살펴보겠습니다.

■ **3단계: 파일 닫기**

파일과 관련된 모든 작업이 끝나면 파일을 닫아야 하는데, 이때 사용하는 변수는 1단계에서 열었던 변수입니다.

```
변수명.close();
```

확인문제

파일 읽기의 3단계를 순서대로 나열하시오.

㉠ 파일 읽기　　㉡ 파일 닫기　　㉢ 파일 열기

정답

㉢, ㉠, ㉡

2 데이터를 한 행씩 읽고 처리하기

프로그램을 실행할 때마다 많은 분량의 데이터를 직접 입력해야 한다면 시간이 오래 걸릴 뿐만 아니라 입력하는 과정에서 오류가 발생할 수도 있습니다. 그러나 데이터를 파일에 담아두고 필요할 때마다 불러와 사용하면 시간이 절약될 뿐 아니라 오류도 발생하지 않을 것입니다.

이렇게 파일의 데이터를 읽기 위해 BufferedReader, FileReader, FileInputStream, Scanner 등을 사용할 수 있는데, 여기서는 BufferedReader, FileReader를 중심으로 살펴보겠습니다.

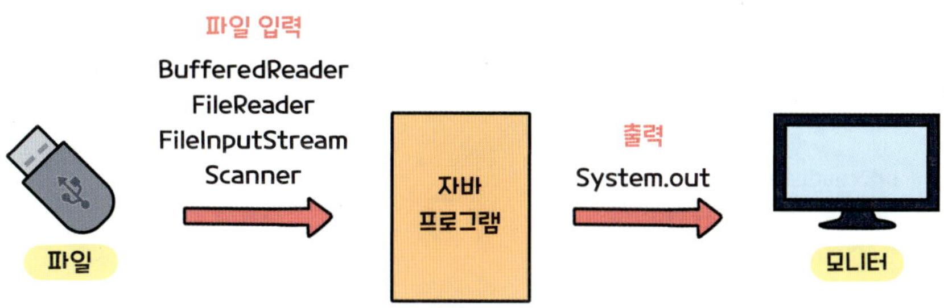

그림 11-6 파일 입력에 사용되는 클래스

한 행씩 읽기

BufferedReader로 파일을 연 다음 파일의 내용을 한 행씩 읽어오려면 readLine() 메서드를 사용합니다. 은행의 현금 자동 인출기 앞에 사람들이 줄을 서 있을 때, 현금 자동 인출기는 한 번에 한 명씩만 사용할 수 있습니다. 이와 마찬가지로 readLine() 메서드는 파일에 100개의 행이 있을 때 한 번에 한 행씩만 읽습니다. 다시 말해 100번을 반복해서 읽습니다.

그림 11-7 한 번에 한 행씩 처리하는 readLine() 메서드

메모장을 실행하여 다음과 같이 입력하고 파일명을 myData1.txt로 하여 C:\FirstJava에 저장합니다.

```
난생처음 자바를 공부합니다.
코딩이 재미있어졌어요.
이젠 코딩 전문가가 된 것 같아요. ^^
```

이제 [코드 11-1]을 작성하여 실행해봅시다.

코드 11-1 Code11_01.java

```java
import java.io.BufferedReader;
import java.io.FileReader;

public class Code11_01 {
    public static void main(String[] args) throws Exception{
        BufferedReader br = new BufferedReader(new FileReader("c:/FirstJava/myData1.txt"));
        String inStr;

        inStr = br.readLine();
        System.out.println(inStr);

        inStr = br.readLine();
        System.out.println(inStr);

        inStr = br.readLine();
        System.out.println(inStr);

```

```
18            br.close();
19        }
20    }
```

```
난생처음 자바를 공부합니다.
코딩이 재미있어졌어요.
이젠 코딩 전문가가 된 것 같아요. ^^
```

1, 2행에서 파일 처리에 필요한 클래스를 임포트했습니다. 주의할 점은 파일을 처리하는 경우 5행에서 `throws Exception`을 붙여야 한다는 것입니다. 6행에서는 파일을 열고 18행에서는 파일을 닫았습니다. 6행은 조금 복잡해 보여도 매개변수만 파일의 경로로 변경하면 이후에는 거의 동일하게 사용할 수 있습니다. 그런데 파일의 경로에 백슬래시(\)가 아닌 슬래시(/)를 사용했습니다. 만약 백슬래시를 사용하려면 `C:\\FirstJava\\myData1.txt`로 작성해야 합니다.

9행의 `readLine()`은 `br` 객체로 열린 파일에서 한 행을 읽어 `inStr`에 저장하며, 10행에서 이를 화면에 출력했습니다. 이러한 작업을 12~13행, 15~16행에서도 수행하므로 최종적으로 세 행이 화면에 출력되었습니다.

`throws Exception`을 예외 처리라고 하는데, 이는 이 장의 후반부에서 살펴보겠습니다.

모든 행 읽기

[코드 11-1]은 파일의 내용 중 정확히 세 행만 처리할 수 있습니다. 파일의 내용이 세 행 미만이면 오류가 발생하며, 파일의 내용이 네 행 이상이어도 세 행밖에 읽지 못합니다. 만약 파일의 모든 행을 읽으려면 [코드 11-2]와 같이 수정해야 합니다.

코드 11-2 Code11_02.java

```java
import java.io.BufferedReader;
import java.io.FileReader;

public class Code11_02 {
    public static void main(String[] args) throws Exception{
        BufferedReader br = new BufferedReader(new FileReader("c:/FirstJava/
        myData1.txt"));
```

```
07          String inStr;
08
09          while(true) {
10              inStr = br.readLine();
11              if (inStr == null)
12                  break;
13              System.out.println(inStr);
14          }
15
16          br.close();
17      }
18  }
```

이렇게 하면 [코드 11-1]과 달리 9~14행이 무한 반복됩니다. 10행에서는 파일의 한 행을 읽습니다. 그리고 11행에서는 읽어온 것이 없다면, 즉 파일의 끝에 다다르면 12행의 break에 의해 무한 반복을 빠져나갑니다. 만약 읽어온 것이 있다면 이를 13행에서 출력합니다. 이러한 방식으로 처리하면 파일에 몇 행이 있든 모두 읽어서 출력할 수 있습니다.

확인문제

다음 빈칸에 알맞은 말을 넣으시오.

- 파일에서 한 행씩 읽는 메서드는 **객체명.** [㉠] ()이다.
- 파일의 내용을 모두 읽으려면 [㉡] 문을 사용하여 무한 반복되게 한다.

정답

㉠ readLine ㉡ while(true)

3 전체 데이터를 읽은 후 처리하기

앞에서는 파일을 한 행씩 읽어 처리했는데, 이번에는 파일의 내용을 한꺼번에 읽어 처리하는 방법을 살펴봅시다. 이는 백화점이 파격 세일을 하면 개점하기도 전에 많은 사람이 기다리다가 문이 열리면 한꺼번에 입장하는 것과 비슷한 작동 원리입니다.

그림 11-8 여러 행을 한꺼번에 처리하는 StringBuilder 클래스

파일의 모든 내용을 거꾸로 출력하는 경우를 생각해봅시다. [코드 11-2]처럼 한 행씩 읽어 처리하면 각 행을 거꾸로 출력하는 것은 가능하지만 모든 내용을 거꾸로 출력하는 것은 불가능합니다. 일단은 파일의 모든 내용을 읽어들인 후 거꾸로 출력해야 하는데, 이럴 때 StringBuilder 클래스를 사용하면 한꺼번에 읽어들여 저장할 수 있습니다. [코드 11-3]은 StringBuilder 클래스를 사용하여 myData1.txt의 전체 내용을 거꾸로 출력하는 예제입니다.

코드 11-3 Code11_03.java

```
import java.io.BufferedReader;
import java.io.FileReader;

public class Code11_03 {
    public static void main(String[] args) throws Exception {
        StringBuilder sb = new StringBuilder();
        BufferedReader br = new BufferedReader(new FileReader("c:/FirstJava/
        myData1.txt"));
        String inStr;

        while(true) {
            inStr = br.readLine();
            if (inStr == null)
                break;
            sb.append(inStr).append("\n");
        }

        br.close();

```

```
19          sb.reverse();
20          System.out.println(sb);
21      }
22  }
```

```
^^ .요아같 것 된 가가문전 딩코 젠이
.요어졌어있미재 이딩코
.다니합부공 를바자 음처생난
```

읽은 문자열을 한꺼번에 저장하기 위해 6행에서 StringBuilder를 준비했습니다. 14행에서는 읽은 한 행을 StringBuilder 객체에 추가하고, 다음 행을 나타내는 \n을 붙였습니다. 그리고 19행에서 문장 전체가 저장된 sb를 역순으로 만들어 20행에서 이를 출력했습니다.

LAB 행 번호 붙이기

파일의 내용을 화면에 출력할 때 몇 번째 행인지 알아볼 수 있도록 각 행의 맨 앞에 행 번호를 붙여 출력하는 프로그램을 작성해봅시다.

실행 결과

```
1 : 난생처음 자바를 공부합니다.
2 : 코딩이 재미있어졌어요.
3 : 이젠 코딩 전문가가 된 것 같아요. ^^
```

1. Lab11_01.java 파일을 만들고, 먼저 파일 열기와 닫기를 코딩합니다. 한 행을 읽을 문자열 변수도 준비합니다.

```
BufferedReader br = new BufferedReader(new FileReader("c:/FirstJava/myData1.txt"));
String inStr;
// 이 부분에서 파일 처리 코딩
br.close();
```

2. 행 번호로 사용할 변수를 선언합니다. 이 변수는 1부터 시작되고, 파일의 행을 읽어들일 무한 반복문 안의 마지막 부분에서 1만큼 증가시킵니다.

```
int lineNum = 1;
while(true) {
    // 이 부분에서 한 행씩 읽고 출력
    lineNum ++;
}
```

3. 무한 반복문 안에서 파일의 끝까지 한 행씩 읽고 행 번호를 붙여서 출력합니다.

```
inStr = br.readLine();
if (inStr == null)
    break;
System.out.println(lineNum + " : " + inStr);
```

4. 완성된 코드는 다음과 같습니다. Ctrl + F11 을 눌러 실행 결과를 확인해봅니다.

Lab11_01.java

```
import java.io.BufferedReader;
import java.io.FileReader;

public class Lab11_01 {
    public static void main(String[] args) throws Exception {
        BufferedReader br = new BufferedReader(new FileReader("c:/FirstJava/myData1.txt"));
        String inStr;

        int lineNum = 1;
        while(true) {
            inStr = br.readLine();
            if (inStr == null)
                break;
            System.out.println(lineNum + " : " + inStr);
            lineNum ++;
        }

        br.close();
    }
}
```

Section 03 파일 쓰기

지금까지는 프로그램에서 처리된 결과를 화면에 출력했는데, 더 나아가 처리 결과를 파일에 저장하는 방법을 알아봅시다.

1 파일 쓰기 3단계

파일에 결과를 쓸 때는 FileWriter, BufferedWriter, FileOutputStream 등의 클래스를 사용합니다. 파일에 결과를 쓰면 결과가 화면에 출력되지 않고 파일에 저장됩니다.

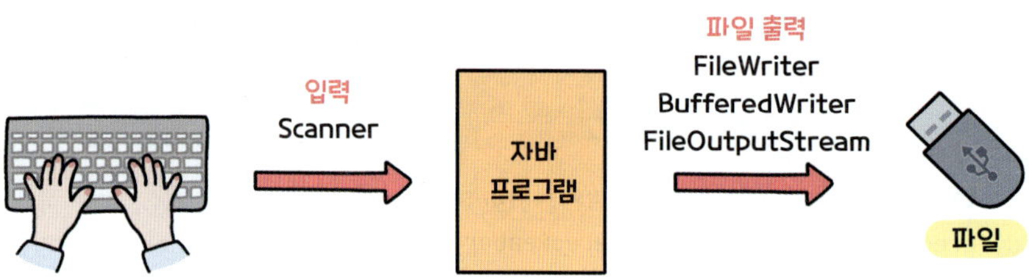

그림 11-9 파일 출력에 사용되는 클래스

파일에 데이터를 쓰는 3단계 과정은 파일 열기, 파일 쓰기, 파일 닫기로 이루어집니다. 이는 파일 읽기의 3단계와 매우 흡사합니다.

■ 1단계: 파일 열기

파일을 쓰기용으로 열려면 FileWriter 클래스에 파일 경로를 지정합니다. FileWriter는 문자열을 직접 파일에 쓰는 기능을 하며, 주로 행 단위로 파일에 기록할 때 유용합니다.

```
FileWriter 변수명 = new FileWriter("파일경로");
```

■ **2단계: 파일 쓰기**

이제 파일에 데이터를 쓸 수 있는 상태가 되었습니다. 파일에 데이터를 쓰는 자세한 방법은 잠시 후 예제에서 살펴보겠습니다.

■ **3단계: 파일 닫기**

파일과 관련된 모든 작업이 끝나면 파일을 닫아야 하는데, 이때 사용하는 변수는 1단계에서 열었던 변수입니다.

```
변수명.close();
```

확인문제

파일 쓰기의 3단계를 순서대로 나열하시오.

㉠ 파일 쓰기　　㉡ 파일 닫기　　㉢ 파일 열기

정답

㉢, ㉠, ㉡

2 파일에 한 행 쓰기

write() 메서드를 이용하여 파일에 문자열 세 행을 써봅시다.

코드 11-4 Code11_04.java

```
import java.io.FileWriter;

public class Code11_04 {
    public static void main(String[] args) throws Exception {
        FileWriter fw = new FileWriter("C:/FirstJava/myData2.txt");
        String outStr;

        outStr = "르세라핌";
        fw.write(outStr + "\n") ;

        outStr = "아이브";
```

```
12          fw.write(outStr + "\n") ;
13
14          outStr = "뉴진스";
15          fw.write(outStr + "\n") ;
16
17          fw.close();
18          System.out.println("--- myData2.txt 파일이 저장됨 ---");
19      }
20  }
```

```
--- myData2.txt 파일이 저장됨 ---
```

5행에서 쓰기용으로 파일을 엶으로써 myData2.txt 파일이 생성됩니다. 그리고 8행에서 문자열을 준비하고 9행에서 파일에 내용을 썼습니다. 그런데 그냥 문자열을 쓰면 다음 행으로 넘어가지 않기 때문에 Enter와 같은 기능을 하는 제어 문자인 \n을 마지막에 붙였습니다. 이러한 작업을 11~12행, 14~15행에서 반복했습니다.

3 파일에 여러 행 쓰기

이번에는 사용자가 키보드로 입력한 내용을 한 행씩 파일에 써봅시다. 사용자로부터 문자열을 입력받기 위해 s.next() 메서드를 사용하고, 만약 아무것도 입력하지 않고 Enter를 누르면 파일 쓰기를 종료하는 프로그램입니다.

코드 11-5

Code11_05.java

```
import java.io.FileWriter;
import java.util.Scanner;

public class Code11_05 {
    public static void main(String[] args) throws Exception {
        Scanner s = new Scanner(System.in);
        FileWriter fw = new FileWriter("C:/FirstJava/myData3.txt");
        String inStr;

        while(true) {
            System.out.print("좋아하는 가수는? ");
            inStr = s.nextLine();
            if (inStr.equals(""))
```

```
14                    break;
15                fw.write(inStr + "\n");
16            }
17
18            fw.close();
19            System.out.println("--- myData3.txt 파일이 저장됨 ---");
20        }
21    }
```

```
좋아하는 가수는? 블랙핑크
좋아하는 가수는? 트와이스
좋아하는 가수는? 아이유
좋아하는 가수는? Enter
--- myData3.txt 파일이 저장됨 ---
```

사용자가 입력

7행에서 파일을 쓰기용으로 준비했습니다. 10~16행은 무한 반복문으로, 12행에서는 파일에 쓸 내용을 입력받고 13, 14행에서는 입력된 글자가 없으면 무한 반복문을 빠져나갑니다. 즉 아무것도 입력하지 않고 Enter 를 누르면 종료됩니다. 그리고 15행에서는 입력된 내용을 파일에 기록했습니다.

문자열1.equals(문자열2)는 문자열1과 문자열2가 같으면 true를 반환합니다.

확인문제

다음 빈칸에 알맞은 말을 넣으시오.

- write()를 사용할 때 한 행을 쓰고 나서 다음 행으로 넘어가게 하려면 ㉠ 을 붙여야 한다.
- 사용자가 입력을 멈출 때까지 계속 파일에 내용을 쓰려면 ㉡ 문으로 무한 반복시켜야 한다.

정답

㉠ \n ㉡ while(true)

LAB 파일 복사하기

파일을 복사하여 동일한 파일을 만드는 프로그램을 작성해봅시다. 윈도우의 파일 탐색기에서 파일을 선택하여 Ctrl+C로 복사하고 Ctrl+V로 붙여넣기를 하는 것과 흡사한 프로그램입니다.

실행 결과

```
--- myData1.txt가 newFile.txt로 복사되었음 ---
```

1. Lab11_02.java 파일을 만들고, 사용할 클래스를 임포트합니다.

```
import java.io.BufferedReader;
import java.io.FileReader;
import java.io.FileWriter;
```

2. 읽기용 파일과 쓰기용 파일을 준비하고 읽어들일 문자열 변수를 선언합니다. 마지막에 파일을 닫는 코드도 미리 준비합니다.

```
BufferedReader br = new BufferedReader(new FileReader("c:/FirstJava/myData1.txt"));
FileWriter fw = new FileWriter("C:/FirstJava/newFile.txt");
String inStr;
// 이 부분에서 파일 처리 코딩
br.close();
fw.close();
```

3. 읽기용 파일을 읽어서 쓰기용 파일에 기록하는 것이 무한 반복되게 합니다. 읽기용 파일에서 읽어온 것이 없으면 무한 반복문을 빠져나갑니다.

```
while(true) {
    inStr = br.readLine();
    if (inStr == null)
        break;
    fw.write(inStr + "\n");
}
```

4. 완성된 코드는 다음과 같습니다. Ctrl + F11 을 눌러 실행 결과를 확인해봅니다.

Lab11_02.java

```
import java.io.BufferedReader;
import java.io.FileReader;
import java.io.FileWriter;

public class Lab11_02 {
    public static void main(String[] args) throws Exception{
        BufferedReader br = new BufferedReader(new FileReader("c:/FirstJava/myData1.txt"));
        FileWriter fw = new FileWriter("C:/FirstJava/newFile.txt");
        String inStr;

        while(true) {
            inStr = br.readLine();
            if (inStr == null)
                break;
            fw.write(inStr + "\n");
        }

        br.close();
        fw.close();
        System.out.println("--- myData1.txt가 newFile.txt로 복사되었음 ---");
    }
}
```

하나 더 알기 ✓ **이미지 파일의 복사**

Lab11_02.java는 일반적인 텍스트 파일을 복사할 때는 문제가 없지만 이미지 파일과 같은 이진 파일(binary file)을 복사할 때는 다음과 같은 문제가 발생합니다.

[원본 이미지 파일]

[복사된 이미지 파일]

이는 이미지 파일을 텍스트 파일처럼 취급하여 복사했기 때문입니다. 따라서 이진 파일은 바이트 단위로 파일을 처리하는 `FileInputStream`, `FileOutputStream` 클래스를 이용하여 읽기·쓰기를 해야 합니다. 다음은 C:\FirstJava\sun.jpg를 C:\FirstJava\sun_out.jpg로 복사하는 코드로, 텍스트 파일도 문제없이 복사할 수 있습니다.

```
FileInputStream fis = new FileInputStream("c:/FirstJava/sun.jpg");
FileOutputStream fos = new FileOutputStream("c:/FirstJava/sun_out.jpg");
int ch;
while ((ch = fis.read()) != -1)    // 1바이트를 읽어서 값이 있다면
    fos.write((byte) ch);          // byte형으로 변환하여 1바이트를 기록
fis.close();
fos.close();
```

LAB 스파이에게 보낼 문자 암호화하기

보안이 필요한 내용이 담긴 파일을 메일로 전달할 때 아무런 조치를 하지 않으면 파일의 내용이 유출될 수도 있습니다. 이러한 위험을 막기 위해 입력 내용을 암호화하는 프로그램을 만들어봅시다.

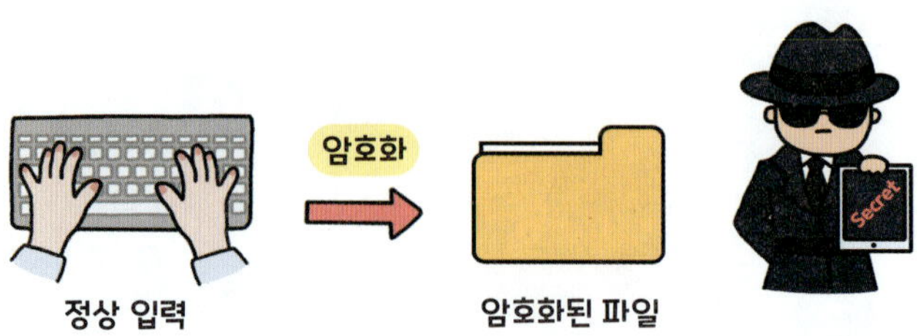

우선 글자를 암호화하는 방법을 알아봅시다. 대한민국 국민은 이름과 주민등록번호를 가지고 있듯이 모든 문자에는 고유 숫자가 있습니다. 문자의 고유 숫자를 알려면

(int)**문자**를 사용하고, 반대로 고유 숫자에 해당하는 문자를 알려면 (char)**숫자**를 사용하면 됩니다. 다음 예에서 보듯이 '난'이라는 문자의 고유 숫자는 45212이고, 반대로 45212라는 고유 숫자에 해당하는 문자는 '난'입니다.

```
System.out.println((int)'난');
System.out.println((char)45212);
```

```
45212
난
```

암호화는 '난'의 고유 숫자인 45212에 적당한 값을 더하는 것을 말합니다. 그럼 '난'의 고유 숫자에 100을 더해보겠습니다.

```
int num = 45212;
System.out.println((char)(num+100));
```

```
냈
```

'난'의 고유 숫자인 45212에 100을 더한 45312에 해당하는 문자는 '냈'입니다. 반대로 '냈'의 고유 숫자인 45312에서 100을 빼면 원래 문자인 '난'이 됩니다.

```
int num = (int)'냈';
System.out.println((char)(num-100));
```

```
난
```

이처럼 문자의 고유 숫자에 100을 더하면 이상한 글자가 되고, 이 이상한 글자의 고유 숫자에서 100을 빼면 원래의 문자가 되는 것을 활용하면 간단한 암호화 및 암호 해독 프로그램을 만들 수 있습니다.

고유 숫자에 더하고 빼는 100은 임의로 선정한 것으로, 다른 수를 사용해도 상관없습니다.

그림 11-10 암호화 및 암호 해독

이제 스파이에게 보낼 문자를 암호화하는 프로그램을 작성해봅시다.

1. Lab11_03.java 파일을 만들고, 키보드로 값을 입력받기 위해 Scanner 클래스를 사용할 수 있도록 준비합니다. 그리고 FileWriter를 임포트합니다.

```
import java.io.FileWriter;
import java.util.Scanner;
Scanner s = new Scanner(System.in);

s.close();
```

2. 쓰기용 파일인 secure.txt를 준비하고, 입력받을 문자열 변수와 암호화할 문자열 변수를 선언합니다.

```
Scanner s = new Scanner(System.in);
FileWriter fw = new FileWriter("C:/FirstJava/secure.txt");
String inStr, secure;
```

3. 무한 반복문 안에서 스파이에게 전달한 메시지를 입력받습니다. Enter 를 누르면 무한 반복이 종료되게 합니다.

```
while(true) {
    System.out.print("스파이에게 전달할 메시지 ==> ");
    inStr = s.nextLine();
    if (inStr.equals(""))
        break;
    // 이 부분에서 암호화 처리 후 파일에 기록
}
```

4. 암호화할 문자열을 초기화하고, 입력된 문자열을 한 문자씩 암호화합니다. 모든 문자의 암호화가 끝나면 결과를 파일에 기록합니다.

```
secure = "";
for(int i=0; i<inStr.length(); i++) {
    int num = (int)inStr.charAt(i);
    num += 100;
    secure += (char)num;
}
fw.write(secure + "\n");
```

5. while(true)문이 끝나면 파일을 닫고 메시지를 출력합니다. 완성된 코드는 다음과 같습니다.

Lab11_03.java

```
import java.io.FileWriter;
import java.util.Scanner;

public class Lab11_03 {
    public static void main(String[] args) throws Exception {
        Scanner s = new Scanner(System.in);
        FileWriter fw = new FileWriter("C:/FirstJava/secure.txt");
        String inStr, secure;

        while(true) {
            System.out.print("스파이에게 전달할 메시지 ==> ");
            inStr = s.nextLine();
            if (inStr.equals(""))
                break;

            secure = "";
            for(int i=0; i<inStr.length(); i++) {
                int num = (int)inStr.charAt(i);
                num += 100;
                secure += (char)num;
            }
            fw.write(secure + "\n");
        }

        fw.close();
        System.out.println("--- secure.txt 암호화 완료 ---");
        s.close();
    }
}
```

6. Ctrl+F11을 눌러 실행하고 스파이에게 전달할 메시지를 입력합니다.

실행 결과

```
스파이에게 전달할 메시지 ==> 안녕하세요? 이번 임무는
스파이에게 전달할 메시지 ==> 자바 프로그래밍 수업에서
스파이에게 전달할 메시지 ==> A+ 맞기입니다.
스파이에게 전달할 메시지 ==> 그럼, 다음에 또...
스파이에게 전달할 메시지 ==> Enter
--- secure.txt 암호화 완료 ---
```

7. 저장된 secure.txt 파일을 열어보면 입력된 내용이 암호화된 것을 확인할 수 있습니다. 암호화된 문자를 해독하는 프로그램은 직접 작성해보기 바랍니다.

```
얬봵햄솜웸£
존쌘작 묶 멥작짬 곰뱌갠댬댐
쨈줡 쩐뽥 쩐쨈뫘 줅 멥잠뢈곰웸
깜론 댐잰옴âââ
```

Section 04

예외 처리

오류가 발생할 때 자바가 처리하는 것을 막고 프로그래머가 직접 오류를 처리하도록 조치하는 것을 예외 처리(exception handling)라고 합니다. 자바에서는 try~catch문을 사용하여 예외 처리를 할 수 있습니다.

1 자바에서 발생하는 오류의 종류

자바에서 발생하는 오류는 크게 두 가지로 구분할 수 있습니다. 첫 번째는 오타 등에 의한 구문 오류로, 이는 흔히 발생하는 오류입니다. 두 번째는 구문에 문제가 없지만 실행할 때 발생하는 오류입니다.

오타에 의한 오류

예를 들어 String을 입력해야 하는데 Strong을 입력한 경우를 살펴봅시다. 이러한 구문 오류가 발생하면 이클립스에서 해당 부분에 빨간 줄로 표시됩니다. 이를 무시하고 실행하더라도 어디가 틀

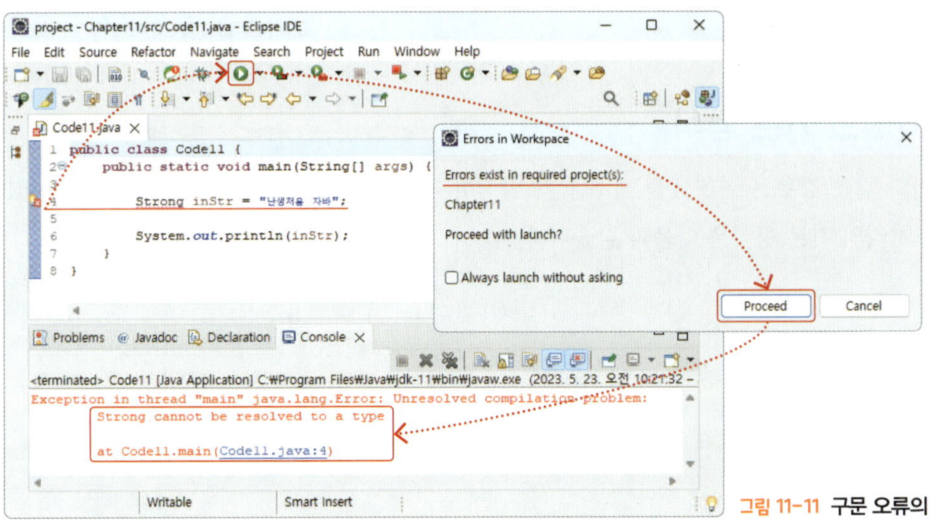

그림 11-11 구문 오류의 예

렸는지 행 번호까지 알려주기 때문에 쉽게 오류를 수정할 수 있습니다. 따라서 구문 오류는 예외 처리에 해당하지 않습니다.

구문에 문제가 없는데 실행 시 발생하는 오류

이클립스상에는 아무런 문제가 없는데 실행하면 오류가 발생하는 경우가 있습니다. 대표적인 예로 배열을 선언하고 배열의 첨자를 벗어나서 접근하는 경우를 들 수 있습니다. 이러한 오류가 발생하면 오류의 원인과 행 번호가 표시되며, 그 부분을 클릭하면 오류를 일으킨 행으로 커서가 이동합니다. 이처럼 구문에는 문제가 없으나 실행 시 발생하는 오류를 해결하는 것이 바로 예외 처리입니다.

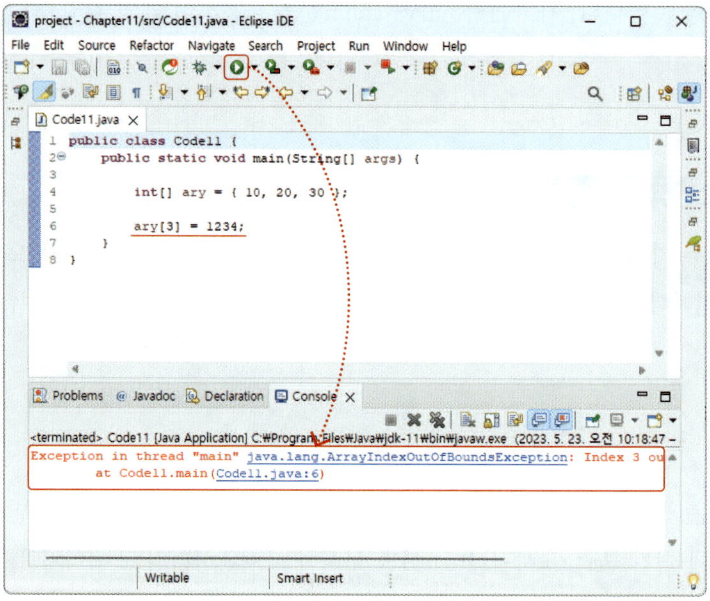

그림 11-12 **실행 시 발생하는 오류의 예**

2 예외 처리의 기본 형식

[그림 11-12]와 같은 경우는 실행했을 때 오류가 발생하지 않도록 사용자가 예외 처리를 할 수 있습니다. 예외 처리의 기본 형식은 다음과 같습니다.

```
try {
   // 예외를 발생시킬 수 있는 코드
} catch (예외타입 e) {
   // 예외 발생 시 실행되는 코드
}
```

예외 타입 e에는 오류의 내용이 포함되는데, Exception e라고 작성하면 모든 실행 오류가 해당됩니다. 그럼 [그림 11-12]의 오류를 예외 처리해봅시다.

코드 11-6 Code11_06.java

```
01  public class Code11_06 {
02      public static void main(String[] args) {
03
04          int[] ary = {10, 20, 30};
05
06          try {
07              ary[3] = 1234;
08          } catch (Exception e) {
09              System.out.println("오류 발생! 확인해 보세요~");
10          }
11
12      }
13  }
```

```
오류 발생! 확인해 보세요~
```

[그림 11-12]의 6행을 try{}로 묶었더니 오류가 발생하지 않습니다. 프로그램을 실행하면 이제 7행이 수행되는데, 만약 try{} 내부가 정상이면 11행으로 넘어가고, try{} 내부에서 오류가 발생하면 catch{} 내부인 9행이 실행됩니다.

배열의 인덱스 오류만 처리하고 싶을 때는 Exception e 대신 ArrayIndexOutOfBoundsException e를 넣으면 됩니다.

3 예외 처리의 전체 형식

예외의 종류에 따라 각각 다르게 예외 처리를 할 수 있습니다. 또한 예외가 있든 없든 무조건 수행하는 부분도 포함할 수 있습니다.

```
try {
   // 예외를 발생시킬 수 있는 코드
} catch (예외타입1 e) {
   // 예외1 발생 시 수행되는 부분
} catch (예외타입2 e) {
   // 예외2 발생 시 수행되는 부분
} finally {
   // 무조건 수행되는 부분
}
```

catch문이 여러 개라는 것은 다양한 예외에 대비할 수 있음을 의미합니다. 그리고 finally{}는 오류가 발생하든 발생하지 않든 무조건 마지막에 수행됩니다. 또한 finally{}는 생략할 수도 있습니다.

코드 11-7 Code11_07.java

```
01  public class Code11_07 {
02      public static void main(String[] args) {
03
04          int[] ary = {10, 20, 30};
05
06          try {
07              ary[3] = 1234 / 0;
08              ary[3] = 1234;
09          } catch (ArrayIndexOutOfBoundsException  e) {
10              System.out.println("배열 첨자 오류입니다.");
11          } catch (ArithmeticException  e) {
12              System.out.println("0으로 나누는 등의 수식 오류입니다.");
13          } finally {
14              System.out.println("이 부분은 무조건 보여요.");
15          }
16
17      }
18  }
```

```
0으로 나누는 등의 수식 오류입니다.
이 부분은 무조건 보여요.
```

7, 8행에서 오류가 발생하는데, 7행에서 먼저 오류가 발생하므로 11행의 catch가 수행됩니다. 11행의 ArithmeticException은 수식 오류일 때의 예외 처리로, 0으로 나누기는 대표적인 수식 오류

입니다. 결국 13~15행의 finally 부분이 무조건 수행되었습니다.

4 파일 처리 시의 예외 처리

파일 열기·닫기를 할 때는 예외 처리가 무조건 필요합니다. 예외 처리를 하지 않으면 이클립스에서 오류가 발생합니다. 다음은 [코드 11-1]의 일부인데, main() 메서드 옆에 throws Exception이 없으면 오류가 발생하여 빨간 줄로 표시됩니다. 해당 파일이 없으면 실행 시 오류가 발생할 수밖에 없기 때문에 예외 처리를 하도록 이클립스에서 유도하는 것입니다.

```
BufferedReader br = new BufferedReader(new FileReader("c:/FirstJava/myData1.txt"));
```

[코드 11-1]~[코드 11-5]에서는 다음과 같이 main() 메서드 옆에 throws Exception을 써서 처리했기 때문에 try~catch문을 넣지 않아도 문제가 없었습니다.

```
public static void main(String[] args) throws Exception {
    // 파일 처리 내용
}
```

만약 [코드 11-2]에서 main() 메서드 옆에 throws Exception을 넣지 않으려면 [코드 11-8]과 같이 관련 부분을 try~catch로 묶어야 합니다.

코드 11-8 Code11_08.java

```
import java.io.BufferedReader;
import java.io.FileReader;

public class Code11_08 {
    public static void main(String[] args){
        try {
            BufferedReader br = new BufferedReader(new FileReader("c:/FirstJava/myData1.txt"));
            String inStr;

            while(true) {
                inStr = br.readLine();
                if (inStr == null)
                    break;
```

```
14                  System.out.println(inStr);
15              }
16
17              br.close();
18          } catch (Exception e) {
19          }
20      }
21  }
```

```
난생처음 자바를 공부합니다.
코딩이 재미있어졌어요.
이젠 코딩 전문가가 된 것 같아요. ^^
```

[코드 11-8]은 [코드 11-2]와 동일한 내용인데, `main()` 메서드의 `throws Exception`을 삭제하고 메서드 내부 전체를 try~catch로 묶었습니다. 필요하다면 try~catch를 부분적으로 넣어도 되지만 오히려 코드가 더 복잡해 보이므로 전체적으로 묶는 것이 나을 수도 있습니다. 따로 묶고 싶다면 7행, 11행, 17행만 try~catch로 묶으면 됩니다. 그리고 18, 19행의 catch 부분을 비워놓아도 문법상 문제가 없습니다.

확인문제

다음 빈칸에 알맞은 말을 넣으시오.

- 예외 처리의 기본 형식은 [㉠] {} [㉡] (Exception e) {}이다.
- 파일 처리 시 try~catch를 사용하지 않으려면 `main()` 메서드 옆에 [㉢] Exception을 넣는다.

정답

㉠ try ㉡ catch ㉢ throws

하나 더 알기 ✓ **예외 타입의 종류**

catch에서 사용되는 예외 타입은 클래스이므로 상속 관계가 다음과 같습니다(자주 사용되는 일부 클래스만 제시했습니다).

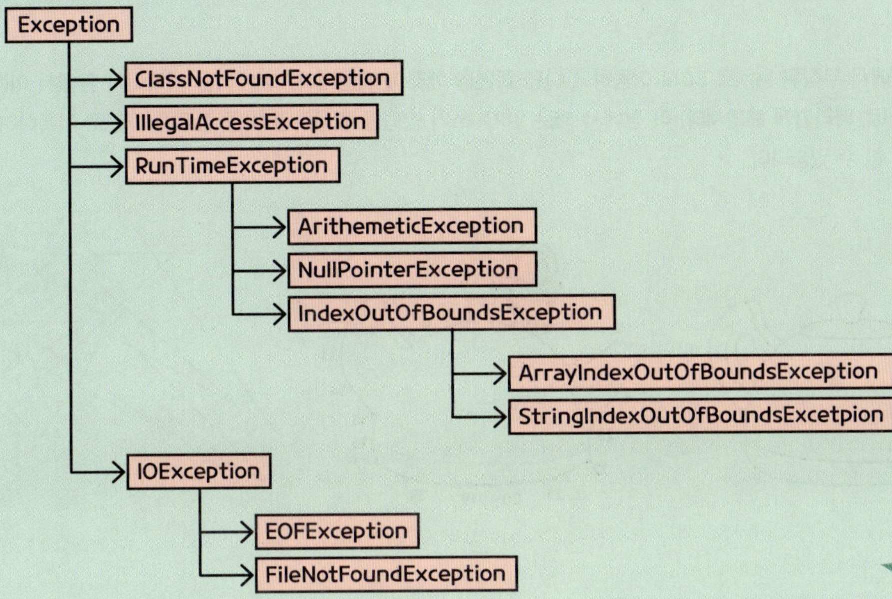

예외 타입을 모두 알 필요는 없지만, `Exception` 클래스가 최상위이므로 `Exception`을 쓰면 하위 에러 타입이 모두 해당된다는 것 정도는 알아두기 바랍니다. 또한 `RunTimeException`을 쓰면 그 하위의 0으로 나누기, 배열 인덱스 오류 등이 모두 해당됩니다.

실전 예제

갔던 길을 되찾아가는 거북이

문제

거북이가 화면에서 무작위 위치로 30회 이동하고 나면 화면을 깨끗이 지웁니다. 그런 다음 거북이가 앞에서 이동했던 경로를 그대로 따라가게 해봅시다. 이 장에서 배운 읽기·쓰기 방법을 활용하면 이동 경로를 파일로 기록하여 똑같이 움직이게 할 수 있습니다.

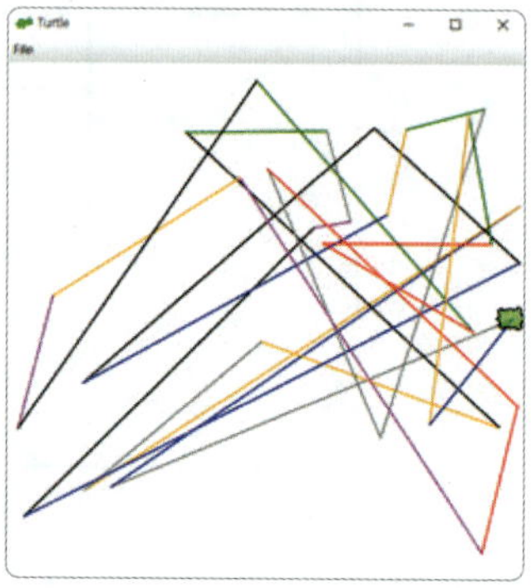

해결

Ex11_01.java

```java
import java.io.BufferedReader;
import java.io.FileReader;
import java.io.FileWriter;

public class Ex11_01 {
    public static void main(String[] args) throws Exception {
        Turtle turtle = new Turtle();
        FileWriter fw = new FileWriter("C:/FirstJava/turtleTrace.txt");
        String outStr;

        String[] colorStr = {"red", "green", "blue", "black", "magenta", "orange",
        "gray"};
        turtle.speed(500);
        int x, y;
        String color;

        for (int i=0; i<30; i++) {
            int colorNum = (int) (Math.random()* colorStr.length);
            color = colorStr[colorNum];

```

```
20                x = (int) (Math.random() * 500 - 250);
21                y = (int) (Math.random() * 500 - 250);
22
23                turtle.penColor(color);
24                turtle.setPosition(x, y);
25
26                outStr = x + "," + y + "," + color;
27                fw.write(outStr + "\n") ;
28            }
29            turtle.clear();
30            fw.close();
31
32            BufferedReader br = new BufferedReader(new FileReader("C:/FirstJava/turtleTrace.txt"));
33            String inStr;
34            String[] xyColor;
35            while(true) {
36                inStr = br.readLine();
37                if (inStr == null)
38                    break;
39
40                xyColor = inStr.split(",");
41                x = Integer.parseInt(xyColor[0]);
42                y = Integer.parseInt(xyColor[1]);
43                color = xyColor[2];
44
45                turtle.penColor(color);
46                turtle.setPosition(x, y);
47            }
48            br.close();
49        }
50    }
```

08 파일을 쓰기용으로 엽니다.

11 색상 배열을 준비합니다.

12 거북이의 속도를 설정합니다.

13, 14 무작위로 추출할 거북이의 x, y 위치와 색상 변수를 선언합니다.

16~28 30회 반복합니다.

17, 18 무작위로 색상을 추출합니다.

20, 21 거북이의 위치를 -250~250에서 무작위로 추출합니다.

23, 24 거북이의 색상을 설정하고 거북이를 추출된 위치로 이동합니다.

26, 27 한 거북이의 이동 위치와 색상을 문자열로 만들어서 저장합니다(예 "99, 128, red").

29 다시 그리기 위해 화면을 깨끗이 지웁니다.

32 앞에서 기록한 파일을 읽기용으로 엽니다.

34 x, y, color를 문자 배열로 저장하기 위해 배열 변수를 준비합니다.

35~47 파일의 끝까지 반복합니다.

40 읽은 문자열을 x, y, color로 분리합니다.

41~43 x, y, color 값을 추출합니다.

45, 46 색상을 설정하고 x, y까지 선을 그립니다.

48 파일을 닫습니다.

요약

01 파일에서 데이터를 읽는 3단계 과정은 파일 열기, 파일 읽기, 파일 닫기로 이루어집니다.

02 파일을 읽기용으로 열려면 다음과 같이 BufferedReader, FileReader 클래스를 사용합니다.

```
BufferedReader 변수명 = new BufferedReader(new FileReader("파일경로"));
```

03 파일과 관련된 모든 작업이 끝나면 파일을 닫아야 하는데, 이때 사용하는 변수는 1단계에서 열었던 변수입니다.

```
변수명.close();
```

04 BufferedReader로 파일을 연 다음 파일의 내용을 한 행씩 읽어오려면 readLine() 메서드를 사용합니다.

05 파일의 모든 내용을 한꺼번에 읽어들여 저장하려면 StringBuilder 클래스를 사용합니다.

06 파일에 결과를 쓸 때는 FileWriter, BufferedWriter, FileOutputStream 등의 클래스를 사용합니다.

07 파일을 쓰기용으로 열려면 다음과 같이 FileWriter 클래스를 사용합니다.

```
FileWriter 변수명 = new FileWriter("파일경로");
```

08 문자의 고유 숫자를 알려면 (int)문자를 사용하고, 반대로 고유 숫자에 해당하는 문자를 알려면 (char)숫자를 사용합니다.

09 자바에서 발생하는 오류는 크게 두 가지로 구분할 수 있습니다. 첫 번째는 오타 등에 의한 구문 오류이고, 두 번째는 구문에 문제가 없지만 실행할 때 발생하는 오류입니다.

10 예외 처리의 전체 형식은 다음과 같습니다.

```
try {
    // 예외를 발생시킬 수 있는 코드
} catch (예외타입1 e) {
    // 예외1 발생 시 수행되는 부분
} catch (예외타입2 e) {
    // 예외2 발생 시 수행되는 부분
} finally {
    // 무조건 수행되는 부분
}
```

11 파일 열기·닫기를 할 때는 예외 처리가 필수이지만, `main()` 메서드 옆에 `throws Exception`을 쓰면 try~catch문을 넣지 않아도 문제가 없습니다.

연습문제

01 다음 중 파일 읽기의 3단계에 속하지 않는 것을 고르시오.

① 파일 열기 ② 파일 읽기
③ 파일 복사하기 ④ 파일 닫기

02 다음 중 읽기용으로 파일을 여는 메서드는 무엇인가요?

① BufferedReader 변수명 = new BufferedReader(new FileReader("파일경로"));
② Buffered 변수명 = new Buffered (new FileReader("파일경로"));
③ Reader 변수명 = new Reader(new FileReader("파일경로"));
④ BufferedWriter 변수명 = new BufferedWriter(new FileReader("파일경로"));

03 다음 중 파일에서 한 행씩 읽어들이는 메서드는 무엇인가요?

① read() ② readLine()
③ readFile() ④ readData()

04 다음 중 파일 사용을 마친 후 파일을 닫는 메서드는 무엇인가요?

① close() ② closefile()
③ end() ④ finish()

05 다음은 파일의 내용을 한 행씩 읽어서 출력하는 코드입니다. 빈칸에 들어갈 내용을 순서대로 나열한 것을 고르시오.

```
BufferedReader br = new BufferedReader(new FileReader("파일경로"));

while(true) {
    String inStr = [              ];
    if (inStr == null)
        [              ];
    System.out.println(inStr);
}
```

① br.readLine(), continue ② inStr.readLine(), break
③ System.readLine(), continue ④ br.readLine(), break

06 다음 중 파일의 모든 내용을 한꺼번에 읽어서 저장하는 데 사용되는 클래스는 무엇인가요?

① StringBuilder
② FileBuilder
③ SaveBuilder
④ BufferBuilder

07 다음 중 파일 쓰기와 관련된 클래스나 메서드가 아닌 것을 고르시오.

① FileWriter
② write()
③ close()
④ file()

08 다음 빈칸에 들어갈 말을 순서대로 나열한 것을 고르시오.

> (________)문자는 문자의 고유 숫자를 알려주고, 반대로 (________)숫자는 고유 숫자에 해당하는 문자를 알려준다.

① char, int
② integer, character
③ int, char
④ character, integer

09 다음은 예외 처리의 기본 형식입니다. 빈칸에 들어가는 내용에 속하지 않는 것을 고르시오.

```
[          ] {
    // 예외를 발생시킬 수 있는 코드
} [          ] (예외타입1 e) {
    // 예외1 발생 시 수행되는 부분
} [          ] (예외타입2 e) {
    // 예외2 발생 시 수행되는 부분
} [          ] {
    // 무조건 수행되는 부분
}
```

① try
② catch
③ exception
④ finally

10 자바에서 파일 처리를 할 때 main() 메서드 옆에 넣는 구문은 무엇인가요?

① throws Exception
② throws catch
③ throws finally
④ throws main

11 파일의 내용을 읽고 다음과 같이 각 행에 행 번호를 붙여 출력하는 프로그램을 작성하시오.

[입력 파일(normal.txt)]

```
난생처음 자바를 공부합니다.
코딩이 재미있어졌어요.
이젠 코딩 전문가가 된 것 같아요. ^^
```

[출력 파일(normal_line.txt)]

```
1행: 난생처음 자바를 공부합니다.
2행: 코딩이 재미있어졌어요.
3행: 이젠 코딩 전문가가 된 것 같아요. ^^
```

12 심화 다음 조건을 갖춘 터틀 그래픽 프로그램을 작성하시오.

- 화면의 크기는 (500, 500)
- 색상, 거북이의 크기, X 위치, Y 위치, 각도를 무작위로 생성하고 turtle.txt에 50행을 쓴 뒤 저장

  [파일 형식의 예]

```
red, 1, 250, 170, 55
green, 3, -150, -77, 355
blue, 2, 22, -59, 22
~~~생략~~~
```

- turtle.txt를 1행부터 읽어 각 위치에 스탬프를 찍음
- `turtle.shapeSize(크기,크기)`로 거북이의 크기를 조절하며, 적절한 크기는 0~100

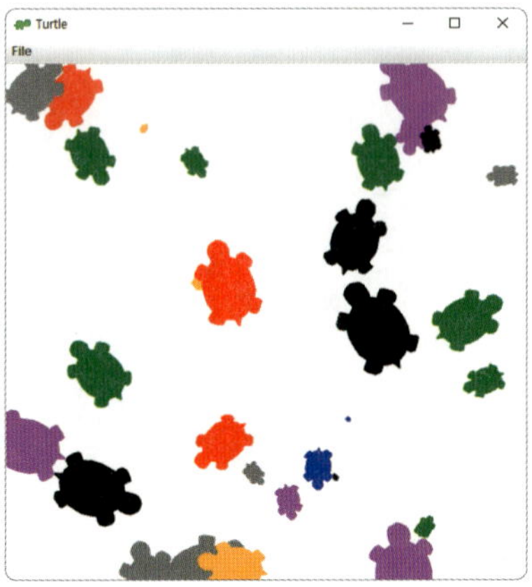

CHAPTER 12

GUI 프로그래밍

학습목표

- 윈도우 창이 나오는 GUI 프로그램을 작성합니다.
- 다양한 컨트롤을 활용하는 방법을 익힙니다.
- 마우스 클릭을 처리하는 프로그램을 작성합니다.
- 메뉴, 툴바, 메시지 상자를 활용하는 방법을 익힙니다.

Preview

일반적으로 사용자는 글자만 나오는 텍스트 환경보다 윈도우 창이 나오는 환경을 선호합니다. 따라서 프로그래머는 윈도우 창이 나오게 하는 프로그래밍 방법을 배워서 제공할 수 있어야 합니다. 아무리 맛있는 케이크라도 입맛을 떨어뜨리는 모양이라면 선물용으로 구매할 때 주저하듯이, 프로그램의 기능이 아무리 좋더라도 사용하기 불편하거나 보기에 좋지 않으면 외면당하기도 합니다. 이에 편리하고 보기 좋은 프로그램을 만들기 위한 GUI 프로그래밍을 배워봅시다.

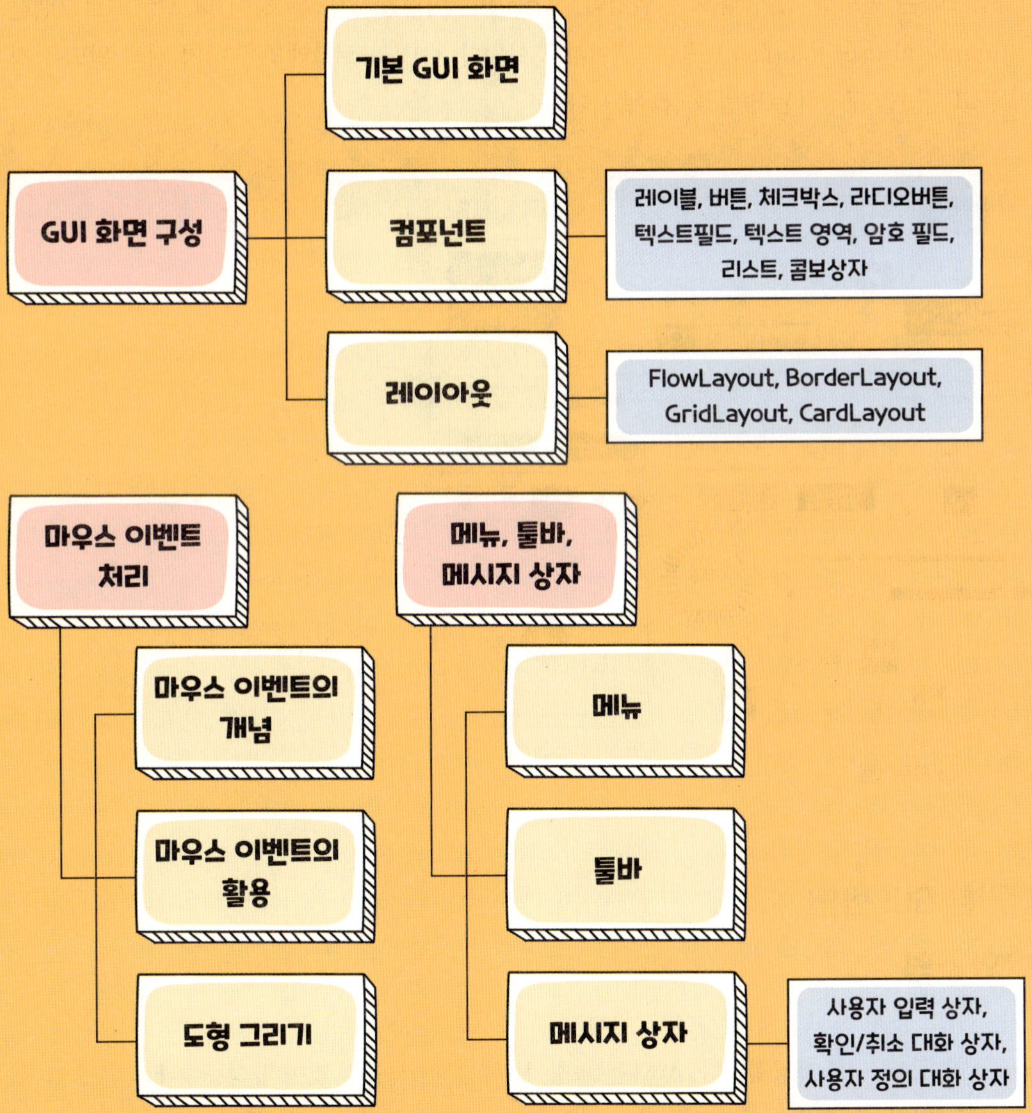

Section 01

GUI 화면 구성

보통의 사용자는 글자만 나오는 프로그램을 사용하기가 어렵기 때문에 글자만 나오는 텍스트 환경보다는 윈도우 창이 나오는 환경을 선호하며, 이렇게 윈도우 창이 나오는 프로그램을 GUI(graphical user interface) 프로그램이라고 합니다. GUI 프로그래밍을 하기 위해 윈도우 창을 만들고 화면을 구성하는 방법을 살펴봅시다.

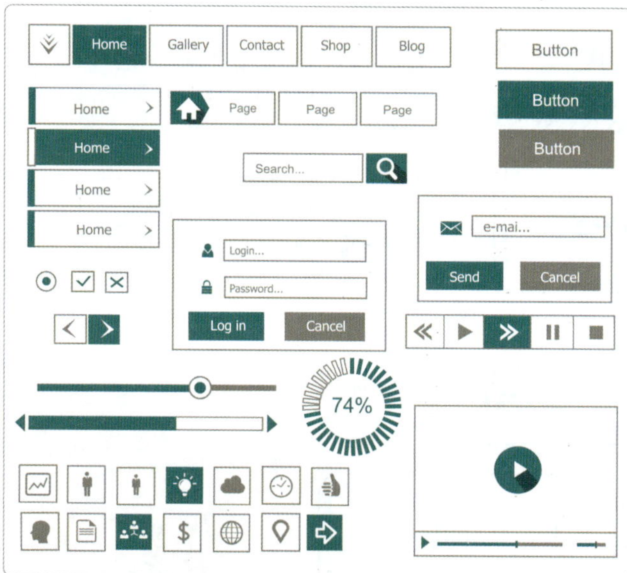

그림 12-1 GUI 프로그램

1 기본 GUI 화면

AWT와 스윙

자바는 GUI 응용 프로그램 작성을 지원하기 위해 AWT(Abstract Window Toolkit)와 스윙(Swing) 라이브러리를 제공합니다. AWT는 초창기 자바부터 제공된 것이라 성능이나 화면 출력 등이 운영체제마다 다르지만, 이를 개선한 스윙은 모든 운영체제에 통일된 화면을 제공하고 AWT보다 향상된 성능이므로 지금은 주로 스윙 라이브러리를 사용하여 GUI 프로그래밍을 하고 있습니다. 이에 이 장에서는 주로 스윙 라이브러리를 사용하여 GUI 프로그래밍을 실습하겠습니다.

기본 GUI 화면 만들기

우선 기본 프레임(윈도우 창) 화면을 만들어봅시다. [그림 12-2]는 [코드 12-1]의 결과 화면으로, 이것이 바로 가장 기본적인 객체인 `JFrame`입니다. 비어 있는 이 프레임 안에 버튼, 레이블, 텍스트 상자, 체크박스 등의 컴포넌트(component)를 더할 것입니다.

이러한 창을 만들기 위한 [코드 12-1]은 가장 기본적인 형태의 코드입니다. 이후로 [코드 12-1]을 기반으로 기능을 추가하겠습니다.

그림 12-2 기본 GUI 화면 출력

코드 12-1 Code12_01.java

```
01  import javax.swing.JFrame;
02  public class Code12_01 {
03      public static void main(String[] args) {
04          JFrame frame = new JFrame();
05          frame.setDefaultCloseOperation(JFrame.EXIT_ON_CLOSE);
06          frame.setTitle("기본 윈도우 창");
07
08          // 이 부분에 버튼, 레이블, 체크박스 등을 코딩
09
10          frame.setSize(500, 500);
11          frame.setVisible(true);
12      }
13  }
```

1행에서 스윙 관련 `JFrame` 클래스를 임포트하고, 4행에서 프레임을 생성했습니다. 이 프레임을 윈도우 창으로 보면 됩니다. 5행은 프레임 오른쪽 위에 있는 ☒를 클릭하면 프로그램이 종료되게 하고, 프레임의 제목을 출력하는 6행은 생략해도 무방합니다. 화면에 나올 버튼, 레이블, 체크박스 등은 8행에서 작성하면 됩니다. 그리고 10행에서 프레임의 크기를 가로 500px, 세로 500px로 설정하고, 11행에서 프레임이 화면에 나타나게 했습니다.

TIP

이클립스에서 Ctrl + Shift + O 를 동시에 누르면 임포트되지 않은 클래스는 자동으로 임포트되고, 필요 없는 임포트는 자동으로 제거됩니다. 편리한 기능이니 기억해두세요.

확인문제

자바에서 윈도우 창을 사용하기 위해 임포트해야 하는 라이브러리는 무엇인가요?

① `JFrame` ② `WinFrame`

③ `JavaFrame` ④ `Windows`

정답

①

2 컴포넌트

버튼, 레이블, 체크박스 등을 통틀어서 컴포넌트라고 합니다. 이러한 컴포넌트를 추가하여 사용해 봅시다.

레이블 컴포넌트

레이블(JLabel)은 문자를 비롯해 폰트, 색상 등을 표현할 수 있는 컴포넌트로, 형식은 `JLabel("글자")`입니다. 컴포넌트는 `프레임.add(컴포넌트)` 메서드를 호출해야 화면에 나타납니다.

그림 12-3 [코드 12-2] 실행 화면

이 장의 실습은 그 결과가 GUI 화면으로 나타나므로 결과 화면을 확인한 다음 코드를 살펴보는 방식으로 학습하는 것이 좋습니다.

코드 12-2 Code12_02.java

```
01  // import문 생략
02  public class Code12_02 {
03      public static void main(String[] args) {
04          JFrame frame = new JFrame();
05          frame.setDefaultCloseOperation(JFrame.EXIT_ON_CLOSE);
06          frame.setTitle("레이블");
07          frame.setLayout(new FlowLayout());
08
09          JLabel label1 = new JLabel("난생처음~~ 자바를");
10          frame.add(label1);
11
12          JLabel label2 = new JLabel("열심히");
13          label2.setForeground(Color.RED);
14          Font font = new Font("궁서 보통", Font.BOLD, 30);
15          label2.setFont(font);
16          frame.add(label2);
17
18          JLabel label3 = new JLabel("코딩 중입니다.");
19          label3.setOpaque(true);
20          label3.setBackground(Color.YELLOW);
21          frame.add(label3);
22
23          frame.setSize(250, 250);
24          frame.setVisible(true);
25      }
26  }
```

7행에서 프레임에 배치할 컴포넌트를 위한 레이아웃을 플로 레이아웃으로 설정했습니다. 레이아웃은 잠시 후에 자세히 설명하겠습니다. 9행에서 레이블을 생성하고 10행에서 프레임에 레이블을 나타냈는데, 이는 컴포넌트를 추가하는 가장 기본적인 형식입니다. 그리고 13행에서 레이블의 글자를 빨간색으로 설정했으며, 14행에서 폰트를 준비하여 15행에서 레이블에 폰트를 적용했습니다. 폰트는 **Font("글꼴", 폰트옵션, 크기)**로 설정할 수 있습니다. 20행에서는 레이블의 배경색을 설정했는데, 19행을 미리 작성해야 배경색이 적용됩니다. 또한 23행에서 프레임의 크기를 250×250으로 설정했습니다.

버튼 컴포넌트

마우스로 클릭하는 것과 같은 효과를 내는 버튼(JButton)은 어떤 작업을 실행하는 컴포넌트로, 형식은 `JButton("글자")`입니다. 레이블은 주로 설명하는 용도로 사용되지만 버튼은 클릭을 위한 컨트롤입니다. 다시 말해 사용자는 어떤 동작이 일어나기를 기대하면서 버튼을 누릅니다. 버튼 클릭 시 수행되어야 할 특정 작업은 `addActionListener()` 메서드에 지정하며, 그 형식은 다음과 같습니다. 조금 복잡해 보이지만 대개 이 형식에서 크게 벗어나지 않습니다.

```
버튼변수.addActionListener(new ActionListener() {
    public void actionPerformed(ActionEvent e) {
        // 이 부분에 버튼 클릭 시 실행 내용을 코딩
    }
});
```

버튼을 누르면 [그림 12-4]와 같은 메시지 창이 나타나는 프로그램을 작성해봅시다.

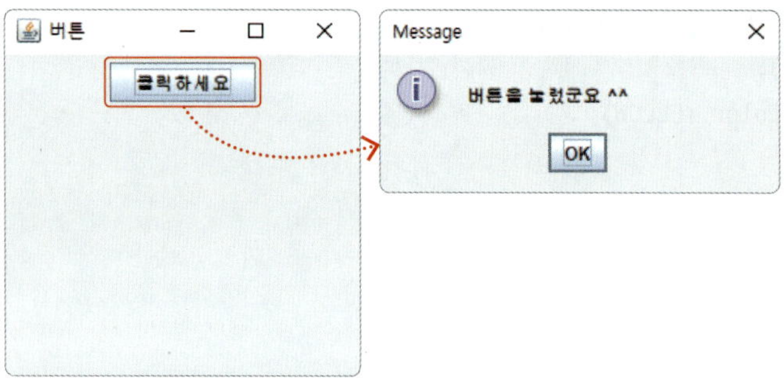

그림 12-4 **[코드 12-3] 실행 화면**

코드 12-3 Code12_03.java

```
// import문 생략
public class Code12_03 {
    public static void main(String[] args) {
        JFrame frame = new JFrame();
        frame.setDefaultCloseOperation(JFrame.EXIT_ON_CLOSE);
        frame.setTitle("버튼");
        frame.setLayout(new FlowLayout());

        JButton button1 = new JButton("클릭하세요");
        button1.addActionListener(new ActionListener() {
            public void actionPerformed(ActionEvent e) {
```

```
12                  JOptionPane.showMessageDialog(null,"버튼을 눌렀군요 ^^");
13
14              }
15          });
16          frame.add(button1);
17
18          frame.setSize(250, 250);
19          frame.setVisible(true);
20      }
21  }
```

9행에서 버튼을 준비하고, 버튼 클릭 시 일어나는 동작을 10~15행에 작성했습니다. 12행에서는 메시지 상자를 출력하고, 16행에서는 버튼을 화면에 표시했습니다.

체크박스 컴포넌트

체크박스(JCheckBox)는 선택하거나 해제하기 위한 컴포넌트로, 형식은 `JCheckBox("글자")` 입니다. 일반적으로 체크박스는 on/off를 확인하여 별도로 처리하는 방식으로 사용됩니다.

체크박스를 선택하면 [그림 12-5]와 같은 메시지 창이 나타나는 프로그램을 작성해봅시다.

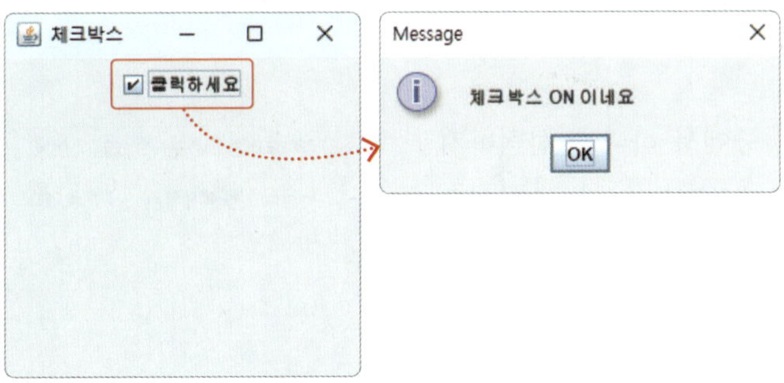

그림 12-5 [코드 12-4] 실행 화면

코드 12-4 Code12_04.java

```
// import문 생략
public class Code12_04 {
    public static void main(String[] args) {
        JFrame frame = new JFrame();
        frame.setDefaultCloseOperation(JFrame.EXIT_ON_CLOSE);
        frame.setTitle("체크박스");
```

```
07          frame.setLayout(new FlowLayout());
08
09          JCheckBox check1 = new JCheckBox("클릭하세요");
10          check1.addActionListener(new ActionListener() {
11              public void actionPerformed(ActionEvent e) {
12                  if (check1.isSelected())
13                      JOptionPane.showMessageDialog(null,"체크박스 ON 이네요");
14                  else
15                      JOptionPane.showMessageDialog(null,"체크박스 OFF 네요");
16
17              }
18          });
19          frame.add(check1);
20
21          frame.setSize(250, 250);
22          frame.setVisible(true);
23      }
24  }
```

12행의 **체크박스변수.isSelected()**는 체크박스 선택 여부를 true/false로 반환합니다. 체크박스가 선택되었으면 13행이 실행되고, 해제되었으면 15행이 실행됩니다.

라디오버튼 컴포넌트

라디오버튼(JRadioButton)은 여러 개 중에서 하나를 선택하기 위한 컴포넌트로, 형식은 JRadioButton("글자")입니다. 라디오버튼은 여러 개 중에서 하나만 선택되어야 하기 때문에 버튼그룹(ButtonGroup)으로 묶어야 합니다.

라디오버튼을 사용하여 [그림 12-6]과 같은 메시지 창이 나타나는 프로그램을 작성해봅시다.

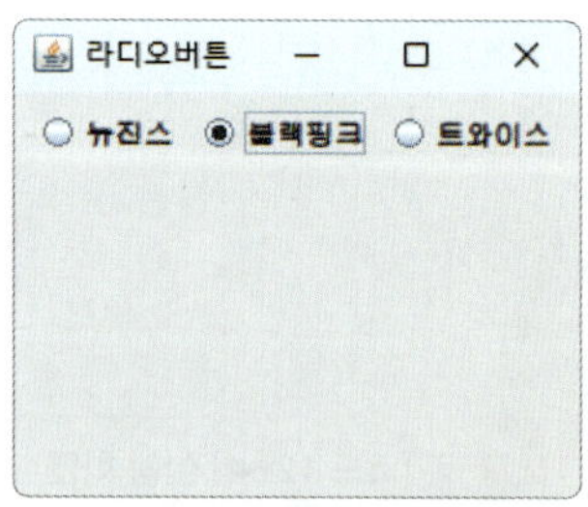

그림 12-6 [코드 12-5] 실행 화면

코드 12-5 Code12_05.java

```
// import문 생략
public class Code12_05 {
    public static void main(String[] args) {
        JFrame frame = new JFrame();
        frame.setDefaultCloseOperation(JFrame.EXIT_ON_CLOSE);
        frame.setTitle("라디오버튼");
```

```
07          frame.setLayout(new FlowLayout());
08
09          JRadioButton radio1 = new JRadioButton("뉴진스");
10          JRadioButton radio2 = new JRadioButton("블랙핑크");
11          JRadioButton radio3 = new JRadioButton("트와이스");
12          frame.add(radio1);
13          frame.add(radio2);
14          frame.add(radio3);
15
16          ButtonGroup grp = new ButtonGroup();
17          grp.add(radio1);
18          grp.add(radio2);
19          grp.add(radio3);
20
21          frame.setSize(250, 250);
22          frame.setVisible(true);
23      }
24  }
```

9~11행에서 라디오버튼을 세 개 만들어 12~14행에서 화면에 표시했습니다. 그리고 16행에서 버튼그룹을 생성하고, 17~19행에서 라디오버튼 세 개를 버튼그룹에 추가했습니다. 이제 버튼그룹에 포함된 라디오버튼 세 개 중에서 한 번에 하나만 선택됩니다.

컴포넌트에 이미지 넣기

버튼 또는 레이블 컴포넌트에 이미지를 넣을 수도 있습니다. ImageIcon 클래스를 활용하여 이미지를 생성하고 컴포넌트에서 이미지가 나타나게 합니다.

> 이미지 파일을 미리 준비해야 하는데, 이 책에서는 C:\FirstJava\images\ 폴더에 넣어두었습니다. 실습에서 사용한 이미지는 이 책의 자료실(https://hanbit.co.kr/4662)에서 다운로드할 수 있습니다.

그림 12-7 [코드 12-6] 실행 화면

[그림 12-7]과 같이 버튼 및 레이블에 이미지가 담긴 메시지 창이 나타나는 프로그램을 작성해봅시다.

코드 12-6 Code12_06.java

```
01 // import문 생략
02 public class Code12_06 {
03     public static void main(String[] args) {
04         JFrame frame = new JFrame();
05         frame.setDefaultCloseOperation(JFrame.EXIT_ON_CLOSE);
06         frame.setTitle("이미지 넣기");
07         frame.setLayout(new FlowLayout());
08
09         ImageIcon img1 = new ImageIcon("C:/FirstJava/images/image1.png");
10         ImageIcon img2 = new ImageIcon("C:/FirstJava/images/java1.png");
11
12         JLabel label1 = new JLabel(img1);
13         frame.add(label1);
14
15         JButton button1 = new JButton("클릭하세요", img2);
16         frame.add(button1);
17
18         frame.setSize(250, 250);
19         frame.setVisible(true);
20     }
21 }
```

9, 10행에서 이미지 아이콘을 준비했습니다. 그리고 12행에서 레이블에 글자 대신 이미지 객체를 대입하고, 15행에서 버튼에 글자와 함께 이미지 객체를 대입했습니다.

문자 입력을 위한 컴포넌트

문자 입력을 위한 컴포넌트로 텍스트필드(JTextField), 텍스트 영역(JTextArea), 암호 필드(JPasswordField)가 있습니다. 텍스트필드는 한 행의 문자열을 입력하는 데 사용하고, 텍스트 영역은 여러 행의 문자열을 입력하는 데 사용합니다. 또한 암호 필드는 비밀번호를 입력하는 데 사용합니다.

텍스트필드, 텍스트 영역, 암호 필드를 사용하여 [그림 12-8]과 같은 메시지 창이 나타나는 프로그램을 작성해봅시다.

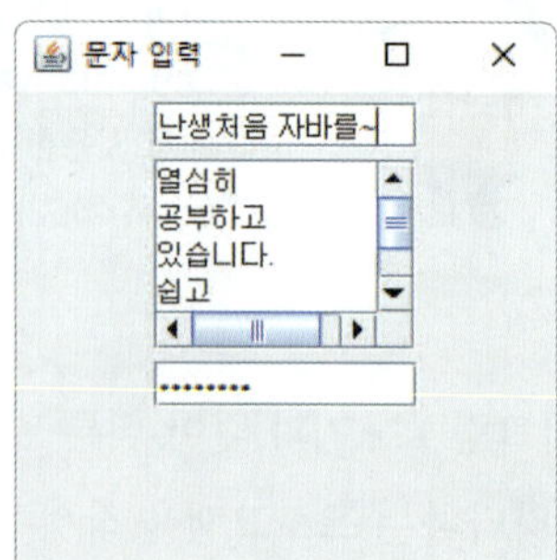

그림 12-8 [코드 12-7] 실행 화면

코드 12-7 Code12_07.java

```
01 // import문 생략
02 public class Code12_07 {
03     public static void main(String[] args) {
04         JFrame frame = new JFrame();
05         frame.setDefaultCloseOperation(JFrame.EXIT_ON_CLOSE);
06         frame.setTitle("문자 입력");
07         frame.setLayout(new FlowLayout());
08 
09         JTextField txt1 = new JTextField(10);
10         frame.add(txt1);
11 
12         JTextArea txt2 = new JTextArea(5, 10);
13         frame.add(txt2);
14         frame.add(new JScrollPane(txt2));
15 
16         JPasswordField txt3 = new JPasswordField(10);
17         frame.add(txt3);
18 
19         frame.setSize(250, 250);
20         frame.setVisible(true);
21     }
22 }
```

9행에서 한 행을 입력하기 위한 텍스트필드를 준비하면서 글자의 수를 10으로 설정했습니다. 또한 12행에서 여러 행을 입력하기 위한 텍스트 영역을 준비하면서 행의 수를 5, 글자의 수를 10으로 설정했습니다. 14행에서는 텍스트 영역에 스크롤바를 부착했는데, 입력되는 내용이 다섯 줄을 넘으면 스크롤바가 표시됩니다. 그리고 16행에서는 입력 내용이 보이지 않게 비밀번호를 입력하는 암호 필드를 준비했습니다.

여러 개 중에서 선택하기

리스트(JList)와 콤보상자(JComboBox)는 여러 항목 중에서 선택할 수 있는 컴포넌트로, 리스트는 하나 이상을 선택할 수 있고 콤보상자는 하나만 선택할 수 있습니다. 리스트와 콤보상자의 경우 여러 항목이 필요하므로 다음과 같이 주로 문자열 배열과 함께 사용됩니다.

```
String[] 배열변수 = {항목 나열};
JList 리스트변수 = new JList(배열변수);
또는
JComboBox 콤보박스변수 = new JComboBox(배열변수)
```

리스트와 콤보상자를 사용하여 [그림 12-9]와 같은 메시지 창이 나타나는 프로그램을 작성해봅시다.

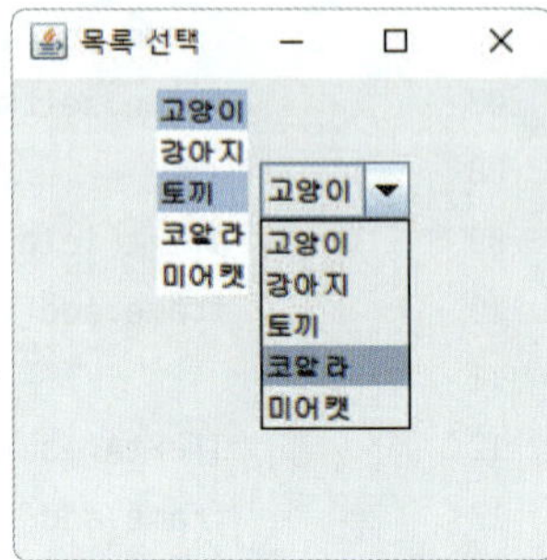

그림 12-9 [코드 12-8] 실행 화면

코드 12-8 Code12_08.java

```java
// import문 생략
public class Code12_08 {
    public static void main(String[] args) {
        JFrame frame = new JFrame();
        frame.setDefaultCloseOperation(JFrame.EXIT_ON_CLOSE);
        frame.setTitle("목록 선택");
        frame.setLayout(new FlowLayout());

        String[] petAry = {"고양이", "강아지", "토끼", "코알라", "미어캣"};

        JList list = new JList(petAry);
        frame.add(list);

        JComboBox combo = new JComboBox(petAry);
        frame.add(combo);

        frame.setSize(250, 250);
        frame.setVisible(true);
    }
}
```

9행에서 리스트에 출력할 문자열 배열을 준비했습니다. 그리고 11행에서 리스트를 준비하고 14행에서 콤보상자를 준비했습니다. 리스트는 처음부터 전체 목록이 모두 보이도록 펼쳐져 있지만, 콤보상자는 처음에 목록이 접힌 상태에서 클릭하면 펼쳐집니다. 또한 리스트는 Shift나 Ctrl과 마우스를 클릭하면 여러 항목을 선택할 수 있지만, 콤보상자는 한 번에 한 항목만 선택할 수 있습니다.

하나 더 알기

컴포넌트의 상속 구조

버튼, 라디오버튼, 리스트 등의 컴포넌트는 JComponent의 상속을 받습니다. 그러므로 JComponent의 메서드와 속성을 알고 있으면 이를 컴포넌트에도 적용할 수 있습니다. 다음 그림은 JComponent의 상속 관계를 간략히 보여주는데, 실제로 사용되는 컴포넌트를 파란색으로 표시했습니다.

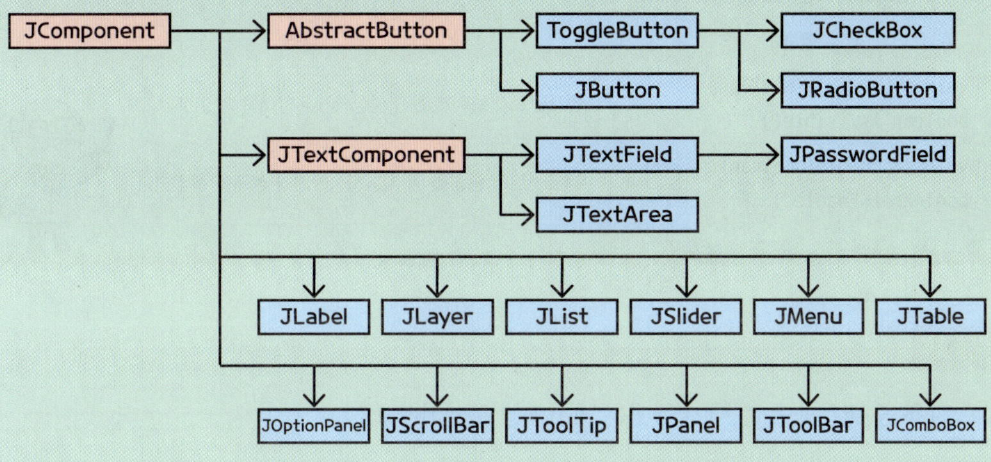

스윙의 컴포넌트는 앞에 'J'가 붙으며, 모두 JComponent의 상속을 받기 때문에 JComponent의 메서드와 속성을 파악할 필요가 있습니다. 컴포넌트의 모양, 크기 및 위치, 상태와 관련된 메서드는 다음과 같습니다.

표 12-1 컴포넌트의 모양을 설정하는 메서드

메서드	설명
`void setBorder(Border)` `Border getBorder()`	컴포넌트의 테두리를 설정하거나 가져온다.
`void setBackground(Color)` `Color getBackground()`	컴포넌트의 배경색을 설정하거나 가져온다.
`void setForeground(Color)` `Color getForekground()`	컴포넌트의 전경색을 설정하거나 가져온다.
`void setOpaque(boolean)` `Boolean isOpaque()`	컴포넌트의 불투명을 설정하거나 불투명 상태를 확인한다.
`void setFont(Font)` `Font getFont()`	컴포넌트의 글꼴을 설정하거나 가져온다.
`void SetCursor(Cursor)` `Cursor getCursor()`	컴포넌트에 커서를 가져갔을 때 나타나는 커서 모양을 설정하거나 가져온다.

표 12-2 컴포넌트의 크기 및 위치를 설정하는 메서드

메서드	설명
void setPreferredSize(Dimension) int getWidth() int getHeight	컴포넌트의 크기를 설정하거나 너비와 높이를 확인한다.
void setLocation(int,int) int getX() int getY()	컴포넌트의 위치를 설정하거나 현재 X, Y 위치를 확인한다.
Point getLocationOnScreen()	전체 화면에서 컴포넌트의 좌표를 확인한다.

표 12-3 컴포넌트의 상태를 설정하는 메서드

메서드	설명
void setVisible(boolean) boolean isVisible()	컴포넌트가 보이게 할지 설정하거나 상태를 확인한다.
void setEnable(boolean) boolean isEnable()	컴포넌트의 활성화 여부를 설정하거나 상태를 확인한다.

확인문제

1. 다음 중 버튼을 누를 때 실행되는 메서드는 무엇인가요?

① clickActionListener() ② buttonActionListener()
③ addActionListener() ④ myActionListener()

2. 다음 중 체크박스가 선택되었는지 여부를 알려주는 메서드는 무엇인가요?

① isSelected() ② checkSelected()
③ boxSelected() ④ clickSelected()

3. 다음 중 여러 개의 버튼을 묶어주는 컴포넌트는 무엇인가요?

① RadioGroup ② ButtonGroup
③ FrameGroup ④ ComponentGroup

4. 다음 중 문자 입력을 위한 컴포넌트가 아닌 것은 무엇인가요?

① JTextArea ② JTextField
③ JTextMessage ④ JPasswordField

정답

1. ③ 2. ① 3. ② 4. ③

3 레이아웃

레이아웃의 종류

컴포넌트를 화면에 나타내기 전에 컴포넌트를 어떤 방식으로 배치할지 결정해야 하는데, 이러한 배치를 레이아웃이라고 합니다. 자바에는 FlowLayout, BorderLayout, GridLayout, CardLayout 등의 레이아웃이 있으며, 각각의 기본적인 형태는 [그림 12-10]과 같습니다.

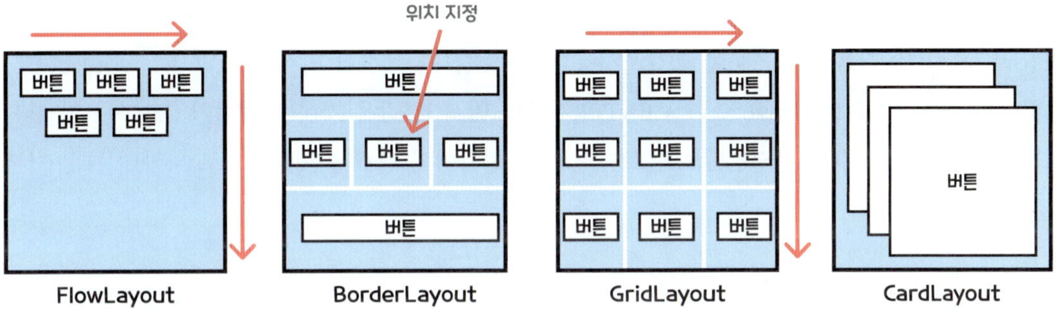

그림 12-10 레이아웃의 종류

이 밖에도 GridBagLayout, BoxLayout, GroupLayout, SpringLayout 등의 레이아웃이 있지만 많이 사용되는 레이아웃을 위주로 살펴보겠습니다.

[그림 12-10]에서는 레이아웃에 버튼만 들어 있지만 레이블, 체크박스, 이미지 등의 컴포넌트도 동일하게 배치할 수 있습니다.

- FlowLayout: 화면의 왼쪽 위부터 오른쪽으로 차례로 배치하고, 한 줄이 꽉 차면 다음 줄에 이어서 배치합니다. 이때 각 행의 가운데 정렬이 기본값입니다.
- BorderLayout: 화면을 동, 서, 남, 북, 중앙으로 분할하여 배치합니다. 컴포넌트를 배치할 때 다섯 가지 위치 중 하나를 지정해야 합니다.
- GridLayout: 행과 열의 개수에 따라 2차원 행렬로 만들고 왼쪽에서 오른쪽으로, 위에서 아래로 차례로 배치합니다.

- **CardLayout**: 화면에 컴포넌트를 꽉 채우고 그 뒤에 겹쳐서 배치합니다.

프레임에 레이아웃을 설정하는 형식은 다음과 같습니다.

```
프레임.setLayout(new 레이아웃종류(파라미터1, 파라미터2, …));
```

이미 앞에서 FlowLayout을 다음과 같은 형식으로 여러 번 사용했습니다.

```
frame.setLayout(new FlowLayout());
```

FlowLayout

FlowLayout은 다음 세 가지 형식으로 사용할 수 있습니다. 정렬 방식으로 FlowLayout.LEFT, FlowLayout.RIGHT, FlowLayout.CENTER가 있으며, 기본값은 가운데 정렬인 CENTER입니다. 또한 수평 간격과 수직 간격은 컴포넌트와 컴포넌트 사이의 간격을 픽셀값으로 나타내는데, 기본값은 5입니다.

```
FlowLayout();
FlowLayout(정렬방식);
FlowLayout(정렬방식, 수평간격, 수직간격);
```

버튼 다섯 개를 오른쪽 정렬하여 [그림 12-11]과 같은 메시지 창을 출력해봅시다.

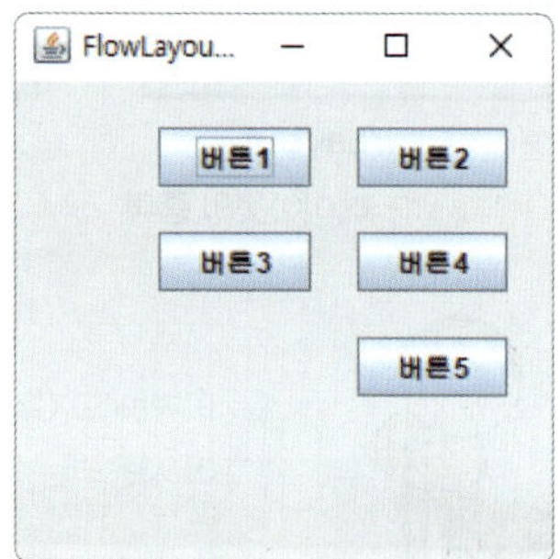

그림 12-11 [코드 12-9] 실행 화면

코드 12-9 Code12_09.java

```
// import문 생략
public class Code12_09 {
    public static void main(String[] args) {
        JFrame frame = new JFrame();
        frame.setDefaultCloseOperation(JFrame.EXIT_ON_CLOSE);
        frame.setTitle("FlowLayout 연습");

        frame.setLayout(new FlowLayout(FlowLayout.RIGHT,15,15));

        JButton btn1 = new JButton("버튼1");
```

```
11            frame.add(btn1);
12            JButton btn2 = new JButton("버튼2");
13            frame.add(btn2);
14            JButton btn3 = new JButton("버튼3");
15            frame.add(btn3);
16            JButton btn4 = new JButton("버튼4");
17            frame.add(btn4);
18            JButton btn5 = new JButton("버튼5");
19            frame.add(btn5);
20
21            frame.setSize(250, 250);
22            frame.setVisible(true);
23        }
24    }
```

8행에서 프레임의 레이아웃을 FlowLayout으로 설정하면서 오른쪽 정렬을 하고 수평 및 수직 간격을 15로 지정했습니다. 생성자의 매개변수를 생략하면 기본값인 FlowLayout.CENTER에 수직 및 수평 간격은 5픽셀이 됩니다.

BorderLayout

BorderLayout은 다음 두 가지 형식으로 사용할 수 있습니다.

```
BorderLayout();
BorderLayout(수평간격, 수직간격);
```

BorderLayout에 배치될 컴포넌트는 동(EAST), 서(WEST), 남(SOUTH), 북(NORTH), 중앙(CENTER) 중에서 하나를 지정하여 배치해야 합니다. 예를 들어 버튼은 다음과 같이 위치를 지정합니다.

```
프레임.add(컴포넌트변수, BorderLayout.위치);
```

BorderLayout을 사용하여 [그림 12-12]와 같은 메시지 창을 출력해봅시다.

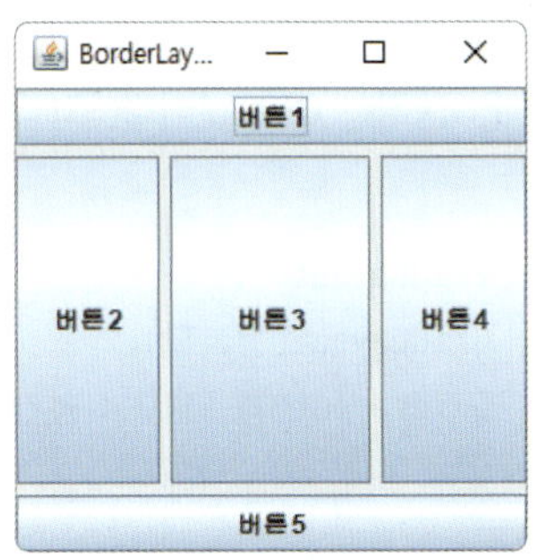

그림 12-12 [코드 12-10] 실행 화면

코드 12-10 Code12_10.java

```
01 // import문 생략
02 public class Code12_10 {
03     public static void main(String[] args) {
04         JFrame frame = new JFrame();
05         frame.setDefaultCloseOperation(JFrame.EXIT_ON_CLOSE);
06         frame.setTitle("BorderLayout 연습");
07 
08         frame.setLayout(new BorderLayout(5, 5));
09 
10         JButton btn1 = new JButton("버튼1");
11         frame.add(btn1, BorderLayout.NORTH);
12         JButton btn2 = new JButton("버튼2");
13         frame.add(btn2, BorderLayout.WEST);
14         JButton btn3 = new JButton("버튼3");
15         frame.add(btn3, BorderLayout.CENTER);
16         JButton btn4 = new JButton("버튼4");
17         frame.add(btn4, BorderLayout.EAST);
18         JButton btn5 = new JButton("버튼5");
19         frame.add(btn5, BorderLayout.SOUTH);
20 
21         frame.setSize(250, 250);
22         frame.setVisible(true);
23     }
24 }
```

8행에서 프레임의 레이아웃을 BorderLayout으로 설정하면서 수평 및 수직 간격을 5로 지정했습니다. 그리고 11, 13, 15, 17, 19행에서 버튼의 위치를 지정하여 배치했습니다.

GridLayout

GridLayout은 다음 세 가지 형식으로 사용할 수 있습니다. 생성자의 매개변수가 없으면 행이 하나, 간격은 0이 됩니다. 그리고 컴포넌트를 왼쪽에서 오른쪽으로, 위에서 아래로 채워나갑니다.

```
GridLayout();
GridLayout(행, 열);
GridLayout(행, 열, 수평간격, 수직간격);
```

버튼 컴포넌트를 배열로 처리하여 [그림 12-13]과 같은 메시지 창을 출력해봅시다.

그림 12-13 [코드 12-11] 실행 화면

코드 12-11 Code12_11.java

```
01  // import문 생략
02  public class Code12_11 {
03      public static void main(String[] args) {
04          JFrame frame = new JFrame();
05          frame.setDefaultCloseOperation(JFrame.EXIT_ON_CLOSE);
06          frame.setTitle("GridLayout 연습");
07
08          frame.setLayout(new GridLayout(3, 3, 5, 5));
09
10          JButton[] btn = new JButton[9];
11          for (int i = 0; i < 9; i++) {
12              btn[i] = new JButton("버튼" + (i + 1));
13              frame.add(btn[i]);
14          }
15
16          frame.setSize(250, 250);
17          frame.setVisible(true);
18      }
19  }
```

8행에서 레이아웃을 GridLayout으로 설정하면서 크기는 3행 3열, 수평 및 수직 간격은 5로 지정했습니다. 그리고 10행에서 아홉 개짜리 JButton 배열을 만들었습니다. JButton이 아홉 번 반복되므로 11~14행에서 배열과 반복문을 이용하여 코드를 간략하게 작성했습니다.

CardLayout

CardLayout은 다음 두 가지 형식으로 사용할 수 있습니다. 생성자의 매개변수가 없으면 간격은 0이 됩니다.

```
CardLayout();
CardLayout(수평간격, 수직간격);
```

CardLayout을 사용하여 [그림 12-14]와 같은 메시지 창을 출력해봅시다.

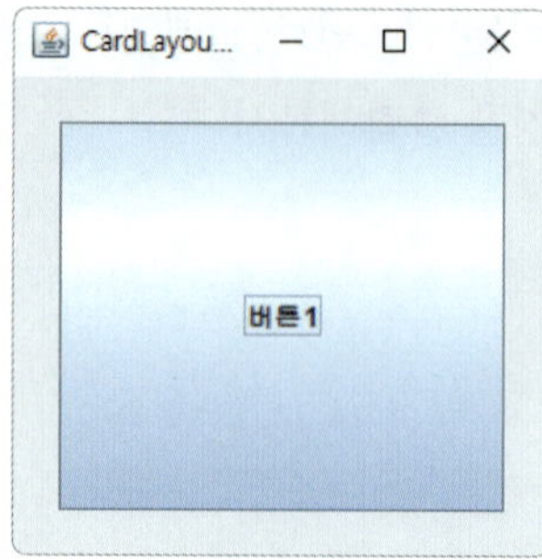

그림 12-14 [코드 12-12] 실행 화면

코드 12-12

Code12_12.java

```
01  // import문 생략
02  public class Code12_12 {
03      public static void main(String[] args) {
04          JFrame frame = new JFrame();
05          frame.setDefaultCloseOperation(JFrame.EXIT_ON_CLOSE);
06          frame.setTitle("CardLayout 연습");
07
08          frame.setLayout(new CardLayout(20, 20));
09
10          JButton btn1 = new JButton("버튼1");
11          frame.add(btn1);
12          JButton btn2 = new JButton("버튼2");
13          frame.add(btn2);
14          JButton btn3 = new JButton("버튼3");
15          frame.add(btn3);
16
17          frame.setSize(250, 250);
18          frame.setVisible(true);
19      }
20  }
```

8행에서 레이아웃을 CardLayout으로 설정하면서 수평 및 수직 간격을 20으로 지정했습니다. CardLayout에 버튼을 배치하면 첫 번째 버튼만 보이고 나머지 버튼은 첫 번째 버튼에 가려서 보이지 않습니다.

레이아웃이 없는 경우

레이아웃에 null 값을 설정하면 레이아웃이 없는 상태로 사용할 수 있습니다.

```
프레임.setLayout(null);
```

이렇게 하면 배치될 컴포넌트를 절대 위치로 지정해야 합니다. 즉 각 컴포넌트의 시작 X 위치, 시작 Y 위치, 너비, 높이를 setBounds() 메서드로 지정해야 합니다. 예를 들어 너비가 70, 높이가 60인 버튼을 (50, 50)에 배치하려면 다음과 같이 작성합니다. setBounds(시작X, 시작Y, 너비, 높이)는 컴포넌트가 배치될 위치와 크기를 지정하기 위한 메서드입니다.

```
JButton btn1 = new JButton("버튼1");
btn1.setBounds(50, 50, 70, 60);
frame.add(btn1);
```

자바에서 화면의 좌표는 왼쪽 상단이 (0, 0)입니다.

레이아웃 없이 버튼 세 개를 배치하여 [그림 12-15]와 같은 메시지 창을 출력해봅시다.

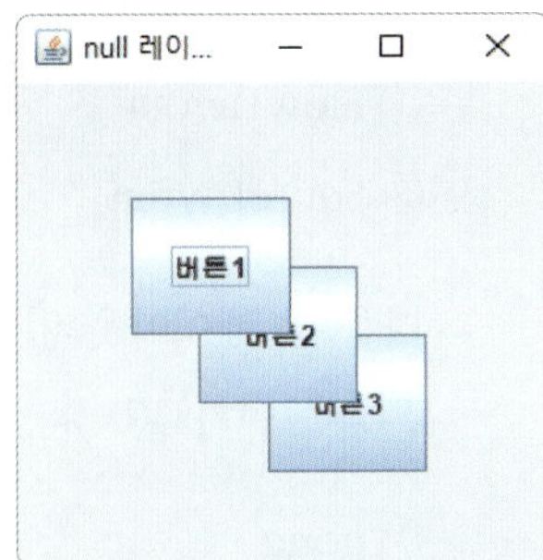

그림 12-15 [코드 12-13] 실행 화면

코드 12-13 Code12_13.java

```
// import문 생략
public class Code12_13 {
    public static void main(String[] args) {
        JFrame frame = new JFrame();
        frame.setDefaultCloseOperation(JFrame.EXIT_ON_CLOSE);
        frame.setTitle("null 레이아웃");

        frame.setLayout(null);

        JButton btn1 = new JButton("버튼1");
        btn1.setBounds(50, 50, 70, 60);
        frame.add(btn1);
        JButton btn2 = new JButton("버튼2");
        btn2.setBounds(80, 80, 70, 60);
        frame.add(btn2);
        JButton btn3 = new JButton("버튼3");
```

```
17          btn3.setBounds(110, 110, 70, 60);
18          frame.add(btn3);
19
20          frame.setSize(250, 250);
21          frame.setVisible(true);
22      }
23  }
```

8행에서 레이아웃을 null 값으로 설정하고 11, 14, 17행에서 버튼의 위치를 지정했습니다.

확인문제

1. 다음 중 레이아웃의 종류가 아닌 것은 무엇인가요?

① FlowLayout　② BorderLayout

③ SqureLayout　④ CardLayout

2. 다음 중 레이아웃 없는 프레임을 만들기 위해 `setLayout()`의 매개변수로 사용하는 것은 무엇인가요?

① none　② null

③ nothing　④ never

정답

1. ③　2. ②

LAB 그리드레이아웃에 주사위 숫자 채우기

그리드레이아웃의 가로 및 세로 개수를 무작위로 만들고, 주사위를 던져서 나온 숫자를 그 안에 채우는 프로그램을 만들어봅시다. 화면의 크기는 500×500, 가로 및 세로 개수는 1~10으로 설정하고, 주사위 버튼을 여섯 가지 색상으로 표현합니다.

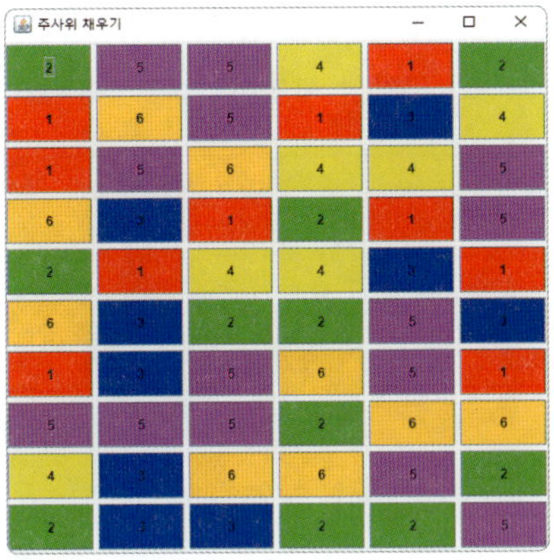

1. Lab12_01.java 파일을 만들고, main() 메서드 안에 GUI 프로그래밍의 기본 형태를 작성합니다.

```
JFrame frame = new JFrame();
frame.setDefaultCloseOperation(JFrame.EXIT_ON_CLOSE);
frame.setTitle("주사위 채우기");

// 이 부분에 주사위 채우기 작성

frame.setSize(500, 500);
frame.setVisible(true);
```

2. 가로 및 세로 개수를 무작위로 추출하고 전체 주사위 버튼의 개수를 준비합니다. 또한 버튼의 배경색으로 사용할 여섯 개짜리 색상 배열을 준비합니다. 주사위의 숫자가 1~6이므로 색상 배열의 첨자도 1~6이 되도록 맨 앞에 빈칸을 넣습니다.

```
int rowNum = (int) ((Math.random() * 10 + 1));
int colNum = (int) ((Math.random() * 10 + 1));
int btnCount = rowNum * colNum;
Color[] colorAry = {null, Color.RED, Color.GREEN, Color.BLUE, Color.YELLOW, Color.
MAGENTA, Color.ORANGE};
```

3. 무작위로 추출한 숫자로 그리드레이아웃의 가로 및 세로를 지정하고, 가로×세로 개수의 버튼 배열을 준비합니다.

```
frame.setLayout(new GridLayout(rowNum, colNum, 5, 5));
JButton[] btn = new JButton[btnCount];
```

4. 버튼의 개수만큼 반복합니다. 주사위를 던져 나오는 숫자를 무작위로 추출하고, 이 숫자가 표시된 버튼을 생성합니다. 버튼의 색상은 색상 배열에서 뽑은 숫자의 첨자로 설정합니다.

```
for (int i = 0; i < btnCount; i++) {
    int diceNum = (int) ((Math.random() * 6 + 1));
    btn[i] = new JButton(Integer.toString(diceNum));
    btn[i].setBackground(colorAry[diceNum]);
    frame.add(btn[i]);
}
```

5. 완성된 코드는 다음과 같습니다. Ctrl + F11을 눌러 실행 결과를 확인해봅니다.

Lab12_01.java

```
// import문 생략
public class Lab12_01 {
    public static void main(String[] args) {
        JFrame frame = new JFrame();
        frame.setDefaultCloseOperation(JFrame.EXIT_ON_CLOSE);
        frame.setTitle("주사위 채우기");

        int rowNum = (int) ((Math.random() * 10 + 1));
        int colNum = (int) ((Math.random() * 10 + 1));
        int btnCount = rowNum * colNum;
        Color[] colorAry = {null, Color.RED, Color.GREEN, Color.BLUE, Color.YELLOW, Color.MAGENTA, Color.ORANGE};

        frame.setLayout(new GridLayout(rowNum, colNum, 5, 5));
        JButton[] btn = new JButton[btnCount];

        for (int i = 0; i < btnCount; i++) {
            int diceNum = (int) ((Math.random() * 6 + 1));
            btn[i] = new JButton(Integer.toString(diceNum));
            btn[i].setBackground(colorAry[diceNum]);
            frame.add(btn[i]);
        }

        frame.setSize(500, 500);
        frame.setVisible(true);
    }
}
```

Section 02 마우스 이벤트 처리

GUI 환경에서 마우스를 클릭하는 것을 이벤트(event)라고 합니다. 마우스를 클릭하거나 키보드를 눌렀을 때 어떤 동작을 수행하는 것, 즉 이벤트 처리에 대해 알아봅시다.

1 마우스 이벤트의 개요

마우스를 사용할 때 발생하는 이벤트인 마우스 이벤트에는 MouseListener 인터페이스를 사용합니다. MouseListener 인터페이스와 관련된 메서드와 마우스 작동은 [표 12-4]와 같습니다.

표 12-4 스윙의 마우스 이벤트와 관련된 메서드와 마우스 작동

인터페이스	메서드	마우스 작동
	mousePressed()	마우스를 누름
	mouseReleased()	마우스를 뗌
MouseListener	mouseClicked()	마우스를 클릭함
	mouseEntered()	마우스 커서가 올라감
	mouseExited()	마우스 커서가 내려감

앞에서 객체지향을 다룰 때 인터페이스에 대해 설명했습니다. 인터페이스는 추상 메서드를 가질 수 있으며, 인터페이스를 통해 구현하면 추상 메서드의 내용을 모두 코딩해야 합니다.

마우스 이벤트의 개념이 어렵게 느껴질 수도 있으나 실제 사용은 그리 어렵지 않습니다. 다음 형식의 코드에 마우스 작동 시의 기능을 작성하면 됩니다.

```
프레임.addMouseListener(new MouseListener() {
    public void mousePressed(MouseEvent e) {
        // 마우스를 눌렀을 때 실행할 내용
    }
    public void mouseReleased(MouseEvent e) {
        // 마우스를 떼었을 때 실행할 내용
    }
    public void mouseClicked(MouseEvent e) {
        // 마우스를 클릭했을 때 실행할 내용
    }
    public void mouseEntered(MouseEvent e) {
        // 마우스가 화면 위에 올라올 때 실행할 내용
    }
    public void mouseExited(MouseEvent e) {
        // 마우스가 화면에서 빠져나갈 때 실행할 내용
    }
});
```

마우스 이벤트의 기본 구현

프레임에 마우스 이벤트를 사용해봅시다. 필요하다면 버튼, 라디오버튼, 레이블 등의 컴포넌트에도 마우스 이벤트를 사용할 수 있습니다. [코드 12-14]는 마우스를 클릭할 때마다 어떤 버튼이 눌렸는지 확인하는 프로그램입니다.

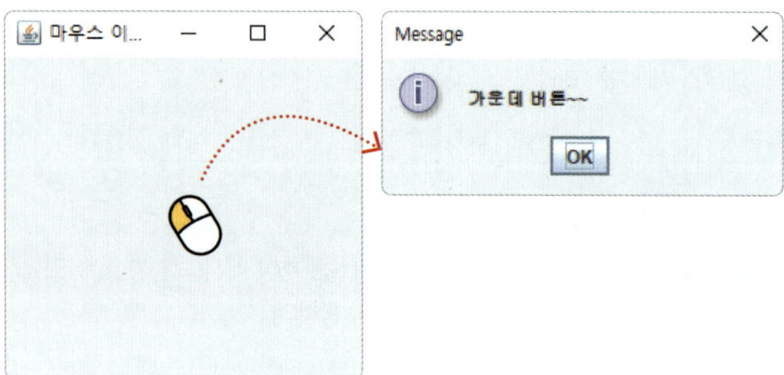

그림 12-16 [코드 12-14] 실행 화면

코드 12-14 Code12_14.java

```
01  // import문 생략
02  public class Code12_14 {
03      public static void main(String[] args) {
04          JFrame frame = new JFrame();
05          frame.setDefaultCloseOperation(JFrame.EXIT_ON_CLOSE);
06          frame.setTitle("마우스 이벤트1");
07          frame.setLayout(new FlowLayout());
08  
09          frame.addMouseListener(new MouseListener() {
10              public void mousePressed(MouseEvent e) {
11              }
12              public void mouseReleased(MouseEvent e) {
13              }
14              public void mouseClicked(MouseEvent e) {
15                  switch (e.getButton()) {
16                  case 1 : JOptionPane.showMessageDialog(null,"왼쪽 버튼~~");
17                      break;
18                  case 2 : JOptionPane.showMessageDialog(null,"가운데 버튼~~");
19                      break;
20                  case 3 : JOptionPane.showMessageDialog(null,"오른쪽 버튼~~");
21                      break;
22                  }
23              }
24              public void mouseEntered(MouseEvent e) {
25              }
26              public void mouseExited(MouseEvent e) {
27              }
28          });
29  
30          frame.setSize(250, 250);
31          frame.setVisible(true);
32      }
33  }
```

9~28행에서 프레임에 마우스 리스너를 추가하고, 마우스를 클릭할 때 작동하는 `mouseClicked()` 이벤트의 내용을 14~23행에 작성했습니다. 매개변수로 `MouseEvent`를 받는데, 여기에는 마우스 버튼의 종류, 클릭한 좌표 등의 정보가 포함되어 있습니다. 따라서 15행의 `e.getButton()`이 클릭된 버튼의 종류를 알려주는데 1은 왼쪽 버튼, 2는 가운데 버튼, 3은 오른쪽 버튼입니다. 그리고 15~22행에서는 switch~case문을 사용하여 클릭된 버튼을 메시지로 알려주었습니다.

확인문제

다음 중 마우스 이벤트와 관련이 있는 리스너는 무엇인가요?

① KeyboardListener　　② MListener

③ MouseListener　　④ ListenerMouse

정답

③

2 마우스 이벤트의 활용

이번에는 마우스를 클릭할 때마다 그 좌표를 알아내는 프로그램을 작성해봅시다. X, Y 좌표를 텍스트필드에 채우며, 마우스를 클릭했을 때의 좌표를 알아내는 기능은 mousePressed() 메서드 부분에 코딩하면 됩니다.

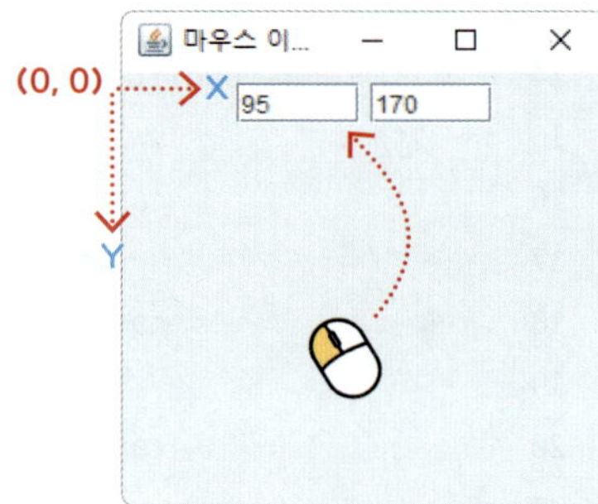

그림 12-17 [코드 12-15] 실행 화면

코드 12-15 Code12_15.java

```
// import문 생략
public class Code12_15 {
    public static void main(String[] args) {
        JFrame frame = new JFrame();
        frame.setDefaultCloseOperation(JFrame.EXIT_ON_CLOSE);
        frame.setTitle("마우스 이벤트");
        frame.setLayout(new FlowLayout());

        JTextField txtX = new JTextField(5);
        JTextField txtY = new JTextField(5);
        frame.add(txtX);
        frame.add(txtY);

        frame.addMouseListener(new MouseListener() {
            public void mousePressed(MouseEvent e) {
                txtX.setText(Integer.toString(e.getX()));
                txtY.setText(Integer.toString(e.getY()));
```

```
18                }
19                public void mouseReleased(MouseEvent e) {
20                }
21                public void mouseClicked(MouseEvent e) {
22                }
23                public void mouseEntered(MouseEvent e) {
24                }
25                public void mouseExited(MouseEvent e) {
26                }
27            });
28
29            frame.setSize(250, 250);
30            frame.setVisible(true);
31        }
32    }
```

9, 10행에서 X, Y 좌표가 채워질 텍스트필드를 준비했습니다. 그리고 14~27행에서 프레임에 마우스 리스너를 추가했으며, 마우스를 클릭하면 15~18행이 수행됩니다. 16행에서 매개변수인 e의 getX() 메서드는 클릭한 곳의 X 좌표를 반환하는데, 이 값을 문자열로 변환하여 텍스트필드에 표시했습니다.

3 도형 그리기

선, 원, 사각형 등의 도형을 그리려면 JPanel을 상속받는 클래스를 생성하고 paintComponent(Graphics g) 메서드 안에서 도형을 그립니다. 주로 사용되는 도형의 종류와 형식은 [표 12-5]와 같습니다. 선을 제외한 나머지 도형의 시작x와 시작y는 도형의 왼쪽 상단을 가리키며, 타원의 너비와 높이를 같은 값으로 하면 원이 됩니다.

표 12-5 도형의 종류와 형식

도형	형식
선	g.drawLine(시작x, 시작y, 끝x, 끝y)
타원	g.drawOval(시작x, 시작y, 너비, 높이)
채워진 타원	g.fillOval(시작x, 시작y, 너비, 높이)
사각형	g.drawRect(시작x, 시작y, 너비, 높이)
채워진 사각형	g.fillRect(시작x, 시작y, 너비, 높이)

[그림 12-18]과 같이 도형을 그리는 프로그램을 작성해봅시다.

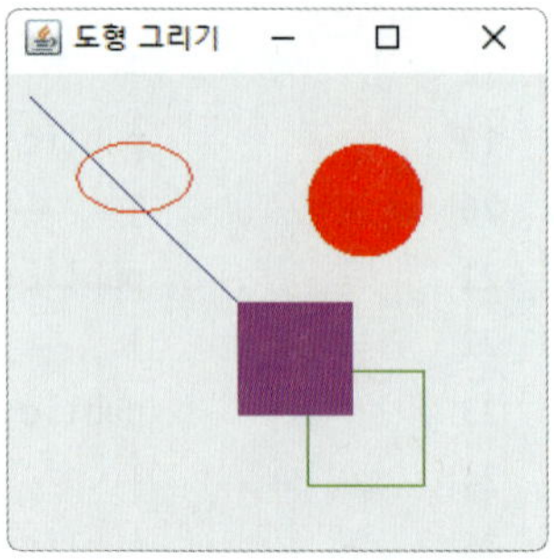

그림 12-18 [코드 12-16] 실행 화면

코드 12-16

Code12_16.java

```java
// import문 생략
public class Code12_16 {
    static class MyPanel extends JPanel {
        @Override
            public void paintComponent(Graphics g) {
                super.paintComponent(g);
                g.setColor(Color.BLUE);
                g.drawLine(10, 10, 100, 100);
                g.setColor(Color.RED);
                g.drawOval(30, 30, 50, 30);
                g.fillOval(130, 30, 50, 50);
                g.setColor(Color.GREEN);
                g.drawRect(130, 130, 50, 50);
                g.setColor(Color.MAGENTA);
                g.fillRect(100, 100, 50, 50);
            }
    }

    public static void main(String[] args) {
        JFrame frame = new JFrame();
        frame.setDefaultCloseOperation(JFrame.EXIT_ON_CLOSE);
        frame.setTitle("도형 그리기");
        frame.setLayout(new CardLayout());

        MyPanel panel = new MyPanel();
        frame.add(panel, BorderLayout.CENTER);

        frame.setSize(250, 250);
        frame.setVisible(true);
    }
}
```

3~17행에서 도형을 그릴 수 있는 컴포넌트인 JPanel을 상속받는 MyPanel 클래스를 정의했습니다. 그리고 25행에서 MyPanel의 객체를 생성하고, 26행에서 panel 객체를 프레임 중앙에 꽉 차게 배치했습니다. 5~16행에서는 추상 메서드인 paintComponent()를 완성했으며 7, 9, 12, 14행에서 그릴 도형의 색상을 지정하고 8, 10, 11, 13, 15행에서 여러 가지 도형을 그렸습니다.

확인문제

다음 중 도형을 그릴 수 있는 메서드가 아닌 것을 고르시오.

① drawLine() ② drawCircle()

③ drawRect() ④ fillRect()

정답

②

LAB 마우스로 선 그리기

마우스로 화면에 선을 그리는 프로그램을 만들어봅시다. 마우스를 클릭한 지점이 선의 시작점, 마우스를 뗀 지점이 선의 끝점이 되게 합니다.

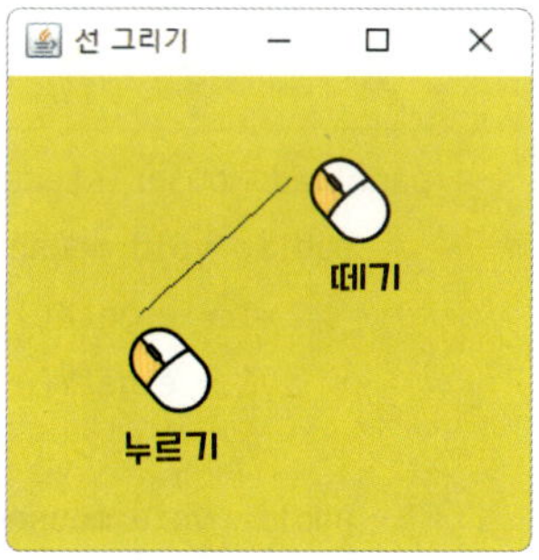

1. Lab12_02.java 파일을 만들고, 마우스를 클릭한 지점의 좌표를 저장할 전역변수 네 개를 main() 메서드 밖에 선언합니다. 그리고 JPanel을 상속받는 MyPanel 클래스를 정의하고 paintComponent() 메서드를 완성합니다. paintComponent()는 마우스로 클릭한 두 지점을 선으로 잇는 메서드입니다.

```
static int x1, y1, x2, y2;
static class MyPanel extends JPanel {
    public void paintComponent(Graphics g) {
        super.paintComponent(g);
        g.drawLine(x1, y1, x2, y2);
    }
}
```

2. main() 메서드 안에 GUI 프로그래밍의 기본 형태를 작성합니다.

```
JFrame frame = new JFrame();
frame.setDefaultCloseOperation(JFrame.EXIT_ON_CLOSE);
frame.setTitle("선 그리기");
frame.setLayout(new CardLayout());

// 이 부분에 마우스로 선을 그리도록 코딩

frame.setSize(250, 250);
frame.setVisible(true);
```

3. 선을 그릴 패널을 준비합니다. 앞에서 정의한 MyPanel 클래스를 통해 객체를 생성하고, 패널을 눈에 띄는 노란색으로 설정하여 화면 중앙에 배치합니다.

```
MyPanel panel = new MyPanel();
panel.setBackground(Color.YELLOW);
frame.add(panel, BorderLayout.CENTER);
```

4. 마우스 리스너를 준비합니다. 마우스를 클릭하면 시작 좌표를 추출하고, 마우스를 떼면 끝 좌표를 추출합니다. 마우스를 떼는 이벤트에서는 컴포넌트를 다시 그리기 위해 repaint() 메서드를 사용합니다.

```
panel.addMouseListener(new MouseListener() {
    public void mousePressed(MouseEvent e) {
        x1 = e.getX();
        y1 = e.getY();
    }
    public void mouseReleased(MouseEvent e) {
        x2 = e.getX();
        y2 = e.getY();
        panel.repaint();
    }

    public void mouseClicked(MouseEvent e) {
    }
    public void mouseEntered(MouseEvent e) {
    }
    public void mouseExited(MouseEvent e) {
    }
});
```

5. 완성된 코드는 다음과 같습니다. Ctrl+F11을 눌러 실행 결과를 확인해봅니다.

Lab12_02.java

```
// import문 생략
public class Lab12_02 {
    static int x1, y1, x2, y2;
    static class MyPanel extends JPanel {
        @Override
        public void paintComponent(Graphics g) {
            super.paintComponent(g);
            g.drawLine(x1, y1, x2, y2);
        }
    }

    public static void main(String[] args) {
        JFrame frame = new JFrame();
        frame.setDefaultCloseOperation(JFrame.EXIT_ON_CLOSE);
        frame.setTitle("선 그리기");
        frame.setLayout(new CardLayout());

        MyPanel panel = new MyPanel();
        panel.setBackground(Color.YELLOW);
        frame.add(panel, BorderLayout.CENTER);

        panel.addMouseListener(new MouseListener() {
            public void mousePressed(MouseEvent e) {
                x1 = e.getX();
                y1 = e.getY();
            }
            public void mouseReleased(MouseEvent e) {
                x2 = e.getX();
                y2 = e.getY();
                panel.repaint();
            }
            public void mouseClicked(MouseEvent e) {
            }
            public void mouseEntered(MouseEvent e) {
            }
            public void mouseExited(MouseEvent e) {
            }
        });

```

```
        frame.setSize(250, 250);
        frame.setVisible(true);
    }
}
```

Section 03

메뉴, 툴바, 메시지 상자

메뉴와 툴바가 없으면 해당 응용 프로그램을 어떻게 사용하는지 알 수 없을 것입니다. 따라서 대부분의 GUI 응용 프로그램에는 메뉴와 툴바가 있는데, 이를 만들어 사용하는 방법을 알아봅시다. 또한 사용자에게 메시지를 알려주는 메시지 상자의 종류도 살펴보겠습니다.

1 메뉴

메뉴에 사용되는 클래스는 JMenuBar, JMenu, JMenuItem입니다. [그림 12-19]는 이클립스의 메뉴와 관련 클래스를 보여줍니다.

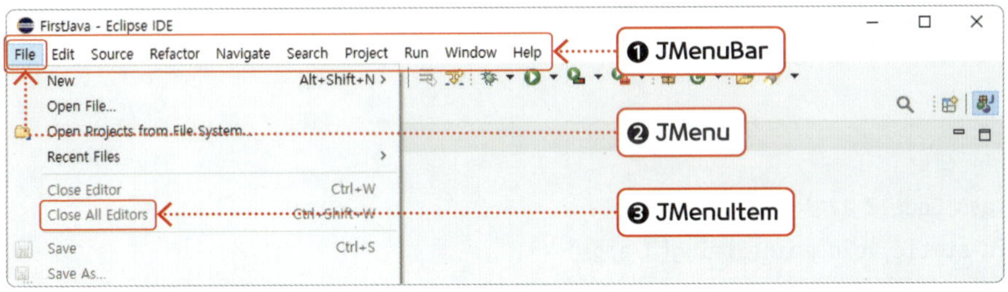

그림 12-19 이클립스의 메뉴

먼저 ❶ JMenuBar를 만들어놓고, 필요한 만큼 상위 메뉴에 해당하는 ❷ JMenu(File, Edit 등)를 추가합니다. 그리고 각 JMenu에 세부 항목인 ❸ JMenuItem을 필요한 만큼 추가합니다. 또한 메뉴를 선택했을 때 어떤 동작이 일어나도록 JMenuItem에 이벤트 리스너를 작성합니다. 즉 다음과 같은 순서로 코딩하는데, 이는 메뉴를 만들 때 주로 사용하는 형식이니 잘 기억해두기 바랍니다.

```
// 메뉴바, 메뉴(상위 메뉴), 메뉴 아이템(하위 메뉴) 준비
JMenuBar 메뉴바 = new JMenuBar();
JMenu 상위메뉴= new JMenu("상위메뉴");
JMenuItem 하위메뉴 = new JMenuItem("하위메뉴");
```

```
// 화면에 나타나도록 메뉴바, 상위 메뉴, 하위 메뉴 순서로 연결
프레임.setJMenuBar(메뉴바);
메뉴바.add(상위메뉴);
상위메뉴.add(하위메뉴);

// 메뉴 아이템(하위 메뉴)을 클릭하면 작동하는 리스너 코딩
하위메뉴.addActionListener(new ActionListener() {
   public void actionPerformed(ActionEvent e) {
      // 이 부분에 하위 메뉴 선택 시 실행할 내용 코딩
   }
});
```

[그림 12-20]과 같이 메뉴 아이템을 클릭하면 레이블의 글자가 바뀌는 프로그램을 작성해봅시다.

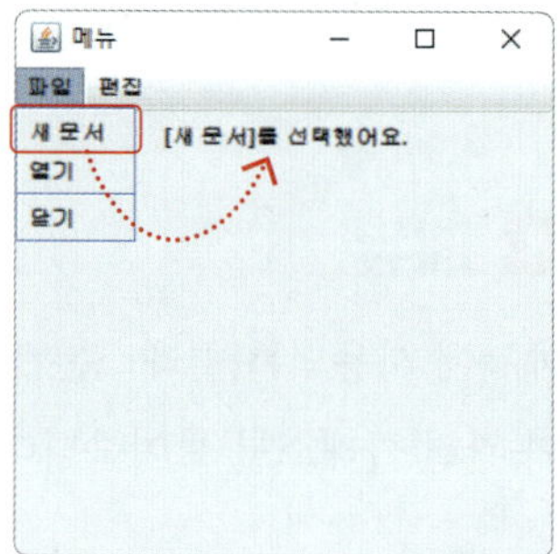

그림 12-20 [코드 12-17] 실행 화면

코드 12-17 Code12_17.java

```
// import문 생략
public class Code12_17 {
    public static void main(String[] args) {
        JFrame frame = new JFrame();
        frame.setDefaultCloseOperation(JFrame.EXIT_ON_CLOSE);
        frame.setTitle("메뉴");
        frame.setLayout(new FlowLayout());

        JMenuBar menuBar = new JMenuBar();
        JMenu fileMenu = new JMenu("파일");
        JMenu editMenu = new JMenu("편집");
        JMenuItem newItem = new JMenuItem("새 문서");
        JMenuItem openItem = new JMenuItem("열기");
        JMenuItem closeItem = new JMenuItem("닫기");

        frame.setJMenuBar(menuBar);
```

```
17        menuBar.add(fileMenu);
18        menuBar.add(editMenu);
19        fileMenu.add(newItem);
20        fileMenu.add(openItem);
21        fileMenu.addSeparator();
22        fileMenu.add(closeItem);
23
24        JLabel label = new JLabel("여기 글자가 바뀝니다.");
25        frame.add(label);
26
27        newItem.addActionListener(new ActionListener() {
28            public void actionPerformed(ActionEvent e) {
29                label.setText("[새 문서]를 선택했어요.");
30            }
31        });
32
33        openItem.addActionListener(new ActionListener() {
34            public void actionPerformed(ActionEvent e) {
35                label.setText("[열기]를 선택했어요.");
36            }
37        });
38
39        closeItem.addActionListener(new ActionListener() {
40            public void actionPerformed(ActionEvent e) {
41                System.exit(0);
42            }
43        });
44
45        frame.setSize(300, 300);
46        frame.setVisible(true);
47    }
48 }
```

9~14행에서 메뉴바, 메뉴, 메뉴 아이템을 준비했습니다. 그리고 16~22행에서 프레임에는 메뉴바를, 메뉴바에는 메뉴를, 파일 메뉴에는 메뉴 아이템 세 개를 부착했습니다. 21행은 구분하는 선을 긋는 효과를 냅니다. 24, 25행에서는 레이블을 준비하고, 27~31행에서는 [새 문서] 메뉴 아이템을 선택하면 작동하는 리스너를 코딩했습니다. 또한 29행에서 레이블의 글자를 바꾸는 기능을 추가했습니다. 41행은 [닫기] 메뉴 아이템을 선택하면 응용 프로그램이 종료되게 합니다.

확인문제

다음 클래스를 단위가 큰 것부터 순서대로 나열하시오.

㉠ `JMenu` ㉡ `JMenuItem` ㉢ `JMenuBar`

정답

㉢, ㉠, ㉡

2 툴바

툴바는 메뉴와 비슷하지만 좀 더 간단합니다. 메뉴의 경우 단계가 `JMenuBar`, `JMenu`, `JMenuItem`인데 툴바는 `JToolBar`, 아이템, 두 단계뿐이며, 앞에서 살펴본 버튼, 레이블, 텍스트필드 등의 컴포넌트를 대부분 아이템으로 사용할 수 있습니다.

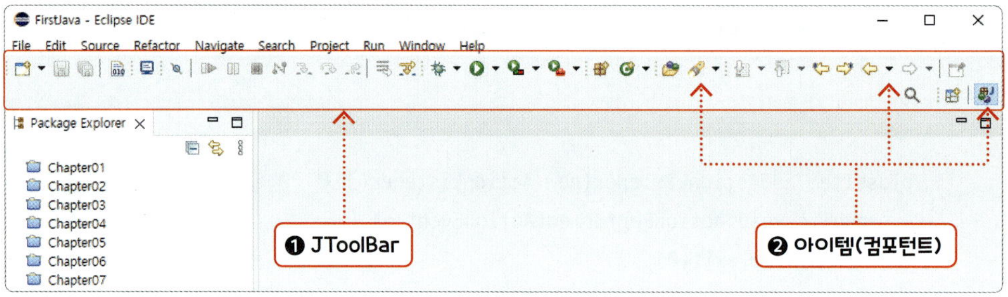

그림 12-21 **이클립스의 툴바**

먼저 ❶ `JToolBar`를 만들어놓고, 필요한 만큼 ❷ 아이템(버튼, 텍스트필드 등)을 추가합니다. 그리고 툴바를 선택했을 때 어떤 동작이 일어나도록 각 컴포넌트에 이벤트 리스너를 작성합니다. 즉 다음과 같은 순서로 코딩하는데, 이는 툴바를 만들 때 주로 사용하는 형식이니 잘 기억해두기 바랍니다.

```
// 툴바, 아이템(컴포넌트) 준비
JToolBar 툴바 = new JToolBar();
JButton 아이템 = new JButton("아이템");

// 화면에 나타나도록 툴바, 컴포넌트 순서로 연결
프레임.add(툴바, 툴바위치);
툴바.add(아이템);
```

```
// 아이템(컴포넌트)을 클릭하면 작동하는 리스너 코딩
컴포넌트.addActionListener(new ActionListener() {
   public void actionPerformed(ActionEvent e) {
      // 이 부분에 아이템 클릭 시 실행할 내용 코딩
   }
});
```

[그림 12-22]와 같이 툴바의 아이템을 클릭하면 레이블의 글자가 바뀌는 프로그램을 작성해봅시다.

그림 12-22 **[코드 12-18] 실행 화면**

코드 12-18 Code12_18.java

```
// import문 생략
public class Code12_18 {
    public static void main(String[] args) {
        JFrame frame = new JFrame();
        frame.setDefaultCloseOperation(JFrame.EXIT_ON_CLOSE);
        frame.setTitle("툴바");
        frame.setLayout(new FlowLayout());

        JToolBar toolBar = new JToolBar();
        JButton newItem = new JButton("새 문서");
        JButton openItem = new JButton("열기");
        JButton closeItem = new JButton(new ImageIcon("c:/FirstJava/images/exit.png"));

        frame.add(toolBar, BorderLayout.NORTH);
        toolBar.add(newItem);
        toolBar.add(openItem);
        toolBar.addSeparator(new Dimension(20, 10));
        toolBar.add(closeItem);

        JLabel label = new JLabel("여기 글자가 바뀝니다.");
        frame.add(label);

```

```
23          newItem.addActionListener(new ActionListener() {
24              public void actionPerformed(ActionEvent e) {
25                  label.setText("[새 문서]를 선택했어요.");
26              }
27          });
28
29          openItem.addActionListener(new ActionListener() {
30              public void actionPerformed(ActionEvent e) {
31                  label.setText("[열기]를 선택했어요.");
32              }
33          });
34
35          closeItem.addActionListener(new ActionListener() {
36              public void actionPerformed(ActionEvent e) {
37                  System.exit(0);
38              }
39          });
40
41          frame.setSize(300, 300);
42          frame.setVisible(true);
43      }
44  }
```

9~12행에서 툴바 및 아이템으로 사용할 버튼 세 개를 준비했습니다. 그리고 14행에서 툴바를 프레임에 부착했는데, 툴바의 처음 위치는 동, 서, 남, 북, 중앙 중에서 북(상단)으로 지정했습니다. 14~16행에서는 아이템 세 개를 툴바에 부착했습니다. 그리고 17행에서 구분하기 위한 선을 추가했는데, `addSeparator()`만 사용하면 간격이 너무 좁아서 표시나지 않기 때문에 `Dimension(너비, 높이)`로 간격을 넓혔습니다. 23~39행에서는 각 아이템(버튼)을 선택하면 작동하는 리스너를 코딩했는데, 이는 [코드 12-17]과 동일합니다. 여기서는 아이템으로 버튼만 사용했으나 그 밖의 다양한 컴포넌트도 사용할 수 있습니다.

3 메시지 상자

프로그램을 작성하다 보면 특정 메시지를 보여주거나 어떤 값을 입력받아야 하는 경우가 흔히 있습니다. GUI가 아닌 환경에서는 `System.out.println()`으로 출력하거나, `Scanner` 클래스를 활용하여 텍스트 모드로 입력받았으나 GUI에서는 메시지 상자나 입력 상자를 사용해야 합니다. 메시지 상자나 입력 상자와 관련된 클래스는 `JOptionPane`이며, 다음 네 가지 메서드를 사용합니다.

```
showMessageDialog()
showInputDialog()
showConfirmDialog()
showOptionDialog()
```

단순 메시지 출력

단순히 사용자에게 메시지만 보여주고자 하는 경우에는 다음과 같이 showMessageDialog() 메서드를 사용합니다.

```
showMessageDialog(부모프레임, 내용, 제목, 옵션);
```

옵션으로는 JOptionPane.PLAIN_MESSAGE, JOptionPane.WARNING_MESSAGE, JOptionPane.INFORMATION_MESSAGE가 있는데, [코드 12-19]를 통해 이를 확인해봅시다.

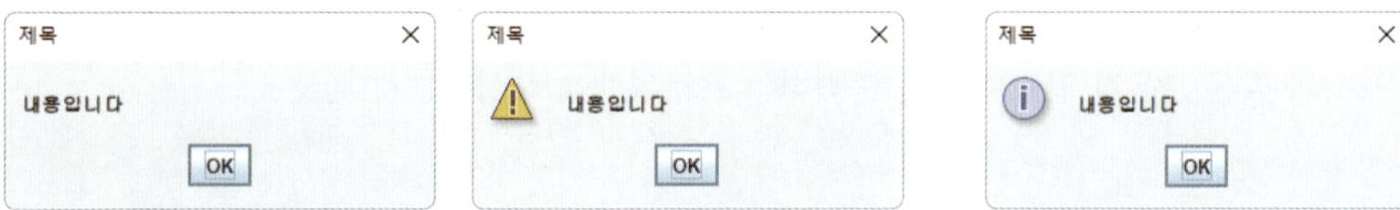

(a) JOptionPane.PLAIN_MESSAGE (b) JOptionPane.WARNING_MESSAGE (C) JOptionPane.INFORMATION_MESSAGE

그림 12-23 [코드 12-19] 실행 화면

코드 12-19 Code12_19.java

```
// import문 생략
public class Code12_19 {
    public static void main(String[] args) {
        JFrame frame = new JFrame();
        frame.setDefaultCloseOperation(JFrame.EXIT_ON_CLOSE);
        frame.setTitle("메시지 출력");
        frame.setLayout(null);
        frame.setSize(300, 300);
        frame.setVisible(true);

        JOptionPane.showMessageDialog(frame, "내용입니다", "제목", JOptionPane.PLAIN_MESSAGE);
        JOptionPane.showMessageDialog(frame, "내용입니다", "제목", JOptionPane.WARNING_MESSAGE);
```

```
13          JOptionPane.showMessageDialog(frame, "내용입니다", "제목", JOptionPane.
            INFORMATION_MESSAGE);
14      }
15  }
```

4~9행에서 간단한 윈도우 창을 생성하고, 11~13행에서 단순하게 텍스트 메시지를 표시했습니다. 옵션에 따라 아이콘이 바뀌는 것을 확인할 수 있습니다.

사용자 입력 상자

사용자로부터 값을 입력받고자 하는 경우에는 다음과 같이 showInputDialog() 메서드를 사용합니다. showInputDialog() 메서드의 반환값은 문자열이며, 필요하다면 정수, 실수 등으로 직접 변환할 수도 있습니다.

```
showInputDialog(부모프레임, 메시지, 초깃값);
```

[그림 12-24]와 같은 사용자 입력 상자를 출력하는 프로그램을 작성해봅시다.

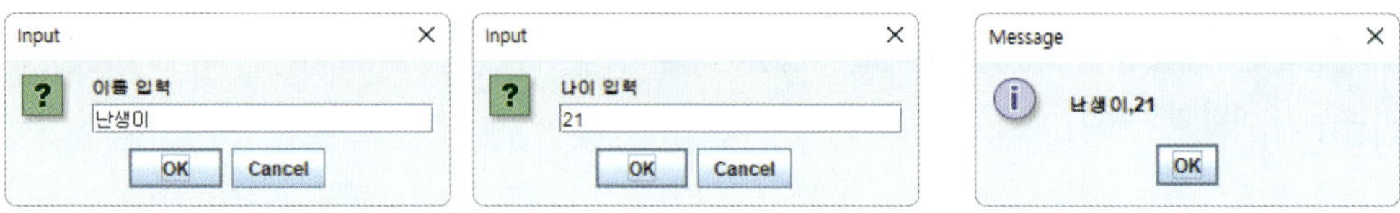

(a) showInputDialog (b) showMessageDialog

그림 12-24 [코드 12-20] 실행 화면

코드 12-20 Code12_20.java

```
// import문 생략
public class Code12_20 {
    public static void main(String[] args) {
        JFrame frame = new JFrame();
        frame.setDefaultCloseOperation(JFrame.EXIT_ON_CLOSE);
        frame.setTitle("입력 상자");
        frame.setLayout(null);
        frame.setSize(300, 300);
        frame.setVisible(true);

```

```
11          String name = JOptionPane.showInputDialog(frame, "이름 입력", "난생이");
12          int age = Integer.parseInt(JOptionPane.showInputDialog(frame, "나이 입력", 21));
13
14          JOptionPane.showMessageDialog(frame, name+","+age, "결과", JOptionPane.
            PLAIN_MESSAGE);
15      }
16  }
```

11행에서 showInputDialog()를 사용하여 기본적인 문자열을 입력받게 했습니다. 12행에서는 나이를 입력받기 위해 일단 문자열로 입력받은 후 Integer.parseInt(문자열) 메서드를 통해 정수로 변환했습니다. 그리고 14행에서 입력 결과를 메시지로 출력했습니다.

확인/취소 대화 상자

사용자로부터 확인/취소를 입력받는 대화 상자를 만들려면 다음과 같이 showConfirmDialog() 메서드를 사용합니다. showConfirmDialog() 메서드의 반환값은 클릭한 버튼의 정숫값입니다.

```
showConfirmDialog(부모프레임, 메시지, 제목, 옵션);
```

옵션으로는 YES_NO_OPTION, YES_NO_CANCEL_OPTION, OK_CANCEL_OPTION이 있는데, [코드 12-21]을 통해 이를 확인해봅시다.

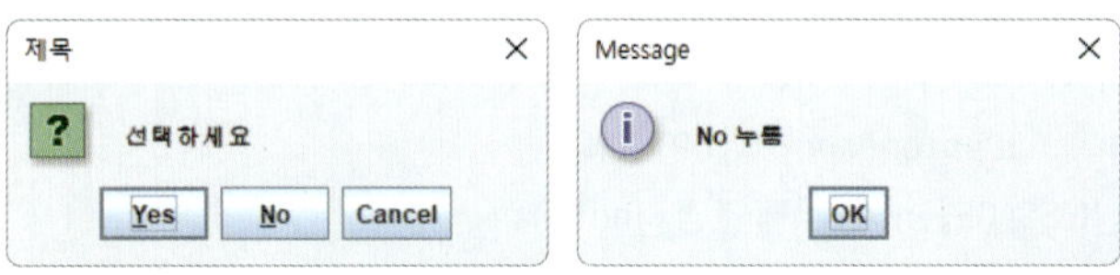

그림 12-25 [코드 12-21] 실행 화면

코드 12-21 Code12_21.java

```
// import문 생략
public class Code12_21 {
    public static void main(String[] args) {
        JFrame frame = new JFrame();
        frame.setDefaultCloseOperation(JFrame.EXIT_ON_CLOSE);
        frame.setTitle("Yes/No 선택");
        frame.setLayout(null);
```

```
08          frame.setSize(300, 300);
09          frame.setVisible(true);
10
11          int result = JOptionPane.showConfirmDialog(null, "선택하세요", "제목",
            JOptionPane.YES_NO_CANCEL_OPTION);
12
13          if (result == JOptionPane.YES_OPTION)
14              JOptionPane.showMessageDialog(frame, "Yes 누름");
15          else if (result == JOptionPane.NO_OPTION)
16              JOptionPane.showMessageDialog(frame, "No 누름");
17          else
18              JOptionPane.showMessageDialog(frame, "Cancel 누름");
19      }
20  }
```

11행에서 대화 상자에 Yes/No/Cancel을 표시하고, 13~18행에서는 선택된 버튼에 따라서 다른 메시지 상자를 출력했습니다.

사용자 정의 대화 상자

사용자가 버튼을 여러 개 생성하여 대화 상자를 만들 수도 있습니다. 다음과 같이 showOptionDialog() 메서드를 사용하면 문자열 배열의 개수만큼 버튼을 생성할 수 있습니다. 조금 복잡해 보이지만 메시지, 제목, 배열명만 지정하고 나머지는 그대로 사용하면 됩니다.

```
String[] 배열명 = {"값1", "값2", …};
showOptionDialog(부모프레임, 메시지, 제목, JOptionPane.OK_OPTION,
            JOptionPane.QUESTION_MESSAGE, null, 배열명, null);
```

[그림 12-26]과 같은 사용자 정의 대화 상자를 출력하는 프로그램을 작성해봅시다.

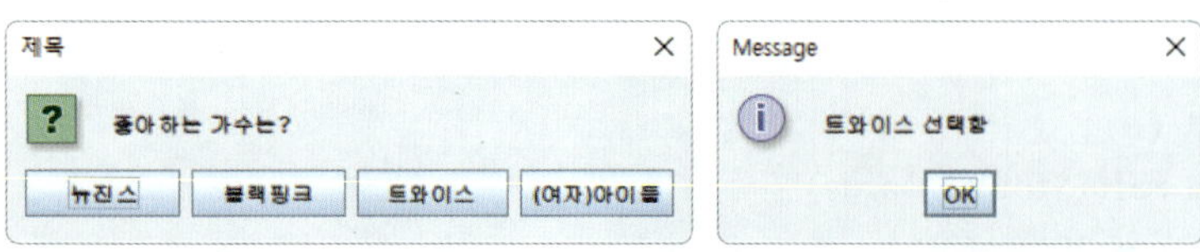

그림 12-26 [코드 12-22] 실행 화면

코드 12-22 Code12_22.java

```
01  // import문 생략
02  public class Code12_22 {
03      public static void main(String[] args) {
04          JFrame frame = new JFrame();
05          frame.setDefaultCloseOperation(JFrame.EXIT_ON_CLOSE);
06          frame.setTitle("사용자 정의");
07          frame.setLayout(null);
08          frame.setSize(300, 300);
09          frame.setVisible(true);
10
11          String[] strAry = {"뉴진스", "블랙핑크", "트와이스", "(여자)아이들" };
12          int result = JOptionPane.showOptionDialog(frame, "좋아하는 가수는?", "제목",
            JOptionPane.OK_OPTION, JOptionPane.QUESTION_MESSAGE, null, strAry, null);
13
14          JOptionPane.showMessageDialog(frame, strAry[result] + " 선택함");
15      }
16  }
```

11행에서 문자열 배열을 준비하고, 12행에서 이 문자열 배열을 매개변수로 사용했습니다. 그리고 14행에서는 선택된 글자를 출력했습니다.

확인문제

1. 다음은 툴바에 버튼을 추가하는 코드입니다. 빈칸에 들어갈 메서드를 고르시오.

```
JToolBar 툴바 = new JToolBar();
JButton 아이템 = new JButton("아이템");
프레임.add(툴바, 툴바위치);
툴바.[      ](아이템);
```

① set ② insert ③ add ④ attach

2. 다음 중 메시지 상자의 옵션이 아닌 것을 고르시오.

① JOptionPane.PLAIN_MESSAGE

② JOptionPane.WARNING_MESSAGE

③ JOptionPane.INFORMATION_MESSAGE

④ JOptionPane.ERROR_MESSAGE

3. 다음 중 showInputDialog() 메서드의 반환 형식을 고르시오.

① String ② int

③ double ④ boolean

정답

1. ③ 2. ④ 3. ①

실전 예제 라디오버튼을 활용하여 간단 그림판 만들기

문제

라디오버튼으로 선, 사각형, 타원을 선택하여 마우스로 해당 도형을 그리는 그림판을 만들어봅시다.

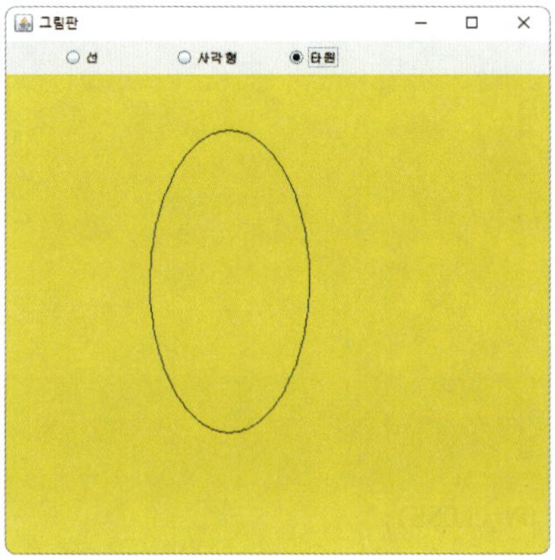

해결

Ex12_01.java

```java
// import문 생략
public class Ex12_01 {
    static int x1, y1, x2, y2;
    static JRadioButton radio1, radio2, radio3;

    static class MyPanel extends JPanel {
        @Override
            public void paintComponent(Graphics g) {
                super.paintComponent(g);

                if (! radio1.isSelected()) {
                    if (x1 > x2) {
                        int tmp = x1;
                        x1 = x2;
                        x2 = tmp;
                    }
                    if (y1 > y2) {
                        int tmp = y1;
                        y1 = y2;
```

```java
                    y2 = tmp;
                }
            }

            if (radio1.isSelected())
                g.drawLine(x1, y1, x2, y2);
            else if (radio2.isSelected())
                g.drawRect(x1, y1, x2-x1, y2-y1);
            else
                g.drawOval(x1, y1, x2-x1, y2-y1);
        }
    }

    public static void main(String[] args) {
        JFrame frame = new JFrame();
        frame.setDefaultCloseOperation(JFrame.EXIT_ON_CLOSE);
        frame.setTitle("그림판");
        frame.setLayout(null);

        radio1 = new JRadioButton("선");
        radio2 = new JRadioButton("사각형");
        radio3 = new JRadioButton("타원");
        radio1.setBounds(50, 0, 80, 30);
        radio2.setBounds(150, 0, 80, 30);
        radio3.setBounds(250, 0, 80, 30);
        frame.add(radio1);
        frame.add(radio2);
        frame.add(radio3);
        ButtonGroup grp = new ButtonGroup();
        grp.add(radio1);
        grp.add(radio2);
        grp.add(radio3);
        radio1.setSelected(true);

        MyPanel panel = new MyPanel();
        panel.setBackground(Color.YELLOW);
        panel.setBounds(0, 30, 500, 470);
        frame.add(panel, BorderLayout.CENTER);

```

```
59          panel.addMouseListener(new MouseListener() {
60              public void mousePressed(MouseEvent e) {
61                  x1 = e.getX();
62                  y1 = e.getY();
63              }
64              public void mouseReleased(MouseEvent e) {
65                  x2 = e.getX();
66                  y2 = e.getY();
67                  panel.repaint();
68              }
69              public void mouseClicked(MouseEvent e) {
70              }
71              public void mouseEntered(MouseEvent e) {
72              }
73              public void mouseExited(MouseEvent e) {
74              }
75          });
76
77          frame.setSize(500, 500);
78          frame.setVisible(true);
79      }
80  }
```

03, 04 클릭한 두 지점의 좌표와 라디오 버튼 세 개를 저장할 전역변수를 준비합니다.

06~31 패널(JPanel)을 상속받은 `MyPanel`을 선언합니다.

11~22 사각형과 원의 경우 시작 좌표가 왼쪽 위여야 하며, 그렇지 않은 경우 시작 좌표를 왼쪽 위로 변경합니다.

24~29 선택한 라디오버튼에 따라서 선, 사각형, 원을 그립니다.

39~52 화면 윗부분에 라디오버튼을 배치합니다.

52 처음에는 선 라디오버튼이 선택되게 합니다.

54~57 화면 아랫부분에 패널을 배치합니다.

59~75 패널에 마우스를 클릭하면 작동하는 이벤트입니다.

60~63 마우스를 클릭할 때 시작점을 추출합니다.

64~68 마우스를 뗄 때 끝점을 추출합니다.

67 새로고침이 작동하여 화면에 도형이 그려집니다.

요약

01 자바는 GUI 응용 프로그램 작성을 지원하기 위해 AWT와 스윙 라이브러리를 제공합니다.

02 레이블(JLabel)은 문자를 비롯해 폰트, 색상 등을 표현할 수 있는 컴포넌트로, 형식은 `JLabel("글자")`입니다.

03 마우스로 클릭하는 것과 같은 효과를 내는 버튼(JButton)은 어떤 작업을 실행하는 컴포넌트로, 형식은 `JButton("글자")`입니다.

04 체크박스(JCheckBox)는 선택하거나 해제하기 위한 컴포넌트로, 형식은 `JCheckBox("글자")`입니다.

05 라디오버튼(JRadioButton)은 여러 개 중에서 하나를 선택하기 위한 컴포넌트로, 형식은 `JRadioButton("글자")`입니다.

06 문자 입력을 위한 컴포넌트로 텍스트필드(JTextField), 텍스트 영역(JTextArea), 암호 필드(JPasswordField)가 있습니다.

07 리스트(JList)와 콤보상자(JComboBox)는 여러 항목 중에서 선택하기 위한 컴포넌트로, 리스트는 하나 이상을 선택할 수 있고 콤보상자는 하나만 선택할 수 있습니다.

08 자바에는 FlowLayout, BorderLayout, GridLayout, CardLayout 등의 레이아웃이 있습니다.

09 마우스를 사용할 때 발생하는 이벤트인 마우스 이벤트에는 `MouseListener` 인터페이스를 사용합니다. `MouseListener` 인터페이스와 관련된 메서드는 `mousePressed()`, `mouseReleased()`, `mouseClicked()`, `mouseEntered()`, `mouseExited()` 등입니다.

10 선, 원, 사각형 등의 도형을 그리려면 JPanel을 상속받는 클래스를 생성하고 `paintComponent(Graphics g)` 메서드 안에서 도형을 그립니다.

11 메뉴에 사용되는 클래스는 `JMenuBar`, `JMenu`, `JMenuItem`입니다.

12 툴바는 `JToolBar`, 아이템, 두 단계뿐이며 버튼, 레이블, 텍스트필드 등의 컴포넌트를 대부분 아이템으로 사용할 수 있습니다.

13 메시지 상자나 입력 상자와 관련된 클래스는 `JOptionPane`이며 `showMessageDialog()`, `showInputDialog()`, `showConfirmDialog()`, `showOptionDialog()` 메서드를 사용합니다.

연습문제

01 자바에서 GUI의 가장 기본적인 윈도우 창을 나타내는 데 사용되는 클래스는 무엇인가요?

① JWindow ② Swing
③ AWT ④ JFrame

02 GUI 화면에 문자를 표현할 수 있는 컴포넌트는 무엇인가요?

① JText ② JLabel
③ JString ④ JCharacter

03 다음은 버튼 클릭 시의 처리 작업과 관련된 코드입니다. 빈칸에 들어갈 메서드를 고르시오.

```
버튼변수.[          ](new ActionListener() {
    public void actionPerformed(ActionEvent e) {
        // 이 부분에 버튼 클릭 시 실행할 내용 코딩
    }
});
```

① addActionListener ② addAction
③ addButtonListener ④ addListener

04 다음 중 체크박스가 선택되었는지 여부를 알려주는 메서드는 무엇인가요?

① isClicked() ② isChecked()
③ isSelected() ④ isOn()

05 다음 중 문자 입력을 위한 컴포넌트가 아닌 것은 무엇인가요?

① JTextField ② JTextArea
③ JPasswordField ④ JNotepad

06 다음 중 레이아웃의 종류에 속하지 않는 것을 고르시오.

① FlowLayout ② BorderLayout
③ GridLayout ④ SwingLayout

07 다음은 여러 개 중에서 하나를 선택하는 프로그램의 일부입니다. 빈칸에 들어갈 내용이 바르게 짝지어진 것을 고르시오.

```
String[] myAry = {"하나", "둘", "셋"};
[   ㉠   ] compo1 = new [   ㉠   ](myAry);
frame.add(compo1);
[   ㉡   ] compo2 = new [   ㉡   ](myAry);
frame.add(compo2);
```

① ㉠ JList, ㉡ JComboBox
② ㉠ JRadio, ㉡ JCheck
③ ㉠ JArray, ㉡ JCombo
④ ㉠ JBox, ㉡ JComponent

08 다음 중 마우스 이벤트 메서드에 대한 설명으로 옳지 <u>않은</u> 것을 고르시오.

① mousePressed(): 마우스를 누름
② mouseReleased(): 마우스를 뗌
③ mouseEntered(): [Enter]를 누름
④ mouseExited(): 마우스 커서가 내려감

09 다음 중 도형과 관련된 메서드로 옳지 <u>않은</u> 것을 고르시오.

① 선: g.drawLine(시작x, 시작y, 끝x, 끝y)
② 타원: g.drawOval(시작x, 시작y, 너비, 높이)
③ 원: g.drawCircle(시작x, 시작y, 너비, 높이)
④ 사각형: g.drawRect(시작x, 시작y, 너비, 높이)

10 다음과 같이 라디오버튼을 선택하여 클릭하면 메시지 창이 나타나도록 프로그램을 작성하시오. 단, 컴포넌트의 위치와 폰트는 달라도 됩니다.

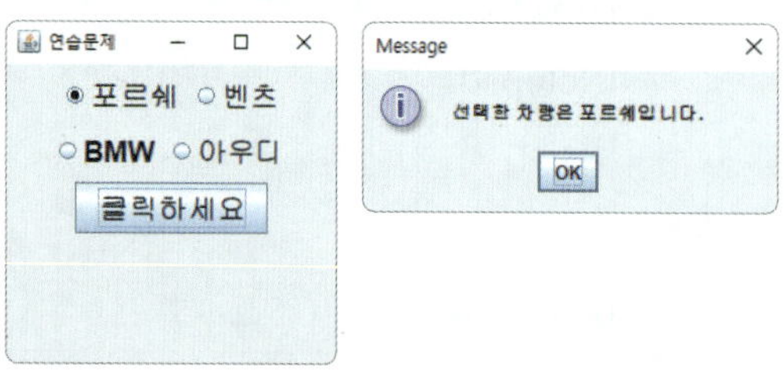

11 다음 중 GUI 프로그래밍과 관련된 용어로 옳지 않은 것을 고르시오.

① 메뉴: JMenuBar, JMenu, JMenuItem

② 툴바: JToolBar와 아이템

③ 단순 메시지 출력: showMessageDialog()

④ 사용자 입력 상자: showConfirmDialog()

12 심화 마우스 왼쪽 버튼을 누른 채 움직였다 떼면 두 지점 사이에 사각형이 그려지는 프로그램을 작성하시오. 다음 조건을 갖추고, 최대 100개의 사각형을 그리시오.

- 사각형이 모두 화면에 표시되어야 함
  - 100개짜리 2차원 정수 배열을 준비하여 사각형의 좌표 저장

    예
    ```
    static int[][] rectAry = new int[100][4];
    ```
  - paintComponent() 메서드로 전체 사각형의 개수만큼 반복해서 그림
- 사각형의 색상을 무작위로 추출하기 위해 100개짜리 1차원 색상 배열 준비

  예
  ```
  static Color[] colorAry = new Color[100];
  int r = (int) (Math.random()* 255);
  int g = (int) (Math.random()* 255);
  int b = (int) (Math.random()* 255);
  colorAry[카운트] = new Color(r,g,b);
  ```

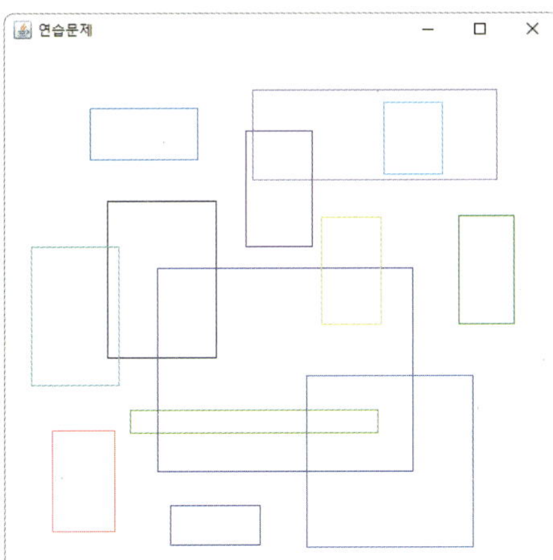

CHAPTER 13

[프로젝트] 포토 에디터

01 외부 라이브러리

02 '포토 에디터' 기본 구성

03 '포토 에디터' 기능 구현

학습목표

- OpenCV를 설치하고 사용하는 방법을 익힙니다.
- OpenCV의 이미지에 적용하는 다양한 효과를 알아봅니다.
- OpenCV와 스윙을 조합한 기능을 구현합니다.
- 실무에서 사용하는 완전한 응용 프로그램을 작성합니다.

Preview

지금까지 자바를 이용하여 프로그래밍을 하는 다양한 방법을 배웠으니 이제 단편적인 지식을 통합하여 완전한 기능의 응용 프로그램을 만들어볼 차례입니다. 외부 이미지 라이브러리인 OpenCV와 GUI를 제공하는 스윙을 조합한 프로그램을 작성해봅시다. 이 장의 프로젝트를 직접 완성하면서 프로그래밍 실력을 더욱 향상하면 실전에서도 충분히 활용할 수 있을 것입니다. 나아가 더 깊이 학습하면 워드프로세서, 웹 브라우저, 포토샵, 일러스트 등도 다루는 고급 프로그래머로 도약할 수 있을 것입니다.

Section 01 외부 라이브러리

앞에서 공부한 내용을 바탕으로 프로그램을 만들어봅시다. 자바가 실제로 사용되는 분야인 이미지 처리와 관련된 포토샵 프로그램으로, 프로젝트의 이름을 '포토 에디터'라고 하겠습니다. 그런데 지금까지 배운 내용만으로 포토샵의 다양한 기능을 코딩하기에는 무리가 있습니다. 하지만 실망하기에는 이릅니다. 자바는 외부 라이브러리를 제공하기 때문에 초보 개발자도 응용 프로그램을 작성할 수 있습니다.

그림 13-1 **포토샵 화면**

1 외부 라이브러리의 개요

자바로 못 만드는 앱이 없을 정도로 자바는 훌륭한 프로그래밍 언어입니다. 특히 자바는 고급 앱을 만들고 싶지만 아직 실력이 부족한 초보자를 위해 다양한 외부 라이브러리를 제공하고 있습니다.

외부 라이브러리는 실력 있는 개발자들이 자바 자체에는 없는 좋은 기능을 묶어서 제공하는 것으로, 대부분 무료로 사용할 수 있습니다.

요리를 배운 지 한 달밖에 되지 않은 초보 요리사가 파티를 열고 맛있는 요리를 대접하려는 경우를 가정해봅시다. 여러 가지 고급 요리를 만들기에는 실력이 부족하다면 마트에서 다양한 포장 음식을 사다가 상을 차려도 될 것입니다. 자바의 외부 라이브러리는 이러한 포장 음식에 비유할 수 있습니다.

그림 13-2 포장 음식에 비유한 외부 라이브러리

포장 음식의 종류가 매우 다양하듯이 자바의 외부 라이브러리도 종류가 수없이 많습니다. 이는 게임/네트워크 프로그래밍, 고급 GUI, 이미지 처리, 데이터베이스 연동 등 다양한 분야에서 사용할 수 있는 라이브러리입니다.

이 장에서 만들 응용 앱은 포토샵과 비슷한 기능을 하는 것입니다. 이에 외부 라이브러리 중에서 이미지 처리와 관련된 기능을 제공하는 OpenCV 라이브러리를 사용하겠습니다.

> OpenCV는 이미지 처리(image processing), 컴퓨터 비전(computer vision)과 관련된 다양한 기능을 제공하며, 자바뿐 아니라 C++, C#, 파이썬 등 다양한 프로그래밍 언어에서 사용할 수 있습니다.

확인문제

다음 빈칸에 알맞은 말을 넣으시오.

[　　　　　　　　]는 실력 있는 개발자들이 자바 자체에는 없는 좋은 기능을 묶어서 제공하는 것으로, 대부분 무료로 사용할 수 있다.

정답

외부 라이브러리

2 외부 라이브러리 설치

이미지 처리 라이브러리인 OpenCV는 무료로 다운로드할 수 있습니다.

OpenCV 설치

01 OpenCV는 깃허브에서 최신 버전을 다운로드할 수 있습니다. 하지만 최신 버전의 경우 자바에서 연동되지 않을 수도 있기 때문에 이 책에서 사용한 4.7.0 버전을 다운로드하기 바랍니다. https://github.com/opencv/opencv/releases/tag/4.7.0에서 opencv-4.7.0-windows.exe를 다운로드하면 됩니다.

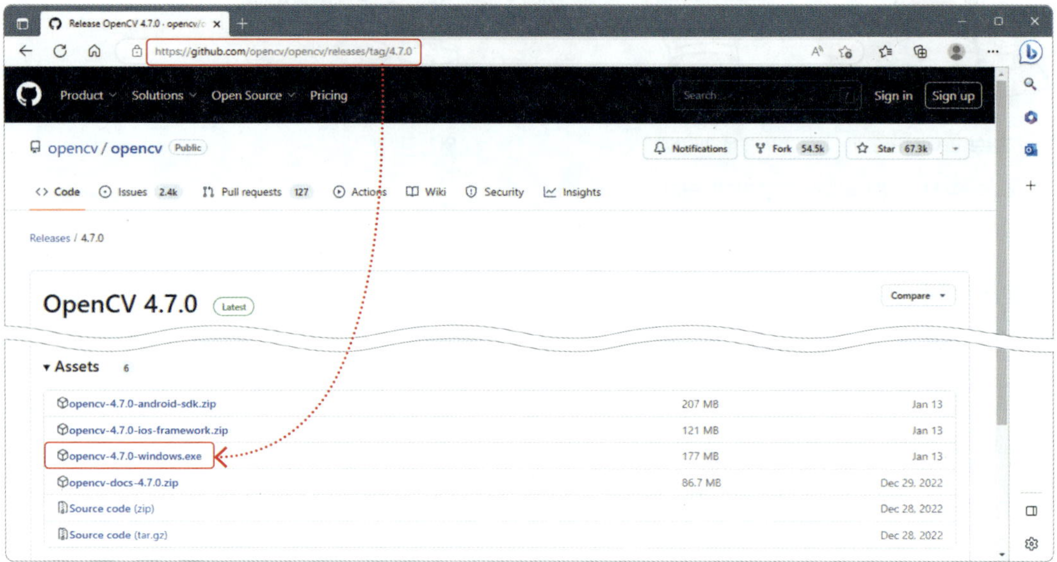

그림 13-3 OpenCV 라이브러리 4.7.0 버전 다운로드

실습에서 사용한 파일은 이 책의 자료실(https://hanbit.co.kr/4662)에서도 다운로드할 수 있습니다.

02 다운로드한 파일을 실행하고, 압축을 풀 폴더에 'C:\'만 입력한 뒤 〈Extract〉를 클릭합니다. 그러면 C:\opencv\ 폴더에 압축이 풀립니다.

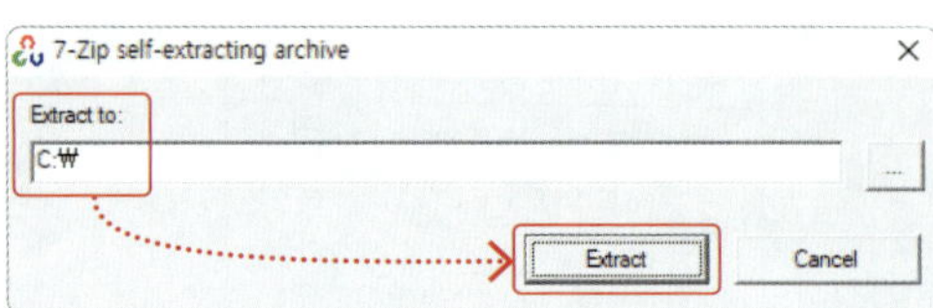

그림 13-4 OpenCV 라이브러리 압축 풀기

03 압축이 풀리고 나면 C:\opencv\build\java\ 폴더의 opencv-470.jar 파일을 복사하여 C:\jdk\bin\ 폴더에 붙여넣습니다.

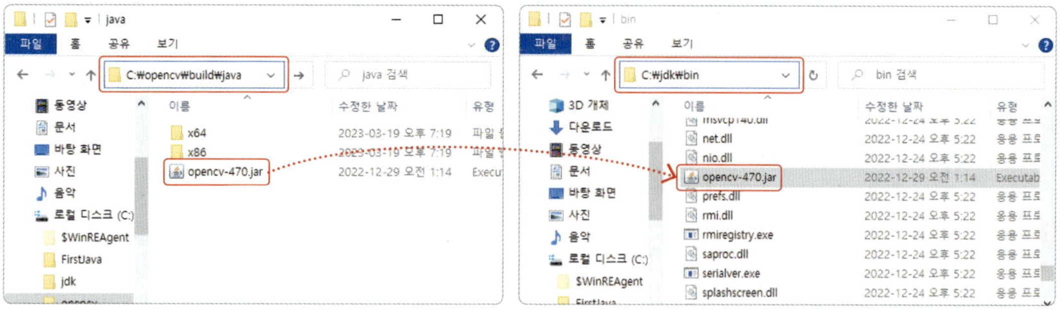

그림 13-5 **OpenCV 라이브러리 복사 1**

04 같은 방식으로 C:\opencv\build\java\x64\ 폴더의 opencv_java470.dll 파일도 복사하여 C:\jdk\bin\ 폴더에 붙여넣습니다.

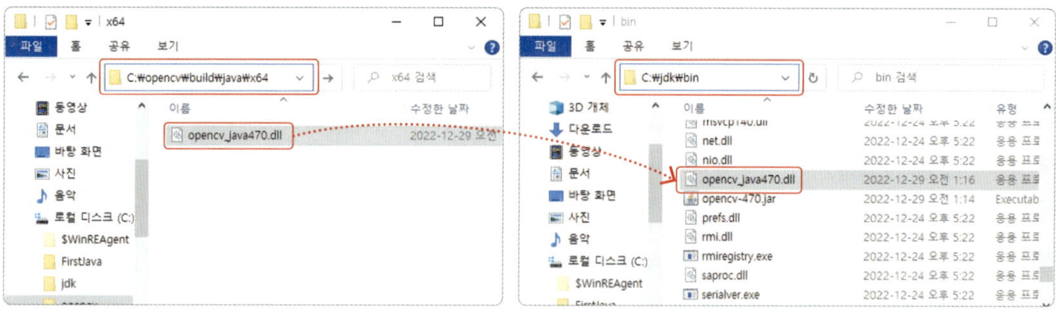

그림 13-6 **OpenCV 라이브러리 복사 2**

05 프로젝트에서 경로를 설정하기 위해 우선 이클립스를 실행하고 Chapter13 프로젝트를 생성합니다. 그리고 Chapter13 프로젝트를 선택한 상태에서 메뉴의 [Project]-[Properties]를 선택합니다.

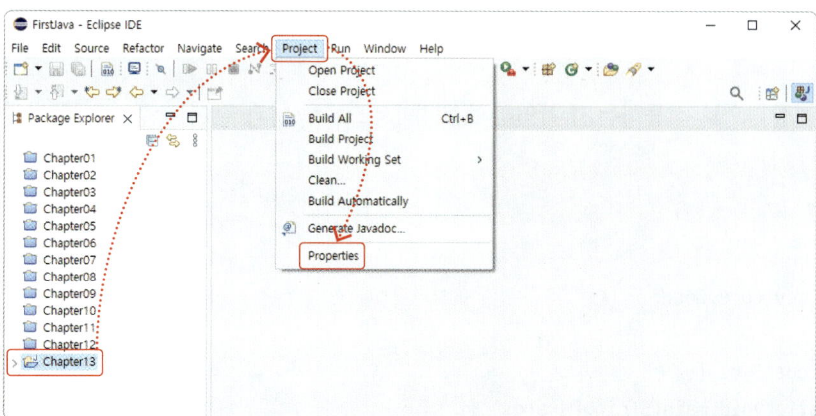

그림 13-7 **OpenCV 설정 1**

06 왼쪽에서 'Java Build Path'를 선택하고 [Libraries] 탭을 클릭한 뒤 'Classpath'를 선택합니다. 그리고 〈Add External JARs〉를 클릭하여 C:\jdk\bin\ 폴더의 opencv-470.jar를 선택하고 〈열기〉를 클릭합니다. 그러면 opencv-470.jar가 'Classpath' 아래에 등록됩니다. 〈Apply and Close〉를 클릭하면 해당 설정이 완료됩니다.

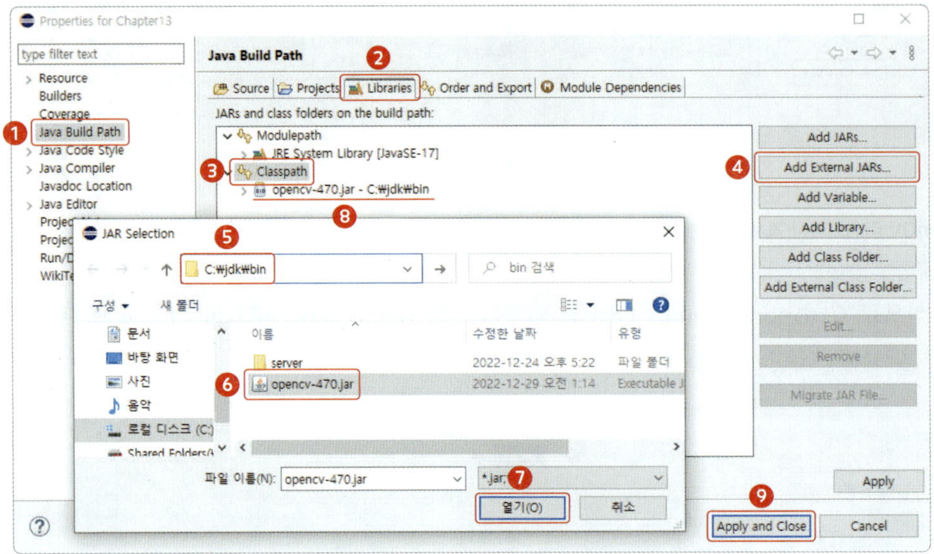

그림 13-8 **OpenCV 설정 2**

이로써 OpenCV의 설치 및 설정을 마쳤습니다.

자바 프로젝트에서 OpenCV를 사용하려면 프로젝트마다 [그림 13-7]과 [그림 13-8]의 설정을 해야 합니다.

설치 확인

자바에서 OpenCV가 정상적으로 작동하는지 확인하기 위해 [코드 13-1]과 같이 작성하고 실행해 봅시다.

코드 13-1 Code13_01.java

```
import org.opencv.core.Core;

public class Code13_01 {
    public static void main(String[] args) {
        System.out.println("설치된 OpenCV 버전 ==> " + Core.VERSION);
```

```
        }
    }
```

```
설치된 OpenCV 버전 ==> 4.7.0-dev
```

설치된 OpenCV의 버전을 확인했으니 이제 OpenCV의 기능을 이용하여 '포토 에디터' 프로젝트를 진행할 수 있습니다.

3 사진 준비

'포토 에디터' 프로그램을 작성하기 전에 미리 사진을 준비해야 합니다. 사진이 너무 크면 화면을 꽉 채워서 불편하기 때문에 500×500px 정도가 좋습니다. 적당한 사진이 없다면 이 책의 자료실(https://hanbit.co.kr/src/4662)에 있는 사진을 사용하세요.

이 책의 자료실에서 제공하는 사진은 모두 필자가 직접 촬영한 것으로 교육용, 학술용 또는 비상업적인 용도라면 별도의 허가 없이 마음대로 사용해도 됩니다.

이렇게 구한 사진을 공통된 폴더에 저장하겠습니다. 실습에서 이 폴더를 사용할 텐데, 폴더가 다르면 이 책의 코드와 달라지기 때문입니다. C 드라이브에 photo 폴더를 생성하고 여기에 사진을 담아둡니다. OpenCV로 처리가 가능한 사진은 확장명이 bmp, png, jpg, jpeg, tif, tiff 등이며, 이 중에서 무엇을 사용하든 상관없습니다.

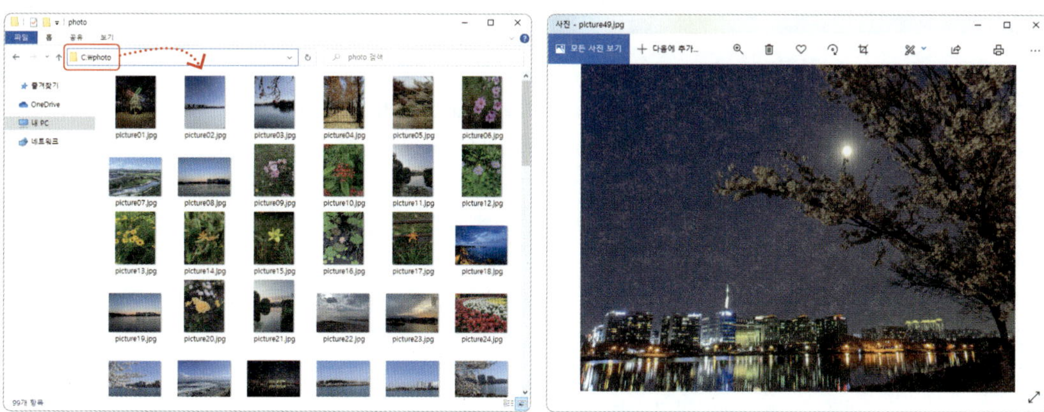

그림 13-9 사진 준비

이 책의 자료실에 있는 파일은 99개이고 파일명이 picture01.jpg~picture99.jpg입니다. 해상도는 가로로 긴 사진이 360×480px, 세로로 긴 사진이 480×360px 정도입니다. 이후의 실습에서는 필자가 제공하는 이미지의 파일명을 사용할 것이니 자기 사진을 사용하는 독자의 경우 해당 사진의 파일명으로 수정하기 바랍니다.

확인문제

다음 중 OpenCV 라이브러리에서 처리할 수 있는 확장명이 아닌 것을 고르시오.

① jpg ② bmp ③ png ④ hwp

정답

④

4 OpenCV의 기본 형태 구현

원본 이미지와 결과 이미지 출력

이제 본격적으로 OpenCV를 활용하여 프로그래밍을 해봅시다. 원본 이미지를 열고 결과 이미지에 복사한 후 두 이미지를 화면에 출력하겠습니다. 앞으로도 이와 비슷한 방식으로 작성할 것입니다.

코드 13-2 Code13_02.java

```
import org.opencv.core.Core;
import org.opencv.core.Mat;
import org.opencv.highgui.HighGui;
import org.opencv.imgcodecs.Imgcodecs;

public class Code13_02 {
    static{ System.loadLibrary(Core.NATIVE_LIBRARY_NAME); }
    public static void main(String[] args) {
        String fileName = "c:/photo/picture01.jpg";
        Mat inImage = Imgcodecs.imread(fileName);
        Mat outImage = new Mat();

        outImage = inImage.clone();

        HighGui.imshow("원본 이미지", inImage);
        HighGui.imshow("결과 이미지", outImage);
        HighGui.waitKey(0);
```

```
18              System.exit(0);
19          }
20      }
```

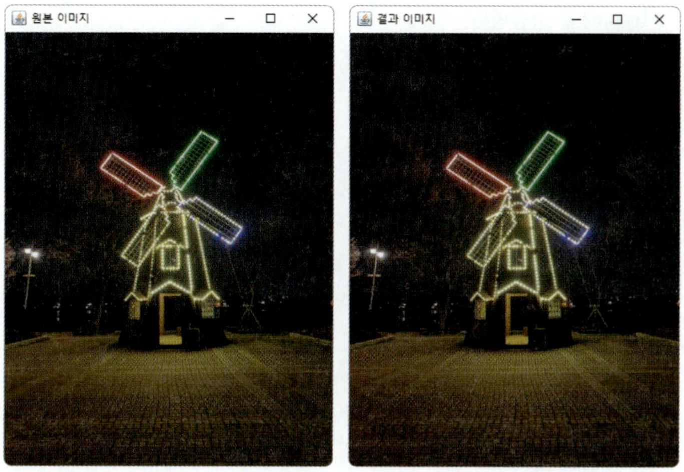

7행은 OpenCV를 사용하는 데 필수적이므로 이후의 모든 코드에 들어갑니다. 9행에서 이미지 파일의 경로와 파일명을 준비했는데, 이미지 파일명에 picture01.jpg~picture99.jpg를 사용할 수 있습니다. 그리고 10행에서 이미지를 읽어 원본 이미지(`inImage`)로 사용했습니다. `Mat`는 이미지를 저장할 OpenCV의 데이터형으로서, 내부적으로 2차원 또는 3차원 배열의 형태로 구성되어 있습니다. 11행에서는 비어 있는 결과 이미지(`outImage`)를 준비하고, 13행에서는 원본 이미지를 결과 이미지에 그대로 복사했습니다. 또한 15~16행에서 두 이미지를 화면에 출력했으며, 17~18행은 어느 키보드가 눌리든 상관없이 열린 창을 모두 닫아줍니다.

코드에서 직접 import문을 입력하는 것보다 편리한 방법이 있습니다. 이클립스에서 코드를 입력한 뒤 클래스명에 빨간 줄이 뜨면 Ctrl+Shift+O를 동시에 누릅니다. 그러면 자동으로 코드 상단에 관련 클래스의 import가 추가됩니다.

앞으로의 실습에서는 13행과 파일명을 제외하고 [코드 13-2]를 그대로 사용할 것입니다.

결과 이미지를 저장하려면 16행 다음에 아래 코드를 추가합니다. 아래 코드는 picture01_out.jpg라는 이름으로 저장됩니다.

```
Imgcodecs.imwrite("c:/photo/picture01_out.jpg", outImage);
```

확인문제

다음 빈칸에 알맞은 말을 넣으시오.

OpenCV에서 파일을 열 때는 Imgcodecs.[㉠](파일경로)를 사용하고, 파일을 화면에 출력할 때는 HighGui.[㉡]("제목", inImage)를 사용한다.

정답

㉠ imread ㉡ imshow

5 OpenCV의 기능 사용

포토샵 등의 그래픽 프로그램에서 볼 수 있는 효과를 OpenCV에서 확인해봅시다. 이후의 코드는 [코드 13-2]의 13행 부분만 변경하면 됩니다.

이후의 코드는 예제 소스 파일인 exCode13_01.java~exCode13_11.java에서 확인할 수 있습니다.

상하/좌우 반전

이미지를 상하 반전하거나 좌우 반전하는 효과입니다. 마지막 매개변수가 0이면 상하 반전되고, 1이면 좌우 반전됩니다.

```
Core.flip(inImage, outImage, 0);
```

90도 회전

이미지를 90도씩 회전시키는 효과입니다. ROTATE_90_CLOCKWISE는 시계 방향으로 90도 회전되고, ROTATE_180은 시계 방향으로 180도 회전되며, ROTATE_90_COUNTERCLOCKWISE는 시계 반대 방향으로 90도(즉 270도) 회전됩니다.

```
Core.rotate(inImage, outImage, Core.ROTATE_90_CLOCKWISE);
```

자유 회전

이미지를 임의의 각도만큼 회전시키는 효과입니다. 1도씩 0~360도로 자유롭게 회전시킬 수 있습니다.

```
int angle = 45;
Point center = new Point(inImage.cols()/2,inImage.rows()/2);
Mat rotMat = Imgproc.getRotationMatrix2D(center, angle, 1.0);
Imgproc.warpAffine(inImage, outImage, rotMat, inImage.size());
```

첫 행에서 회전 각도를 준비하는데, 양수는 시계 반대 방향이고 음수는 시계 방향입니다. 둘째 행에서는 회전의 기준점을 구합니다. `inImage.cols()`는 이미지의 높이를, `inImage.rows()`는 이미지의 너비를 알려주며, 여기서는 회전의 기준점으로 화면의 중간을 구했습니다. 그리고 셋째 행에서 회전에 사용할 행렬을 계산하고, 넷째 행에서 `inImage`를 회전시켜 `outImage`에 저장합니다. 조금 어려운 메서드가 몇 개 나오지만 회전의 경우 이와 거의 동일한 형식이므로 회전 각도만 필요한 값으로 변경하면 됩니다.

TIP

Point 클래스를 사용하려면 코드 상단에 `org.opencv.core.Point`가 임포트되어 있어야 합니다.

일부 잘라내기

이미지를 일부 잘라내는 효과입니다.

```
Rect rect = new Rect(50, 100, 250, 250);
outImage = new Mat(inImage, rect);
```

첫 행에서 잘라낸 사각형을 준비하기 위해 `Rect(시작x, 시작y, 너비, 높이)` 형식을 사용했는데, OpenCV는 왼쪽 상단의 좌표가 (0, 0)입니다. 둘째 행에서는 사각형의 범위에 해당하는 새로운 결과 이미지를 생성합니다.

Rect 클래스를 사용하려면 코드 상단에 org.opencv.core.Rect가 임포트되어 있어야 합니다. 다른 클래스가 임포트되지 않도록 주의하세요.

밝게/어둡게 하기

이미지를 밝게 하거나 어둡게 하는 효과로, inImage를 밝게 또는 어둡게 만들어 outImage에 저장합니다. convertTo() 메서드의 마지막 매개변수로 -255~255를 사용할 수 있는데, 음수는 어두워지고 양수는 밝아집니다.

```
inImage.convertTo(outImage, -1, 1, 150);
```

각 픽셀의 밝기 범위는 0~255입니다. 255를 빼면 0이므로 검은 화면이 되고, 255를 더하면 255이므로 하얀 화면이 됩니다.

확인문제

inImage를 outImage로 변환하는 이미지 처리 코드의 효과를 다음 보기에서 고르시오.

[보기]

㉠ 90도 회전 ㉡ 상하 반전 ㉢ 일부 잘라내기 ㉣ 밝게/어둡게 하기

① `outImage = new Mat(inImage ,rect);`

② `inImage.convertTo(outImage, -1, 1, 150);`

③ `Core.flip(inImage, outImage, 0);`

④ `Core.rotate (inImage, outImage, Core.ROTATE_90_CLOCKWISE);`

정답

① ㉢ ② ㉣ ③ ㉡ ④ ㉠

회색 이미지로 만들기

이미지를 회색(grayscale)으로 만드는 효과입니다. cvtColor(**원본이미지, 결과이미지, 변환컬러모델**)에서 세 번째 매개변수인 Imgproc.COLOR_RGB2GRAY에 의해 컬러 이미지가 회색 이미지로 변환됩니다.

```
Imgproc.cvtColor(inImage, outImage, Imgproc.COLOR_RGB2GRAY);
```

흑백 이미지로 만들기

이미지를 흰색과 검은색으로만 표현된 완전 흑백(black white)으로 만드는 효과입니다.

```
Imgproc.cvtColor(inImage, outImage, Imgproc.COLOR_RGB2GRAY);
Imgproc.threshold(outImage, outImage, 127, 255, Imgproc.THRESH_BINARY);
```

첫 행에서 회색 이미지로 변환하고, 이 outImage를 둘째 행에서 다시 흑백으로 변환합니다. threshold() 메서드의 세 번째 매개변수인 127은 127을 기준으로 그 미만 값은 모두 0(검은색)으로 변환하고, 그 이상 값은 모두 255(흰색)로 변환한다는 의미입니다.

블러링 효과 넣기

이미지를 뿌옇게 하는 블러링 효과입니다. blur(원본이미지, 결과이미지, 블러링크기) 메서드의 세 번째 매개변숫값이 낮을수록 약하게 블러링되고, 높을수록 강하게 블러링됩니다.

```
Imgproc.blur(inImage, outImage, new Size(9, 9));
```

경계선 추출

이미지에서 경계선을 추출하는 효과입니다. `Canny(inImage, outImage, 임곗값1, 임곗값2)` 메서드에서 세 번째 매개변수는 100이 적당하고, 네 번째 매개변수는 세 번째 매개변수의 세 배가 적당합니다. 네 번째 매개변수의 배수가 작을수록 더 많은 선이 추출되고, 배수가 클수록 더 적은 선이 추출됩니다.

```
Imgproc.Canny(inImage, outImage, 100, 100*3);
```

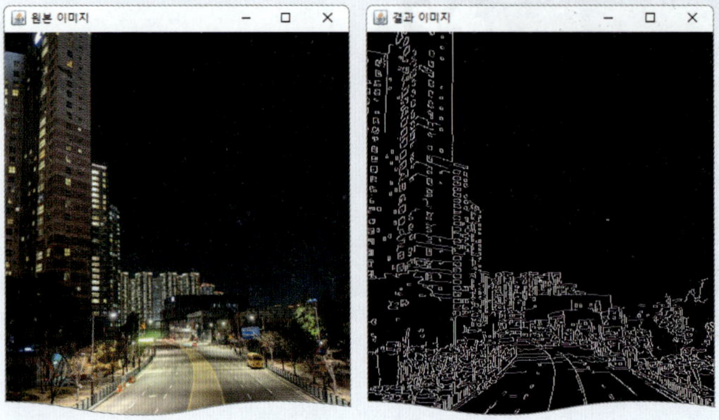

평활화

평활화(equalization)는 어둡게 촬영된 부분을 선명하게 변환하는 효과입니다. 밤에 촬영하여 어두운 부분을 선명하게 만들 수 있습니다.

```
Imgproc.cvtColor(inImage, outImage, Imgproc.COLOR_RGB2GRAY);
Imgproc.equalizeHist(outImage, outImage);
```

첫 행에서 회색 이미지로 변환하고 둘째 행에서 평활화를 수행합니다. 회색 이미지만 평활화가 가능합니다.

확대/축소

이미지의 크기를 확대하거나 축소하는 효과입니다.

```
double scale = 0.5;
Size sz = new Size(inImage.cols()*scale, inImage.rows()*scale);
Imgproc.resize(inImage, outImage, sz);
```

첫 행에서 확대 또는 축소 배율을 준비하는데, 1 미만 값은 축소이고 1 초과 값은 확대입니다. 둘째 행에서는 배율에 따른 이미지 크기를 계산하고, 셋째 행에서는 이미지의 크기를 변경합니다.

확인문제

inImage를 outImage로 변환하는 이미지 처리 메서드의 효과를 다음 보기에서 고르시오.

[보기]

㉠ 경계선 추출　　㉡ 블러링　　㉢ 확대/축소　　㉣ 평활화

① Imgproc.resize()　　② Imgproc.equalizeHist()

③ Imgproc.Canny()　　④ Imgproc.blur()

정답

① ㉢　② ㉣　③ ㉠　④ ㉡

Section 02

'포토 에디터' 기본 구성

12장에서는 스윙을 사용하여 윈도우 창을 만드는 GUI 프로그래밍을 배우고, 이 장에서는 외부 이미지 라이브러리인 OpenCV에 대해 알아보고 사용법을 익혔습니다. 이제 이 두 가지를 결합하여 완전한 응용 프로그램을 만들어봅시다.

그림 13-10 OpenCV로 만드는 '포토 에디터' 프로그램

1 '포토 에디터' 기능 구성

'포토 에디터' 프로젝트에 [그림 13-11]과 같은 기능을 구현할 것입니다. 파일을 열고 저장하는 기능이 있으며, 사진 효과(1)과 사진 효과(2) 메뉴에는 OpenCV의 다양한 이미지 처리 기법을 적용하여 JPG, BMP, PNG 등의 이미지가 처리되게 합니다.

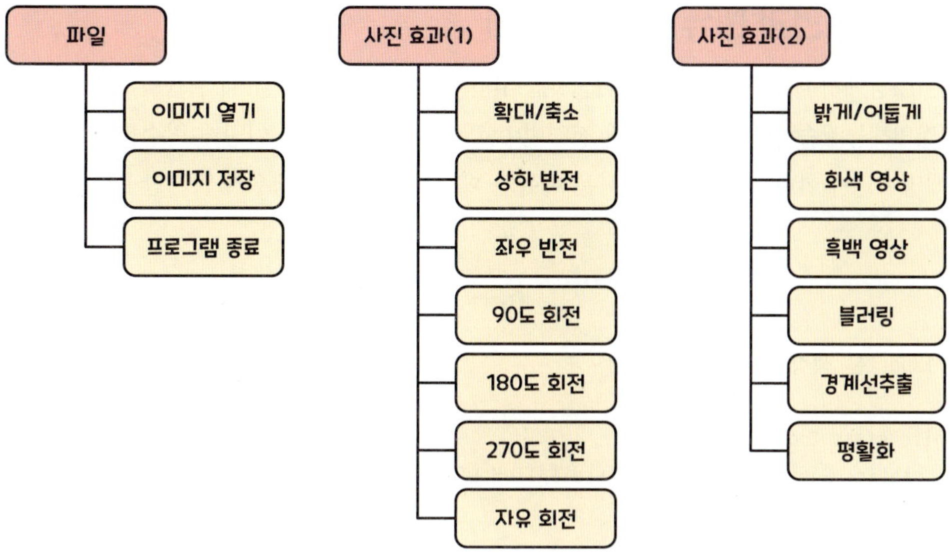

그림 13-11 '포토 에디터' 기능 구성

2 프로그램의 흐름과 관련 변수

프로그램을 구현하기에 앞서 프로그램의 흐름을 나타낸 [그림 13-12]를 살펴봅시다. 폴더에 저장되어 있는 이미지 파일을 열어 원본 이미지 변수 inImage에 저장합니다. 그리고 이미지를 처리한 결과를 outImage 변수에 저장합니다. 필요하다면 처리된 결과인 outImage의 내용을 다시 이미지 파일로 저장할 수 있습니다. 그리고 처리된 결과인 outImage를 화면에 출력합니다. 원본 이미지인 inImage의 높이와 너비는 각각 inH, inW 변수에 저장하고, 결과 이미지인 outImage의 높이와 너비는 각각 outH, outW 변수에 저장하여 사용합니다.

그림 13-12 이미지 처리 및 화면 출력의 기본 구조

3 전역변수 선언과 메뉴/메서드 정의

메뉴 구현은 12장에서 배웠으니 어렵지 않을 것입니다. 각 메뉴를 클릭했을 때 실행될 메서드는 미리 이름을 정의해놓겠습니다. 또한 사용될 전역변수도 미리 준비합니다. 이렇게 변수를 잘 준비해야 프로그래밍이 수월합니다. [코드 13-3]은 메뉴와 메서드가 많아서 행수가 많지만 단순한 구조입니다.

코드 13-3 Code13_03.java

```
// import문 생략

public class Code13_03 {
    static{ System.loadLibrary(Core.NATIVE_LIBRARY_NAME); }
    static String fileName;
    static Mat inImage, outImage;
    static int inH, inW, outH, outW;
    static JFrame frame;
    static Container contentPane;
    static MyPanel panel;
    static JMenuBar menuBar;

    static class MyPanel extends JPanel {
    }

    public static void main(String[] args) {
        frame = new JFrame();
        frame.setDefaultCloseOperation(JFrame.EXIT_ON_CLOSE);
        frame.setTitle("포토 에디터(Ver 0.1)");
        frame.setLayout(new CardLayout());

        panel = new MyPanel();
        frame.add(panel, BorderLayout.CENTER);
        contentPane = frame.getContentPane();

        addMenu();

        frame.setSize(400, 500);      //초기 윈도우 창 크기
        frame.setResizable(false);
        frame.setVisible(true);
    }

    static void addMenu() {
```

```
        Font f = new Font("맑은고딕", Font.PLAIN, 12);
        UIManager.put("Menu.font", f);
        UIManager.put("MenuItem.font", f);

        menuBar = new JMenuBar();
        frame.setJMenuBar(menuBar);

        // 파일 메뉴
        JMenu fileMenu = new JMenu("파일");
        JMenuItem openItem = new JMenuItem("이미지 열기");
        JMenuItem saveItem = new JMenuItem("이미지 저장");
        JMenuItem closeItem = new JMenuItem("프로그램 종료");

        menuBar.add(fileMenu);
        fileMenu.add(openItem);
        fileMenu.add(saveItem);
        fileMenu.addSeparator();
        fileMenu.add(closeItem);

        // 사진 효과(1) 메뉴
        JMenu Photo1Menu = new JMenu("사진 효과(1)");
        JMenuItem zoomItem = new JMenuItem("확대/축소");
        JMenuItem reverseUpItem = new JMenuItem("상하 반전");
        JMenuItem reverseLeftItem = new JMenuItem("좌우 반전");
        JMenuItem rotate90Item = new JMenuItem("90도 회전");
        JMenuItem rotate180Item = new JMenuItem("180도 회전");
        JMenuItem rotate270Item = new JMenuItem("270도 회전");
        JMenuItem rotateFreeItem = new JMenuItem("자유 회전");

        menuBar.add(Photo1Menu);
        Photo1Menu.add(zoomItem);
        Photo1Menu.add(reverseUpItem);
        Photo1Menu.add(reverseLeftItem);
        Photo1Menu.add(rotate90Item);
        Photo1Menu.add(rotate180Item);
        Photo1Menu.add(rotate270Item);
        Photo1Menu.add(rotateFreeItem);

        // 사진 효과(2) 메뉴
        JMenu Photo2Menu = new JMenu("사진 효과(2)");
        JMenuItem addItem = new JMenuItem("밝게/어둡게");
        JMenuItem grayscaleItem = new JMenuItem("회색 영상");
```

```
        JMenuItem blackWhiteItem = new JMenuItem("흑백 영상");
        JMenuItem blurItem = new JMenuItem("블러링");
        JMenuItem cannyItem = new JMenuItem("경계선 추출");
        JMenuItem equalItem = new JMenuItem("평활화");

        menuBar.add(Photo2Menu);
        Photo2Menu.add(addItem);
        Photo2Menu.add(grayscaleItem);
        Photo2Menu.add(blackWhiteItem);
        Photo2Menu.add(blurItem);
        Photo2Menu.add(cannyItem);
        Photo2Menu.add(equalItem);

        // 메뉴 선택 시 실행되는 메서드
        openItem.addActionListener(new ActionListener() {
            public void actionPerformed(ActionEvent e) {
            }
        });

        saveItem.addActionListener(new ActionListener() {
            public void actionPerformed(ActionEvent e) {
            }
        });

        closeItem.addActionListener(new ActionListener() {
            public void actionPerformed(ActionEvent e) {
                System.exit(0);
            }
        });

        zoomItem.addActionListener(new ActionListener() {
            public void actionPerformed(ActionEvent e) {
            }
        });

        reverseUpItem.addActionListener(new ActionListener() {
            public void actionPerformed(ActionEvent e) {
            }
        });

        reverseLeftItem.addActionListener(new ActionListener() {
            public void actionPerformed(ActionEvent e) {
```

```
            }
        });

        rotate90Item.addActionListener(new ActionListener() {
            public void actionPerformed(ActionEvent e) {
            }
        });

        rotate180Item.addActionListener(new ActionListener() {
            public void actionPerformed(ActionEvent e) {
            }
        });

        rotate270Item.addActionListener(new ActionListener() {
            public void actionPerformed(ActionEvent e) {
            }
        });

        rotateFreeItem.addActionListener(new ActionListener() {
            public void actionPerformed(ActionEvent e) {
            }
        });

        addItem.addActionListener(new ActionListener() {
            public void actionPerformed(ActionEvent e) {
            }
        });

        grayscaleItem.addActionListener(new ActionListener() {
            public void actionPerformed(ActionEvent e) {
            }
        });

        blackWhiteItem.addActionListener(new ActionListener() {
            public void actionPerformed(ActionEvent e) {
            }
        });

        blurItem.addActionListener(new ActionListener() {
            public void actionPerformed(ActionEvent e) {
            }
        });
```

```
160
161         cannyItem.addActionListener(new ActionListener() {
162             public void actionPerformed(ActionEvent e) {
163             }
164         });
165
166         equalItem.addActionListener(new ActionListener() {
167             public void actionPerformed(ActionEvent e) {
168             }
169         });
170     }
171 }
```

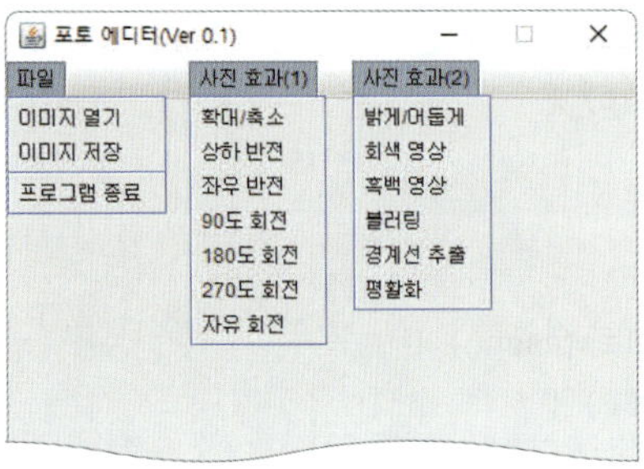

5~11행에서 전역변수를 준비했습니다. 5행은 처리할 이미지의 경로 및 파일명에 대한 변수이고, 6행은 원본 이미지와 결과 이미지에 대한 변수입니다. 7행에서는 원본 이미지와 결과 이미지의 높이와 너비를 준비했는데, 어떤 효과를 처리하느냐에 따라서 원본 이미지와 결과 이미지의 크기가 같을 수도 있고 다를 수도 있습니다. 만약 밝게 하는 경우에는 원본 이미지와 결과 이미지의 크기가 같지만, 확대하거나 축소하는 경우에는 원본 이미지와 결과 이미지의 크기가 달라집니다. 또한 8~11행에서는 화면 및 메뉴를 위한 변수를 준비했습니다.

13행의 `MyPanel` 클래스는 JPanel을 상속받아서 이미지를 화면에 출력해주는데, 잠시 후에 이 클래스를 완성하겠습니다. 17~20행에서는 윈도우 창을 만들고, 22행에서는 윈도우 창에 이미지를 출력할 패널을 준비했으며, 23행에서는 패널을 윈도우 창의 중앙에 부착했습니다. 24행은 이미지를 처리할 때마다 화면을 다시 생성하는 데 사용하는 변수이며, 이는 뒤에서 다루겠습니다. 26행에서는 메뉴 및 메뉴 선택 시 실행할 내용을 별도의 메서드로 묶었습니다. 28행에서는 윈도우 창의 처음 크기를 지정하고, 29행에서는 사용자가 임의로 윈도우 창의 크기를 마우스로 조절하지 못하게 설정했습니다.

33~170행은 상당히 길지만, 메뉴 및 메뉴 선택 시 실행되는 메서드를 미리 만들어놓은 것이라 구조가 복잡하지는 않습니다. 34~36행은 메뉴의 폰트를 조절하기 위한 것으로, 없어도 되지만 메뉴

의 기본 폰트는 한글의 경우 작고 번짐 현상이 발생할 수 있어 별도의 폰트를 설정했습니다. 38, 39행에서는 메뉴 틀을 만들고 윈도우 창에 부착했습니다. 42~51행에서는 파일 메뉴와 그 하위 메뉴를 생성하고, 54~87행에서는 사진 효과(1), 사진 효과(2) 메뉴와 그 하위 메뉴를 생성했습니다. 90행 이후에서는 각 메뉴를 클릭했을 때 실행될 빈 메서드를 생성했는데, 이는 총 열여섯 개의 메뉴 항목에 해당합니다. 그리고 100~104행은 [파일]-[프로그램 종료]를 선택하면 프로그램이 종료되도록 미리 작성해놓은 것입니다.

4 이미지 출력을 위한 MyPanel 클래스

이미지를 화면에 출력하기 위해 [코드 13-3]의 13, 14행에서 준비한 MyPanel 클래스를 [코드 13-4]와 같이 코딩합니다.

코드 13-4 Code13_04.java

```
01 static class MyPanel extends JPanel {
02     public void paintComponent(Graphics g) {
03         super.paintComponent(g);
04         double RGB[];
05         int R, G, B;
06         for (int i=0; i<outH; i++) {
07             for (int k=0; k<outW; k++) {
08                 RGB = outImage.get(k,i);
09                 if (outImage.channels() == 3) {   // 컬러 영상
10                     B = (int)RGB[0];
11                     G = (int)RGB[1];
12                     R = (int)RGB[2];
13                 } else {                          // 회색 또는 흑백 영상
14                     R = G = B = (int)RGB[0];
15                 }
16                 g.setColor(new Color(R, G, B));
17                 g.drawRect(i, k, 1, 1);
18             }
19         }
20     }
21 }
```

이미지 파일을 읽어들이거나 이미지에 효과를 줄 때마다 2~20행의 paintComponent() 메서드가 실행됩니다. 이 메서드는 6~19행의 이중 반복문을 통해 결과 이미지의 모든 점을 해당 크기의 2차

원 화면에 한 점씩 출력합니다. 8행에서 결과 이미지의 한 점을 추출하고 16행에서 Red, Green, Blue로 색상을 지정하여 17행에서 해당 위치에 점을 찍습니다.

9~15행에서는 컬러 이미지를 출력한다면 10~12행의 Red, Green, Blue를 별도로 추출하고, 회색 또는 흑백 이미지를 출력한다면 14행에서 Red, Green, Blue를 한 점에서의 값으로 추출합니다. 그리고 `MyPanel` 클래스를 통해 [코드 13-3]의 22, 23행에서 `panel` 객체를 생성하고 윈도우 창에 부착하여 사용합니다.

Red, Green, Blue가 각기 다른 값이면 컬러로 표현되고, 모두 같은 값이면 회색 또는 흑백으로 표현됩니다.

5 이미지 열기 및 저장 기능

이미지 열기

메뉴에서 [파일]–[이미지 열기]를 선택하면 [파일 열기] 대화 상자가 나타나 이미지를 선택할 수 있게 합니다. [코드 13-3]의 90~93행에 있는 `openItem.addActionListener()`를 [코드 13-5]와 같이 완성합니다.

코드 13-5 Code13_05.java

```
openItem.addActionListener(new ActionListener() {
    public void actionPerformed(ActionEvent e) {
        FileDialog fd = new FileDialog(frame, "파일 열기", FileDialog.LOAD);
        fd.setVisible(true);
        fileName = fd.getDirectory() + fd.getFile();
        inImage = Imgcodecs.imread(fileName);
        inH = inImage.cols();
        inW = inImage.rows();

        outImage = inImage.clone();
        outH = outImage.cols();
        outW = outImage.rows();

        display();
    }
});

```

```
18  static void display() {       // [코드 13-3]의 32행에 코딩
19      Graphics g = contentPane.getGraphics();
20      contentPane.paintAll(g);
21      frame.setPreferredSize(new Dimension(outH+15, outW+63));
22      frame.pack();
23  }
```

3~4행은 [파일 열기] 대화 상자를 화면에 나타내고, 파일을 선택하면 5행에서 fileName에 파일의 경로와 파일명이 저장됩니다. 그리고 6행에서 파일을 읽어 원본 이미지 변수 inImage에 저장하고 7~8행에서 원본 이미지의 높이와 너비를 구합니다. 우선은 화면에 출력하기 위해 10행에서 원본 이미지를 복사하여 결과 이미지에 넣고 11~12행에서 결과 이미지의 크기를 구합니다. 이때 원본 이미지를 동일한 형태로 결과 이미지에 넣어야만 [파일 열기]에서 선택한 이미지가 [그림 13-12]와 같이 화면에 나타납니다. 14행에서는 display() 메서드를 호출하여 화면이 새로고침되게 했습니다.

18~23행의 display() 메서드는 addMenu() 메서드의 밖인 [코드 13-3]의 32행에 작성합니다. display() 메서드의 19~20행에서 화면을 새로고침하고, 21~22행에서 메뉴와 윈도우 창의 제목 표시줄 크기까지 적절히(가로 15 추가, 세로 63 추가) 계산하여 윈도우 창의 크기를 변경합니다.

이미지 저장

메뉴에서 [파일]-[이미지 저장]을 선택하면 [파일 저장] 대화 상자가 나타나 결과 이미지를 저장할 수 있게 합니다. [코드 13-3]의 95~98행에 있는 saveItem.addActionListener()를 [코드 13-6]과 같이 완성합니다.

코드 13-6 Code13_06.java

```
01  saveItem.addActionListener(new ActionListener() {
02      public void actionPerformed(ActionEvent e) {
03          FileDialog fd = new FileDialog(frame, "파일 저장", FileDialog.SAVE);
04          fd.setVisible(true);
05          String saveName = fd.getDirectory() + fd.getFile();
06          Imgcodecs.imwrite(saveName,outImage);
07          JOptionPane.showMessageDialog(frame, saveName + "으로 저장됨", "성공",
            JOptionPane.INFORMATION_MESSAGE);
08      }
09  });
```

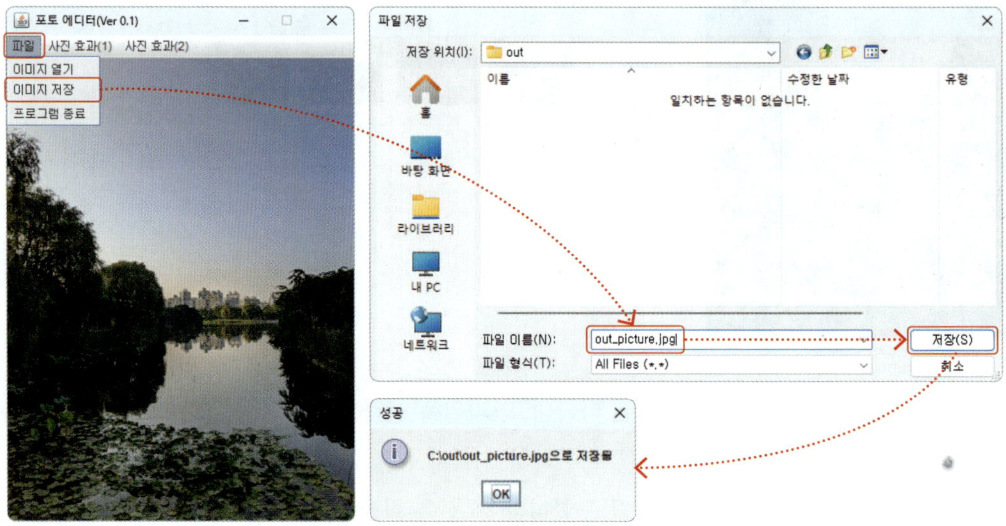

3~4행은 [파일 저장] 대화 상자를 화면에 나타내고, 파일명을 입력한 후 〈저장〉을 클릭하면 5행에서 saveName에 파일의 경로와 파일명이 들어갑니다. 그리고 6행에서 결과 이미지인 outImage의 내용을 파일로 저장하며, 7행에서 메시지 창을 출력했습니다. 주의할 점은 저장할 파일명을 입력할 때 이미지 파일의 확장명인 jpg, png, bmp 등을 붙여야 한다는 것입니다. 확장명을 붙이지 않으면 오류가 발생합니다.

확장명을 붙이지 않아도 자동으로 붙도록 코딩할 수 있습니다. 하지만 이렇게 하면 코드가 복잡해지는 데다 '포토 에디터' 프로젝트에서 꼭 배워야 할 중요한 내용이 아니므로 생략했습니다.

Section

03 '포토 에디터' 기능 구현

OpenCV에서 이미지를 처리하는 기능을 '포토 에디터' 프로젝트에 구현해봅시다. 앞에서 살펴본 OpenCV의 이미지 처리 기능과 다른 점은, 입력값이 필요한 경우 대화 상자를 통해 값을 입력받고, 이미지 처리 방법에 따라서 원본 이미지와 결과 이미지의 크기인 **outH**, **outW** 값을 조정해야 한다는 것 정도입니다. [코드 13-3]의 106~169행에 있는 각 메뉴 아이템을 클릭할 때 실행되는 부분의 기능을 하나씩 추가하겠습니다.

확대/축소

확대하거나 축소할 배수를 입력받아 그 배수만큼 사진 크기를 확대하거나 축소합니다. 입력값이 1 미만이면 축소되고, 1을 초과하면 확대되게 합니다.

코드 13-7 Code13_07.java

```
zoomItem.addActionListener(new ActionListener() {
    public void actionPerformed(ActionEvent e) {
        double scale = Double.parseDouble(JOptionPane.showInputDialog(frame, "확대/축소 배율", 2));
        outH = (int)(inImage.cols()*scale);
        outW = (int)(inImage.rows()*scale);
        Size sz = new Size(outH, outW);
        Imgproc.resize(inImage, outImage, sz);
        display();
    }
});
```

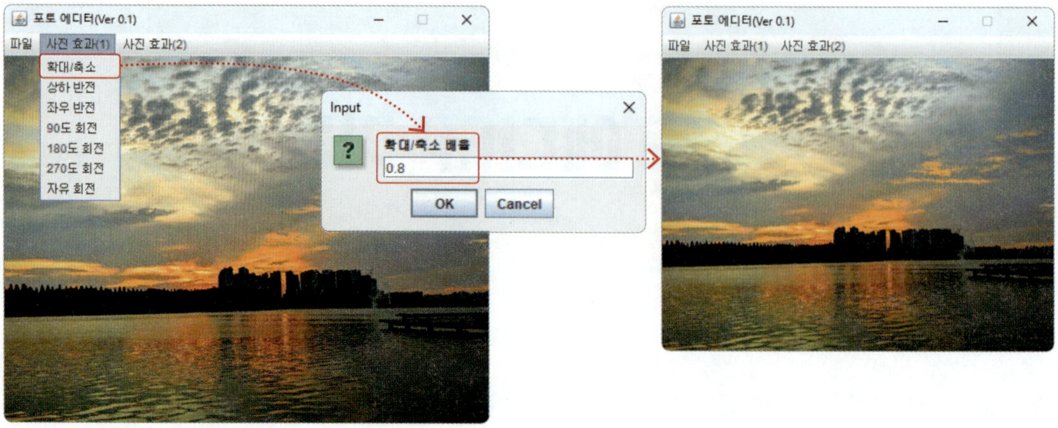

3행에서 배율의 값을 문자열로 입력받아 double형으로 변환하고, 4~5행에서 높이와 너비를 확대/축소 배율로 변경했습니다. 6행에서는 변경된 높이와 너비로 Size 객체를 생성하고, 7행에서는 Imgproc.resize(원본이미지, 결과이미지, 변경할_크기) 메서드로 결과 이미지의 크기를 조절했습니다. 8행의 display()를 호출하면 화면이 새로고침됩니다.

상하 반전, 좌우 반전

이미지를 상하 또는 좌우로 반전합니다.

코드 13-8 Code13_07.java(일부)

```
reverseUpItem.addActionListener(new ActionListener() {
    public void actionPerformed(ActionEvent e) {
        outH = inH;
        outW = inW;
        Core.flip(inImage, outImage, 0);
        display();
    }
});

reverseLeftItem.addActionListener(new ActionListener() {
    public void actionPerformed(ActionEvent e) {
        outH = inH;
        outW = inW;
        Core.flip(inImage, outImage, 1);
        display();
    }
});
```

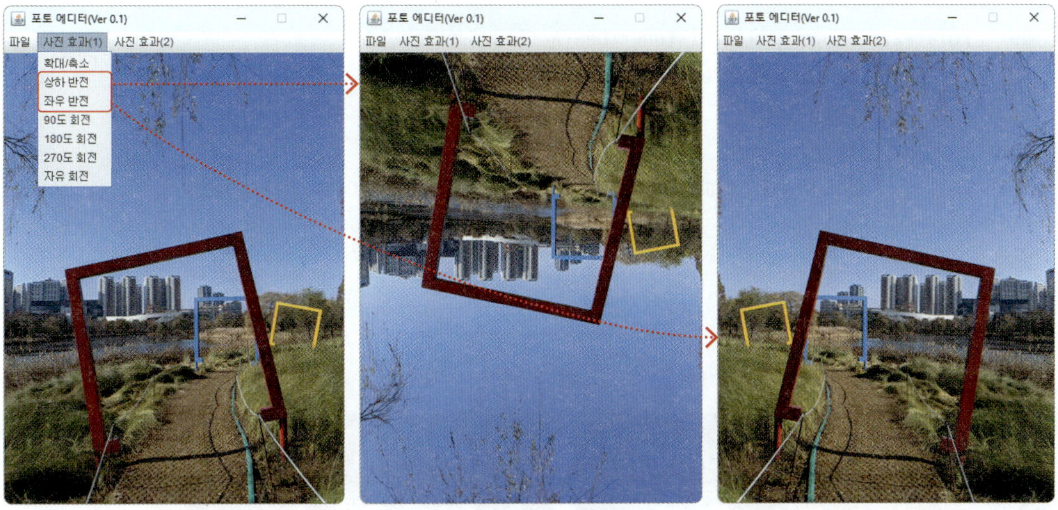

3~4행과 12~13행에서 원본 이미지와 결과 이미지의 크기를 동일하게 설정하고, 5행과 14행에서 각각 상하 반전, 좌우 반전을 했습니다.

90도 회전

이미지를 90도씩 회전시킵니다.

코드 13-9 Code13_07.java(일부)

```
01  rotate90Item.addActionListener(new ActionListener() {
02      public void actionPerformed(ActionEvent e) {
03          outH = inW;          // 높이와 너비가 바뀜
04          outW = inH;
05          Core.rotate(inImage, outImage, Core.ROTATE_90_CLOCKWISE);
06          display();
07      }
08  });
09
10  rotate180Item.addActionListener(new ActionListener() {
11      public void actionPerformed(ActionEvent e) {
12          outH = inH;
13          outW = inW;
14          Core.rotate inImage, outImage, Core.ROTATE_180);
15          display();
16      }
17  });
18
```

```
19  rotate270Item.addActionListener(new ActionListener() {
20      public void actionPerformed(ActionEvent e) {
21          outH = inW;          // 높이와 너비가 바뀜
22          outW = inH;
23          Core.rotate(inImage, outImage, Core.ROTATE_90_COUNTERCLOCKWISE);
24          display();
25      }
26  });
```

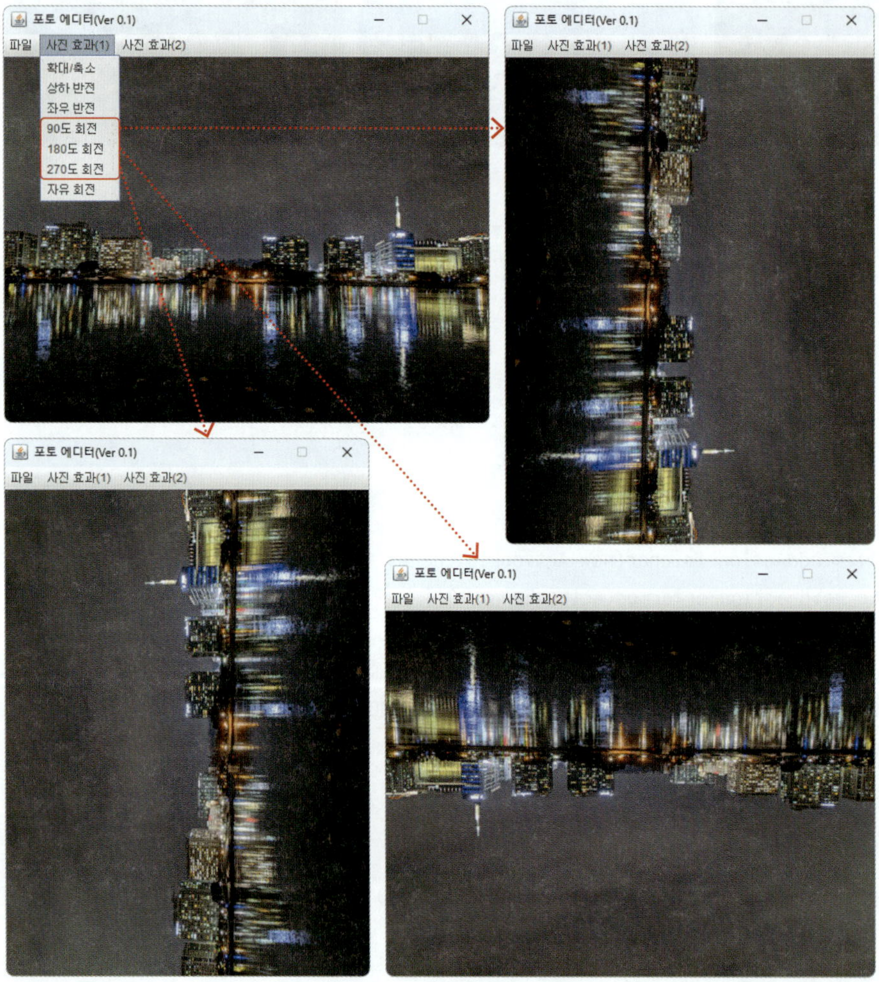

90도 회전시키거나 270도 회전시킬 때 원본 이미지의 높이와 너비가 결과 이미지의 너비와 높이로 바뀌는 것을 주의해야 하는데, 이를 3~4행과 21~22행에서 처리했습니다. 그리고 5행, 14행, 23행에서 이미지를 90도씩 회전시켰습니다.

자유 회전

입력한 각도만큼 자유롭게 회전시킵니다. 양수를 입력하면 시계 반대 방향으로 회전되고, 음수를 입력하면 시계 방향으로 회전되게 합니다.

코드 13-10 Code13_07.java(일부)

```
01  rotateFreeItem.addActionListener(new ActionListener() {
02      public void actionPerformed(ActionEvent e) {
03          outH = inH;
04          outW = inW;
05          int angle = Integer.parseInt(JOptionPane.showInputDialog(frame, "회전 각도",
            45));
06          Point center=new Point(inImage.cols()/2,inImage.rows()/2);
07          Mat rotMat = Imgproc.getRotationMatrix2D(center, angle, 1.0);
08          Imgproc.warpAffine(inImage, outImage, rotMat, inImage.size());
09          display();
10      }
11  });
```

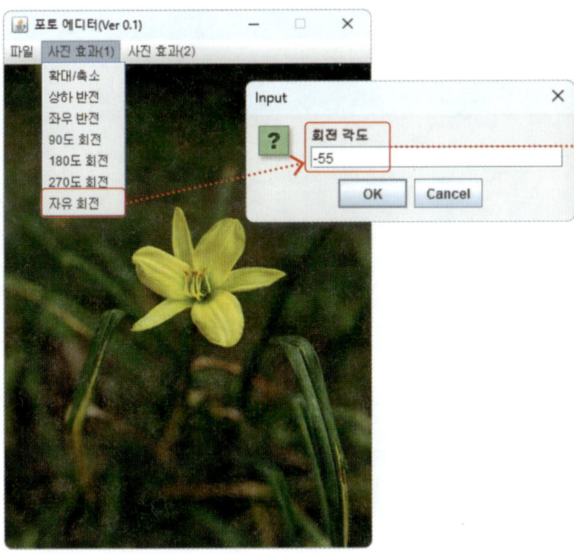

5행에서 회전각을 정수로 입력받게 했습니다. 그리고 7, 8행에서 화면 중앙을 기준으로 회전시키기 위해 6행에서 화면 중앙을 구했습니다.

밝게/어둡게

−255~255를 입력받아 이미지를 밝게 또는 어둡게 만듭니다.

코드 13-11 Code13_07.java(일부)

```
01  addItem.addActionListener(new ActionListener() {
02      public void actionPerformed(ActionEvent e) {
03          outH = inH;
04          outW = inW;
05          int value = Integer.parseInt(JOptionPane.showInputDialog(frame, "밝게/어둡게",
            -100));
06          inImage.convertTo(outImage, -1, 1, value);
07          display();
08      }
09  });
```

5행에서 값을 입력받고, 6행에서 이미지의 밝기를 변경했습니다.

회색 영상

컬러 이미지를 밝기의 범위가 0~255인 회색 이미지로 변환합니다.

코드 13-12 Code13_07.java(일부)

```
01 grayscaleItem.addActionListener(new ActionListener() {
02     public void actionPerformed(ActionEvent e) {
03         outH = inH;
04         outW = inW;
05         Imgproc.cvtColor(inImage, outImage, Imgproc.COLOR_RGB2GRAY);
06         display();
07     }
08 });
```

5행에서 Red, Green, Blue로 구성된 컬러 이미지를 회색 이미지로 변환했습니다.

흑백 영상

컬러 이미지를 밝기가 0 또는 255인 흑백 이미지로 변환합니다.

코드 13-13 Code13_07.java(일부)

```
blackWhiteItem.addActionListener(new ActionListener() {
    public void actionPerformed(ActionEvent e) {
        outH = inH;
        outW = inW;
        Imgproc.cvtColor(inImage, outImage, Imgproc.COLOR_RGB2GRAY);
        Imgproc.threshold(outImage, outImage, 127, 255, Imgproc.THRESH_BINARY);
        display();
    }
});
```

5행에서 회색 이미지로 변환하고, 6행에서 127을 기준으로 그 미만 값은 모두 0으로, 그 이상 값은 모두 255로 변환했습니다.

블러링

이미지를 뿌옇게 만듭니다. 입력값이 클수록 더 뿌옇게 됩니다.

코드 13-14 Code13_07.java(일부)

```java
blurItem.addActionListener(new ActionListener() {
    public void actionPerformed(ActionEvent e) {
        outH = inH;
        outW = inW;
        int value = Integer.parseInt(JOptionPane.showInputDialog(frame, "블러링", 9));
        Imgproc.blur(inImage, outImage, new Size(value, value));
        display();
    }
});
```

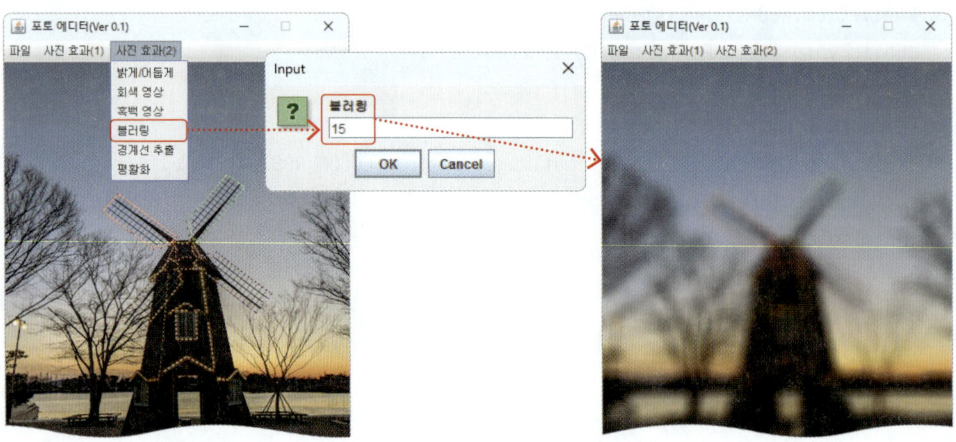

5행에서 값을 입력받고, 6행에서 Size 객체를 생성하여 블러링을 했습니다.

경계선 추출

이미지에서 경계선을 추출합니다. 3을 기준으로 배수가 3보다 작으면 더 많은 선이 추출되고, 배수가 3보다 크면 더 적은 선이 추출되게 합니다.

코드 13-15 Code13_07.java(일부)

```
cannyItem.addActionListener(new ActionListener() {
    public void actionPerformed(ActionEvent e) {
        outH = inH;
        outW = inW;
        int value = Integer.parseInt(JOptionPane.showInputDialog(frame, "곱하기 값", 3));
        Imgproc.Canny(inImage, outImage, 100, 100*value);
        display();
    }
});
```

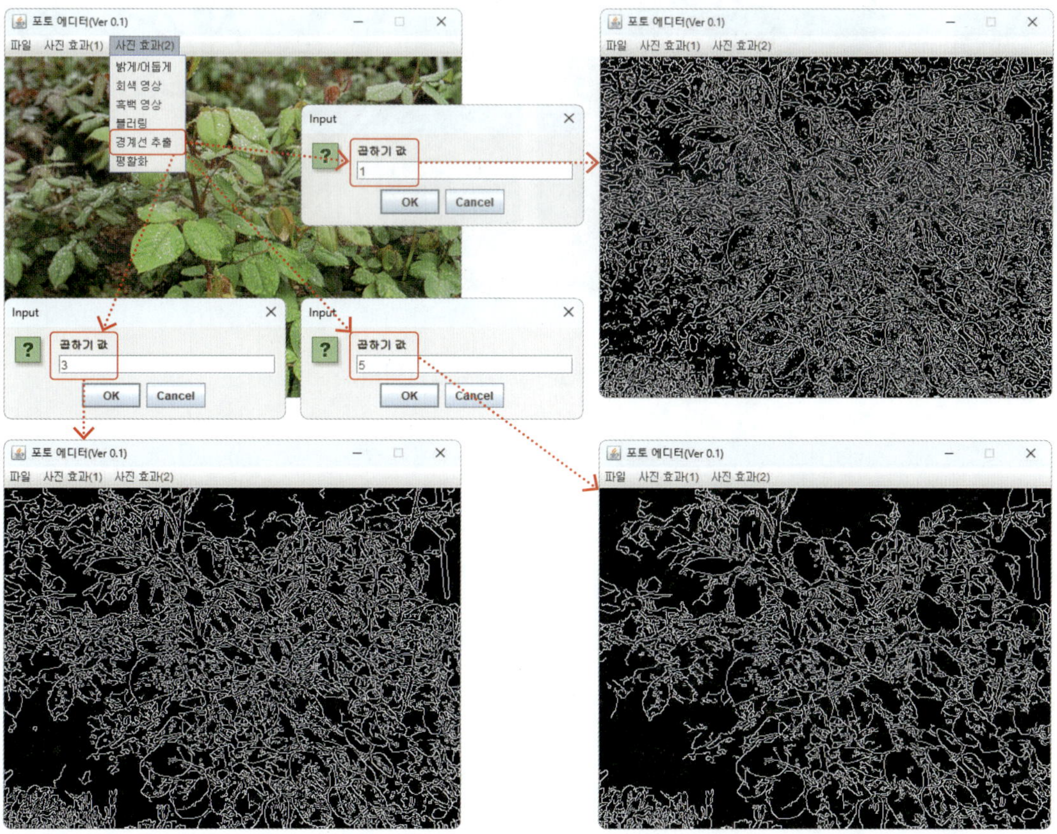

6행에서 Canny() 메서드를 사용하여 경계선을 추출했습니다.

평활화

어둡게 촬영된 이미지를 선명하게 만듭니다. 이를 위해서는 먼저 회색 이미지로 변환해야 합니다.

코드 13-16 Code13_07.java(일부)

```
01  equalItem.addActionListener(new ActionListener() {
02      public void actionPerformed(ActionEvent e) {
03          outH = inH;
04          outW = inW;
05          Imgproc.cvtColor(inImage, outImage, Imgproc.COLOR_RGB2GRAY);
06          Imgproc.equalizeHist(outImage, outImage);
07          display();
08      }
09  });
```

5행에서 회색 이미지로 변환하고 6행에서 평활화를 수행했습니다.

찾아보기

ㅅ

ㅇ

ㅈ

T

U V W

Y

기타